인문학 학술총서 ⑦

문학과 기억

인문학 학술총서 ⑦

문학과 기억

인 쇄 | 2018년 12월 10일
발 행 | 2018년 12월 14일

저 자 | 강소희·김영삼·최윤경·최창근
발행인 | 정병석
발행처 | 전남대학교출판문화원
전남대학교 인문학연구소

등록 | 1981. 5. 21. 제53호
주소 | 61186 광주광역시 북구 용봉로 77
전화 | (062) 530-0571~2 마케팅 530-0573
팩스 | (062) 530-0579
홈페이지 | http://www.cnup.co.kr
이메일 | cnup0571@hanmail.net

값 17,000원

ISBN 978-89-6849-577-9 (93810)

인문학 학술총서 7

문학과 기억

강소희
김영삼
최윤경
최창근
공저

전남대학교출판문화원

문학은 가장 대표적이고 권위 있는 재현양식 중 하나로 인정받아온 분야이다. 그러나 문학이론이 발전하면서 재현의 진실성과 효용성에 본질적인 의문이 제기되기 시작했다. 한편으로는 내적 불완전성에도 불구하고 문학이 재현의 책임을 더 적극적으로 완수해야 한다는 요구가 높아지고 있다. 문학이 재현의 책임을 저버리지 않을수록 억압받고 있는 민중의 자유는 조금씩 확대될 것이기 때문이다. 어떻게 보면 정반대의 논의가 문학의 장에서 동시에 펼쳐지고 있는 것이다. 그러나 분명한 것은 문학의 중요한 역할이 재현불가능성에 대한 숙고를 바탕으로 입이 있어도 말하지 못하는 자들, 말해도 기록되지 않는 자들의 목소리를 기억하는 데 있다는 사실일 것이다.

이런 이유로 본 총서는 크게 두 개의 장으로 나누어진다. Ⅰ장에서는 한국 사회의 중요한 정치적 사건과 문학적 재현의 양상을 재조명하고 그 속에서 권력의 담론지배양상과 이를 극복하는 문학적 시도를 조망하고 있다. 이를 통해 권력의 작동방식을 해체하고 재현 불가능한 것들의 재현 가능성을 타진한다. Ⅱ장에서는 권력이 민중에게서 '자유'를 탈취해가는 과정을 고찰하고 이를 다시 회복하기 위한 방안에 대해 고민하고 있다. 나아가 주체와 타자의 뿌리 깊은 갈등을 봉합할 환대의 윤리를 이야기 한다.

「1980년대 죽음의 재현양상 연구」는 80년대, 국가폭력이 원인이 되어 발생한 '사건으로서의 죽음'이 재현되는 양상을 고찰한 글이다. 특히 죽음을 둘러싼 재현의 장에 있어서 대표와 잔여를 분리·호명하는 포섭과 배제의 이중적 전략이 작동되었음에 주목하고, 다음의 두 가지 연구를 진행한다. 하나는 당대에 생산된 기사와 민주화운동단체들의 성명서·추모사·발기문 등의 자료를 대상으로, 지배권력과 저항세력이 80년대의 죽음을 재현하는 양상을 분석한 것이다. 특히 국가 공동체와 민족·민중 공동체의 경계를 설정하고, 그 공동체의 주권권력을 회복·전복하려는 이들의 정치적 기획이, 죽음을 '비국민'과 '열사'로 상징화하는 전략을 고찰하였다. 다른 하나는 이 고유명에서 배제된, 죽음의 잔여를 형상화하고 있는 김소진의 소설 「열린사회와 그 적들」과 6월 항쟁 당시 명동성당에서의 농성투쟁을 담은 김동원 감독의 다큐멘터리 〈명성, 그 6일의 기록〉을 분석한 것이다. 이 과정에서 87년 6월 항쟁 이후 지배적 담론 속에서 혁명의 '곤경'으로 취급되었던 '빈민'의 존재와 이들이 꿈꾸었던 '민주화'에 대해 탐색했다.

「오월을 호명하는 문학의 윤리」는 5·18이 제도화·사물화되어 가는 오늘날, 사건을 언어화하는 문학의 새로운 형식이 필요한 것이 아닌가라는 문제의식 아래, 임철우의 『백년여관』과 한강의 『소년이 온다』를 분석함으로써, 이전과는 다른 오월문학의 방향성에 대해 고찰한 글이다. 『백년여관』과 『소년이 온다』는 오월의 '공백'을 소설화하려는 시도를 보여주는 작품이다. 임철우가 오월의 제도화에 맞서 '산-죽음'의 공간을 구성하고 '중음'을 살아가는 자들의 목소리를 복원하고자 한다면, 한강은 오월의 사물화에 맞서 동호의 '죽음'과 살아남은 자들의 '고통'을 반복적으로 호명하며 이를 독자의 현재 속에 위치시키고자 한다. 두 소설에서 발견되는 문학의 윤리가 있다면, 그것은 역사적 사실과 의미를 빗겨난 오월의 명명불가능한 공백을 가리키려 한다는 점이다. '말할 수 없음'이라는 불가능을 기꺼이 떠안으며, 그럼에도 불구하고 오월을 말하려는 이러한 고통스러운 시도들 속에서 문학의 새로운 형식이 발명된다.

「'개발적 폭력'의 비가시성과 폐제되는 식모들의 목소리」는 1960~70년대 대한민국 여성하위주체들이 사회적 담론으로부터 배제되는 과정을 증명하려 했다. 당시 '식모-창녀'와 같은 도시의 여성하위주체들은 근대화 과정에서 누락된 존재들이라는 점에서 탈식민주의적 형상에 가깝다. 동시에 그녀들은 '살게'하고 '죽게'내버려두는 생명정치의 논리에 포획된 존재들이기도 했다는 점에서 신자유주의적 비극의 징후이기도 하다. 구체적으로 근대 가족담론의 불순물로서의 식모와 조국 근대화의 하위 노동자로서의 식모라는 상반된 형상은 이와 같은 여성하위주체들이 근대화의 담론에서 포함과 배제라는 이중의 논리에 포획당한 존재들임을 보여준다. 조국 근대화에서 도시의 하층민으로서 하위 노동을 담당할 산업 역군, 또는 가정의 빈자리를 메워줄 대리보충으로서 그들은 근대화의 과정에 포함된다. 그러나 근대적 가족 담론의 부상과 과학적 모성이라는 당대의 사회담론은 식모 폐지론으로 번지면서 식모들은 가정 안에 존재하는 이물질이자 잠재적인 범죄자였다. 위생학적으로 그리고 근대 여성담론과 가정담론의 장에서 식모는 체계적으로 배제되고 있었다. 표준화된 삶의 형태로 낙착되는 가정담론은 근대화 논리의 비정교함과 근대적 일상성의 폭력적 민낯을 날것 그대로 드러냈다. '무작정 상경 소녀들'이 도시의 하위주체로 전락하는 과정에는 근대적 담론이 지닌 구조적 폭력성이 포함과 배제의 방식으로 작동하고 있음을 설명하려 했다.

「세월호 '사건'과 '사건' 이후 문학의 가능성」은 사건과 문학의 관계를 다시 묻는다. 세월호 침몰은 국가가 국민을 구조하지 않은 사건이었고, 또한 우리 사회의 주체들을 애도와 눈물의 공동체로 만든 사건이었다. 시민-주체들이 경험한 감정 한 가운데에는 미안함과 죄책감의 눈물이 자리하고 있었다. 그러나 세월호 이후 문학은 사건의 증언과 재현에 무능력했다. 사건에 대한 문학적 재현의 시도는 생존자들의 증언을 초과할 수 없었고, 상징적 언어는 슬픔의 정동을 표현하기에는 무력했다. 그렇다면 사건 이후 문학은 재현 불가능과 언어적 무능력을 시인해야 하는가. 이 질문에 대한 응답과 사건에 문학이 기능하는 자리를 찾으려는 목적으로 이 글은 세월호 참사 희생자 추모 15인 공동 소설집인 『우리는 행복할 수 있을까』에 실린 작품들을 분석했다. '사실'로 기술되는 시간과 '이야기'로 다가오는 시간은 다르다. 개별적 존재의 삶과 죽음이 하나의 사실로 기록되고 재현의 대상으로 국한되면 이야기는 사라진다. 그러나 이야기로 기억되는 세월호는 하나의 미증유의 사건이 된다. 사건 이후 문학의 자리가 여기에 있다. 문학이 표현해야 하는 것은 '사건' 자체가 아니라, '사건이 보게 하는 것' 또는 '사건이 우리 마음에 남긴 것'임을 말하고 싶었다. 즉 재현이 아니라 윤리적 주체의 '주체-돌아보기'의 태도에서 문학의 처소를 증명하려 했다.

「이중적 예외상태로서의 5·18과 민중·민족문학 담론」은 정치적 사건과 문학의 관계에 대한 질문에서 촉발되었다. 5·18 초기 소설들은 정치적 '사건'에 대한 문학적 사유가 제한된 상태에서 생산된 흔적을 내포하고 있다. 때문에 5·18에 대한 사유가 어떤 방식으로 유도되었는지, 또는 어떤 것들이 배제되고 은폐되었는지를 발굴해서 고고학적으로 분석할 만한 가치가 있다. 그러나 당시의 정치상황에서 문학의 공간은 넓지 못했다. 1980년대 국가권력은 경제발전과 사회안정이라는 이름으로 민주주의에 대한 요구를 묵살하고 5·18과 이후의 시간을 '정치적 예외상태'로 규정함으로써 권력을 정당화했다. 그리고 이에 대한 미학적 저항으로서 기능해야 할 문학비평은 5·18 초기 소설들의 목소리가 배제되는 결과를 낳았고, 민중·민족문학 담론은 여기에 직간접적으로 연루되어 있다. 이 글은 80년대 문학담론의 이러한 혐의에서 출발했다. 5·18 초기 소설들이 총체성을 담보하지 못했고, 민중이 자각하는 과정을 재현해야 한다는 것이 민중·민족문학 담론의 지향이었다. 이 과정에서 문학담론은 고통받는 타자의 목소리에 응대하지 못하게 되었고, 오히려 [illegible]의 정치를 상례화시키게 되었기 때문이다. 하여 이 글은 민중·민족문학의 담론과 담론의 예외로서 5·18 관련 초기의 작품들을 비교 분석함으로써 민중·민족문학 담론이 포괄할 수 없는 예외적 영역을 탐색하려 했다.

「소설이 '오월-죽음'을 사유하는 방식: 한강의 『소년이 온다』를 중심으로」는 한강의 『소년이 온다』에서 1980년 5월 '죽은 자'들의 목소리가 상상되고 있다고 보고 있다. 5·18은 1980년 5월, 국가 권력이 무장하지 않은 시민들을 향해 군사적 폭력을 사용한 데 대해 광주 시민들이 죽음을 무릅쓰고 '개입'함으로써 가시적이 되었던 '사건'이다. 그러나 5·18은 '기념'과 '헌사'라는 국가의 요식행위 속에서 그 의미가 희석되어 가고 있다는 것이 주지의 사실이다. 문학은 임철우의 『봄날』에서 정찬의 『길, 저쪽』에 이르기까지 1980년 5월을 끊임없이 소환해 왔다. 그런데 이들 소설들은 '재현'과 '현재화'의 어느 한쪽에 치우쳐 있다. 한강의 『소년이 온다』는 1980년 5월의 재현과 현재화가 함께 소설의 방식으로 사유되고 있다는 점에서 주목하고 있다. 한강이 『소년이 온다』에서 1980년 5월 '죽은 자'들의 명령과 이에 대한 '살아남은 자'들의 응답을 소설의 형식으로 실험했다고 보며 이를 1980년 5월이 지금 우리에게 '명령'하는 것이 무엇인가 하는, '문학의 윤리'의 문제로 연결 짓고 있다.

「박경리 『표류도』에 나타난 '자유'」는 『표류도』를 박경리의 1950년대 초기 단편에서 1960년대 장편소설로 이어지는 과도기적 작품으로 보고 있다. 「불신시대」로 대표되는 박경리의 초기 단편들은 한국전쟁의 처절한 경험에 더해 자신들이 속해 있는 사회에서 인간으로서의 존엄성을 훼손당한 여주인공들의 이야기가 다루어지고 있다. 여주인공들은 '탈향'을 선언해보지만 '불신시대'라는 시대적 한계 속에서 가족 안에 유폐된 삶의 존재적 기반을 넘지 못한다. 『표류도』는 박경리의 초기 단편소설의 시기에 속해 있으면서 1960년대의 장편소설을 견인한다. 자기의식을 가짐으로써 행복한 인간을 작품에 구현하는 것이 작가 박경리의 문제의식이라고 보며 이를 『표류도』에 나타난 '자유'의 문제를 통해 살피고 있다.

「1950년대 실존주의의 유행과 '불안'에 대한 고찰」은 전후 1950년대에 실존주의가 유행한 한국적 맥락을 찾는다. 서구에서 실존주의가 태동한 이유에 대해서는 양차대전 이후 대두된 인간성에 대한 회의, 근대문명의 폐해, 합리성과 윤리에 대한 불신, 제국주의의 만행과 자본주의의 탐욕 등 비교적 다양한 배경을 들 수 있다. 이러한 상황은 전후라는 점만 제외하면 1950년대의 한국과는 다소 차이가 있다. 한국전쟁은 이데올로기와 명분의 대립이었으며 경제나 문화의 면에서도 당시 한국은 후진국 수준이었다. 그럼에도 실존주의가 유행했던 데에는 미국대중문화가 불러온 자유의 바람을 잠재우고 혼란과 방종이 판치는 사회에 질서를 재확립하기 위함이었다. 그러나 그 과정에서 남한은 필연적으로 여러 딜레마적 상황과 마주하게 된다. 이 글에서는 이처럼 한국적 상황에 맞게 실존주의를 수용하려는 움직임과 그 안에 숨어있는 권력의 의도를 밝히고 있다.

「1950년대 후반 '자유'의 해석을 둘러싼 갈등–『사상계』에 실린 평론과 심사평을 중심으로」는 전후의 대표적 잡지 『사상계』와 그 필진 그룹인 지식인들이 '자유'의 의미를 전유하기 위해 펼친 담론 투쟁을 분석하고 있다. 전후의 혼란과 타락, 체제 안정에 뒤이은 방종과 퇴폐 그리고 권력과 자본의 부패 속에서 지식인들은 자유의 의미를 독점하고 이를 새롭게 재정의하고자 한다. 지식인들에게 '자유'란 무지한 대중의 손에서 함부로 다뤄지는 장난감과 비슷했다. 여기에는 지식인 그룹의 권력 의지와 현실에서의 협소한 기반 그리고 정치권력에 대한 무능력과 서구에 대한 열등감이 복합적으로 작용하고 있다. 지식인 그룹은 무절제한 '자유'의 소비로 인한 허무주의를 극복하기 위해 다방면으로 노력하는데 그 중 대표적인 것이 문학분야의 통제이다. 이들은 '동인문학상' 심사 권한을 무기로 당대 작가들의 소설 방향까지도 결정하는 막강한 힘을 휘두를 수 있었다. 이처럼 자유를 전유하기 위한 지식권력의 집요함은 충분한 연구의 가치를 제공한다.

「절대적 환대의 가능성에 대하여-윤흥길의 단편소설을 중심으로」는 이데올로기의 폭력을 극복하는 방법으로서 절대적 환대의 가능성을 탐색한다. 윤흥길의 소설 「장마」는 한국전쟁 중 이념으로 인해 갈라져 반목하는 사돈지간의 갈등이 치유되는 과정을 그리고 있다. 주체는 동일성의 경계 안에 살고 있기 때문에 이방인을 터부시하고 내쫓기 쉽다. 그러나 타자와 공존하기 위해서는 이방인에 대한 어떠한 제재나 제한도 있어서는 안 된다. 즉 주인으로서의 권리를 모두 내려놓을 수 있어야 공존에 대해서 이야기 할 수 있는 것이다. 절대적 환대의 윤리는 다문화 다민족 사회로 접어드는 한국사회에서 더 이상 선택이 아니라 필수이다. 압축적 성장을 해온 한국은 여러 사회 문제를 동시다발적으로 겪고 있다. 그러나 앞으로도 난민, 이민, 이주노동자, 국제결혼 등의 현상은 더욱 확대될 것이고 더 많은 어려움을 가져올 것이다. 그리고 끊임없이 공존의 가능성에 대한 본질적인 물음을 제기할 수밖에 없다.

2010년부터 뜻이 맞는 사람들끼리 모여 정치철학 세미나를 시작한 것이 벌써 9년째가 되어가고 있다. 그동안 모여서 논의하고 연구한 것을 바탕으로 학회에서 발표하고 학술지에 논문까지 실을 수 있었으니 상당히 유익한 모임이라 자평할 수 있을 것 같다. 그러나 성과를 한곳에 모으지 못한 서운함이 있었는데 이제야 책을 내게 되었다. 본 총서는 오랜 시간 같은 고민을 하고 서로의 연구에 도움을 준 연구자들의 연대가 있기에 가능했다. 앞으로도 이 세미나 모임이 계속 이어져 더 내실 있는 연구로 이어지길 바란다. 이제 2018년의 한해가 지나가고 있다. 내년에도 구성원 모두의 학운이 건승하기를 기원하는 바이다.

덧붙여 이 총서가 완성될 수 있도록 많은 지원을 해 준 전남대학교 대학인문역량강화사업단 단장 김양현 교수님과 전남대학교 인문학연구소 소장 신해진 교수님에게 진심으로 감사의 말씀을 전하고 싶다.

2018년 12월

저자 일동

목차

제1부 사건과 재현

1980년대 '죽음'의 재현양상 연구 _강소희 16

오월을 호명하는 문학의 윤리 _강소희 54
— 임철우의 『백년여관』과 한강의 『소년이 온다』를 중심으로

'객관적 폭력'의 비가시성과 폐제되는 식모들의 목소리 _김영삼 85
— 조선작과 최일남의 소설을 중심으로

세월호 '사건'과 '사건' 이후 문학의 가능성 _김영삼 122
— 『우리는 행복할 수 있을까』를 중심으로

이중적 예외상태로서의 5·18과 민중·민족문학 담론 _김영삼 158
— 『창작과비평』의 논의를 중심으로

소설이 '오월-죽음'을 사유하는 방식 _최윤경 197
— 한강의 『소년이 온다』를 중심으로

제2부 권력과 자유

박경리 『표류도』에 나타난 '자유' _최윤경 222

1950년대 실존주의의 유행과 '불안'에 대한 고찰 _최창근 241

1950년대 후반 '자유'의 해석을 둘러싼 갈등 _최창근 261
— 『사상계』에 실린 평론과 심사평을 중심으로

절대적 환대의 가능성에 대하여 _최창근 294
— 윤흥길의 단편소설을 중심으로

제1부 사건과 재현

1980년대 '죽음'의 재현양상 연구*

강소희

사건으로서의 '죽음'

1980년대 민주화운동에는 '오월광주'가 원-사건으로 자리한다. 80년 5월 18일, 전남대 정문 앞 시위를 시작으로 27일 도청에서의 마지막 항전에 이르기까지, 국가폭력이 낳은 광주시민들의 죽음이 그것이다. 철저한 광주의 고립화와 언론 통제로 인해 '유언비어'로 존재하던 이 사건은 점차 진실규명을 요구하는 목소리가 되어 산 자에게 전해졌고, 이후 오월광주는 80년대 정치적 투쟁의 중심적 시공간이 되었다.

매년 오월이 되면 광주에 대한 진상 규명과 책임자 처벌을 요구하는 시위가 전국에서 연일 벌어졌다. 유족과 광주시민을 중심으로 소규모로 치러지던 5·18 추모제는 83년 단계적 유화조치 이후 사면·복권된 민주인사와 학생들이 참여하는 대규모 시위로 확대되었고, 이때부터 '민주'를 외치는 장소마다 '광주의 영령들'이 호명되었다. 나아가 오월광주는 한국사회에 만연하던 국가폭력이 국민의 몸을 파괴하는 현장을 적나라하게 증언하는 사건이었다는 점에서 현존하는 국가 체제의 정당성에 근본적인 질문을 불러일으켰으며, 열흘간 광주시민들이 보여준 저항과 연

* 이 원고는 "「1980년대 '죽음'의 재현양상 연구」, 『인문학연구』 55"에 게재한 글을 수정·보완한 것이다.

대의 구성체는 혁명과 새로운 공동체를 꿈꾸게 하는 계기가 되었다. 80년대 민주화운동은 오월광주가 남긴 이러한 요구와 질문에 응답하고, 그 가능성을 탐색하려는 시도들 속에서 본격적으로 전개된다.

한편 80년 5월 30일 광주의 진상을 알리는 '동포에게 드리는 글'을 남기고 기독교 회관에서 투신한 대학생 김의기와 같은 해 6월 9일 노동3권 보장과 광주 학살에 대한 전단을 배포하다 신촌역 부근에서 분신한 노동자 김종태를 시작으로, 6월 항쟁과 노동자 대투쟁이 있었던 87년을 지나 91년 5월 투쟁에 이르기까지 수십 명의 학생과 노동자가 운동의 과정에서 스스로 죽음을 선택했다.[1] 그리고 이보다 더 많은 이들이 투쟁의 과정에서 국가폭력에 희생되는데, 전두환 정권은 이들의 죽음을 병사나 사고사로 은폐·조작하고, 폭력의 흔적을 지울 수 없는 시신을 탈취하여 매장·화장하거나 거리에 유기하는 일이 허다했다. 특히 사회운동을 하던 젊은이들이 군에 입대한 뒤 의문의 죽음을 당하거나, 수배 중이던 노동자와 대학생이 대공과에 연행된 후 시신으로 발견되곤 했다.

이처럼 80년대는 국가폭력에 의한 죽음[2]이 일상화된 "예외상태가 상

---

1 일반적으로 역사학과 사회학에서는 80년대를 80년 신군부 집권에서 83년 유화조치까지, 유화조치 이후 85년 2·12 총선까지, 총선 이후 87년 6월 항쟁까지, 6월 항쟁 이후 89년 공안정국까지, 공안정국 이후 91년 5월 투쟁까지로 구분한다. 엄밀하게 말하면 91년 5월 투쟁은 80년대에 일어난 사건은 아니지만, 투쟁의 과정에서 국가에 저항하는 자발적 죽음이 연이어 발생했으며, 이 사건을 기점으로 '죽음'을 저항의 동력으로 삼았던 80년식 사회운동이 막을 내린다는 점에서 본고에서는 91년 5월 투쟁까지를 80년대에 포함해 다루고자 한다.

2 추모연대 홈페이지에 등록된 열사들의 사망원인은 다음과 같다.

	분신	투신	타살	의사	음독	할복	의문사	소계
전두환 정권 (1980~1987)	17명	6명	4명	2명	2명	0명	21명	52명
노태우 정권 (1988~1991)	36명	5명	7명	1명	2명	1명	17명	69명

례"[3]화 된 시간이었고, 산 자들은 바로 이 죽음을 운동의 근원적 동력으로 삼아 새로운 정치적 공간을 구성하고 저항과 연대를 실천하고자 했다. 본 논문에서 주목하는 것은 바로 80년대를 특징짓는 하나의 사회적·정치적 현상으로서, 국가폭력이 원인이 되어 발생한 '사건으로서의 죽음'이다. 죽음에 사건의 지위를 부여하는 까닭은 우선 인간이라면 누구나 겪는 생로병사의 마지막 관문으로서의 자연스러운 죽음과 변별하기 위해서이다. 그리고 오월광주를 중심으로 국가폭력에 의해 발생한 죽음을 80년대의 정치적 주체들을 탄생시킨, 바디우적 의미에서의 '사건'으로 해석하고자 하기 때문이다.[4]

자세한 내용은 추모연대 홈페이지 http://www.yolsa.org/ 참고.

3 발터 벤야민, 「역사의 개념에 대하여」, 『역사의 개념에 대하여/폭력비판을 위하여/초현실주의』, 최성간 옮김, 도서출판 길, 2008, 337쪽.

4 바디우에 따르면 사건이란 "위치지어져 있으면서 동시에 잉여부가적이다." 위치지어져 있다는 것은 특정한 정치적·사회적·문화적 맥락 속에서 사건이 출현한다는 것이며, 잉여부가적이란 사건이 주어진 상황을 지배하고 규제하는 "의견 및 제도화된 지식과는 '다른 것'을 도래"시킨다는 점이다. 사건은 예측 불가능하게 나타나서 우리의 앎과 믿음을 무너뜨리며, 기존의 상징체계에서는 알려지지 않은 것의 존재를, 다시 말해 '공백'을 기입시킨다. 한편 사건은 나타나자마자 사라지는 잉여적 부가물이지만, 바디우에게 있어 주체는 언제나 사건과 더불어 생성된다. 먼저 사건은 이를 대면한 이들로 하여금 "새로운 존재방식을 결정하도록 강요"한다. 이에 따라 사건에서 진리를 목도하고 이에 충실하려는 자들의 삶은 이전과는 다른 존재방식과 행동방식을 발명하는 과정으로 변모하게 되는데, 이 충실성의 담지자를 바디우는 '주체'라고 명명한다. 따라서 주체는 사건 이전에 존재할 수 없으며 고정된 실체의 자리를 점유하는 것도 아니다. 사건에 충실한 과정 속에서만 비로소 '주체'가 된다. 그리고 한 사건에 대한 주체의 충실성 속에서 생성되는 것이 바로 '진리'이다. 따라서 진리 또한 사건 이전에 존재할 수 없으며 불변의 절대적 지위를 부여받지 못한다. 진리는 언제나 사후적으로 구성되는 것으로 기존의 체계에서는 존재하지 않았던 것들의 존재를 선언하고, 가치 없다고 여겨지던 것들의 가치를 강제하는 '후사건적 주체의 충실성'이 지속되는 한에서만 진리가 드러난다. 이것이 바디우의 '진리들의 윤리학'이 지시하는 바, 진리는 언제나 복수이며 충실성이라는 주체의 윤리적 수행에 의해서만 존재한다. 사건, 주체, 진리의 관계에 대해서는 알랭 바디우, 『윤리학』, 이종영 옮김, 동문선, 2001, 53~71쪽 참고.

주지하듯이 죽음은 우리의 감각과 경험을 초과하는 대상이다. 죽음이란 '아직' 경험되지 않은 것으로 삶에 '이미' 각인되어 있다는 점에서 감각과 경험체계의 공백으로 존재한다. 따라서 살아있는 자에게 죽음은 언제나 타인의 죽음을 통한 추체험일 수밖에 없고, 또한 살아있는 자들의 기억과 언어를 통해서만 죽음은 현존하는 것이 된다. 죽음이 지닌 이러한 아포리아는 무엇보다 죽음이 재현의 대상이며, 재현된 것을 통해서만 접근가능하다는 사실을 방증한다. 죽음은 '알 수 없는 것'으로 끊임없이 재현의 욕망을 추동하며, 우리는 '알지 못하는 자'의 언어로 재현된 것을 통해서만 비로소 죽음에 다가선다. 따라서 80년대의 죽음에 주목하겠다는 것은 죽음의 재현과 이를 둘러싼 담론을 읽어내는 작업에 다름 아니다.

그런데 재현(representation)이라는 단어에는 두 가지 의미가 공존한다. 하나는 현실, 사건, 사물 등을 '다시(re) 나타내다(present)'이며, 다른 하나는 이를 통해 나타난 것들을 '대표하다(represent)'이다. 문제는 재현이 지닌 의미의 이중성, 즉 '나타냄'과 '대표함'이 종종 서로 전이되거나 착종되어 드러난다는 사실이다. 이때에 재현한다는 것은 '나타냄으로서 대표함' 혹은 '대표함으로 나타남'으로 귀결되며, 이는 80년대의 죽음을 둘러싼 재현의 장에 있어서도 대표와 잔여를 분리·호명하는 포섭과 배제의 이중적 전략이 작동되었음을 방증한다. 따라서 본 논문은 다음의 두 가지 작업을 진행한다.

하나는 당대에 생산된 기사와 민주화운동단체들의 성명서, 추모사, 발기문 등의 자료를 대상으로 80년대의 죽음이 재현되는 양상을 분석하는 것이다. 특히 국가 공동체와 민족·민중 공동체의 경계를 설정하고, 그 공동체의 주권권력을 회복·전복하려는 지배권력과 저항세력의 정치적 기획이, 죽음을 몇 개의 고유명으로 고정화하는 상징전략에 주목할 것이다. 다른 하나는 이 고유명에서 배제된, 죽음의 잔여를 형상화하고 있는 김소진의 소설 「열린사회와 그 적들」과 6월 항쟁 당시 명동성당에서의 농성과정을 담은 김동원 감독의 다큐멘터리 〈명성, 그 6일의 기록〉을 분석하는 것이다. 이 과정에서 87년 6월 항쟁 이후 지배적 담론 속에서 혁명의 곤경으로 취급되었던 '빈민'의 존재와 이들이 꿈꾸었던 '민주화'에 대해 탐색해 보고자 한다.

본 논문의 주제와 연관된 80년대 죽음에 관한 연구는 죽은 자들의 이름과 삶을 사실적으로 기록·정리하고 죽음의 구체적인 원인을 확인·기술하는 작업[5]을 제외한다면, 오랜 시간 학술적 논의의 대상에서 제외되어 있었다. 이는 물론 객관적 학문의 연구 대상이 될 만큼, 80년대에 대한 연구자들의 시간적·감정적 거리가 확보되지 못한 탓이 크다. 그러나 이보다 더 근본적인 이유는 그동안 80년대의 죽음이 진보와 보수라는 틀 속에서 정치적 아젠다를 위한 사건으로 호명됨으로써, 강력한 정치색을 띤 주제가 되었기 때문이다.

그런데 비교적 최근 몇 년 사이에, 주로 역사학과 사회학 분과에서 죽음을 통해 80년대를 이해하려는 논문들이 발표되었다. 이 결과물들을 '열사'에 대한 연구로 묶을 수 있는데, 김원, 김정한, 천정환의 논의가 이에 해당한다. 먼저 김원[6]은 열사의 죽음이 적대와 분노의 정념을 생산함으로써 새로운 정치 공동체를 형성하는 계기가 되는 과정을, 김정한[7]은 열사의 죽음을 추모하는 행위를 통해 열사를 정치주체의 모범으로 상징화하는 과정을 분석한다. 한편 천정환[8]은 노동열사의 기원이라 할 수 있

---

5 이 작업의 결과들은 민주화운동 기념사업회 홈페이지와, 전국민주화운동 유가족협회(유가협) 홈페이지 그리고 민족민주열사·희생자 추모·기념단체 연대회의(추모연대) 홈페이지에서 확인할 수 있다.

6 김원, 「전태일 분신과 '노동열사' 탄생의 정치」, 『민족문학사연구』 59, 민족문학사학회·민족문학사연구소, 2015.

7 김정한, 「1980년대 운동사회의 감성-애도의 정치와 멜랑콜리 주체」, 『한국학연구』 33, 인하대학교 한국학연구소, 2014.

8 천정환, 「열사의 정치학과 그 전환: 2000년대 노동자의 죽음을 대상으로」, 『문학과학』 74, 문학과학사, 2013; 「죽음과 정치, 자살의 문화정치 1·2」, 『말과 활』 4·5,

는 전태일의 죽음으로부터 2000년대까지 꾸준히 이어진 노동자들의 '자살'에 주목하고, 열사의 죽음에 내포된 연속성과 불연속성에 대해 살피고 있다. 특히 저자가 문제 삼는 것은 이명박 정권이 출범한 이후 노동자들의 죽음이 잇따라 일어남에도 이것이 집합적 연대로 이어지지 못하고 숭고한 개인의 희생으로 귀결된다는 점이다. 그리고 이는 "노동자들을 출구 없는 압박"으로 몰아가는 노동현실과 "노동운동이 처한 심각한 위기 상황의 반영"이라고 지적한다.

최근 '열사'에 대한 연구들은 노동자가 처한 한계상황에 대해 동일한 문제의식을 공유하고 있으며, 이를 타개하기 위한 방법과 전망을 80년대의 사회운동에서 발견하려는 시도들이다. 이는 오랜 시간 학술적 논의의 대상에서 제외되었던 죽음을 가능성을 품은 하나의 사건으로 다시 사유한다는 점에서 의미 있는 연구들이라고 할 수 있다. 그러나 오늘날 노동의 성격과 노동자가 처한 현실이 80년대와 동일하지 않은 것처럼, 80년대의 운동방식은 더 이상 가능하지 않으며 지금의 대안이 될 수도 없다. '열사의 정치'는 이미 실패한 형식이며, '열사'란 그 과정에서 죽음에 부여된 고유명이다. 따라서 실패의 고유명을 읽는 작업만으로는 부족하다. 죽음을 상기하는 것이 정치적 가능성으로 연결되기 위해서는 무엇보다 고유명의 잔여들, 봉인된 기억의 영역이 발견되어야 하며 이에 대한 작업이 계속될 때 천정환의 바람처럼 오늘날 "노동자 주체의 재구성"이 어떻게 가능한지에 대해 논의할 수 있을 것이다.

죽음이 재현된 것을 통해서만 다가갈 수 있는 대상이라면, 문학을 비롯한 예술은 죽음의 잔여를 발견할 수 있는 가능성의 장이라는 믿음이 본 연구의 시작점이다.[9] 개별적 인물과 사건들에 의미와 가치를 부여하

일곱번째숲, 2014.

9 주지하듯이 80년대는 문학이 정치이기를, 글 쓰는 행위 또한 운동이기를 요구하던 시대였다. 이에 따라 다수의 문학작품에서 당대의 저항세력이 죽음을 호명하고 이를 고정화하는 방식과 동일한 형상화가 반복되는 것이 사실이다. 특히 6월 항쟁

고 이를 선형적 시간 속에 배치한 결과물이 역사[10]라면, 이렇게 서술된 역사는 우리의 공식기억과 상징체계를 공고히 하는 지배적 요인으로 작동한다. 반면 문학은 근본적으로 이 매끄러운 장에 균열을 일으키는 작업이다. 문학은 역사에 기록되지 않은 봉인된 사건과 잊혀진 기억들, 당대의 상징체계에서는 의미와 가치를 부여할 수 없는 비루하고 남루한 존재들 속으로 파고들어가, 우리의 공식기억과 상징체계의 구멍 뚫린 맨얼굴을 드러낸다. 따라서 본 논문은 80년대의 죽음이 어떻게 포섭과 배제의 이중 과정을 거쳐 왔는지를 비판적 시각에서 분석하고, 배제된 죽음과 그 속에 담긴 꿈이 형상화된 문학적 파편들을 찾아 읽음으로써, 80년대에 대한 지배적 담론과 기억에 새로운 분절화를 일으킬 계기를 발견하려는 시도의 첫걸음이다.

이후 '운동으로서의 문학'이라는 강력한 구호 아래 '전형적 상황에서의 전형적 인물'의 창조가 리얼리즘의 지향으로 제시됨으로써, 문학의 서사와 형식에도 편향성과 고정화의 경향이 뚜렷이 나타난다. 흔히 80년대를 '문학적 암흑기'라 말하는데, 문학이 정치에 기울어진 만큼 미학적 실험이 부족했다는 점에서 이는 일면 타당한 평가라고 할 수 있다. 그러나 80년대 문학은 그 면면을 톺아보기도 전에 혁명에 대한 냉소와 더불어 긴급한 청산의 대상이 되었으며, 이에 대한 평가 또한 90년대와의 선명한 대비 속에서 당대의 문학과 담론의 흐름을 주도했던 이들에 의해 구성되었다는 점 또한 간과할 수 없는 사실이다. 80년대 문학에도 당대의 지배적 담론에 포섭되지 않으면서 차이를 만들어내는 작품들이 존재하며, 따라서 파편처럼 흩어져 있는 작품들을 찾아 읽는 작업은 80년대를 탈90년대적 시각에서 재평가하는 계기가 될 수 있을 것이다.

10 여기에서 역사는 벤야민이 '보편사적 역사서술'로 지칭한 것을 의미한다. 주지하듯이 벤야민에게 역사와 과거는 두 가지로 계열화된다. 이미 씌어진 역사와 아직 씌어지지 않은 역사 그리고 승리자들의 시간과 억눌린 자들의 시간이 그것이다. 이는 각각 보편사적 역사서술과 유물론적 역사서술로 지칭되는데, 전자는 균질하고 공허한 시간을 채우기 위해 승리자의 사실 더미들을 기록한 것이라면, 후자는 이 기록들을 거슬러 솔질하며 그 속에 묻혀 있는 억압받은 자들의 시간을 포착하고 그들의 이루지 못한 꿈을 회복시키는 작업이다. 따라서 이른바 '대항역사'로 불리는 일련의 작업은 여기에서 제외된다. 발터 벤야민, 앞의 책, 336쪽.

국가폭력의 정당화와 제거되는 '비국민'

1980년대는 무엇보다 죽음이라는 공백과 대면한 시대였다. 특히 국가폭력이 일상에서 가시적으로 드러나고 이로 인한 시민들의 죽음이 빈번하게 일어나는 상황은 신군부의 정당성에 봉합할 수 없는 균열을 가져왔으며, '국가란 무엇인가'에 대해 근본적으로 사유할 것을 요구했다. 그리고 이때 죽음을 어떻게 재현할 것인가의 문제는 현존하는 정권과 이에 저항하는 세력이 구성하려는, 공동체의 경계를 설정하고 그것에 의미를 부여하는 일과 긴밀히 연결되어 있었다. 다시 말해, 죽음을 재현하는 일이 곧 정치적 행위였던 것이다.

따라서 신군부가 생산했던 5·18 담론의 상징전략은 바로 국가폭력의 정당화였다. 중요한 것은 국가가 폭력을 행사했다는 사실 자체에 있는 것이 아니라, '어떤 상황에서 누구에게 행사했는가'하는 문제에 놓여있는 것이다. 전쟁과 같이 국민의 안전과 생존이 불안한 상황에서 이를 위협하는 대상을 향해 무력을 사용했다면, 그것은 국민을 지키기 위해 행사된 정당한 폭력으로 인정되기 때문이다. 따라서 신군부의 5·18 재현에 있어서 핵심이 되는 것은 바로 국가가 지켜야 할 국민과 무력으로 제압해야 할 대상을 구별하는 것, 즉 국민과 비국민의 경계를 설정하는 일이었다.

> 지난 18일 수백 명의 대학생들에 의해 재개된 것은 상당수의 타 지역 불순인물 및 고첩들이 사태를 극한적인 상태로 유도하기 위하여 여러분의 고장에 잠입, 터무니없는 악성 유언비어의 유포와 공공시설 파괴·방화, 장비 및 재산 약탈행위 등을 통하여 계획적으로 지역감정을 자극, 선동하고 난동행위를 선도한데 기인된 것입니다. 이들은 대부분이 이번 사태를 악화시키기 위한 불순분자 및 이에 동조하는 깡패 등 불량배들로서 급기야는 예비군 및 경찰의 무기와 폭약을 탈취하여 난동을 자행하기에 이르렀으며 이들의 극한적인 목표는 너무나도 자명하

며 사태의 악화는 국가 민족의 운명에 파국적인 결과를 초래할 것이 명약관화한 것이 사실입니다. 본인은 순수한 여러분의 애국충정과 애향심이 이들의 책동에 현혹되거나 본의 아니게 말려들어 돌이킬 수 없는 국가적 파탄을 자초하는 일이 없도록 조속히 이성을 회복하고 질서유지에 앞장서주시기 바라며 가정과 지역의 평화적 번영을 위하여 맡은 바 생업에 전념해 주시기를 충심으로 당부하는 바이며 다음과 같이 경고합니다.[11]

처음으로 신군부가 국민의 경계 밖으로 밀어낸 대상은 '깡패와 불량배 등 현실불만세력'이다. 인용문은 계엄사령관 이희성의 첫 번째 담화문으로, 이는 오전 방송을 통해 발표했던 것을 수정해 신문에 게재한 것이다. 오전 발표에서는 "서울을 이탈한 학원 소요 주동 학생 및 깡패 등 현실불만세력이 대거 광주로 내려가 사실무근한 유언비어를 날조해 퍼트린데 기인"한다며, '학생과 깡패'를 5·18의 핵심집단으로 동시에 지목했다. 그러나 신문에 게재된 담화문에는 학생들의 평화적인 시위와 깡패·불량배의 폭력적인 난동을 구분하고, 불만세력의 선동에 의해 학생들이 시위를 일으킨 것으로 수정된다.[12] 그리고 이러한 학생과 폭도의 구분은 "법을 어기고 난동을 부리는 폭도는 소수에 지나지 않고 대다수의 주민 여러분은 애국심을 가진 선한 국민임을 잘 알고 있"다는 표현에서 드러나듯, 다수의 선한 국민과 소수의 악한 폭도를 분리하는 것으로 이어진다.

신군부의 첫 번째 상징전략은 전체 국민의 안전을 위협하는 소수 폭도들의 사건으로 5·18을 재현하는 것이었다. 그리고 이러한 재현의 틀 속에서 계엄군의 폭력은 국가의 안녕과 질서를 유지하기 위해, 소수 폭

11 「계엄사령관 이희성 담화문(1980.05.21)」, 『광주오월민중항쟁사료전집』, 한국현대사사료연구소편, 풀빛, 1990, 58쪽.

12 최정운, 『오월의 사회과학』, 오월의 봄, 2012, 44쪽.

도들을 향해 불가피하게 행사된 정당한 무력행위로 규정된다. 그러나 사건 발생 초기에 5·18의 핵심세력으로 지목되었던 '현실불만세력'은 시간이 지남에 따라 뒤로 물러나는 양상을 보인다. 왜냐하면 소수 폭도들에 의한 사건이라는 재현은 5·18이 광주시민의 항쟁으로 확장됨으로써 설득력을 상실했기 때문이다. 따라서 광주시민을 움직이게 만든 원인, 즉 '지역감정'과 '배후세력'을 발명하는 것이 신군부의 두 번째 전략이었다.

이희성이 31일에 발표한 담화문에는 처음에 언급되지 않았던 두 인물이 5·18의 배후세력으로 새롭게 등장하는데, 바로 간첩 이창용과 정치인 김대중이다.[13] 남파간첩 이창용으로 제시된 북괴의 고첩과 이에 협력하는 불순분자들, 그리고 불순한 정치적 목적을 달성하기 위해 학생들을 배후에서 조종해온 김대중을 '광주폭동사태'의 배후세력으로 지목한 것이다. '불순분자 및 고첩'은 사건 발생에서부터 줄곧 비국민으로 지목된 대상이었다. 6·25전쟁에 대한 역사적 기억과 남북분단이라는 정치적 상황은 국민이라는 공동체를 상상하는 데 있어서 북한을 중심적 타자로 자리하게 했다. 특히 정권의 정당성에 균열이 벌어질 때마다 북한과 간첩의 존재를 부각시켜 위기설을 유포하고, 북에 대한 적의를 고취시키는 반공교육을 시행함으로써, 당시 '북한'을 국민의 타자로 설정하는 구

13 "조직적이고 치밀한 배후조종과 교묘한 선동을 통하여 광주지역 시민들의 지역감정을 촉발, 흥분시킴으로써 걷잡을 수 없는 군중심리의 폭발로 유도하여 사태를 최악의 상황으로 몰아넣은 데에는 첫째, 북괴의 고첩과 이에 협력하는 불순위해분자들의 책동으로서 전남 남해안을 통해 상륙침투하여 광주일원에서 활동타가 서울로 잠입, 공작임무를 확산시키려다 23일 검거된 남파간첩 이창용의 그간 필답심문에 의한 진술과 당국에 포착된 몇가지 징후가 일치 실증되었으며 둘째, 불순한 정치적 목적을 달성하기 위하여 학생소요사태를 배후 조종해 온 김대중이 광주시의 전남대와 조선대 내 추종학생들을 조종, 선동하여 온 것이 소요사태의 발단이 되었고, 사태의 악화와 폭동화 과정에서 광주시내 골수추종분자들이 단계적이며 조직적으로 이를 격화시킨 사실이 수사과정에서 계속 판명되고 있는 것입니다." 「계엄사령관 이희성 담화문」, 『경향신문』, 1980.05.31.

도는 익숙하고도 유효한 것이었다. 간첩 이창용의 등장은 신군부가 주동세력의 한 축으로 지목한 '불순분자'에 이름과 사건의 경위를 실재하는 것처럼 부여해 빈약한 설득력을 메우려 했던 것으로 보인다.

그리고 광주의 학생과 시민을 배후에서 조종한 세력으로 마지막에 지목되는 인물이 김대중이다. 반공 이데올로기 하에서 김대중은 "8·15해방 후 좌익 활동에 가담한 공산주의자이며, 근래에 북괴노선에 동조하는 반국가단체를 만들고 불순분자와 접촉하는 등 반민족적 반국가적 행동을 자행"[14]한 인물이라는 점에서, 신군부 입장에서는 '비국민'으로 지목할 수 있는 분명한 대상이었다. 또한 전라도 차별에 대해 광주시민들이 가지고 있던 설움이 독재정권 하에서 김대중이 겪은 정치적 수난과 긴밀하게 결합되어 있던 당시의 상황은, 광주시민의 지역감정을 선동하여 자신의 "불순한 정치적 목적"을 달성하려 했다는 신군부의 주장에 설득력을 부여하는 것이기도 했다.

여기서 흥미로운 것은 지역 '감정'과 대비되는 '이성'이라는 단어를 적극적으로 활용하고 있다는 점이다. 광주에서 벌어진 일은 '냉철한 이성으로서는 상상할 수 없는', '흥분과 광기에 가까운 군중심리의 폭발'이 불러온 사태로, '조속히 이성을 회복하여 질서유지에 앞장서'라는 것이 계엄사에서 반복해 경고하는 내용이었다. 이러한 감정과 이성의 구분은 정당한 공권력의 적용 대상을 무한히 확장하는 결과를 낳는다. 즉, 이성적인 행동을 하는 자만이 '국민'의 영역에 안전하게 자리할 수 있으며, 과도한 감정이나 흥분 상태에서 행동하는 자는 언제든 공동체 밖으로 배제되어 폭력으로 제압할 수 있는 대상이 되는 것이다.

신군부의 최종적 입장을 담은 31일 담화문은 5·18을 배후세력에 의해 조종·선동된 광주시민의 군중심리가 폭발한 사건으로 규정함으로써, 결과적으로 반독재민주화 투쟁에 자발적 참여자들이었던 광주시민을 비

14 「계엄사 발표: 김대중 등 37명 내란음모 혐의」, 『경향신문』, 1980.07.04.

이성적·비정치적·비주체적 존재로 재현해낸다. 이는 국가폭력에 의해 죽어간 광주시민을 '국가'라는 공동체에서 제거함으로써 신군부의 폭력과 전두환 정권의 정당성을 세우려는 상징화 전략이었다. 그리고 이러한 재현 방식은 이후 사회운동의 과정에서 벌어진 죽음에 대해서도 유사한 구도와 논리로 반복·적용된다.

특히 분신과 투신 등 자발적 죽음에 대해 정부는 사회의 부적응자 혹은 정신이상자 몇몇의 잘못된 선택이거나, '좌경용공으로 의식화된 소수'에 의해 벌어진 사건으로 기사화하면서 선한 다수와 악한 소수의 구분을 반복한다. 그리고 여기에 죽음의 배후세력이 있다는 논리가 다시 덧붙여진다.[15] 이는 특히 91년 5월 투쟁에서 정점에 달하는데, 노태우 정권에 항의하는 투쟁의 과정에서 노동자의 분신이 계속되자 정부는 서강대 박홍 총장을 통해 "죽음의 블랙리스트가 있다"고 발표한 것이다. 그에 따르면 사전에 죽음을 조작하고 죽을 자의 명단을 작성한 세력이 있으며, "사상과 행동의 혼돈을 겪고 있는 젊은이들에게 거짓 이념과 영웅 환상을 고취하고 있는 죽음의 세력이 존재하지 않고는"[16] 지금과 같은 연이은 분신은 설명되지 않는다는 것이다.

죽음에 대한 지배권력의 이와 같은 재현은 공동체의 내부와 외부를 가르는 기준으로 작동한다. 바우만은 레비스트르스의 논의를 빌어 인류의 역사에서 공동체의 타자성 문제를 해결할 필요가 있을 때마다 '뱉어내는 전략'과 '먹어치우는 전략'이 사용되었다고 설명한다. 첫 번째 전략은 교정할 수 없을 만큼 낯설고 이질적인 타자를 공동체에서 추방하는

15 대표적인 사례로 86년에 연이어 일어난 김세진, 이재호, 이동수 등의 죽음에 대해 민통령 의장 문익환을 배후세력으로 제시한 것을 들 수 있다. '좌경용공세력의 핵심조직인 민통련의 문익환 의장은 (…) 좌경운동권 학생들이 주도한 학원의 불법집회에 직접 참석, 이들을 선동하고 극렬소요를 유발함으로써 학원사태를 더욱 악화시키고 급기야는 감성적인 학생을 분신자살토록 하는 무책임한 행위까지 야기하였다." 「민주화 위장, 북괴노선 수용」, 『경향신문』, 1986.11.13.

16 「죽음에 배후세력 있다」, 『조선일보』, 1991.05.10.

것이며, 두 번째 전략은 타자의 이질성을 교정하여 타자성 자체를 유예하거나 무효화한 후 공동체에 편입시키는 것이다.[17] 80년대는 국가에 대한 분노와 저항이 사회의 보편적 인증을 획득했던 시대였던 만큼, 이들 모두를 공동체의 구성원에서 배제하는 것은 공동체 자체를 붕괴시킬 위험을 내포하는 것이었다. 따라서 분노하고 저항하는 자들은 구분되어야 했다.

다수의 시민과 학생은 단지 '혼돈과 혼란'의 상태에 놓여 있을 뿐, 죄가 있다면 그들에게 '거짓 이념과 영웅 환상'을 고취시킨 소수의 좌경용공 세력에게 있으며, 시민과 학생은 올바른 교육을 통해 '안녕과 질서'의 상태로 이끌면 되는 것이다. "대학생들의 분신자살 기도 사건은 (…) 젊은이들에 대한 교육이 잘못돼있음이 원인이다. 학생들이 자신의 주장을 솔직히 표현할 수 있도록 하면서 또한 절제할 수 있도록 교육해야 한다."[18] "우리는 단 하나밖에 없는 소중한 목숨을 정치적 주장의 제물로 바친 데 대해서도 찬동할 수 없다. 생명의 외경을 제대로 못 가르친 기성세대의 책임을 통감하면서 자식의 죽음 앞에 실신한 부모의 심정으로 함께 오열하고 싶은 심정이다."[19]

이렇게 지배권력의 담론 속에서 자발적 죽음은 자신의 감정과 주장을 절제하지 못하고 생명의 소중함을 깨우치지 못한 젊은이들의 잘못된 선택의 결과로 그려지며, 이에 대한 책임은 이들을 제대로 교육하지 못한 기성세대 전체에게로 돌려진다. 이들의 죽음에서 독재와 자본에 저항하는 투쟁의 정신이, 민주주의와 노동해방에의 꿈이 먹어치워지는 것이다. 그리고 이 과정을 거쳐 다수의 시민과 학생은 공동체의 적법한 구성원으로 다시 자리하게 된다. 반면 진짜 죄는 다수를 배후에서 조종한 악한

17 지그문트 바우만, 『액체근대』, 이수일 옮김, 도서출판 강, 2009, 164~165쪽.

18 「인간의 생명은 모든 가치 위에 있는 것」, 『동아일보』, 1986.05.21.

19 「과격은 민주화에 역행: 분신점거 선동은 정당화될 수 없다」, 『동아일보』, 1986.05.22.

소수에게 물어진다. 지배권력은 병리학적 진단에 힘입어 이들을 '암세포', '전염병균'으로 규정하기를 주저하지 않는다.[20] 하나의 신체와 같은 사회 전체의 건강함을 유지하기 위해서 암이나 병균은 당연히 제거되어야 하는 것이다. 따라서 공동체 외부로 사회의 암적 존재들은 밀어내지며, 이때 국가폭력은 이들을 제거하기 위한 수단으로써 정당화된다.

죽음의 시·공간적 보편화와 '열사'라는 고유명

지배권력이 5·18을 악한 소수에 국한된 사건으로 재현했다면, 저항세력은 이에 대항하여 오월광주에서의 죽음을 보편화하는 데 주력한다. 그것은 시·공간의 두 방향성을 가지고 동시에 이루어지는데, 먼저 시간적으로는 5·18을 이전의 역사적 사건들과 연결함으로써 민족의 수난사에 위치시키는 것이며, 공간적으로는 광주만이 아니라 이 땅에 살아있는 모든 이들과 긴밀히 연관된 죽음으로 재현하는 것이다. 그리고 이는 새로운 공동체와 정치적 주체를 구성하려는 저항세력의 핵심적인 상징 전략이었다.

> 우리가 지금 이 순간을 슬퍼해야 하는 것은 그날이 '추억'이라는 사실입니다. 해방이 우리의 현재의 일상이 아니고 간직해야 할 과거의 추억이며 다시 이룩해야 할 미래의 목표라는 사실입니다. 해방 39주년을 기념하는 이 자리가 가장 반 해방적인 분위기에 휩싸여 있다는 사실은

---

20 "소수가 다수의 침묵 아래 공공연히 좌경선명성경쟁을 벌일 수 있는 한 가지 요인은 그동안의 학생운동에 대한 어설픈 관용에서도 찾아볼 수 있다. 4·19 이후 우리 사회에는 데모를 「때 묻지 않은 학생들이 현실비판에 나선 의로운 행위」로만 보아왔던 게 일반적인 풍조였다. 웬만한 학원폭력이나 궤도 이탈 정도는 방법론상의 문제 정도로 눈감아 준 것이 사실이었다. 이것이 오늘의 중병이 되었다. (…) 「이 땅의 자경용공에 대해서는 단호하며 어느 선까지 침묵했던 다수도 마침내 결집, 암세포를 스스로 제거할 것이다」는 다수의 목소리가 점차 높아져가고 있다. 다수의 침묵과 어설픈 관용의 시대는 끝나가고 있는 것이다." 「좌경을 직시하자⑥ 오염되는 대학가」, 『경향신문』, 1986.10.22.

그 자체 거대한 역설이고 모순입니다. 그리고 또한 이 시대를 걸머지고 나가야 할 우리가 선열들에게 빚지고 있는 커다란 부끄러움입니다. 1945년 8월 15일 그날 이후 패권주의 제 세력이 그 하수인인 국내 매판 세력과 다시 손을 잡고 이 땅을 유린하고 있는 동안 민족분단이 있었고, 동족상잔의 전쟁이 있었고, 민중의 궁핍이 있었고, 자율적 생산구조의 절멸이 있었그, 매판정권의 이름만 바꾼 교체가 있었으며, 4·19와 5·16이 있었고, 10·26이 있었고, 그리고 광주항쟁과 그 짓밟힘이 있었습니다. 이 사실이 의미하는 바는 명백합니다. 그것은 신식민주의, 지금도 우리 앞에 최대의 질곡으로 엄존하고 있고 우리는 그로부터 해방되어 있지 않다는 사실입니다. 해방 없는 해방 기념일, 그것이 오늘입니다.[21]

인용문은 민주화운동청년연합(이하 민청련)이 출범[22]한 후 처음으로 8·15를 맞아 발표한 기념사인데, 여기에는 당시 대학생을 비롯한 지식인이 한국의 현대사에 대해 가지고 있던 공통된 인식이 담겨있다. 그것은 해방 후 우리가 걸어온 길은 '실패한 역사'이며, 따라서 '진정한 해방'은 아직 오지 않았다는 평가이다. 이 글에 따르면 1945년 8월 15일 해방

---

21 「대한독립 만세의 함성이여! 민족해방의 참다운 뜻이여!-8·15해방 39주년 기념사」, 『5·18 광주민주화운동 자료총서2』, 광주광역시 5·18사료편찬위원회, 1997, 447~448쪽.

22 83년 9월 30일, 김근태와 이해찬을 비롯한 민주인사들과 60명에 가까운 청년이 모여 새로운 민주화운동의 시작을 선언하며 민청련의 출범식을 갖는다. 다음은 김근태 의장에 의해 낭독된 창립선언문의 일부분이다. "오늘의 이 모임은 지난 20여 년간에 걸친 반독재민주화 투쟁을 통해 성장 발전해온 운동역량의 값진 결실이며, 특히 저 80년 5월의 피맺힌 민중항쟁에서 솟아오르는 운동역량의 결단이다. 우리는 동학농민전쟁 이래 면면히 지속되어 온 항일민족해방투쟁, 4·19 민주혁명, 5월 민중항쟁의 반식민, 반봉건, 반독재 민족운동의 횃불을 이어받고자 하며, 도도한 역사적 흐름으로써의 인간 해방과 세계 인류의 평화와 진보를 위한 고난에 찬 투쟁에 적극적으로 참여하고자 하는 것이다. (…) 우리에게는 사랑과 신뢰가 있기에 민중 지지와 참여가 확대될 것이며, 승리에 대한 확신과 치열성이 있기에 당당함이 있을 것이다. 민주주의 만세! 민주화운동 승리 만세!" 「민주, 민중, 민족 통일을 우리 모두에게」, 앞의 책(1997), 328~329쪽.

을 맞이하였으나 외세의 압력과 국내 매판세력으로 인해 결국 '분단'이라는 민족사의 비극을 짊어지게 되었고, 이후 "매판정권의 이름만 바꾼" 이승만과 박정희가 정권을 잡게 됨으로써 다수의 민중이 착취·탄압당하는 수난이 계속되었다. 해방 직후와 4월 혁명 그리고 80년 민주화의 봄은 우리의 빗나간 역사를 바로잡을 수 있는 가능성의 시간이었으나, 그 중요한 시기마다 반동의 도래를 철저하게 인식하지 못함으로써 민중은 반복적으로 패배해왔다는 것이다.

따라서 5·18은 "패배할 수밖에 없는 싸움"이 된다. 그것은 민중의 패배가 반복되었던 현대사의 당연한 귀결이며, 가능성의 시기에 역사를 바로잡지 못해 벌어진 커다란 희생이다. 따라서 5·18이라는 사건과 광주시민의 죽음은 반동의 도래를 막아내지 못했던, 역사를 바로잡지 못했던 우리들 전체의 책임인 것이다. 그리고 민중이 역사의 주체가 되는 진정한 해방은 아직 오지 않았으므로 "해방 없는 해방 기념일" 이것이 오늘의 우리가 놓여있는 현실이며, '해방'은 함께 싸워서 이룩해야 할 '미래의 목표'로 주어진다.

이렇게 5·18을 민족의 수난사로 해석하면서 '진정한 해방'을 투쟁의 목표로 제시하는 것은 먼저 저항세력이 구성하려는 공동체의 경계를 설정하는 일과 긴밀히 연결된다. '해방'은 아직 오지 않았다는 진단은 5·18과 식민지적 기억을 연결함으로써, 민족을 탄압했던 일본의 자리에 전두환 정권을 위치시킨다. 민족의 적이었던 일본과 마찬가지로 민중을 폭력으로 탄압하는 독재정권은 '반민족적, 반민주적, 반민중적' 세력으로써 공동체의 적으로 규정되는 것이다. 이와 함께 5·18을 일으켰던 신군부의 배후에 이를 승인하고 지원했던 미국이 있다는 사실이 밝혀지고, 이것이 미·소 제국주의에 의한 분단의 기억과 연결되면서 북한과 미국의 위치가 재설정된다. 다시 말해 오랜 시간 '친구'였던 미국은 민족을 분열시키고 독재정권을 지원하는 세력으로써 공동체의 적으로 밀려나는 한편, 분단 이후 줄곧 '국민'의 타자로 자리했던 북한은 다시 만날 하나의 '민족'으로써 공동체 안으로 수렴되는 것이다.

한편 광주시민의 죽음을 실패한 역사의 필연적 결과로 해석함으로써 이 땅의 모든 민중에게 책임을 부여하는 것은, 실패의 역사를 승리로 전복시킬 정치적 주체를 호명하기 위한 전략이다. "수난사적 역사인식은 결핍과 결여태로서 자신을 정립하면서 동시에 복원과 재생의 의지를 통한 주체의 재정립"이라는 열망의 표현이다. 즉 수난사에는 "재생을 통한 대주체로의 거듭남이라는 욕망"[23]이 내재하고 있는 것이다.

> 광주는 죽지 않았다. 그날의 함성도 그치지 않았다. (…) 지금도 광주 어느 산기슭에 버려져 있을 열한 살 어린 소년의 차마 감지 못한 두 눈이 우리를 지켜보고 있고, 폭력 정권에 맞서 움켜쥔 조그만 두 주먹이 지하에서 부르르 떨고 있을 지금, 이제 우리는 더이상 폭력에 대한 공포와 좌절감에만 있을 수는 없다. 아직도 초연이 가시지 않은 광주 영령들의 제단 앞에서 우리는 선언한다. 군부의 폭력 앞에 무수한 민주시민들이 쓰러져 간 80년 5월 광주에서부터 이 땅의 민주화운동은 새로운 단계에 접어들었음을. 또 그때 흘린 피로 다져진 이 땅의 민주화운동에 살아있는 우리가 새 깃발을 드높일 것임을. (…) 우리는 80년 5월의 불꽃 속에서 투혼을 안고 태어난 광주의 아들딸들이어야 한다. (…) 역사는 소시민적 안락함과 방관자적 논평을 요구하고 있지 않다. 끊임없는 실천만이 수천 광주시민의 피와 눈물과 죽음으로 얼룩진 5월을 승리, 평화의 5월로 부활시킬 수 있으며, 민주주의에 대한 확신과 헌신만이 그들의 참혹한 시신 아래 묻혀버린 이 땅의 민주주의를 푸른 하늘 아래 꽃 피우게 할 수 있을 것이다. 지금 이 순간 우리 모두는 무엇인가를 하고 있어야만 한다. 민주화운동 승리 만세![24]

---

23 권명아, 「여성·수난사 이야기의 역사적 층위」, 『상허학보』 10, 상허학회, 2003, 150쪽.

24 「아, 5월이여!, 광주여! 영원한 민주화의 불꽃이여!」, 앞의 책(1997), 411~414쪽.

인용문은 5·18 추모대회에서 낭독된 민청련의 추모사인데, 이 글은 5·18을 보편화함으로써 집회에 모인 이들을 정치적 주체로 호명하는 저항세력의 상징전략을 잘 보여준다. "광주는 죽지 않았다"는 첫 문장은 '80년 오월광주'를 당시 살아있는 자들의 시공간과 연결하는 강력한 선언이다. 광주는 국가폭력에 의해 처참히 죽어간 자의 고통과 사랑하는 사람을 잃은 유가족의 아픔으로 살아있다. 그러나 그 고통과 아픔은 광주시민만의 것이 아니다. "이는 이 땅에 살인적 군사정권이 존재하는 한 우리 가족에, 우리 이웃에, 우리 민족에 발생할 수 있는 비극"이기 때문이다. 군사정권이 존속하는 한 5·18은 언제 어디서든 반복될 수 있으며, 현정권의 폭력성을 여실히 증언하는 동시대적 사건으로서 지금 여기에 살아있는 것이다.

이어서 "열한 살 어린 소년"의 서사가 제시된다. '민주'가 무엇인지도 몰랐을 어린 소년이 독재에 맞서 싸우다 산기슭 어딘가에 주검으로 버려져 있으며, 아직도 조그만 주먹을 풀지 못한 채 우리를 지켜보고 있다는 죽음의 서사. 이로 인해 "광주는 죽지 않았다"는 문장은 강력한 수행문적 성격을 갖는다. 국가폭력이 낳은 참혹한 이야기를 전해 들음으로써 그곳에 모인 이들은 '오월광주'의 역사적 목격자이자 증언자가 된다. 또한 소년의 "못다 이룬 꿈을 언젠가" 이루기 위해 이제 자신의 주먹을 움켜쥐고 투쟁을 이어가야 한다는 해원(解冤)의 과제를 받은 자가 된다. 따라서 지금 여기에 살아있는 자들은 "광주의 아들 딸"로 다시 태어나야 하며 잘못된 역사를 바로잡기 위해, 진정한 해방을 이루기 위해 "이 순간 우리 모두는 무엇인가를 하고 있어야만" 하는 것이다.

이렇게 5·18을 시·공간적으로 보편화하면서 새로운 민주화운동의 실천을 요구하는 담론전략은 80년대에 생산된 수많은 발기문, 선언문, 성명서, 추모사 등에 공통적으로 담겨있다.[25] 민청련 이후 새로운 단체들

25 이 같은 내용이 잘 드러난 글의 일부를 제시하면 다음과 같다. "人鬼가 공생하는

이 만들어질 때마다 어김없이 '5월의 영령들'을 부르며 출범했고, '우리의 뛰는 심장과 숨 쉬는 공기' 속에 '먼저 가신님의 원한과 꿈'이 함께 한다는 인식을 공유했다. 나아가 님의 원한을 풀고 꿈을 이룰 투쟁을 살아있는 우리가 이어갈 것이라는 다짐과 승리의 그 날까지 '우리를 채찍질하시고 보호하시라'는 기원 등이 반복적으로 발견된다.

한편 국가와 자본에 저항하다 죽음을 맞은 자들을 정치적 주체의 전형으로, 나아가 인간 존재의 전범으로 제시하는 담론이 구성된다. 폭력이 횡행한 이 시대에 '인간이란 무엇이며, 어떻게 해야 하는가'라는 근본적인 물음 앞에서 저항세력은 '정의로웠기 때문에 먼저 죽은 자'들의 삶을 호출했던 것이다.[26] 이른바 '열사'로 명명되는 이들의 삶, 즉 목숨을

오늘의 음험한 역사의 비탈길에서 분명 님들은 우리 마음에 거하심을 믿기에 우리는 뛰노는 심장과 숨 쉬는 공기 속에 이 모든 말은 님을 대신하고 함께하는 역사적 공동체임을 확신합니다. (…) 죽은 자의 원한 위에 산 자의 분노를 더하여 그 피눈물을 폭탄삼아 민중 승리의 그 날까지 이 땅의 수많은 적들과 순수한 민주적 민족적 투쟁을 그치지 않을 것입니다. (…) 이 땅의 어둠을 사루고 찬란한 내일의 새벽을 고할 태양이 되어 오시면 우리 맨발로 나아가 맞을 민주와 통일의 그 날에 우리 한번 얼싸안고 춤출 찬란한 꽃밭을 이루어주소서." 광주의거유족회회장 전계량, 「5·18 4주기 추모사」, 84.05.18, 앞의 책(1997), 404~405쪽; "5월의 영령들이시여! 이제 우리는 이 뜻깊은 모임에서, 당신들의 숭고한 희생과 민주화와 통일의 의지를 이어받아 굳세게 싸울 것을 다짐하면서 5월의 향불, 항쟁의 향불, 당신들의 한을 달래는 향불 그리고 빛과 희망의 향불을 당신들의 영전에 바칩니다. 민주화와 통일이 이루어지는 그 날까지 우리를 채찍질 하소서! 온 겨레가 얼싸안고 춤추는 그 날 고이고이 잠드소서!" 민주통일민중운동연합 의장 문익환, 「5월의 영령들이시여!: 5·18 5주기 추모대회사」, 85.05.27. 민주화운동기념사업회 오픈 아카이브 http://archives.kdemo.or.kr/ 참고.

26 대표적인 인물로 70년 11월 13일, 서울 평화시장에서 근로기준법 준수를 요구하며 분신한 전태일을 들 수 있다. "전태일 동지시여, 그칠 줄 모르는 노동자들의 투쟁의 선구자이신 영원한 투사시여! (…) 당신은 노동자가 인간다운 대접을 받으면서 일을 하고 인간답게 살 수 있는 정당한 대가를 받는, 그런 민주사회를 이룩하기 위해 싸웠습니다. … 당신은 어떤 고난과 역경에 처하더라도, 역사는 민주적인 평등사회를 이룩하기 위해 싸워온 사람들에 의해 발전된다는 것을 (…) 피 묻은 가르침으로 가르쳐 주었습니다. 그리하여 전태일 열사, 당신은 지금 여기 우리 앞에 새

건 투쟁과 못다 이룬 꿈 등을 중심으로 '정치적 주체의 존재론적 서사'가 구성되었고, 이것이 윤리적 인간의 전형으로 제시되었다. 그래서 80년대 정치적 주체들은 집회의 장소에서 죽은 자의 이름을 불렀다. 이를 통해 우리의 투쟁은 열사의 꿈을 이루기 위한 싸움임을 선언하고, 자신의 삶에서 투쟁을 반복적으로 수행함으로써 열사와 닮아가기를 희구했던 것이다. 특히 이를 잘 보여주는 장면은 87년 6월 9일, 전 국민이 애도에 동참했던 이한열 열사의 영결식이다.

> 오전 7시 이군의 관이 동료학우들의 손에 들려 추도식장에 안치되고 영결예배가 진행되었다. 전날 교도소에서 석방된 문익환 목사는 양심수 대표로 단상에 나와 "전태일 열사여"를 시작으로 민주열사들의 이름을 부른 뒤 마지막으로 "이한열 열사여"를 외치며 통곡했고, 일순간의 고요를 깨고 여기저기서 울음 섞인 외침이 터져 나왔다. 낮 12시경 이군의 관을 실은 운구차와 함께 운구행렬이 시청에 도착할 때쯤 100만에 이르는 시민·학생들이 시청광장에 모였고, "살인정권과 타협 없다. 끝까지 투쟁하자" 등의 구호와 함께 치켜든 주먹과 북소리, 흔들어 대는 만장과 피켓, 이에 맞춘 박수소리가 천지를 흔들었다. 오후 8시쯤 대형 태극기로 덮힌 운구차가 광주시 금남로에 나타나자 "한열아! 한열아!" 하는 울음소리가 터져 나왔고 50만에 가까운 광주시민들이 장지로 향하는 운구차를 따라 끝없는 행렬을 이루었다. 도청에서 망월동에 이르는 30리 길을 따르는 시민들은 마치 7년 전 광주민중항쟁 때 시민들이 출정하던 장면을 재현하듯 '오월의 노래', '광주출정가' 등을 함께 부르기도 하고, "민주쟁취", "독재타도" 등의 구호를 외치며 장지로 행했다.[27]

롭게 돌아와 있습니다. (…) 이 땅의 모든 민주시민의 민주화의 제단 앞에, 당신은 새로운 전태일의 신화를, 터져 나오는 울분과 고통의 폭탄선언을 입에 악물고 우리와 함께 하기 위해 여기 살아 있습니다." 민종덕, 「전태일 동지여 민주화여」, 83.11.13, 앞의 홈페이지.

80년대 대중집회의 대표적인 형식은 노제와 추모제였다. 국가권력에 의해 공식적인 애도가 금지된 상황 속에서, 거리에서 치러지는 장례나 광장에서 진행되는 추모의 의례는 그 자체로 국가에 저항하는 정치적 실천행위가 되었다. 문익환 목사의 추도에서 단적으로 드러나듯이, 집회 현장에서 죽은 이들은 '민주주의'와 '노동해방'을 위해 목숨을 바친 '열사'로 재현된다. 그리고 전태일로부터 광주 2천여 영령을 지나 이한열에 이르기까지 열사들의 이름[28]을 외쳤던 추도의 방식은 이후 유사하게 반복되며 대중집회의 고정된 절차 중 하나로 자리 잡는다.[29]

국가폭력에 의해 죽어간 이들에게 '열사'라는 상징적 이름을 부여하고, 그들을 호명함으로써 현장으로 불러들이는 이러한 의식은 집회의 성격과 그곳에 모인 이들의 정체성을 확인하고 규정하는 하나의 관문이다. 이를 통해 집회에 모인 이들은 열사의 죽음을 슬퍼하고 그들을 기억하는 애도의 공동체로 묶이며, 동시에 죽음으로도 이루지 못한 열사의 뜻을 이어받아 투쟁을 지속하는 정치적 공동체로 거듭난다. 이후 이어지는 가두행진은 확인된 정체성을 실천하는 투쟁의 한 형식이다. 독재와 자본에 대항하는 '민주'와 '노동'의 구호를 외치며, 운구차에 실린 죽은 자의 뒤를 따라 걷는 행위는 그대로 "앞서서 나가니, 산 자여 따르라"[30]는 열사들의 말 없는 명령을 실천하는 것이었다. 이는 죽음

27 인용문은 「이한열군 전국민의 애도 속에 잠들다」, 『말』, 민주언론운동협의회, 87. 08, 94~101쪽 기사의 내용을 편집한 것이다.

28 문익환 목사가 불렀던 열사들의 이름은 다음과 같다. "전태일 열사여! 김상진 열사여! 장준하 열사여! 김태훈 열사여! 황정하 열사여! 김의기 열사여! 김세진 열사여! 이재호 열사여! 이동수 열사여! 김경숙 열사여! 진성일 열사여! 강성철 열사여! 송광영 열사여! 박영진 열사여! 광주 2천여 영령이여! 박영두 열사여! 김종태 열사여! 박혜정 열사여! 표정두 열사여! 황보영국 열사여! 박종만 열사여! 홍기일 열사여! 박종철 열사여! 우종원 열사여! 김용권 열사여! 이한열 열사여!"

29 노제에서 재현되는 '열사'에 대해서는 김재은, 「민주화운동 과정에서 구성된 주체 위치의 '성별화'에 관한 연구」, 서울대 석사논문, 2002, 42~45쪽 참고.

30 이는 〈임을 위한 행진곡〉 가사의 마지막 부분이다. 이 곡은 5·18 당시 시민군의

을 애도하는 일이 정치적 행위로 연결되는, 장례와 추모가 곧 저항과 투쟁이었던 80년대식 사회운동의 특이성을 잘 보여준다. 이 시기 생산된 수많은 구호와 운동가요, 만장과 걸개그림 등에 공통적으로 나타나는 이러한 재현 방식은 부당한 국가권력에 대항하여, 열사와 함께 싸우는 이들의 공동체가 정당함을 주장하는 정치적 실천행위였다고 할 수 있다.

죽은 자들의 이름을 호명함으로써 '87년 광장'으로 불러들였던 이한열의 장례식은 박종철 고문치사 사건과 더불어 6월 항쟁의 초대 기폭제가 되었다. 이후 수많은 시민들이 87년 광장으로 쏟아져 나와 시위에 동참함으로써 오랜 독재정권을 무너뜨리고 대통령 직선제라는 민주적 절차를 얻는 데 성공한다. 이런 점에서 1980년대는 국가폭력에 의한 타인의 죽음이 한 개인을 정치적 참여의 주체로 전이시키는 것이 가능했던 시대, 나아가 죽음을 애도하는 이들의 공동체가 현실 정치의 실제적 변화를 이끄는 힘을 지녔던 시대였다고 할 수 있다.

혁명의 곤경(困境) 혹은 진원(震源)으로서의 '빈민'

6월 항쟁의 결과 6·2선언이 발표되면서, 그동안 광장에서 수없이 외쳤던 '호헌철폐, 독재타도'라는 구호가 현실화된다. 이는 4·19 혁명부터 꾸준히 전개되었던 사회운동의 치열한 투쟁과 민주화에 대한 시민들의

실질적 지도자이자 27일 도청을 사수하다 희생된 윤상원과 들불야학을 창설해 활동하다 78년 12월 불의의 사고로 숨진 박기순의 영혼결혼식에 바쳐진 추모 헌정가이다. 작곡은 김종률, 작사는 백기완의 시 「묏비나리」의 내용을 바탕으로 황석영의 주도아래 두 사람을 위한 '노래극'을 만드는 과정에서 젊은 재야운동가 10여 명의 공동 작업으로 완성되었다. 영혼결혼식이 거행된 82년 2월 20일 망월동 묘역에서 처음 불러졌던 이 노래는 점차 학생운동권을 중심으로 전국으로 확산되었고, 이후 거의 모든 대중집회 현장에서 불러질 만큼 민주화운동의 상징 중 하나로 자리하게 된다. 자세한 내용은 정근식, 「임을 위한 행진곡-1980년대 비판적 감성의 대전환」, 『역사비평』 112, 역사비평사, 2015.08, 252~277쪽 참고.

열망이 이뤄낸 쾌거였다. 그러나 결과적으로 6·29선언에는 민중의 생존권에 대한 언급은 한마디도 없었으며, 시민들이 이루어낸 항쟁의 모든 성과는 대선을 향한 양김에게 바쳐졌고, 이후 정국의 주도권은 제도정치권으로 넘어간다. 다시 말해 민주화운동이 이뤄낸 87년 체제는 눈부신 승리인 동시에 분명한 패배의 지점을 껴안고 있는 것이다. 이 장에서 주목하는 것은 87년부터 91년 사이의 한국사회, 특히 민주화운동의 방향을 둘러싸고 벌어진 운동권 내부의 분열과 이들의 담론 속에 내재하는 배제의 논리이다. 이는 80년대의 정치적 주체들을 비판하거나 6월 항쟁의 성과를 폄하하려는 것이 아니라, 그 시공간을 '거슬러 읽는' 과정을 통해 새로운 전망의 가능성을 탐색하고자 함이다.

김동원 감독의 다큐멘터리 〈명성 그 6일의 기록〉과 김소진의 소설 「열린사회와 그 적들」은 각각 87년 6월 항쟁과 91년 5월 투쟁을 배경으로, 운동권 내부에 존재하던 균열의 지점과 배제의 논리를 포착하고 있는 작품이다. 먼저 〈명성 그 6일의 기록〉은 6월 10일 밤 시위를 하던 학생과 시민들이 경찰에 쫓겨 우연히 명동성당에 모이게 되면서 시작된 농성투쟁이 어떤 내부적 갈등 과정을 거쳐 15일 정오 돌연 해산하게 되었는지를 기록하고 있다.

명동언덕으로 모여든 학생과 시민들은 성당 주위에 바리케이드를 설치하고, 성당 앞마당에서 시국토론회를 개최했다. 5·18광주항쟁부터 4·13호헌조치까지 전드환 정권의 죄악이 성토되는 가운데, 농성을 계속하자는 쪽으로 의견이 모아졌고 집행부도 꾸려졌다. 다음날 오전 농성대는 전두환과 노태우의 화형식을 거행했는데, 이를 계기로 경찰과 공수부대가 투입되어 성당 주변을 봉쇄하고 농성대원들을 체포하기 시작했다. 이에 국민운동본부(이하 국본)와 서울지역 대학생 대표자 협의회(이하 서대협)는 '무질서와 폭력성'을 이유로 농성대를 해산하라는 의견을 전해온다. 6월 항쟁의 지도부였던 국본과 서대협은 급진적 슬로건을 내건 폭력적 거리 투쟁은 대중의 호응을 얻을 수 없다는 판단 아래 '개헌'

을 중심의제로 설정하고, 평화적 비폭력 투쟁을 전개했는데, 능성대의 "무질서와 폭력 투쟁이 대중과 운동권을 괴리시킬 수 있다는 우려"(당시 국본의 정책실 차장 황인성의 인터뷰)에서 해산을 명령했던 것이다.

농성 사흘째인 12일이 되자 그 수가 급격히 줄어 400명 정도의 인원만이 명동성당에 남게 되었고, 이들을 공권력으로부터 보호하던 바리케이드 또한 성당측의 권유로 철거된다. 그런데 이때부터 명동성당 주변에 이른바 '넥타이부대'가 집결해 대중 집회를 이어갔고, 이를 계기로 6월 항쟁의 외연이 급격히 확산되었다. 시위가 대규모로 장기화될 양상을 보이자 노태우는 명동성당을 찾아와 해산하지 않으면 강제 진압할 수밖에 없다는 입장을 전했고, 이와 함께 그동안 농성대를 보호하며 성당에 공권력을 투입한 것에 크게 분노하던 천주교단 또한 해산을 요구해온다. 당시 서울대교구 홍보국장이었던 함세웅 신부가 정부와 대표로 협상한 끝에 농성자의 안전 귀가와 15일 농성대 해산을 약속한 것이다. 이에 14일 오후 6시에 진행된 지도부 회의와 새벽 1시에 재개된 조별토론 결과 해산 4개조, 지속 17개조로 '농성을 계속해야한다'는 결과가 도출된다. 그러나 이후 계엄령 투입의 가능성을 역설했던 함세웅 신부의 연설과 전체 농성대원을 대상으로 한 3차에 걸친 투표 끝에 최종적으로 213명 중 119명의 찬성으로 해산이 결정된다.

이 일련의 과정에 주목하는 이유는 '87년 6월 10-15일의 명동성당'이라는 시공간에 80년대의 정치적 주체들이 꿈꾸었던 '민주화'에 대한 서로 다른 열망이 파편적으로 담겨있기 때문이다. 주지하듯이 80년대 민주화 운동에는 '정치의 민주화'가 중심의제로 놓여있었다. 독재정권이 한국사회 전반을 공권력으로 통제하는 상황에서 국가권력의 민주화 없이는 그 어떤 민주화도 이룰 수 없다는 인식이 지배하고 있었던 것이다. 그러나 80년대 내내 정치적 주체들이 외쳤던 '민주'에는 '사회적 민주화'와 '경제적 민주화'의 의제 또한 담겨있었던 것이 사실이다. 실제로 '노동 3권 보장'과 '민중의 생존권 보장'은 민주화운동이건 노동운동이건 상관없이 80

년대의 집회와 시위 현장에서 공통적으로 요구하던 것이었고, 6월 항쟁 당시에도 이 구호는 거리 곳곳에서 외쳐졌다. 다시 말해 '대통령 직선제'에는 담길 수 없는 또 다른 민주화에 대한 꿈이, 그동안 정치적 주체들이 그려왔던 '인간다운 삶'의 풍경이 존재했던 것이다.

> 전 34년 동안 피와 땀으로 일군 토지를 평당 3천원에 팔아먹고 고향에서 쫓겨 온 이농민입니다. 제가 게을러서가 아니라, 열심히 일해도 살 수 없었기 때문입니다. 전 이 썩어빠진 자본주의 독재정권에 치솟는 분노를 주체할 수 없습니다. 허나 이 분노가 어디 이 농민만의 분노이겠습니까. 우리들은 세상에 이름 석자도 변변히 알려지지 않은 노동자요, 학생입니다. 서로 종교가 다르고, 경상도 전라도 사람도 있습니다. 그러나 우리가 하나같이 단결하였던 것은 우리의 분노, 우리의 요구가 정당하기 때문입니다. 저는 마지막으로 꼭 남기고 싶은 말이 있습니다. 어느 역사, 어느 시대에서나 정의와 양심이 처음부터 다수였던 것은 아니었다는 것입니다. 그러나 진정 정의롭다면 그 정의로운 소수가 역사를 바꿔 놓는다는 것입니다.[31]

인용문은 6월 11일 농성대에 합류하기 위해 바리케이드를 뚫고 들어온 이천재 할아버지가 대중집회에서 했던 연설의 내용이다. "34년 동안 피와 땀으로 일군 토지를 평당 3천원에 팔아먹고 고향에서 쫓겨 온 이농민"이라고 자신을 소개한 이 사람의 분노는 '독재정권'과 '자본주의' 두 대상을 나란히 향해 있다. 그에게 독재정권과 자본주의는 분리되지 않는 모순구조이며, 따라서 그가 꿈꾸는 민주화는 독재정권이 무너지고 국민이 직접 뽑은 정부가 서는 세상이지만, 동시에 누구든지 열심히 일하면 인간답게 살 수 있는 세상이기도 한 것이다.

6월 10일 농성대가 모이기 전, 명동성당에는 상계동 철거민들이 거주

---

31 김동원, 〈명성 그 6일의 기록〉, 푸른영상, 1997, 33:15˝~34:42˝.

하고 있었다. 이곳에서 천막농성을 하던 이들은 국본과 서대협 등 항쟁의 지도부와 성당측에서 해산을 요구할 때 유일하게 농성대를 응원했던, "철거민들은 농성대의 보호자이자 동지"였다. 철거민들은 가지고 있던 식량을 털어 농성대의 식사를 책임졌고, 생활하던 천막을 농성대원을 위한 잠자리이자 치료소로 제공했다. 이는 상계동 철거민들이 꿈꾸던 민주화가 이천재 할아버지의 민주화와 다르지 않으며, 또한 천막농성을 하며 그리던 세상이 농성대가 투쟁으로 이룩하려는 세상과 다르지 않다는 믿음 때문이었을 것이다.

김동원 감독은 87년 6월 명동성당에 있었던 사람들을 인터뷰하며 그들이 "명동농성에 자부심과 함께 강한 아쉬움을 갖고 있고 특히 해산과정에 대해 한결 같이 문제제기를 하고 있다는 사실"을 발견하고, "만약 해산을 하지 않았다면 지금 우리는 어떤 모습일까" 하는 의문에 사로잡혔다고 고백한다. "역사의 가정이 부질없음을 알면서도 아쉬움과 의문들을 떨칠 수 없었던 것은 그때의 치열한 아름다움에 비해 지금 현실이 너무 암울하기만 하며 우리가 꿈꾸었던 세상과는 너무 거리가 있기 때문"[32]이라는 것이다. 그 의문에 대해 이 영화가 답을 제공하지는 않는다. 그러나 87년 6월 명동성당에 있었던 자들이 꿈꾸었던 민주화에 대해서는 "고등학생부터 할아버지까지, 구두닦이에서 비구니까지 성별과 나이, 계층과 이념을 초월해 오직 민주화의 염원으로 모인 사람들"의 목소리를 통해 파편화된 풍경으로 복원되어 있다. 그것을 한 단어로 규정할 수는 없지만, 이천재 할아버지와 상계동 철거민처럼 삶의 터전을 잃고 6월 항쟁으로부터도 주변화된 '빈민의 민주화'가 그 속에 담겨있는 것은 분명하다.

농성대의 해산 결정 이후 다양한 스펙트럼으로 존재하던 민주화에 대

32 김동원, 「〈명성 그 6일의 기록〉 연출의도」, 다음 영화 홈페이지 http://movie.daum.net/moviedb/main?movieId=37305

한 요구가 '개헌'이라는 하나의 이슈로 수렴되면서, 80년대 같은 길을 걸었던 사회운동은 두 계열로 분리된다. 대통령 직선제라는 민주적 절차의 획득을 사회운동의 승리로 평가하며 이제 이전의 투쟁 방식은 버려야 한다는 노선과 아직 민중들의 삶에 근본적인 변화는 없으며 따라서 민중의 생존권과 민주적 권리를 획득하기 위해 투쟁을 지속해야 한다는 노선이 그것이다.

이 두 번째 주장이 6월 항쟁 직후인 7-8월에 노동자 대투쟁을 통해 폭발적으로 발산되는데, 국가는 전과 다름없이 공권력을 투입해 시위대를 강경 진압했고, 결국 8월 22일 옥포 대우조선 노동자들의 가두시위 현장에서 이석규가 최루탄에 맞아 사망한다. 이는 절차적 민주화 외에는 변한 것이 없음을 단적으로 보여주는 사건이었지만, 언론은 노동자들의 정당한 투쟁을 '좌경 용공 세력이 개입된 폭력'이라 왜곡 보도하며 여론을 호도했고, 기업주들은 휴폐업 조치로 시간을 끌었으며, 정치권을 비롯한 재야민주세력은 대권을 향한 양김의 경쟁에 몰두해 있었고, 6월 항쟁의 중추였던 '넥타이 부대'는 그들의 일상으로 복귀한 뒤였다. 그렇게 노동자 대투쟁은 9월을 기점으로 점차 사그라 들고, 그해 12월 16일 노태우가 대통령으로 당선된다.

이후에도 많은 이들이 스스로 죽음을 선택함으로써 투쟁을 지속하고자 했으나, 절차적 민주주의 앞에서 '민주'라는 단어 자체가 힘을 잃어갔다. 특히 91년 5월 투쟁의 과정에서 벌어진 '유서대필 사건'과 '외대 사건'[33]으로 인해 운동하는 자들의 도덕성에 치명적인 타격을 입음으로써

33 '유서 대필 사건'은 91년 5월투쟁의 과정에서 노태우 정권에 항의하는 분신이 계속되는 가운데, 5월 8일 당시 전민련 사회부장이었던 김기설의 분신자살 사건에 대해 검찰이 그의 친구였던 전민련 총무부장 강기훈을 김기설의 유서를 대필하고 자살을 방조했다는 혐의로 기소·처벌한 사건이다. 결정적인 증거가 없는 가운데 언론은 이를 사실로 몰아갔고, 결국 강기훈은 국과수의 필적 감정결과와 정황에 따라 자살방조 및 국가보안법 위반으로 징역 3년에 자격정지 1년 6개월을 선고받아 형을 살았다. 그러나 2014년 2월 13일 재심에서 서울고등법원은 당시 검찰이 제시

'운동' 또한 이전과 같이 시민들을 결집시키는 힘을 담보하지 못했다. 여기에 "죽음의 굿판을 걷어치워라"[34]는 여론과 사회적 분위기가 더해지면서, 죽음을 저항의 동력으로 삼아 새로운 정치의 흐름을 주도했던 80년대식 사회운동은 막을 내린다. 그리고 그 빈자리를 메운 것이 바로 '정상화 담론'이다. 군사독재는 종식되었고, 대통령 직선제는 성취되었다. 이제 국가는 민주적 절차에 따라 합리적인 이들에 의해 정상적으로 운용될 것이므로, 국가를 적으로 투쟁하던 시민들도 이제 각자의 삶으로 돌아가 일상을 정상화하라는 논리가 그것이다.

「열린사회와 그 적들」은 91년 5월 투쟁을 배경으로, 정상화된 사회로 진입하지 못하고 사회운동의 구성원으로부터도 배제되는 빈민의 상황을 한 '밥풀때기'의 죽음으로 형상화하고 있는 소설이다. 91년 4월 26일 명지대생 강경대가 시위 도중 백골단이 휘두른 쇠파이프에 머리를 맞아 사망한다. 다음날인 27일 '강경대 열사 폭력살인 규탄 및 공안통치 종식을 위한 범국민대책회의'가 결성되고, 이를 시작으로 규탄대회와 가두시위가 전국적으로 확산된다. 명동성당에서 농성을 이어가던 지도부가 철

한 필적 감정이 신빙성이 없으며, 유서 대필 및 자살 방조에 대해서도 무혐의·무죄 판결을 내렸다. '외대 사건'은 91년 6월 3일 한국외국어대학교 강당에서 당시 국무총리 서리에 임명되어 교수직을 사퇴하는 정원식에게 계란, 밀가루 등을 집단으로 투척한 사건으로, 이는 정원식이 전두환 정권에서 문교부 장관으로 있을 때 전교조를 불법화하고 전교조 인사들의 구속과 불이익 조치를 취한 데 대한 학생들의 집단 반발이었다. 당시 언론은 학생들의 행동에 대해 '반인륜적 행위'라는 비난을 일제히 쏟아냈고, 이는 '유서대필 사건'와 함께 사회운동세력 전체의 도덕성이 매도되는 결과를 낳았다. 김정한은 이 두 가지 사건을 91년 5월 투쟁을 소멸시킨 외적 원인으로 지적하고 있다. 자세한 내용은 김정한 『대중과 폭력-1991년 5월의 기억』, 도서출판 이후, 1998, 60~64쪽 참고.

34 이는 김지하가 91년 5월 5일 『조선일보』에 게재한 기고문 「젊은 벗들! 역사에서 무엇을 배우는가」의 부제이다. 글의 주요 논지가 드러난 부분은 다음과 같다. "젊은 벗들! 지금 곧 죽음의 찬미를 중지하라. 그리고 그 소름끼치는 의사굿을 당장 걷어 치워라. 영육이 합일된 당신들 자신의 신명, 곧 생명을 공경하며 그 생명의 자연스러운 요구에 따라 끈질기고 슬기로운 창조적인 저항행동을 선택하라."

수하는 6월 26일까지 총 13명의 학생과 노동자가 죽음을 맞이하는데, 「열린사회와 그 적들」은 5월 26일 시위 도중 강경진압에 의해 사망한 김귀정의 시신을 두고 백병원에서 벌어진 일련의 사건을 담고 있다.

백병원에는 사인규명을 위한 부검을 집행한다는 명목하에 김귀정의 시신을 탈취하려는 경찰과 이를 저지하려는 사수대가 대치하고 있었다. 그리고 사수대에는 대책위를 비롯한 운동권 학생과 그들이 '밥풀때기'라고 불렀던 날품팔이 노동자들이 섞여 있었다. 김소진이 포착하는 것은 경찰과 사수대의 대립이 아니라, 80년대식 사회운동의 열기가 마지막으로 타오르던 5월 투쟁의 현장에서 벌어진 운동권과 밥풀때기의 대립이다.

> 당신들 밥풀떼기들 때문에 민주화시위가 일반 시민들한테 얼마나 욕을 먹는 줄이나 아쇼? 당신들 도대체 누구, 어느 기관의 조종을 받고 이런 망나니짓을 하는 거요? (…) 이제는 우리 시민들이 나서서 저런 밥풀때기에 대해 분명한 선을 긋고 마침 검찰에서도 수사의지를 밝힌 만큼 적극 수사에 협조해서라도 정화를 하든지 해야지 여론도 계속 우리 편으로 끌어들일 수 있는 거 아닙니까?
>
> 같이 민주화투쟁 하며 기껏 고생함시러도 시상에 밥풀때기가 뭐라요, 얼통 터지게. 사람이 입성이 누추하고 행동이 거칠다고 그렇게 깔보는 경우가 제대로 된 경우라요? 아 우리가 기생충이라? 민주화투쟁 허기 전에 저런 고상짜들하고 먼저 와장창 한판 붙어야지라. (…) 야당 사람들도 우리 편이 아니라는 것을 깨닫고 학생들의 시위로 옮겨왔는데 우리들이 학생들과 달리 움직인다고 해서 기층 민중인 우리를 이렇게 대접할 수가 있는가, 이 말이우다.[35]

35 김소진, 『열린사회와 그 적들』, 문학동네, 2002, 71~72쪽. 이후 작품을 인용할 때에는 본문에 쪽수만을 밝힌다.

인용문은 검찰이 “백병원과 시위 현장에서 민주시민을 가장한 폭력배들이 온갖 행패를 부리며 폭력을 선동”(77)하는 것에 대해 수사하겠다고 발표한 후, 사수대 내부에서 벌어진 충돌의 한 장면이다. 처음에 인용된 것은 ‘한국은행 서부투자금융 홍보실’ 대리로 일하는 사람의 주장으로, 그는 병원에서 폭력적 행위를 일삼아 민주화운동의 위상을 떨어뜨리는 이른바 ‘밥풀때기’들을 색출해야만 대중의 여론이 사수대 쪽으로 기운다고 역설한다. 그리고 이 주장에는 왼손을 공장의 ‘프레스 밥’으로 내주고 손수레를 끌며 살아가는 강종천씨가 “한국은행을 불태우러 가자는 얼토당토않은 발언”(80)을 한 것에 대한 분노가 녹아 있다. 두 번째 인용은 이에 대한 강씨의 반발로, 그는 민주화운동을 하며 함께 고생한 자신을 밥풀때기 취급하고, 야당 정치인도 운동권 학생도 자신의 편이 아니라는 사실에 섭섭함을 토로한다. 그리고 그 발언은 “배고픈 사람 구제하는 건 고사하고 재벌들 돈 대줘서 땅투기나 허게 하고 알 만한 사람에게 떡고물 잔치나 베푸는” 은행을 없애는 것이 “시상이 변하는 데 보탬이 될 거란 짧은 생각”(81)에서 나온 것이었다고 부언한다.

위의 장면은 운동권 내부에 존재하던 ‘곤경’의 한 지점을 그리고 있다. 주지하듯 1980년대 역사의 주체로 호명된 ‘민중’의 중심에는 ‘노동자’가 있었다. 저항세력이 담론의 장에서 출현을 기대하며 구성했던, 계급의식으로 각성된 노동자, 과학적·혁명적 세계관으로 무장한 노동자는 혁명의 주도적 형상이었다. 그래서 실제로 수많은 대학생이 자신의 계급적 기반을 떠나 공장으로 들어감으로써 ‘노동자’로 존재를 전이했고, 이를 통해 자신 또한 혁명의 주체로 거듭나고자 했다. 그러나 그들이 마주한 현실에는 ‘노동자의 형상’을 끊임없이 빠져나가며 균열을 일으키는 존재들이 흩어져 있었다. 특히 여기저기 기웃거리며 담배를 구걸하고, 술에 취해 욕설과 폭력을 일삼으면서도 스스로를 ‘민중’이라 자처하는 이른바 ‘밥풀때기’는 당시 운동권 학생들에게, “민중이라는 우리의 순결한 관념적 형상을 어지럽히며 불량하게 일탈하는 잉여였으며, 우리의 선한 의지와 정의에 의해 구축된 질서를 균열시키고 더럽히는 얼룩이었다."[36] 분명히 그들은 혁명을 주도할 노동자 계급에 속한 자들이었으나, 동시에 자신들이 이룩할 혁명을 방해하는 '곤경'의 대상이기도 했던 것이다.

> 빈곤은 비참하다. 왜냐하면 모든 사람들이 매우 친근한 경험을 통해 온갖 사유와 관계없이 빈곤을 이해하는 것과 같이, 빈곤은 사람들을 신체의 절대명령, 즉 필연성의 절대명령에 굴복하게 만들기 때문이다. 다수는 이런 필연성의 규칙 속에서 프랑스 혁명을 지원하고자 무모하게 행동했고, 이를 고무했을 뿐만 아니라 지속적으로 진행했으며, 결국 혁명을 파멸로 치닫게 했다. 왜냐하면 이 다수는 빈자들로 구성되어 있었기 때문이다. 그들이 정치 무대에 등장하자, 필연성이 동시에 표출됐다. 결과적으로 구정권의 권력은 무기력해졌고 새공화국은 사산되었다. 사람들은 필연성, 생존과정 자체의 절박성 때문에 자유를 포기해야만 했다.[37]

한나 아렌트는 『혁명론』에서 프랑스혁명과 미국혁명을 고찰하며 두 혁명에 대해 대비적인 평가를 내리는데, 거기에 주요 원인으로 작용하는 것이 바로 다수의 빈자들, 즉 '빈민'이다. 아렌트에 따르면 혁명의 결과 프랑스와 미국 모두 새로운 공화국을 설립하고 국민의 대리자들로 의회를 구성함으로써 국민주권을 선언하는 성과를 이룩한다. 그러나 미국혁명과는 다르게 "신체의 필요에 찌든 빈자들이 우연히 프랑스혁명의 무대로 쏟아져 나왔"고, 이때부터 혁명의 목표는 더 이상 '자유'가 아니라 빈곤으로부터의 '해방'으로 바뀌게 된다. 이후 프랑스는 도시의 가난한 노동자들인 상퀼로트의 권리 주장과 그들의 지지를 기반으로 펼쳐진

---

36 김영찬, 「민주주의와 그 적들」, 『비평의 우울』, 문예중앙, 2011, 110쪽.

37 한나 아렌트, 『혁명론』, 홍원표 옮김, 한길사, 2004, 136쪽.

로베스피에르의 공포정치로 회귀하게 되는데, 이는 '빈곤'이라는 것이 인간을 '생존'이라는 필연성의 자리로 몰려들게 했기 때문이라는 것이다. 그래서 아렌트에게 빈민은 프랑스혁명의 반동을 초래한 궁극적 원인으로 지목된다.

아렌트는 자유의 두 개념인 'freedom'과 'liberty'를 구분하면서 혁명의 궁극적 목적은 억압으로부터의 해방인 'liberty'가 아니라, 인간의 사유와 행위가 자유롭게 펼쳐지는, 즉 'freedom'의 공적 영역을 확립하는 것이라고 말한다. 그런데 빈민은 'freedom'으로 이행하려는 혁경을 자꾸만 'liberty'의 영역에 속박시킨다. 왜냐하면 빈곤이라는 삶의 조건이 '신체라는 필연성의 절대명령'에 굴복하도록 함으로써, 빈민의 요구가 '자유'가 아닌 '빵'으로 귀결되기 때문이다. 그리고 아렌트의 이와 같은 논의는 「열린사회와 그 적들」에 형상화된 현실의 가난한 노동자, 즉 '밥풀때기'에게 가졌던 80년대 운동권 지식인의 양가적 감정을 잘 설명해 준다.

아렌트는 근대성의 중요한 사건으로 '사회적인 것'의 등장에 주목하는데, 이는 한 네이션의 구성원 전체의 먹고사는 문제를 다루는 '국민경제'의 영역이다. 새롭게 등장한 이 영역을 분석하며 그녀가 비판하는 핵심은, 국민경제를 다루는 일이 공적 영역을 잠식함으로써 진정한 의미에서의 정치적 행위가 불가능해졌다는 것이다. 이러한 진단에 따라 아렌트는 사회적인 영역과 공적인 영역, 경제적 행위와 정치적 행위를 뚜렷이 구분하는데, 혁명과 빈민에 대한 그녀의 사유 또한 이러한 구분 위에서 있다. 그래서 아렌트에게 혁명은 '빵'의 문제가 제외된 'freedom'의 공적 영역을 확립하는 것이며, 이때 빈민은 빈곤이라는 필연성에 묶여 사유할 수 없는 자, 정치적 행위가 불가능한 자로 규정되는 것이다.

그러나 아렌트는 빈민들의 '빵'에 대한 요구가 '자유'의 공적 영역을 확장하는 정치적 행위로 이행될 수 있음을 놓치고 있는 것은 아닐까? '노동 3권 보장'을 외쳤던 전태일의 목소리가 노동자의 경제적·정치적 자유를 동시에 확장하는 운동으로 이어졌던 70-80년대의 한국사회가 단적으로 증명하듯, 빈민의 삶을 묶는 '빈곤'은 혁명의 반동을 일으킨 원인이 아니라, 혁명의 시작을 가능하게 한 진원지가 아닐까? 아렌트가 이야기하는 자유의 공적 영역은 그리스의 '아고라'를 연상시킨다. 타인과는 다르게 사유할 수 있는 '훌륭한' 시민들이 모여 공적 의제를 놓고 격렬한 논쟁을 벌이던 '위대한' 정치적 행위의 공간. 그러나 그리스의 아고라가 가능했던 것은 생존이라는 필연성의 문제를 해결하기 위한 노동을 노예들이 책임졌기 때문이며, 이와 동일한 이유에서 노예는 시민이 될 수도, 아고라에 들어갈 수도 없었다.

80년대 운동권 지식인들이 호명했던 '노동자'가 공허한 개념인 것은, 현실의 노동자들의 구체적인 삶의 조건이 삭제되어 있기 때문일 것이다. 그리고 이와 동일한 이유에서, 다시 말해 한 사회의 구성원들이 생존의 문제에 천착할 수밖에 없는 삶의 조건과 이를 변화시킬 방법과 전망이 부재하다는 점에서 아렌트가 제시하는 자유의 공적 영역은 공허하다. 그 영역은 어떤 이들에 의해, 어떻게 구성 가능한가? 거기에 빈민의 자리는 있을까?

> 여기서 열린사회라는 건 계급이나 종족 그리고 이데올로기라는 신화가 더이상 개인에게 굴레가 되지 않고 개개인이 사회의 진정한 주인으로서 질적으로 더 많은 자유와 민주주의, 물질적 풍요와 평등을 이룰 수 있는 마당이며 소수에 의한 지배가 아니라 이성적으로 눈뜬 다수에 의한 착실하고도 양심적인 사회 운영이 기본원리로 받아들여지는 사회를 가리키는 것이요.
>
> 당신네들 지금 자꾸 어려운 말을 씀시롱 머릿속을 헷갈리게 하는데 한번 물어나 봅시다. 우리, 우리 하는데 도대체 거기에 낄 수 있는 축은 누가 되는 거요? 이데올로기의 신화니 이성적 원리니 하며 거창하게 빚어내는 사회라면 우리 같은 못 배우고 빽줄 없는 떨거지들은 여전히 찬밥 신세를 면치 못할 게 불 보듯 뻔한데, 뭐가 진정한 사회란 거요?(86)

사수대의 한 민주시민에 의해 설명되는 열린사회는 여러 면에서 아렌트의 공적 영역을 떠올리게 하는데, 결국 '밥풀때기'는 열린사회의 '적'으로 규정되며 90년대 초입의 '정상화 된' 한국사회로 진입하지 못한다. 세상을 바꾸기 위해 투쟁의 현장에서 민주화를 외쳤던 이들이 그 투쟁이 이룩한 사회로부터 밀려나는 것이다. 왜냐하면 무질서하고 비이성적인 '밥풀때기'는 민주적 질서와 합리적 이성에 의해 운영되는 사회의 적합한 구성원이 될 수 없기 때문이다. 김소진은 이 아이러니한 상황을 "공권력에 무참히 숨진 우리의 순결한 동생 귀정이"(84)의 죽음과 밥풀때기 '상선'의 죽음을 나란히 배치함으로써 운동권 내부에 존재하던 배제의 논리를 극적으로 드러낸다.

상선의 사인이 무엇인지는 불명확하다. 밤무대에서 섹스폰을 연주하는 악사였던 상선은 "명동성당 앞 공중전화 박스를 깨뜨리고 그 유리조각으로 자해 소동"(79)을 벌여 대책위를 난처하게 만들었다는 오해를 샀으나, 사실 그것은 시위 도중 "최루탄 파편이 살 속을 파고든"(80) 것이었다. 이 상처를 입은 후 백병원 스티로폼 바닥에 누워 죽은 듯이 자다가 가슴이 답답하다는 통증을 호소하는데, 이것이 상선을 죽음에 이르게 한 원인 중 하나로 제시된다. 다른 하나는 상선의 죽음을 '두 줄짜리 기사'로 요약하는 'ㄷ일보 경찰기자'의 목소리를 통해 전달된다. 그에 따르면 정확한 사인은 조사 중에 있으나, 상선은 "떨감을 구하기 위해 공사장 담을 넘다가 지름 삼 미터의 환기통에 발을 헛디뎌 미끄러지는 바람에 실족사한 것으로"(89) 추정된다.

이로써 상선의 죽음은 김귀정과 같은 열사의 죽음으로도, 한 개인의 평범한 죽음으로도 포섭될 수 없는 불가해한 중간 영역에 놓이게 되며, 이 영역은 바로 80년대 한국의 거리와 광장 곳곳에서 민주화를 외쳤으나 그 이름을 알 수 없는, '정상화 된' 한국사회로부터 배제된 목소리들의 자리이다. 그리고 죽기 전 상선의 잠꼬대를 통해 그 목소리는 다음과 같은 말을 남긴다. "저놈 잡아라…… 적이다 적…… 난 시민이야…… 문

좀 열어 달라고…… 나 좀…… 헉헉…… 내게도 열어줘…… 아으……”(82)

‘아무도 아닌 자’의 민주화

90년대에 들어서면서 국가폭력에 의한 죽음은 각각 민주열사와 노동열사로 분리되어 국가의 역사에 포섭되거나 배제되는 상이한 길을 걷는다. 오월광주가 공식 역사로 편입되는 과정에서 단적으로 드러나듯이, 광주시민의 죽음을 재현하는 자리에 국가가 들어서게 된다. 89년 ‘5·18 광주 민주화운동’이라는 공식 명칭을 부여받고, 97년 법적기념일로 제정되는 과정을 거쳐, 2002년 ‘5·18 국립 묘역’이 조성됨으로써 오월광주는 국가가 기념하는, 국가를 위한 죽음으로 재현된다. 특히 김대중과 노무현으로 이어지는 시기에 ‘각성-참여-투쟁-고난-극복-승리-보상-공식화-화해’를 골조로 하는 공식 서사 속에 오월광주를 위치시킴으로써 광주시민의 죽음은 민주정부를 탄생시킨 숭고한 죽음으로 재평가된다.[38] 어떻게 재현되는가의 문제는 곧 어떻게 기억할 것인가의 문제와 직결되는 것이라면, 오늘날 오월광주는 80년대 반정부운동의 원-사건으로서의 힘을 잃고 국가의 공식기억 속으로 포섭되었다고 할 수 있다.

반면 맑스주의, 레닌주의와 결합된 노동운동은 사회주의를 향한 혁명운동으로 전이되었고, 90년을 전후해 일어난 현실 사회주의의 몰락과 함께 운동의 전망을 상실함으로써 쇠락한다. 생존권 보장과 노동해방의 요구들은 전방위적 세계화와 민영화의 흐름 속에서 ‘가난할 자유’로 수렴되었고, 개인, 자유, 욕망, 타자 등 ‘억압된 것의 귀환’이라는 90년대 담론의 홍수 속에서 노동자들의 죽음도 점차 재현의 대상에서 배제됨으로써 우리의 기억에서도 사라진다.

---

38 천정환, 「1980년대와 ‘민주화운동’에 대한 세대기억의 정치」, 『대중서사연구』 20, 대중서사학회, 2014, 190-191쪽.

죽음의 재현을 둘러싸고 벌어진 이 일련의 과정은 죽음에 몇 개의 고유명을 부여하는 것으로 귀결된다. 그리고 이는 진보에 대한 믿음을 전제한 역사가 죽음을 대하는 방식의 전형적 결과이다. 역사의 주체가 '국가'이든 이에 저항하는 '민중'이든 이때의 죽음은 역사의 발전이라는 냉혹한 평가 아래 놓일 수밖에 없고, 이에 따라 죽음이 역사의 주인공으로 포섭되거나 역사의 걸림돌로 배제되는 대상이 된다. 그러나 몇 개의 고유명만으로 기억한다는 것은 사실상 그 죽음을 망각했다는 것의 반증이다. 죽음의 고유명들 아래에는 정치적·역사적 이념으로 승화할 수 없는 목소리가 존재하며, "수다스러운 이야기와는 정반대로 침묵해가는 별개의 이야기"[39]가 있다.

〈명성 그 6일의 기록〉과 『열린사회와 그 적들』에 동일하게 아로새겨져 있는 형상은 '아무도 아닌 자'들이 외쳤던 '민주화'이다. 혁명에 자신의 삶과 꿈을 걸었으나 꿈의 실현을 보지 못하고 죽은 자와 꿈이 실현되지 않은 세상에서 살고 있는 자, 그들의 망각된 꿈과 잊혀진 기억이 흔적으로 남아 있다. 기록되지 않아 호명할 수 없고, 파편으로 존재해서 명명할 수도 없는 이 흔적을 수집하는 작업은 87년 체재의 한계를 성찰하고 새로운 변화가능성을 모색하는 길이 될 수 있다. 이것은 실패가능성을 깊이 내재하고 있으나, 지금의 우리가 전망을 기대하며 걸을 수 있는 유일한 길이다.

39 도미야마 이치로, 『전장의 기억』, 임성모 옮김, 도서출판 이산, 2002, 93쪽.

참고문헌

기초자료

김동원, 〈명성 그 6일의 기록〉, 푸른영상, 1997.

김소진, 『열린사회와 그 적들』, 문학동네, 2002.

논문 및 단행본

『5·18 광주민주화운동 자료총서』, 광주광역시 5·18사료편찬위원회, 1997.

『광주5월민중항쟁』, 한국현대사사료연구소 편, 풀빛, 1990.

『민주화의 길』 1-16호 합본호, 민주화운동청년연합, 1984-1987.

권명아, 「여성·수난사 이야기의 역사적 층위」, 『상허학보』 10, 상허학회, 2003.

김영찬, 「민주주의와 그 적들」, 『비평의 우울』, 문예중앙, 2011.

김　원, 「전태일 분신과 '노동열사' 탄생의 정치」, 『민족문학사연구』 59, 민족문학사학회·민족문학사연구소, 2015.

김재은, 「민주화운동 과정에서 구성된 주체위치의 '성별화'에 관한 연구」, 서울대 석사논문, 2002.

김정한, 『대중과 폭력-1991년 5월의 기억』, 도서출판 이후, 1998.

______, 「1980년대 운동사회의 감성-애도의 정치와 멜랑콜리 주체」, 『한국학연구』 33, 인하대학교 한국학연구소, 2014.

김　항, 「국가의 적이란 무엇인가」, 『말하는 입과 먹는 입』, 새물결, 2009.

정근식, 「임을 위한 행진곡-1980년대 비판적 감성의 대전환」, 『역사비평』 112, 역사비평사, 2015.

조정환, 『공통도시-광주민중항쟁과 제헌권력』, 갈무리, 2010.

조희연, 『한국민주주의와 사회운동의 동학』, 나눔의 집, 2001.

천정환, 「열사의 정치학과 그 전환: 2000년대 노동자의 죽음을 대상으로」, 『문학과학』 74, 문학과학사, 2013.

______, 「죽음과 정치, 자살의 문화정치 1·2」, 『말과 활』 4·5, 일곱번째숲, 2014.

______, 「1980년대와 '민주화운동'에 대한 세대기억의 정치」, 『대중서사연구』 20, 대중서사학회, 2014.
최정운, 『오월의 사회과학』, 풀빛, 1999.
도시야마 이치로, 『전장의 기억』, 임성모 옮김, 도서출판 이산, 2002.
발터 벤야민, 『역사의 개념에 대하여/폭력비판을 위하여/초현실주의』, 최성만 옮김, 도서출판 길, 2008.
알랭 바디우, 『윤리학』, 이종영 옮김, 동문선, 2001.
지그문트 바우만, 『액체근대』, 이수일 옮김, 도서출판 강, 2009.
한나 아렌트, 『혁명론』, 홍원표 옮김, 한길사, 2004.

신문기사

「계엄사령관 이희성 담화문」, 『경향신문』, 1980.05.31.
「계엄사 발표: 김대중 등 37명 내란음모 혐의」, 『경향신문』, 1980.07.04.
「인간의 생명은 모든 가치 위에 있는 것」, 『동아일보』, 1986.05.21.
「과격은 민주화에 역행: 분신점거 선동은 정당화될 수 없다」, 『동아일보』, 1986.05.22.
「좌경을 직시하자⑥ 오염되는 대학가」, 『경향신문』, 1986.10.22.
「민주화 위장, 북괴노선 수용」, 『경향신문』, 1986.11.13.
「이한열군 전국민의 애도 속에 잠들다」, 『말』, 민주언론운동협의회, 1987.08.09.
「젊은 벗들! 역사에서 무엇을 배우는가」, 『조선일보』, 1991.05.05.
「죽음에 배후세력 있다」, 『조선일보』, 1991.05.10.

인터넷 사이트

민족민주열사·희생자 추모·기념단체 연대회의 홈페이지 http://www.yolsa.org/
민주화운동 기념사업회 홈페이지 www.kdemo.cr.kr/
민주화운동 기념사업회 오픈아카이브 http://archives.kdemo.or.kr/
다음영화 홈페이지 http://movie.daum.net/moviedb/main?movieId=37305

오월을 호명하는 문학의 윤리*

— 임철우의 『백년여관』과 한강의 『소년이 온다』를 중심으로 —

강소희

오월이 "있다"

언어가 무력해지는 사건들이 있다. 기존의 의미체계에서 그 사건은 포착 혹은 명명이 불가능하므로, 이때 발화되는 단어들은 재현을 포기하고 무의미의 영역으로 이동한다. 오월 광주 앞에서 즉각적으로 발화된 시의 언어들이 그러했다. 무엇인가 일어났으나 그 무엇이 우리의 경험 혹은 앎의 체계를 동시에 뒤흔들었으므로, 시들은 단지 사건 자체가 주는 광포함 앞에서 비명, 절규, 탄식 등의 감탄사로 터져 나오거나, 사건 속에서 사라져간 이들을 '님이여', '꽃이여' 부르거나, "나는 이제 단 한 줄의 시도 쓸 수가 없다"(이영진, 「단 한 줄의 시도 쓸 수가 없다」)고 시(시인)의 무력함을 토로하는 목소리들이었다.

따라서 오월이 서사의 공간으로 들어온 후, '사실'과 '의미'에 천착할 수밖에 없었던 것은 어쩌면 필연적인 현상이다. 무력한 언어의 조각들을 기워서라도 사건을 붙잡지 않으면 그것은 흩어져 사라질 것이기 때문이다. 그래서 이후 다수의 소설은 다음의 두 가지 질문에 대한 응답의

* 이 원고는 "「오월을 호명하는 문학의 윤리」, 『현대문학이론연구』 62"에 게재한 글을 수정·보완한 것이다.

성격을 지닌다. 하나는 오월을 어떻게 복원할 것인가, 다른 하나는 오월을 어떻게 의미화할 것인가이다. 죽은 자와 살아남은 자의 넘어설 수 없는 경계 앞에서 혹은 '그때 너는 어디에 있었는가'라는 투명한 질문 앞에서, 이를 자신의 문제로 끌어안고 이에 대한 답을 치열하게 사유하는 것만이 살아남아 글을 쓰는 자들이 취할 수 있는 윤리적 태도였다. 1984년, 단편 「봄날」을 시작으로 1998년에 완간된 『봄날』(1-5)에 이르기까지 광주에서의 열흘간 항쟁을 최대한 사실적으로 복원한 임철우의 글쓰기가 전자의 질문에 대한 대표적인 응답이라면, 홍희담의 「깃발」(1988)을 정점으로 이를 잇는 일련의 소설들은 오월을 '노동자, 민중, 민주' 등으로 호명하며 오월에 역사적 의미를 부여했던 시도들이라고 할 수 있다.[1]

사실 위의 질문들은 물을 수밖에 없는 것이었고 또한 당연히 물어져야 했던 것이다. 군사정권은 사건 직후 오월을 '광주사태'라는 명칭으로, '불순분자들과 그들의 사주를 받은 폭도들에 의한 난동'으로 규정한 후 한국사회 전체에 침묵하기를 강요했기 때문이다. 철저한 언론 통제와 함께 다양한 폭력적 수단을 동원하여 그들이 지정한 명칭과 의미 이외에는 오월에 대해 그 어떤 것도 등록할 수 없도록 금지했고, 따라서 오랜 시간 오월은 '사실'과 '의미'에 있어서 존재하지 않는 사건이었다. 이 '말할 수 없음'의 상황을 뚫고 나온 언어들이 지금의 오월을 있도록 했다. 사건을 사실들로 구성하고 이를 80년대 민주화운동과 연결함으로써, '폭도'는 계엄군에 저항했던 광주시민에서 전두환과 신군부를 지칭하는 것으로 이동했으며[2], 오월은 '광주사태'가 아닌 '광주민주화운동'이라는

1 물론 이러한 구분은 이분법적 도식의 위험성을 내포한다. 오월을 형상화한 대부분의 소설은 '사실'과 '의미' 두 지점 모두를 지시하며, 약간의 편향성으로만 드러난다고 할 수 있다.

2 이와 관련하여 최정운은 오월과 광주시민을 둘러싼 담론의 변화를 '폭도론', '불순정치집단론', '유언비어론', '과잉진압론', '민주화론', '민중론', '혁명론'으로 나누어 분석한다. 최정운, 『오월의 사회과학』, 오월의 봄, 2012 참조.

공식 명칭을 부여받게 되었다.[3]

그러나 오월이 공식 역사에 등록된 순간부터 '사건'[4]으로서의 힘을 잃고 제도화의 수순을 밟게 된 것 또한 사실이다. 지금 우리에게 오월은 신묘역에서 행해지는 국가의 기념식이거나 혹은 자본과 결합된 지역축제의 형태로 나타나며, 오월에 '사실'과 '의미'를 부여했던 수많은 글들은 이제 오래된 기억의 문서들이 되었다. 그래서 다시 묻지 않을 수 없다. 지금 우리에게 오월 광주는 무엇이며 또 무엇이어야 하는가? 광주민주화운동 35주년 기념식의 몇 장면은 이 질문에 있어서 중요한 두 지점을 징후적으로 드러내는 듯 보인다.

> 올해도 오월을 기념하는 행사는 같은 시간, 다른 장소에서 치러졌다. 이러한 기념식의 분리는 2013년, '임을 위한 행진곡'의 합창은 허용해도 제창은 허용할 수 없다는 국가보훈처의 발표 이후 3년째이다. 다시 말해 합창단이 부르는 '임을 위한 행진곡'을 '감상'할 수는 있으나, 기념식에 참석한 시민들이 이 곡을 '노래'하는 것은 금지한다는 것이다. 정부는 신묘역에서 대통령의 불참을 부총리의 참석으로 메우고, 유가족과 시민들의 빈자리에 국가보훈처가 동원한 상인 군인회 회원들을 앉힌 채 기념식을 거행했다. 한편 유가족과 시민들은 하루 전인 17일 구묘역을 찾아 참배했고, 이곳에서 세월호 참사 유가족들을 만났다. 이들은

3 87년 6월 항쟁의 결과인 6공화국 출범 직후, 13대 국회에서 열린 광주 청문회에서 '광주민주화운동'이라는 명칭이 처음으로 제기되었다. 그리고 이는 '광주민주화운동 관련자 보상 등에 관한 법률'(1990.8.6)과 '5·18 민주화운동 등에 관한 특별법'(1995.12.21)에 의해 재차 확인되는 과정을 거쳐 공식 명칭으로 자리 잡게 된다. 김재균, 『5·18과 한국정치』, 에코미디어, 2010 참조.

4 여기에서 '사건'은 바디우의 개념을 빌려온 것이다. 그에 따르면 사건이란 "상황·의견 및 제도화된 지식과는 '다른 것'을 도래시키는 것이다." 그래서 사건은 기존의 질서와 언어 체계에서는 명명이 불가능한 '공백'으로 출현한다. 그리고 바로 이 공백이 "이미 주어진 것 속의 일상적 기입으로는 환원될 수 없는 무엇"이 사건성을 규정한다. 알랭 바디우, 이종영 옮김, 『윤리학』, 동문선, 2001 참조.

서로의 손을 마주잡고, "이렇게 많은 묘를 보고서도 깨닫지 못하는 대한민국이 용서가 안 된다"며 분노했고, 서로가 기억할 것을 함께할 것을 다짐했다. 그리고 이들은 다음날인 18일 '임을 위한 행진곡' 제창 거부를 항의하며 옛 전남도청 앞 민주평화광장에서 별도의 기념식을 가졌다.[5]

오월은 국가가 자신의 잘못을 '부분적'으로나마 인정하고 이를 '공식적'으로 기념하는 사건이라는 점에서 특수한 위치에 놓여있다.[6] 그리고 이러한 위치로 인해 오월을 기억하고 애도하는 자리에서 어떤 불일치의 현상들이 발생한다. 위의 장면에서 나타나듯 오월을 기념하는 두 장소 사이에, 그리고 오월을 '감상'하는 것과 '노래'하는 것 사이에. 하지만 오월의 사건성을 규정하는 데 있어서 '불일치'는 근본적인 것이 아닌가.

오월은 국가의 폭력에 죽음으로 저항했던 사건이다. 따라서 국가의

5 인용된 글은 5·18 민주화운동 35주년 기념식에 대한 다음의 두 기사를 요약·정리한 것이다. 〈5·18 전야제, 환영받지 못한 김무성·문재인〉, 오마이뉴스, 2015.05.17., 〈"1년 갖고 실망 마세요" 망월동서 만난 5·18과 4·16〉, 오마이뉴스, 2015.05.17.

6 1988년 4월 1일 노태우 정부는 〈광주사태 치유 방안〉을 발표한다. 여기에서 정부는 5·18을 '광주의 학생·시민들의 민주주의적 노력의 일환'으로 규정하고, 당시 과잉진압의 잘못이 있었음을 공식적으로 인정한다. 그러나 진상규명 문제에 대해서는 별다른 언급을 하지 않았고, 책임자 처벌은 불필요하다는 입장을 고수했다. 1995년 김영삼 정부 또한 12·12 쿠데타에 대해서는 군형법상 반란죄를, 5·18에 대해서는 내란적 요소를 인정하면서도 성공한 쿠데타는 처벌할 수 없다는 이유를 들어 전두환과 노태우에 대해 불기소 처분을 내린다. 그러나 전국에서 항의하는 집회와 시위가 이어졌고, 이에 따라 '5·18 특별법'이 제정되면서 두 사람은 법정에 서게 된다. 1997년 4월 전두환과 노태우는 각각 무기징역과 징역 17년을 선고받았으나, 같은 해 12월 김영삼 정부는 '국민대화합'이라는 명분을 들어 이들을 특별사면으로써 결과적으로 책임자 처벌은 이루어지지 못했다. 아이러니하게도 1997년 5월 5·18은 국가가 기념하는 법적기념일로 제정되었으며, 이와 함께 망월동 묘역이 새롭게 조성된 국립 묘역으로 옮겨짐으로써 구묘역과 신묘역의 분리 현상이 생겨났다. 한인섭, 「국가폭력에 대한 법적 책임 및 피해회복: 5·18 민주화운동의 법적 해결을 중심으로」, 『서울대학교법학』 제43권2호, 서울대학교 법학연구소, 2002 참조.

이름으로 기념하는 장소에 위치할 수 없다. 다시 말해 국가가 기념하는 방식을 '감상'하는 것으로는 오월에 대한 기억과 애도가 불가능하다. 신묘역의 기념식으로는 환원될 수 없는 부분, 제창으로 금지된 함께 부르는 '노래' 속에 오월이 현존하며, 따라서 오월의 제도화는 우리가 오월을 기억하고 애도하는 방식이 국가의 그것과 일치할 때 완결된다. 중요한 것은 이러한 '불일치'를 지속하는 것이다. 화해 불가능한 것으로서 국가[7]를 상정하고 오월에 대한 상징적 기표와의 거리두기, 이러한 불일치를 만들어내는 지금 우리의 행위 속에 오월이 "있다"

한편, 34년이라는 시간 사이에 위치한 5·18과 4·16 두 사건의 만남은 오월의 윤리적 성격을 단적으로 드러낸다. 그것은 "타인의 고통에 응답하는 인간"[8]이다. 수많은 기록들이 증언하는 것처럼, 사건 당시 광주 시민들이 거리에 나와 싸울 수 있었던 이유는 대부분 고통하며 죽어가는 자들을 보았기 때문이다. 자신이 목도한 그 고통에 죽음을 각오하고 응답한 이들이 있었기에 '홀로' 거리에 나왔으나 '함께' 싸울 수 있었다. '절대공동체'라는 명명은 이러한 오월의 윤리적 성격을 규정하는바, 오월의 유가족과 사월의 유가족이 서로의 아픔을 기억하고 함께하겠다 다짐하던 이런 순간들에서 오월이 현상하는 것이 아닐까. 따라서 중요한 것은 동시대의 고통을 응시하는 것이며, 그에 응답하려는 지금 우리의 행위 속에 오월이 "있다"

---

7 여기에서 의미하는 '국가'는 '나라'와는 변별된다. 김홍중은 '국가'와 '나라'를 구별하면서 다음과 같이 설명한다. "국가가 실정적 제도와 장치의 앙상블을 가리킨다면, 나라는 데모스의 마음에 배태되어 있는 정치 공동체에 대한 집합표상인 동시에 이에 조응하는 역사·지리·인문적 리얼리티의 총체를 가리킨다. … 국가들(정권들)의 흥망성쇠를 넘어서 종속하는 역사적 삶의 터전이 바로 나라이다." 김홍중, 「마음의 부서짐과 통감의 해석학」, 『5·18 현장의 사람들과 인권: 5·18민주화운동 35주년 기념 학술대회 자료집』, 2015, 44쪽.

8 김상봉, 「응답으로서의 역사–5·18을 생각함」, 『민주주의와 인권』 제6권2호, 전남대 5·18연구소, 2006, 147쪽.

그렇다면 오월이 제도화·사물화되어 가는 오늘날, 문학은 어떠한 방식으로 오월을 말할 수 있을까. 이전까지 오월문학이 사건을 사실들로 복원하고 사건에 의미를 부여하면서 오월을 공식 역사에 기입하고자 했다면 이제는 다른 방향성이, 새로운 말하기 방식이 필요한 것이 아닐까. 이 글은 이와 같은 문제의식 아래 임철우의 『백년여관』과 한강의 『소년이 온다』를 대상 텍스트로 삼아, 서로 다른 시대에 각기 다른 방식으로 오월 광주를 경험했던 두 작가의 작품을 분석함으로써, 이전과는 다른 오월문학의 방향성과 형상화 방식을 짚어보고자 한다.

35년이 지난 지금, 많은 사람들에게 오월 광주는 '나의 사건'이 아니다. 그래서 그것은 내 '밖에' 있다. 하지만 그럼에도 불구하고 왜 그 사건이 '나의 아픔'일 수밖에 없는가. 혹은 객관적으로 외재적인 대상을 문학은 어떻게 내재적인 것으로 만드는가. 위의 두 작품은 이 질문에 대한 작가들의 치열한 사유의 결과물이다. 그러므로 작품들을 읽어가는 과정에서 오늘날 오월을 다시금 호명하는 문학의 윤리를 더듬어 볼 수 있을 것이다.

'산 죽음'의 공간과 구원의 (불)가능성

『백년여관』은 임철우가 『봄날』을 탈고한 후 오랜 공백을 깨고 2004년에 발표한 첫 장편 소설이다. 그는 작가 후기에서 그 긴 침묵의 시간 동안 하고픈 말이 너무도 많았으나 "대상도 모를 분노와 절망"[9]의 덫에 걸려 풀어낼 방도를 찾지 못했다고 고백한다. 대상이 모호할 수는 있지만, 분노와 절망의 원인은 분명하다. 그것은 어느덧 세상이 오월의 "그날, 그 도시, 그 기다림의 기억을 말끔히 지워버리고", "한낱 지나간 이름, 지나간 역사의 불유쾌한 흉터"로 치부하며, "잊자. 잊어라. 더 나은

9 임철우, 「작가 후기」, 『백년여관』, 한겨레신문사, 2004, 342쪽. 이후 소설의 본문을 인용할 때에는 쪽수만을 밝힌다.

미래를 위해서 잊어버리자"(270-271) 외쳐댔기 때문이다. 아이러니하게도 오월을 사실들로 복원한 작품이 출간되자 세상은 망각의 길로 들어섰던 것인데, 임철우는 이 망각의 시간에 맞서 삶과 죽음이 공존하는 공간을 구성해냄으로써 다시 "소설을 쓰기 시작"(341)한다.

> 섬이 하나 있다. 그림자의 섬, 영도(影島). 그것은 결코 환상도 허구도 아니다. 반도 서남쪽 영락없는 토끼의 엄지발톱 자리, 서해와 남해가 마주치는 그 접점에 작은 철교 하나만으로 육지와 간신히 이어져 있는 섬. … 그 섬엔 산 자와 죽은 자가 함께 거주한다. 정확히 표현하자면, 그들은 '아직 살아 있되 실은 벌써 오래전 죽은 자들' 혹은 '이미 오래전 죽었으나 차마 아직 섬을 떠나지 못하고 맴도는 자들'이다. 한사코 섬을 떠나지 않으려 하는 혹은 끝끝내 벗어날 수 없는 사로잡힌 영혼-그것이 바로 그들의 이름이다.(9-10)

소설의 배경이 되는 섬 영도는 한국 현대사의 비극적 사건들이 오롯이 각인되어 있는 장소이다. 일제강점기를 시작으로 오월 광주에 이르기까지 역사의 이름으로 희생된 자들의 눈물과 피가 영도의 땅과 바다 곳곳에 스며있다. 그래서 이 섬의 주민은 먼저 "이미 오래전 죽었으나 아직 섬을 떠나지 못하고 맴도는 자들"로, 이들은 환상이나 환영이 아니라 우물 속 '눈동자와 목소리'로, 섬 곳곳을 떠도는 '푸르고 환한 발광체'로 실재한다. 영도의 또 다른 주민은 역사 속에서 사랑하는 사람을 잃어버린 자들, 죽음의 현장을 지켜보았던 자들이다. 사건에서는 살아남았으나 그때의 기억과 아픔에서 벗어날 수 없는, 그래서 그들은 "아직 살아 있되 실은 벌써 오래전 죽은 자들"이다.

제주 4·3항쟁으로 가족을 잃은 강복수, 베트남전에서 입은 상처를 몸과 마음에 안고 살아가는 허문태, 5·18 당시 군인들에게 집단 폭행을 당하고 미쳐버린 은희 이외에도 복수의 아내 허미자와 그의 아들 신지, 조천댁과 함흥댁, 금주와 순옥 등 9명의 인물이 영도에 '살아있는' 주민으로 등장한다. 그리고 1950년 보도연맹원 학살사건으로 부도를 잃은 김요안(이재동)과 1980년 오월 광주의 목격자이자 피해자인 이진우(당신)가 각각 잃어버린 기억을 찾기 위해, 소설을 쓰기 위해 영도를 방문한다. 따라서 임철우는 이 11명의 인물들, 즉 "지옥의 시간에 결박당한 사람들의 이야기"(22)를 소설의 공간에 다시 끌어들임으로써 망각되어 가는 자들의 목소리를 복원하고자 한다고 할 수 있다.

그러나 엄밀히 말한다면 오월광주는 '망각'이 아니라, 국가의 제도 혹은 역사의 기록 속으로 사라져가고 있었다고 해야 한다. 『봄날』 출간을 전후로 임철우는 오월이 국가가 기념하는 날로 전환되는 것을, "학살의 주범들이 개선장군처럼 파안대소하며 교도소 문을 걸어"나와, "이젠 모든 걸 과거로 묻어둡시다. 훗날 역사의 심판에 맡기도록 합시다"(263)라고 말하는 장면을 지켜봐야 했다. 오월의 주범들 입에서 '역사의 심판'이라는 단어가 발화되는 이 순간은 폭력적 사건의 주체였던 국가가 '역사'를 이용하는 방식을 단적으로 보여준다. 그것은 어떤 것으로도 정당성을 확보할 수 없는 국가가 사건의 진상규명과 그에 대한 책임을 오지 않을 미래, 즉 '역사의 심판'에 전가함으로써 다시 정당함의 위치로 이동하는 방식이다. 이 과정에서 오월은 역사의 발전을 위해 불가피했던 사건으로 자리하게 되며, 이로써 오월을 구성하는 실제적 사실과 의미들이 삭제된다.

> 사람들은 그 전리품을 문화재라고 칭한다. 그 문화재들을 유물론자는 거리를 두고 바라보게 될 것이다. 왜냐하면 그 유물론자가 문화재들에게서 개관하는 것은 하나같이 그가 전율하지 않고서는 생각할 수도 없는 곳에서 온 것들이기 때문이다. … 동시에 야만의 기록이 아닌 문화의 기록이란 결코 없다. 그리고 문화의 기록 자체가 야만성에서 벗어날 수 없는 것처럼 그것이 한 사람에게서 다른 사람에게로 넘어간 전승

의 과정 역시 야만성을 벗어나지 못한다. 따라서 역사적 유물론자는 가능한 한도 내에서 그러한 전승을 비켜선다. 그는 결을 거슬러 역사를 솔질하는 것을 자신의 과제로 본다.[10]

벤야민에게 역사와 과거는 두 가지로 계열화된다. 이미 씌어진 역사와 아직 씌어지지 않은 역사 그리고 승리자들의 시간과 억눌린 자들의 시간이 그것이다. 이는 각각 보편사적 역사서술과 유물론적 역사서술로 지칭되는데, 전자는 균질하고 공허한 시간을 채우기 위해 승리자의 사실 더미들을 기록한 것이라면, 후자는 이 기록들을 거슬러 솔질하며 그 속에 묻혀 있던 억압받은 자들의 시간을 포착하고 그들의 잊혀져가는 목소리를 복원하고자 한다.

인용된 글은 벤야민의 '역사철학테제 7'의 일부분으로, 여기에서 그는 국가가 일으킨 폭력적 사건들이 이후 승리의 기록으로, 하나의 전리품으로 기념되는 과정을 비판하면서 이러한 전도는 역사의 흐름을 '진보'와 '필연성'으로 규정하는 사관 위에서만 그리고 승리자들에게 감정을 이입하는 한에서만 가능하다고 말한다. 따라서 보편사적 역사 기록과 전승의 방식은 벤야민에 따르면 '야만'이다. 반면 유물론적 역사가는 그 앞에서 전율하지 않을 수 없다. 왜냐하면 그들이 승리의 기록과 전리품에서 읽어내는 것은 국가의 폭력으로 인해 짓밟힌 자들의 시간, 그 잊혀진 기억들이기 때문이다. 임철우가 서 있는 곳이 바로 이 지점이다. 그는 오월의 제도화에 맞서 국가의 기념과 역사의 기록으로 환원될 수 없는, 과거와 현재·삶과 죽음이 뒤섞인 '중음'에 존재하는 이들의 목소리를 소설화하려는 것이다.

그래서 『백년여관』의 서사는 기억과 망각 그리고 글쓰기의 문제를 중

10 발터 벤야민, 최성만 옮김, 「역사의 개념에 대하여」, 『역사의 개념에 대하여/폭력비판을 위하여/초현실주의』, 도서출판 길, 2008, 336쪽.

심으로 조직되어 있다. 먼저 기억과 망각의 문제는 삶이 과거의 기억에 완전히 잠식당해 현재를 살아갈 수 없는 강복수와 어린 시절 잃어버린 기억으로 삶을 지속할 수 없는 김요안, 두 인물을 통해 그려진다. 복수는 잊기 위해 자꾸만 세상으로 나가고, 요안은 기억하기 위해 영도를 찾아온다.

> 고향을 떠나온 이후, 복수는 지금껏 단 하루도 깊이 잠들어보지 못했다. 잠이 가져다주는 육신의 달콤한 휴식, 영혼의 평화와 안식을 그는 영영 빼앗겨버리고 말았다. 잊어야만 했다. 이 세상에 살아남으려면 어떻게든 지옥에서의 흔적을 완벽하게 지워버려야 했다. 망각만이 유일한 구원이었다. 잊지 않으면 미쳐버리거나, 심장이 터져 죽고 말 터였다. 살아야 했다. 살고 싶었다. 잊어라. 잊어야 한다. 아무 일도 없었던 것처럼…….(173)

> 미국에서 가장 아름답다는 도시. 그러나 사계절 내내 꽃과 녹음이 무성한 그 도시를 요안은 한 번도 사랑한 적이 없었다. 그곳엔 단 한명의 사랑하는 사람도, 아니 잠시나마 사랑을 나눈 사람조차 존재하지 않았다. 언제나 그는 혼자였고, 이방인일 뿐이었다. 어디에고 뿌리를 내리지 못한 채 수면을 떠도는 하찮은 개구리밥. 비행기의 원형창 아래로 멀어지는 도시의 희미한 실루엣을 내려다보면서 그는 자신의 삶을 그렇게 간단히 요약했다. 애당초 그는 운명적으로 한 개의 섬일 수밖에 없는 존재였던 것이다.(98-99)

복수는 한국전쟁을 지나는 과정에서 가족 모두를 잃고 고향을 떠나온다. 이후 사법시험에 합격했으나 연좌제 때문에 꿈을 이루지 못하고 방황하다 오월 광주의 현장에서 지금의 아내 '허미자'를 만나게 되고, 둘은 영도에 정착해 '백년여관'을 운영하며 살아간다. 그러나 그는 "광기라고는 달리 표현할 길 없는, 저 끔직한 내면의 소용돌이 때문에"(68), 자꾸만 세상 밖으로 나간다. 왜냐하면 살기 위해서는 과거를 잊어야 했고, 잊기 위해서는 죽음이 끊임없이 출몰하는 영도를 떠나야 했던 것이다. 하지만 "망각만이 유일한 구원"이었던 복수가 마주한 현실은 "망각은 끝내 불가능"(173)하다는 것이다. 그는 "지옥은 바깥이 아니라 그 자신 내부에 있"다는 것을 "아니 그 자신이 바로 지옥이었다"(175)는 사실을 깨닫는다.

한편, 어린 시절의 기억을 망각한 채 살아가는 요안 또한 현재를 살아가지 못한다. 그는 전쟁고아로 미국에 입양되어 "가장 아름답다는 도시" 시애틀에서 살고 있으나 그 무엇도 그 누구도 사랑한 적 없는 "한 개의 섬"이었다. 그러던 중 그는 "돌아와 이젠 때가 되었다!"(101)는 정체불명의 목소리를 듣게 되고, 잃어버린 기억을 찾기 위해 영도를 방문한다. 그리고 그곳에서 한국전쟁 당시 어머니가 자신의 눈앞에서 사내들에게 강간당하고 유물에 던져졌던 끔찍한 기억을 복원한다. 그러나 기억하는 것이 유일한 방법이었던 요안에게도 기억의 복원이 현재의 행복한 삶으로 이어지는 것은 아니다. 요안은 그가 마주하게 된 과거의 시간들로 괴로워하며 어쩌면 그는 복원된 기억이 다시 망각되기를, 즉 복수의 삶을 반복하게 될지도 모를 일이다.

따라서 복수와 요안, 이 두 인물이 증언하는 것은 기억과 망각을 통한 개인의 구원이 아니라, 그것의 불가능성이다.[11] 『백년여관』의 마지막에서 벌어지는 조천댁의 씻김굿 또한 구원의 완결을 이야기하는 장면이 아니다. 그것은 다른 지점을 향해 있다.

---

11 『백년여관』을 다룬 다음의 논문들은 기억하기 혹은 글쓰기를 통한 구원의 문제에 대해 이야기한다. 서동수, 「망각의 번역과 자기 구원의 서사-임철우의 『백년여관』을 중심으로」, 『한국문예비평연구』 제42집, 한국현대문예비평학회, 2013. 서영채, 「죄의식과 1980년대적 주체의 탄생-임철우의 『백년여관』을 중심으로」, 『인문과학연구』 제42집, 강원대학교 인문과학연구소, 2014. 서동수는 『백년여관』을 "자기 구원의 서사"로 읽어내며, 서영채 또한 이 작품을 "자기 구원의 드라마"로 해석하지만, 이 글의 방향은 이러한 논의들과는 다르다.

순간 당신들의 눈앞에 신비로운 광경이 펼쳐지기 시작했다. 불빛, 불빛, 불빛이었다. 홀연 어두운 바다 한가운데서 푸르고 환한 불빛들이 꽃 등처럼 하나 둘 수면 위로 올라왔다. 처음엔 반딧불같이 드문드문 눈에 잡히던 그 푸른 형광체들이 순식간에 은어 떼처럼 사방으로 빠르게 번져갔다. 어느새 바다는 온통 눈부신 꽃등불의 천지로 바뀌어 있었다.(336)

신부두 쪽이었다. 수백 수천 발의 현란한 폭죽이 하늘과 바다와 땅 위로 유독한 버짐처럼 삽시간에 번져가기 시작했다. 동시에 귀청을 터뜨리는 요란한 팡파르 소리가 발작하듯 울려 퍼졌다. 본격적인 축제의 시작이었다. 빨 주 노 초 파 남 보. 밤하늘을 미친 듯 휘저어대는 휘황찬란한 폭죽의 광기가 순식간에 우주의 어둠을 완전히 삼켜버리고 말았다.(337-338)

첫 번째 인용문은 조천댁의 씻김굿 과정에서 벌어지는 사건을 묘사한 부분이다. 영도의 땅과 바다에 "푸르고 환한 불빛들"로 실재하던 죽음들이 "저 영겁의 어둠을 뚫고서, 다시는 돌아오지 않을 먼 길"(299)을 가기 위해 바다 위로 떠올라 "눈부신 꽃등불의 천지"를 이루는 아름다운 광경이 펼쳐진다. 그러나 이와 동시에 신부두 쪽에서 벌어지는 불꽃놀이가 "밤하늘을 미친 듯 휘저어대는 휘황찬란한 폭죽의 광기가 순식간에 우주의 어둠을 삼켜버리"는 장면이 이어진다. 이 소설이 "바야흐로 역사적인 새천년의 개막을 코앞에 남겨둔 즈음"(18)에 시작되었다는 사실을 상기할 때, 불꽃놀이는 이를 축하하는 세상의 징표로 읽을 수 있다. 다시 말해 영겁의 시간을 뚫고 하늘로 올라가는 죽은 혼들의 길을 새로운 미래의 시작을 알리는 세상의 축제가 가로막고 있는 것이다.[12] 이로써 산

12 정명중은 이 점을 다음과 같이 날카롭게 읽어낸다. "영도군청이 하필 개기월식 일에 맞춰 마련한 '국제항 승격 불꽃 잔치'가 뒷개 외딴집 부근 모래밭 반대편인 신부

자와 죽은 자를 각자의 영역으로 인도하려던 조천댁의 굿은 중단되며, 이들의 구원 또한 유예된다.

이 지점에서 '글쓰기'의 문제가 『백년여관』의 또 다른 축을 이루고 있다는 사실이 중요하다. '당신'이라 호명되는 인물 이진우는 오월 광주의 현장에서 결과적으로 그가 두 번 배신했던 케이의 죽기 전 행적을 찾아, 그리고 이로 인한 죄책감을 사해줄 소설을 쓰기 위해 영도를 방문한다. 잘 알려져 있는바, 『봄날』과 마찬가지로 『백년여관』의 진우와 케이는 임철우 자신과 그의 친구 박효선이 투영된 인물이며, 이 작품은 "광주항쟁과 관련하여 자기 창작에 대한 동력을 담고 있는 텍스트"[13]이다. 따라서 작가의 목소리가 진우라는 인물을 통해 직접 발화되는 프롤로그와 에필로그에 주목할 필요가 있다.

먼저 에필로그에는 자신을 부르는 목소리에 이끌려 영도를 찾았던 진우가 집으로 돌아가는 버스 안에서, 도착하자마자 "책상 앞으로 달려가 소설을 쓰기 시작할 것"을 다짐하는 장면이 있다. 그 소설은 이렇게 시작된다. "섬이 하나 있다. 그림자의 섬, 영도(影島). 그것은 결코 환상도 허구도 아니다."(341) 그리고 이와 동일한 문장이 프롤로그 시작 부분에도 배치되어 있다. 다라서 이 문장은 『백년여관』의 첫 문장인 동시에 진우가 쓸 소설의 첫 문장이며, 『백년여관』의 전체 서사는 진우가 쓸 소설의 내용이기도 한 것이다. 주목할 것은 프롤로그에서 영도라는 섬을 소개하며 '구원'에 대해 이야기한다는 점이다.

두 쪽에서 시작되고 있는 참이다. 놓치지 말아야 할 것은 이 스펙터클한 장면이 '조천댁'의 원혼들을 천도하기 위해 흐느끼듯 내뱉는 구성진 가락의 사설들과 명백한 대조를 이룬다는 점이다. 이로 인해 '조천댁' 굿이, 그리고 그 완결성이 명백히 침해받고 있다고 할 수 있다." 다만 본고에서는 불꽃놀이를 국제항 승격뿐만이 아니라 새천년의 도래를 축하하는 축제의 징표로 함께 읽는다는 점에서 변별된다. 정명중, 「지속의 시간 그리고 고통의 연대-임철우의 『백년여관』론」, 『작문연구』 제21집, 2011, 133-134쪽.

13 서영채, 앞의 글, 45쪽.

혹시 그 유폐된 섬에 운명적인 변화를 불러올 유일한 가능성은 다리 저편 아득한 당신들의 영토, 육지에 존재하고 있는지도 모른다. 그러기에 그들 생자와 사자들은 여전히 무엇인가를 기다리고 있다. 천지간에 가득한 저 막막하고 몽롱한 푸른 안개의 늪을 가로질러 마침내 당도한 구원의 손길을, 아니 하다못해 미미한 그 전령의 발자국 소리만이라도 흐른 바람결에 묻어오기를…….(9)

과거는 그것을 구원으로 지시하는 은밀한 지침을 지니고 있다. 우리 스스로에게 예전 사람들을 맴돌던 바람 한 줄기가 스치고 있지 않은가? 우리의 귀를 기울여 듣는 목소리들 속에는 이제는 침묵해버린 목소리들의 메아리가 울리고 있지 않은가? 우리가 구애하는 여인들에게는 그들이 더는 알지 못했던 자매들이 있지 않을까? 만약 그렇다면 과거 세대의 사람들과 우리 사이에는 은밀한 약속이 있는 셈이다. 그렇다면 우리는 이 지상에서 기다려졌던 사람들이다.[14]

구원의 가능성은 기억이나 망각의 행위에서 찾아지지 않으며, 굿으로 상징되는 죽음에 대한 애도에 있는 것도 아니다. 또한 진우의 소설이 상징하는 작가의 글쓰기 자체에 내재하지도 않는다. 주지하듯이 임철우로 하여금 『봄날』을 쓰게 한 동력은 죄책감이었다. 이는 "그날 이후 나는 나 자신을 끝끝내 용서할 수 없었다. … 바로 그 죄책감이, 부끄러움이 『봄날』을 쓰게 만들었다. 나는 그걸로 보상하고 싶었던 것일까. 스스로 구원받기 위해서…"[15]라는 그의 고백에서 단적으로 드러난다. 그래서 『봄날』은 자신의 죄책감을 사해줄 존재, 즉 친구 박효선을 향해 있다. "소설이 완성되는 날 케이를 찾아가 그 비밀을 털어놓고 용서를"(313) 구함으로써 오월의 죄책감으로부터 벗어나고자 한 것이다. 하지만 결국

14 발터 벤야민, 앞의 글, 331-332쪽.

15 임철우, 「낙서의 길에 대하여」, 『문학동네』, 1998년 봄, 66쪽.

친구의 죽음으로 인해 『봄날』은 전해지지 못하고, 임철우 또한 용서받지 못한 자로 남는다. 다시 말해 『봄날』을 통한 자기 구원의 도정은 불가능으로 귀결된다.

따라서 임철우에게 글쓰기는 더 이상 자기 구원을 향해 있지 않다. 『백년여관』은 오히려 구원의 불가능성을 깊이 내재한 소설이다. 그래서 이 작품은 "앞 서 간 친구 고 박효선의 영전"(344)에 바쳐진다. 다시 말해 『백년여관』은 용서받지 못할 것을 알면서 구하는 용서이며, 구원의 불가능성 위에서 씌어진 소설이다.

인용문에서 드러나듯, 구원의 유일한 가능성은 영도와 철교 하나만으로 이어져 있는 "당신들의 영토"에 있다. 진우의 목소리를 통해 발화되는 이 문장들은 임철우가 벤야민과 공명하는 지점을 다시 한 번 보여준다. 벤야민은 과거가 우리를 스쳐가는 한 줄기 바람에, 우리가 일상에서 듣는 목소리 가운데 매순간 '구원'의 손짓을 보내고 있다고 말하며, 임철우 또한 영도의 주민들, 즉 "생자와 사자들은" "저 막막하고 몽롱한 푸른 안개의 늪을 가로질러 마침내 당도할 구원의 손길"을 기다린다고 쓴다. 따라서 임철우의 『백년여관』은 자기 구원이 아니라 잊혀진 과거의 시간들이 보내는 구원의 손길을 소설화한 텍스트이며, 구원의 가능성은 우리가 그것에 응답할 때 비로소 생겨난다.

죽음의 불가해성과 '바깥'의 경험

임철우가 망각되어 가는 자들의 목소리를 모아 오월의 제도화에 대항하고자 한다면, 오월을 직접 경험하지 않은 작가는 역사의 기록으로 환원불가능한 오월의 '무엇'에 대해 이야기할 수 없다. 그래서 한강이 주목하는 것은 오월이 야기한 개별적 존재들의 '고통'이다. 『소년이 온다』는 오월의 현장에서 벌어진 수많은 죽음들 가운데서도 한 소년 '동호'를 반복적으로 호명하며, 그의 죽음이 살아남은 자들에게 여전히 아픔으로 이어지는 순간들을 포착한다.

사건 당시 중학교 3학년이었던 동호는 그의 집에 세 들어 살던 동갑내기 친구 정대를 찾아 거리로 나오고, 우연히 도청 앞 상무관에서 임시로 안치된 시신들을 관리하는 일을 하게 된다. "코피가 터질 것 같은 시취"[16]를 없애기 위해 초를 태우거나, 부패가 시작된 시신의 얼굴을 바라보며 "산 사람이 죽은 사람을 들여다볼 때, 혼도 곁에서 함께 제 얼굴을 들여다보지 않을까"(13)를, 즉 죽은 사람의 혼에 대해 반복적으로 생각한다. 집으로 돌아가자는 엄마와 형의 간곡한 부탁에도 시신들이 놓인 장소에 그를 묶어두었던 것은 친구 정대의 마지막 모습 때문이다. 자신의 눈앞에서 계엄군의 총탄에 맞고 쓰러진 정대를 향해 달려나갈 수 없었던 동호는 시신들의 얼굴에서, 그의 몸을 스치는 것들에서 정대를, "가냘픈 혼령 같은 손길"(25)을 느낀다. 따라서 2장 "검은 숨"에서 직접 발화되는 죽은 정대의 목소리는 동호의 풀리지 않는 의문과 얽혀 그가 왜 도청에 남았는지에 대한 일말의 답을 제시한다.

> 그 과정에서 네가 이해할 수 없었던 한 가지 일은, 입관을 마친 뒤 약식으로 치르는 짧은 추도식에서 유족들이 애국가를 부른다는 것이었다. 관 위에 태극기를 반듯이 펴고 친친 끈으로 묶어놓은 것도 이상했다. 군인들이 죽인 사람들에게 왜 애국가를 불러주는 걸까. 왜 태극기로 관을 감싸는 걸까, 마치 나라가 그들을 죽인 게 아니라는 듯이. … 그 사람들을 어떻게 나라라고 부를 수 있어.(17)

> 더 이상 나는 학년에서 제일 적은 정대가 아니었어. 세상에서 누나를 가장 좋아하고 무서워하는 박정대가 아니었어. 이상하고 격렬한 힘이 생겼나 있었는데, 그건 죽음 때문이 아니라 오직 멈추지 않는 생각

16 한강, 『소년이 온다』, 창작과비평, 2014, 11쪽. 이후 소설의 본문을 인용할 때에는 쪽수만을 밝힌다.

들 때문에 생겨난 거였어. 누가 나를 죽였을까, 누가 나를 죽였을까, 왜 죽였을까. 생각할수록 그 힘은 단단해졌어. 눈도 뺨도 없는 곳에서 끊임없이 흐르는 피를 진하고 끈적끈적하게 만들었어.(51)

『소년이 온다』에서 서사의 중심에 놓인 문제 중 하나는 바로 '죽음의 불가해성'[17]이다. 눈앞에서 벌어지는 죽음의 이유를 어디서도 찾을 수 없고 무엇으로도 설명할 수 없다는 사실, 그래서 오월의 죽음은 이해불가능한 것으로 남는다. 하지만 "군인들이 죽인 사람들에게 왜 애국가를 불러주는 걸까. 왜 태극기로 관을 감싸는 걸까"라는 동호의 의문은 죽음의 불가해성을 낳는 원인의 한 지점을 가리킨다.[18] 오월 광주는 국민의 안전과 생명을 보호할 의무를 지닌 국가가 도리어 국민들을 향해 폭력을 가했던 사건이라는 점에서, "국가란 무엇인가"라는 근본적인 질문을 불러일으킨다. 그리고 바로 이 질문에 답할 수 없다는 사실에서 죽음의 불가해성이 비롯된다.

동시에 이는 오월 광주가 제기하는 또 다른 질문과도 긴밀히 연결된

17 조연정도 『소년이 온다』를 분석하며 '죽음의 불가해성'에 대해 다음과 같이 설명한다. "동호의 죽음이 온전히 설명될 수 없다"는 "죽음의 불가해성을 강조함으로써 『소년이 온다』는 의미화 혹은 역사화가 애초에 불가능한 사건으로서 광주를 인식하고자 한다" 조연정, 「광주를 현재화하는 일-권여선의 『레가토』와 한강의 『소년이 온다』를 중심으로」, 『대중서사연구』 제20권3호, 대중서사학회, 2015. 하지만 이 논문에서는 오월 광주가 지닌 사건의 성격과 죽음의 불가해성을 연결 짓지 않으며, 이 문제가 동호 자신에게 그리고 이후 살아남은 자들의 삶에 어떠한 방식으로 영향을 미치는지에 대해서도 논의하지 않는다.

18 '국가'와 '나라'를 구별했던 김홍중에 따르면, '국가'는 정권의 교체와 그에 따른 제도와 장치의 변화를, '나라'는 그것을 넘어 종속하는 역사적 삶의 터전이자 구성원들의 마음에 내재하는 공동체에 대한 경험과 기억의 총체를 의미한다. 따라서 오월 광주의 현장에서 불려졌던 애국가와 시신 위에 놓였던 태극기는 '국가'가 아닌 '나라'를 상징하는 기표들이었다고 할 수 있다. 이는 정권을 찬탈하기 위해 국민들을 무참히 살해한 그들이 아니라, 그에 맞서 싸우는 우리들이 '나라'의 위치에 있음을 드러내는 행위였다.

다. 그것은 『소년이 온다』의 인물들이 반복해서 생각했던 문제, 즉 국가의 폭력 앞에서 "인간은 무엇인가. 인간이 무엇이지 않기 위해 우리는 무엇을 해야 하는가"(95)이다. "누가 나를 죽였을까, 왜 죽였을까"에 대한 멈추지 않는 생각 때문"에 "이상하고 격렬한 힘"이 생겨났다는 정대의 목소리, 그리고 "군인들이 쏘아죽인 시신을 리어카에 실어 앞세우고 수십만 사람들과 함께 총구 앞에 섰던 날" "더 이상 두렵지 않았"다는(114) 청년의 증언은, 국가의 폭력에 저항할 수 있었던 힘의 근원이 그들 앞에 놓인 이해할 수 없는 죽음들에서 비롯되었음을 보여준다. 아마도 이것이 동호가 그날 왜 도청에 남았는지를 짐작케 하는 일말의 단서일 것이다. 동호의 선택은 자신이 목도했던 정대의 죽음을 이해보려는 시도였으며, 또 이해가능한 것으로 만들려는 시도였다.

『소년이 온다』의 1장과 2장이 1980년 오월의 현장과 그곳에서 벌어진 죽음에 초점이 놓여 있다면, 3장에서 6장까지는 사건으로부터 살아남은 자들의 삶, 그들의 개별적 고통을 그리는데 할애된다. 3장은 사건 당시 수피아여고 3학년이었던 여고생 은숙이 오월에 대해 말하는 것이 아직 금지되었던 시절에 출판사에서 근무하며 겪는 이야기, 4장은 마지막 날 도청에서 살아남았으나 상무대에 끌려가 혹독한 고문을 받고 결국 자살로 삶을 마감하는 진수의 이야기, 5장은 사건 당시 가두방송을 했던 선주가 시민단체 활동을 하며 증언할 수 없다는 사실에 고통스러워하는 이야기 그리고 6장은 동호를 그리워하는 어머니의 이야기가 초점화되어 서술된다.

그리고 죽음의 불가해성은 이 살아남은 자들의 삶에서 더욱 극적으로 그려진다. 그들은 오월의 죽음을 "생각하고 또 생각"한다. 왜냐하면 "이해하고 싶었기 때문이다"(120) 그래서 동호는 "색 전구가 하나씩 나가듯 세계가 어두워"(134)진 그들의 삶에 이해와 설명이 불가능한 것으로서 끊임없이 출몰한다.

그 이후로는 젖은 물수건을 문고리에 걸어두지 않았어. 하지만 그 겨울이 갈 때까지, 더 이상 물수건이 필요 없는 봄이 된 뒤에도 그 소리가 문 쪽에서 들렸어. 아직도 이따금, 용케 악몽 없이 잠에서 깨어나려는 순간이면 그 소리가 들려. 그때마다 난 어둠을 향해 떨리는 손을 열어. 누구야. 누가 오는 거야. 누가 이렇게 가벼운 걸음으로 걸어오는 거야.(168-169)

네 중학교 학생증에서 사진만 오려갖고 지갑 속에 넣어놨다이. 낮이나 밤이나 텅 빈 집이지마는 아무도 찾아올 일 없는 새벽에, 하얀 습자지로 여러 번 접어 싸놓은 네 얼굴을 펼쳐본다이. 아무도 엿들을 사람이 없지마는 가만가만 부른다이 …… 동호야.(192)

인용된 글은 선주와 어머니의 현재에 끊임없이 동호가 호명되고 또 동호를 호명하는 부분이다. 그들에게 동호는 어두운 밤 자신을 향해 다가오는 "가벼운 걸음"이고, 아무도 없는 곳에서도 혹 듣는 이가 있을까 가만 불러보는 이름이다. 여기서 주목할 것은 동호가 '너'라는 이인칭으로 호명된다는 사실이다. 한강의 말에 따르면 이인칭은 "오직 한 사람, 내가 부르는 바로 그 사람"이다. 동호는 과거에 이미 죽은 소년이지만, "호명하고 또 호명하면 어둠으로부터 떠올라서 현재 속에 가까스로 존재"[19]하는 '너'가 된다. 다시 말해 한강은 오월을 그 무엇으로도 대체 불가능한 존재, 즉 단득성을 지닌 동호의 죽음으로 그리며 이 죽음을 반복적으로 호명하는 인물들을 통해 오월의 고통을 현재화하려 한다.

개인이라는 주체 배후에서, 그러나 그 너머에서 단수성(singularité, 단독성)이라는 물음이 제기되어야만 할 것이다. 하나의 신체, 하나의

19 김연수, 「사랑이 아닌 다른 말로는 설명할 수 없는–작가조명: 한강과의 대화」, 『창작과 비평』, 2014년 가을, 324쪽.

얼굴, 하나의 목소리, 하나의 죽음, 하나의 글쓰기-그것들은 불가분의 것들이 아니고 단수적인 것들이다-란 무엇인가? 그것들의 단수적 필연성이란 신체들·목소리들·글쓰기들 일반을 전체적으로 갈라 구별하고 소통하게 하는 분유(分有, partage)에서 그 단수적 필연성이란 무엇인가? … 단수성은 개인성의 본성도, 개인성의 구조도 결코 갖지 않는다. 단수성은 동일화될 수 있거나 동일한 동일성의, 원자들의 질서 내에서 발생하지 않으며, 동일화될 수 없는 편위의 영역에서 발생한다. 그것은 탈자태와 관계가 있다.[20]

낭시에 따르면 단독성은 개인이라는 주체를 가리키는 것이 아니다. 단독성으로 현상하는 하나의 신체, 얼굴, 목소리, 글쓰기는 '원자'와 같은 완결성 혹은 동일성을 지닌 것으로 설명되지 않으며 오히려 "소통을 가능하게 하는 분유", 즉 나누어짐을 특징으로 한다. 따라서 단독성은 일반이나 집단으로 환원될 수 없는 '대체불가능성'을 전제하며 동시에 주체의 깨어짐의 상태, 즉 자신을 '바깥'에 놓아두는 '탈자태'의 과정을 수반한다. 왜냐하면 자신을 바깥에 위치시키는 한에서만 타자와의 만남이 가능하기 때문이다. 그래서 단독성의 자세는 '편위'일 수밖에 없다. 다시 말해 타인을 향해 기울어져 있는 상태에 놓이는 것이다. 동호가 정대의 죽음을 향해 기울어져 있듯이, 살아남은 자들인 은숙, 진수, 선주, 어머니의 삶은 동호의 죽음을 향해 기울어져 있으며, 이는 선주의 독백에서와 같이 한강 소설의 특징인 기울임체로 문자화되어 나타난다.

살아있는 자들에게 공통적인, 자신의 육체에 대한 환멸이라는 현상 또한 그들이 단독성을 지닌 존재라는 사실을 잘 보여준다. 먹고, 마시고, 잠들기를 원하는 자신의 육체만큼 개인이라는 주체성을 상기시키는 장소가 없기 때문이다. 동호의 죽음 이후 그들을 끈질기게 괴롭혀온 사실

20 장-뤽 낭시, 박준상 옮김, 『무위의 공동체』, 인간사랑, 2010, 31-32쪽.

은 "허기를 느끼며 음식 앞에서 입맛이 도는 것"(85)이었고, 그들은 끊임없이 "몸이 사라져주기를, 지금 제발, 지금 내 몸이 지워지기를"(121) 바랐다. 따라서 이들의 고통스러운 현실은 그 자체로 오월에 대한 윤리적 차원을 드러낸다. 그것은 자신을 깨뜨리고 '바깥'에 위치하는 자가 되겠다는 몸부림이며, 오월의 죽음과 고통으로부터 등 돌리지 않겠다는 결심이다. "나는 아무것도 사하지 않고 사함 받지 않아"(151)라는 선주의 독백은 바로 이 지점을 향해 있다.

따라서 『소년이 온다』는 오월의 죽음을 애도하는 소설이 아니며, 오월의 고통을 치유하고자 하는 소설은 더더욱 아니다.[21] 오히려 한강은 오월의 죽음과 고통을 애도불가능한 것으로, 치유불가능한 것으로 상정한다. 임철우의 『백년여관』과 마찬가지로 한강의 『소년이 온다』 또한 이 불가능성 위에서 오월의 죽음과 고통을 반복적으로 호명하며, 이를 통해 그것이 현재 속에 가까스로 존재하게 되기를 요청하는 텍스트이다.

서사의 중심에 놓여 있는 또 하나의 문제는 바로 "증언의 불가능성"이다. 이는 진수와 함께 마지막까지 도청을 지켰던 청년의 "지금 내 말을 녹취함으로써 김진수가 죽어간 과정을 복원할 수 있습니까?"(108)라는 의문으로, "몸을 증오하게 되었다고, 모든 따듯함과 지극한 사랑을 스스로 부숴뜨리며 도망쳤다고 증언할 수 있는가?"(167)라는 선주의 독백으로 끊임없이 제기된다.

---

21 이러한 해석은 『소년이 온다』를 이야기하는 다양한 글들에서 반복적으로 나타나는데, 대표적인 논의로 이숙의 논문을 들 수 있다. "『소년이 온다』는 아직도 완전히 청산되지 않은 역사의 비극 5·18과 그 희생자를 위한 씻김굿이자, 이 시대를 사는 우리 모두의 사회적 애도를 대변하는 작품이다. 요컨대 그 슬픔을 제대로 극복하기 위한 애도작업이 바로 작가 한강이 『소년이 온다』를 통해 보여준 글쓰기 작업이다." 이숙, 「예술가의 사회적 책무, 폭력의 기억과 인간의 본질-한강의 『소년이 온다』를 중심으로」, 『현대문학이론연구』 제60집, 현대문학이론학회, 2015.

꿈속처럼 느린 걸음으로 남자들의 모습이 사라졌을 때 여자가 말하기 시작한다. 아니, 말하기 시작한 것 같다. 아니 여자는 아무것도 말하지 않는다. 소리 없이 입술을 달싹이고 있을 뿐이다. … 최초의 당혹한 웅성거림이 객석을 쓸고 지나간 뒤, 이제 관객들은 무서운 침묵과 집중력으로 배우들을 응시하고 있다. 통로를 밝히던 조명이 어두워진다. 무대 중앙의 여자가 객석들을 향해 몸을 돌린다. 여전히 소리 없이 초혼(招魂)하며 걸어오는 남자를 침착하게 응시한다. *당신들이 죽은 뒤 장례를 치르지 못해, 당신을 보았던 내 눈이 사원이 되었습니다. 당신의 목소리를 들었던 내 귀가 사원이 되었습니다. 당신의 숨을 들이마신 허파가 사원이 되었습니다.* … 고개를 뒤로 꺾은 채 그 모습을 지켜보던 그녀의 입술이 자신도 모르게 달싹인다. 배우들을 흉내 내듯 목구멍을 쓰지 않고 부른다. *동호야.*(99-101)

인용된 부분은 검열에 의해 반 이상의 문장들이 삭제된 "검은 숯덩어리"(78) 대본이 연극으로 상연되는 장면이다. 배우들은 검열된 문장으로 인해 발화하지 못하고, 연극은 침묵 속에서 입술의 움직임과 소리, 표정과 동작 등을 통해 진행된다. 김형중은 이 장면에 대해 다음과 같이 서술한다. "검열은 항상 진실을 향해 있기 마련이므로, 실은 바로 그렇게 알아볼 수 없게 훼손되어버린 지면들에만 발설되어야 할 진실이 있을 것이다. 그런 의미에서 죽은 자들의 진짜 목소리는 오로지 그 텅 빈 지면으로부터만 발화될 수 있다. … 의미가 사라진 비언어가 발화되는 바로 그 지점, 거기가 트라우마가 거처하는 장소일 것이다."[22] 이 논의를 이어 한 가지 사실을 강조하자면, 진실은 텍스트 자체에서 발현되는 것이 아니라는 점이다. 중요한 것은 그 지워진 텍스트가 무대 위 '침묵'으로 상연되고, 이를 바라보는 관객들이 있었다는 사실이다. '말할 수 없

22 김형중, 「우리가 감당할 수 있을까?-트라우마와 문학」, 『문학과사회』, 2014년 가을, 279-280쪽.

음'이 목소리와 움직임으로 드러나고 동시에 이를 '응시'하는 시선이 존재할 때, 그 마주침의 공간에서 지워진 문장들이 비로소 "말해 진다"(비언어) 그리고 이 공간에서 은숙이 침묵으로 부르는 동호가, 즉 오월의 죽음이 찰나적으로 현상한다.

『소년이 온다』에 나타난 소설의 여러 형식들은 이 마주침의 공간을 구성하려는 시도이다. 먼저 앞에서 언급했던 이인칭의 호명이 있다. 그것은 소설 속 인물들이 동호를 부르는 것이기도 하지만, 동시에 소설을 읽는 독자를 향한다. 다시 말해 '너'라는 이인칭은 소설 속의 '동호'와 소설 밖의 '나'를 함께 부르는 소리로, 이는 '나'의 현재에서 '동호'와 마주치게 되는 경험을 유도하기 위한 형식이다. 다른 하나는 기울임체의 문장들이다. 이는 특히 소설 속 인물들이 오월이 야기한 고통을 발화할 때 나타나는데, 고통을 언어화했을 때 의미로 드러나지 않는 '무엇'을 표현하려는 형식이다. 그래서 기울어진 문장들은 고통으로 바로 설 수 없는 인물의 형상이 되기도 하고, 그것을 읽는 독자들에게 기울어짐을 기댈 무언가를 요청하는 문장이 되기도 한다.

그러나 무엇보다 『소년이 온다』에서 주목되는 것은 각 장의 구성방식이다. 이는 1장 오월의 현장에서 시작해서, 2장 오월의 죽음이 직접 발화되는 목소리를 거쳐 점점 "현재를 향해 다가오는"[23] 형식을 취하고 있다. 다시 말해 동호의 죽음이 80년대 중반의 은숙, 90년대의 진수와 선주의 삶을 거쳐, 마지막 어머니와 작가의 육성을 통해 결국 현재의 '나'에게 온다. 특히 한강은 자신의 실제 경험과 허구적 사실을 뒤섞은 에필로그를 『소년이 온다』의 마지막 장에 배치함으로써, 소설과 현실의 경계를 모호하게 만든다. 그리고 그 경계에 있는 '나'(작가)는 오월의 장소들인 도청과 망월동을 찾아 소년의 무덤 앞에 초를 밝히고, 그 죽음을

23 서영채, 「문학의 윤리와 미학의 정치-한강의 『소년이 온다』와 성석제의 『투명인간』에 대하여」, 『문학동네』, 2014년 가을, 533쪽.

쓰려는 자가 되어 소설 속 인물들, 즉 동호를 향해 기울어져 있는 인물들 옆에 나란히 놓인다.

> '그'는 작가와 독자를 분리시켜 놓고, 양자로 하여금 동일화를 추구하는 모든 종류의 열광을 거부하면서, 양자를 문학에서의 '공동체 없는 공동체' 가운데 놓아둔다. 목소리를 나누는 것, 타자를 나누는 것 즉 작가와 독자가 글쓰기를 통해 그들 자신 안에서 그려지는 '그'의 현전에 공동 증인이 되는 것, 그것은 명제로 정식화할 수 있는 모든 이념의 공유에 선행한다. … 목소리로 하여금 말하게 하는 것, '그'를 현전하게 하는 것, 그에 따라 함께-있음이라는 증명될 수 없는 사건을 현시시키는 것, 결국 거기에 블랑쇼의 글쓰기에서 과제로 설정된 정치적인 것 또는 윤리적인 것이 발견된다.[24]

블랑쇼에 따르면 문학은 텍스트에 씌어진 단어들의 모음이 아니다. 오히려 문학은 단어들로 포착될 수 없는 것의 존재를, 즉 단어의 부재를 경험하게 되는 공간이다. 작가와 독자는 이 공간에 공동으로 참여하여 언어화할 수 없는 '그'를, 침묵으로만 현상하는 '그'를 마주하게 된다. 따라서 단어의 부재는 단순한 무(無)로 돌아가는 것이 아니라, 말할 수 없는 것에 목소리를 부여하여 말(비언어)하게 한다.[25] 그리고 그 목소리는 우리로 하여금 주체를 자신의 '바깥'에 놓게 하고, 의미화 할 수 없는 '그'와 만나게 하며, 결국 '그'를 향해 기울어지게 만든다. 그래서 블랑쇼에게 문학은 '나'가 '나 아닌 것'과 만나는 공간이며, '나'의 '바깥'에서 '그'와 '함께-있음'을 경험하는 사건이다. 그리고 이것이 바로 문학의 정치 혹은 문학의 윤리이다.

---

24 박준상, 『바깥에서: 모리스 블랑쇼와 '그 누구'인가의 목소리』, 그린비, 2014, 277-278쪽.

25 박준상, 위의 글, 267쪽.

앞에서 제시된 연극 장면은 블랑쇼가 말하는 문학의 공간을 단적으로 보여준다. 침묵으로만 말해지는 오월의 죽음과 이를 다시 침묵으로 응시하는 관객의 시선 그리고 그 사이의 공간에서 현전하는 동호. 그래서 그 공간에 있던 이들은 '그'와 '함께-있음'을 경험한 자가 되고, 그 현전의 '공동 증인'이 된다. 따라서 『소년이 온다』는 증언의 불가능성을 이야기하는 소설이 아니다. 오히려 그것은 언어화할 수 없는 오월의 죽음을, 말할 수 없음을 말하는 문학의 한 방식을 보여주는 소설이다. 『소년이 온다』의 여러 형식들은 바로 이 지점을 향해 있다. 동호가 '나'를 향해 다가오게 만들고, 동호와 '나'를 동시에 부르며, 결국 동호에게로 기울어지게 하면서, 『소년이 온다』는 '나'의 '바깥'에서 '오월'과 '함께-있음'을 경험하기를 요청한다.

'공백'을 가리키는 글쓰기

오월 광주와 같은 사건에는 공백이 존재할 수밖에 없다. 그래서 우리는 그것에 이름을 부여하는 일에 끊임없이 실패한다. 오월 혹은 5·18이라는 명명은 이러한 실패를 단적으로 드러내는 이름이다. 의미를 지닌 단어들은 사건 앞에서 미끄러질 수밖에 없고, 결국 사건이 일어난 날의 의미 없는 숫자만이 그것의 이름으로 남는다. 하지만 명명이 불가능하다는 것, 즉 공백의 존재가 오월이라는 사건의 본질이다. 오월 혹은 5·18이라는 이름으로 사건을 부를 때 남겨지는 '무엇', 오월의 죽음과 고통을 언어화할 때 어긋나는 '무엇'이 오월을 사건이게 하며 또한 오월의 현재화를 가능하게 한다. 따라서 중요한 것은 오월의 제도화 혹은 사물화에 맞서 오월의 공백을 근본화하는 것이다. 우리는 오월이 '무엇'이라 말할 수 없지만, 오월은 국가의 기념이나 역사의 기록으로 환원될 수 없으며, 애도의 완결이 가능한 죽음이나 치유의 종결이 가능한 고통이 아니라는 것을 알고 있다.

『백년여관』과 『소년이 온다』는 바로 이 오월의 공백을 소설화하려는 시도들이다. 임철우는 오월의 제도화에 맞서 '산-죽음'의 공간을 구성하고 '죽음'을 살아가는 자들의 목소리를 복원하고자 한다면, 한강은 오월의 사물화에 맞서 동호의 '죽음'과 살아남은 자들의 '고통'을 반복적으로 호명하며 이를 독자의 현재 속에 위치시키고자 한다.[26] 따라서 이들의 글쓰기는 처음부터 불가능을 전제한 시도들이라고 할 수 있다. 공백을 지시하는 일이 언제나 실패로 귀결될 수밖에 없는 것처럼, 이들의 소설은 언어화할 수 없는 오월을 언어화하려는, 즉 실패할 것을 알면서 씌어진 글이다. 지금 다시 오월을 쓰려는 자들에게서 발견되는 윤리가 있다면, 그것은 바로 이 불가능성 위에 서서 오월의 공백을 가리키려 한다는 점이다.

말할 수 없는 사건, 특히 이해할 수 없는 죽음이 벌어진 사건을 마주하게 될 때 가장 쉬운 방법은 그 사건을 말할 수 있는 것으로 구정하는 것이다. 우리의 언어로 그 사건을 설명할 수 있으며 그 죽음을 이해 가능한 것으로 만들 수 있다는 믿음. 그러나 이것은 의도하든 의도치 않든 결국 사건을 회피하는 길로 귀결된다. 설명할 수 있고 이해 가능하다면 사건에 대해 더 이상 말하지 않아도 되기 때문이다. 따라서 가능하다는 단언에는 사건의 종결을 향한 욕망이 내재한다. 그러나 무엇보다 이 방법이 작동하기 위해서는 사건이 대상화되어야 한다. 다시 말해 말하려는 자와 사건 사이에 거리가 존재할 때, 그 사건이 나의 사건이 아닐 때 우리는 언어가 사건에 닿았다고 위안할 수 있다. 하지만 윤리적 주체가

26 『소년이 온다』를 통해 한강이 이야기하고자 하는 것은 '고통의 치유'가 아니라 '고통의 현재화'이다. 이는 오월 광주를 용산참사와 연결하는 소설의 마지막 부분에서 단적으로 드러난다. "2009년 1월 새벽, 용산에서 망루가 불타는 영상을 보다가 나도 모르게 불쑥 중얼거렸던 것을 기억한다. 저건 광주잖아, 그러니까 광주는 고립된 것, 힘으로 짓밟힌 것, 훼손되지 말았어야 했던 것의 다른 이름이었다. 피폭이 끝나지 않았다. 광주가 수없이 되태어나 살해되었다. 덧나고 폭발하며 피투성이로 재건되었다."(207)

던지는 질문은 언제나 자기 자신을 통과해서 밖으로 나아간다. 그는 사건의 책임을 가장 먼저 자신에게 물음으로서 사건과 깊이 연루된 자가 되며, 사건을 향한 자신의 시선과 언어가 가장 "가혹한 불신"의 자리에 놓이는 것이다.

> 살아남은 자가 살아남지 못한 자에 대해 쓴다는 것, 자신이 살아남은 이유에 대해서 쓴다는 것, 저 죽음들 앞에서 아직 살아있다는 것, 끝내 살아남아야 한다는 명령에 대해 쓴다는 것은 무엇인가? 말하고 쓴다는 것의 무능함 앞에서, 그는 말을 목구멍 너머로 삼키는 자, 끊임없이 고쳐 쓰고 끊임없이 지우며 "머리말을 후기라고 고쳐" 쓰는 자이다. 그가 할 수 있는 언어의 가능성은 두 가지 밖에 없다. 하나는 완전한 침묵 속에서 사는 것, 말과 말 사이의 침묵이 아니라 절대적인 침묵 속에 사는 것이다. 그는 생활과 생존을 위한 최소한의 언어밖에는 발음하지 못한다. 그것조차 말하지 않아도 되는 마지막 순간을 조용히, 간절하게 기다려야 한다. 또 다른 가능성은 침묵 안에서 다시 태어나는 말들을 발굴하는 것이다. 삼켜진 말들은 다른 말의 잠재성으로 전환될 수 있을까? 삼켜진 말들이 침묵 속에서 새어 나오기 위해서는 혹은 절대적인 침묵에 다가가기 위해서는 다른 언어가 발명되어야 한다.[27]

그래서 윤리적 주체가 선택할 수 있는 길은 다음의 두 가지이다. 하나는 사건에 대해 침묵하는 것이다. 증언할 수 없음을 받아들이고 절대적인 침묵 속에서 살아가며 그 침묵이 더 이상 고통이지 않을 "마지막 순간을 조용히, 간절하게 기다"리는 것이다. 다른 하나는 "침묵 안에서 다시 태어나는 말들을 발굴하는 것이다." 매순간 발화되는 언어의 무력함을 경험하면서도 단어가 지워진 자리에 또 하나의 단어를 찾아 쓰는 일

---

27 이광호, 「남은 자의 침묵-세월호 이후에도 문학은 가능한가」, 『올해의 문제 소설』 제27권4호, 문학과지성사, 2014년 겨울, 319쪽.

'잠재적인 윤락녀'였으며, 근대적 문화의 세례를 받지 못한 야만이었다. 그녀들은 '잠재적인 윤락녀'로서 집중적인 요보호의 대상[8]이었다. 이는 무작정 상경 소녀들의 일반적 이동 경로가 '식모-여공 또는 여차창-윤락여성'으로 귀결되었기 때문이다. 특히 '식모-윤락여성'[9]로 이어지는 과정은 무작정 상경 소녀들의 불안하고 취약했던 삶을 짐작하게 한다.

또한 1960년대 후반기 여성담론은 근대적 가정의 수립이라는 기조 아래 식모들을 가정 내 불순물로 규정하고 있다. 특히 『여원』에서는 식모를 모성 발휘의 기회를 빼앗는 가정 침입자로 규정하고 있다.[10] "집집마다 두고 있는 식모를 되도록 없애고 자신이 살림하며 가옥구조에 힘쓰자"[11]라는 슬로건은 근대적 가정만들기라는 담론화 과정에서 식모가 어떻게 배제되는지를 보여주는 한 사례이다. 이른바 '식모폐지론'[12]은 핵가

---

8 요보호상황에 있는 여성들은 사회적으로 어떤 보호도 받지 못하는 사람들로 설정되면서, '가정집 식모, 버스 여차장, 밤거리의 여성, 과중 노동을 하고 있는 농촌여성' 등이 해당되었다. 기존의 부녀 행정이 관심을 지니지 않았던 하위주체들을 요보호 여성의 범주로 확산한다는 것은 이들을 조국 근대화 프로젝트의 일원으로 포괄하는 의미도 있었다. 김원, 「근대화 시기 주변부 여성노동에 대한 담론 -'식모'를 중심으로」, 아시아여성연구, 제43집 제1호, 2004, 197~198쪽.

9 1964년 보건사회부 통계를 보면, 매춘여성 19,986명 가운데 2,230명(11.4%)이 식모 출신이었고, 1965년 동두천 지역 매춘여성 198명 중 전직이 식모였던 여성이 52명(26.2%)이었다. 효성여대 여성문제연구(1975,6)의 조사도 윤락여성의 전직을 경제적 소득이 낮고 남성들의 유혹을 받기 쉬운 직종인 여공(15%), 식모(10%) 등으로 발표했다. 김원, 같은 책, 200쪽에서 재인용.

10 『여원』은 근대화를 위해 각 개인(여성)들의 의식각성을 통해 전통적인 현모양처의 미덕과 서구적인 교양을 갖추어야 한다고 역설하면서 식모의 존재를 가정에서 배제하고 있다. 이 부분에 대한 연구로는, 서연주, 「여성 소외 계층에 대한 담론 형성 양상 연구-『여원』에 나타난 사회현실 인식을 중심으로」, 여성문학연구 18, 2007, 100~107쪽.

11 『여성』, 1965년 10월호, 「한국주부의 정신적 무장」. 이 시기 『여성』은 '알뜰한 주부'가 가정을 과학적으로 설계하는 모습을 이상적 형태로 내세우면서, '알뜰한 생활'이란 곧 '식모 없는 가계운영'이라는 식의 논리를 펴고 있다. 관련된 기사로, 「알뜰한 주부시상식을 마치며」, 『여성』, 1969년 4월호. 「알뜰한 주부 시상, 특상에 이인화 여사」, 『여성』, 1968년 3월호.

족 중심의 중산층 가족 형태의 양성과 과학적이고 전문적인 지식을 통한 육아의 필요성에서 촉발되었다. '가정생활의 과학화'라는 입장으로 표현되는 당시 부녀행정의 목표는 '과학과 윤리가 조화되는 가정'으로 상징화되었다.[13] 한 때 식모는 가사 노동의 조력자 또는 근대화 도시의 하위노동자로서 기능했지만, 본래 그녀들은 가족 구성원으로 셈해질 수 없었고 주인집 자녀의 교육을 담당할 지적 능력도 결여되어 있었다. '가정'과 '과학'이라는 표현에는 식모들의 자리가 없었다. '식모폐지론'은 근대적 여성담론의 형성과정에서 파생된 배제적 논리의 흔적이다.

'식모-창녀'로 표상되는 무작정 상경 소녀들은 제 목소리를 가지지 못했던 타자이자 하위주체들이었고, 이들이 폐제되는 과정에서 근대화와 국가의 폭력적 논리가 남기는 흔적을 찾을 수 있다는 점에서 연구의 필요성을 느낀다. 하지만 선행연구들의 목록이 풍부한 편은 아니다. 식모들의 노동환경과 삶에 대한 사회학적 연구로는 김정화와 김원의 연구가 많은 도움이 주고 있다. 김정화의 논문은 1960년대 식모들을 여성하위주체로 호명했다는 데 그 의의가 있다. 김원의 글은 식모가 당시 여성담론의 형성 과정에서 어떤 방식으로 배제되고 있는지를 사회학적 차원에서 잘 증명하고 있다. 서연주의 연구는 당시 도시 중산층 여성들의 잡지였던 『여원』을 중심으로 여성 소외계층들에 대한 담론 형성에 주목하고 있다. 잡지를 통한 연구로는 『여성』지를 중심으로 근대화 프로젝트의 단면을 연구한 신건[14]의 논문이 있다.

식모에 대한 문학 쪽의 연구로는 오창은과 박수현, 손윤권, 김문정,

---

12 식모폐지론에 대한 자세한 연구로서 김원, 앞의 책, 209~221쪽 참조.

13 가정 담론의 형성에서 '과학'이라는 용어는 마치 근대화를 상징하는 표지처럼 쓰이지만, 그 내용과 실천적 방안은 봉건적이며 비도시적인 것에 배타적일 뿐이다. 황정미, 「개발국가의 여성정책에 관한 연구-1960~70년대의 한국 부녀행정을 중심으로」, 서울대사회학과 박사학위논문, 2001, 58~59쪽.

14 신건, 「1960~1970년대 근대화 프로젝트와 여성담론에 관한 연구」, 연세대 사회학과 석사학위논문, 2000.

서정자의 논문이 있다.[15] 손윤권의 논문은 상경여성들의 사회적 저평가와 남성들의 성적 폭력에 의해 매춘으로 타락하게 되는 과정을 집중적으로 설명했다. 김문정의 논문은 유사한 논리를 당시 동아일보에 연재되었던 이호철의 『서울은 만원이다』, 손창섭의 『길』, 조선작의 『미스양의 모험』 등으로 그 범위를 확장시켰다. 박수현은 이에 동의하면서 여성하위주체들의 전략을 비판하는 남성작가들의 시선에 이미 성적 시선이 내재되어 있다는 점을 피력했다. 오창은의 논문은 식모가 화자인 소설을 중심으로 도시 중산층의 불안의식을 읽어있다는 점이 차별적이다.

그러나 식모들의 성적 착취와 매춘으로 전락한 원인을 남성적 폭력으로만 보는 것은 입체적이지 않다. 그녀들이 봉건적 위계질서 속에서 주인 남성들의 성적 정신적 폭력의 대상이 되어왔음은 분명하지만, 앞서 살펴본 대로 식모들의 전략과 폐제(閉除, foreclosure)[16]에는 근대적 담론과 국가적 폭력의 논리가 숨어있다. 특히 조선작의 「영자의 전성시대」가 남성폭력의 측면에서만 논의되고 있다는 점은 아쉽다. 때문에 이 글

15 오창은, 「도시의 불안과 여성하위주체 - 1970년대 '식모' 형상화 소설을 중심으로」, 현대소설연구 52, 2013.
박수현, 「1970년대 식모와 남성 작가의 소설」, 한국언어문학 제91집, 2014.
손윤권, 「70년대 소설에 나타난 식모의 양상」, 강원인문논총 제17집, 2007.
김문정, 「1960,70년대 서울과 '무작정 상경 소년/소녀'의 서사」, 상허학보 41집, 2014.
서정자, 「가사노동 담론을 통해서 본 여성이미지 - 1910년대부터 1970년대까지 여성소설을 중심으로」, 한국문학연구 19, 1997.

16 '폐제(閉除, foreclosure)'라는 용어는 가야트리 스피박의 『포스트 식민이성 비판』에서 차용했다. 라캉의 정신분석학에서 나오는 용어인데, 스피박은 비유럽 주체의 주체화를 가로막고 배제한다는 뜻으로 'foreclosure'라는 용어를 쓰고 있다. 서구의 제국주의가 제3세계 여성하위주체들을 자신들의 논리를 강화하는데 이용한 후, 다시 그녀들이 스스로를 주체화할 수 없는 방식으로 버리는 의미로 사용되고 있다. 본 논문에서는 포함시키지 않거나 셈법에서 제외한다는 의미로는 '배제'를 쓰고 버리는 의미로는 '폐제'를 구별해서 사용함으로써, 식모와 같은 하위주체들이 도시화와 근대화 속에 웅크린 비가시적인 폭력에서 어떻게 누락되고 있는지를 말하려고 한다. 가야트리 스피박, 태혜숙·박미선 옮김, 『포스트 식민이성 비판』, 갈무리, 2005, 26쪽.

은 식모-창녀로 표상되는 도시의 여성하위주체들이 폐제되는 방식을 국가적 폭력의 차원과 문학적 차원에서 다루려 한다. 식모를 화자로 내세우는 최일남의 「춘자의 사계」와 「너무 큰 나무」를 중심으로 식모들이 문학적 형상화의 과정에서 폐제되는 모습에 주목하려 한다.[17] 또 조선작의 「지사총」과 「영자의 전성시대」 연작[18]을 통해 한국전쟁과 베트남전쟁으로 표상되는 국가적 폭력과 여성하위주체들을 관리하고 배제하는 국가의 행정 명령이 무작정 상경 소녀들의 삶을 어떤 방식으로 결정하고 폐제시키는가를 '주관적 폭력'과 '객관적 폭력'의 구분을 통해 분석하고자 한다.

'가정담론'의 허구성과 차용되는 식모들의 목소리

최일남의 소설들은 근대적 가정담론의 허위성을 식모를 화자로 내세워 낱낱이 폭로하고 있다는 점에서 주목할 만하다. 「너무 큰 나무」[19] (1977)와 「춘자의 사계」[20](1979)는 가정 내 식모의 자리가 많이 축소된 1970년대 후반에 발표한 작품들이다. 그러다 보니 식모들의 불안한 삶과 폭력에 노출된 양상에 주목했던 1960년대와 1970년대 초반의 형상화와 달리, 도시 중산층 부유한 가정의 부조리과 모순을 가정 내 존재 달

17 식모를 대상으로 한 연구에서 최일남의 두 작품은 거의 다루어지지 않았고, 식모를 화자로 전면에 내세우고 있다는 점에서 차별성이 있다. 때문에 식모와 같은 하위주체들의 목소리를 문학이 어떤 방식으로 차용하고 있는가에 대한 질문의 시작점으로 의미가 있다고 판단했다.

18 조선작의 「영자의 전성시대」는 식모를 대상으로 한 선행연구들에서 기본적인 분석 대상이면서 암묵적인 출발지점에 해당한다. 때문에 본 글에서 이 작품을 중심으로 다루는 이유는 남성폭력의 관점에 대한 근본적인 의문을 제기하기에 적합하다고 판단했기 때문이다.

19 최일남, 「너무 큰 나무」, 『꿈길과 말길 외』(한국소설문학대계 41), 동아출판사, 1995. 이후 작품과 쪽수만 표기.

20 최일남, 「춘자의 사계」, 『꿈길과 말길 외』(한국소설문학대계 41), 동아출판사, 1995. 이후 작품과 쪽수만 표기.

리 말해 '내부의 외부자'라는 시선에서 내밀하게 포착하고 있다.

「춘자의 사계」는 16세의 나이로 서울로 상경한 이래 자신이 경험했던 열 군데의 가정에 대한 나름의 "은퇴"(107) 보고서 형식 쯤 된다. 춘자는 무지한 화자의 입장에서 정부 고위 관료 출신 가정 또는 중산층 이상의 부유한 가정들이 보여주는 모순을 폭로하는 역할을 담당하고 있다. 가령, 주인집 부부들의 대외적이고 공식적인 생각들은 이러하다

> "핵가족이다 뭐다 해서, 가정 안에서의 인간관계가 논의되고 있습니다만, 중요한 것은 역시 대화에 있다고 봅니다. 대화라는 말이 너무 자주 쓰이니까 이제는 신선미가 없는 단어로 받아들여질지 모르겠으나, 진리는 가까운 곳에 있듯이 이게 가장 중요합니다. 부부간은 물론, 부모와 자식 간에도 끊임없는 대화로 서로 감정을 중화시킬 필요가 있습니다. 대화 없는 가정, 그것은 죽은 가정이나 다름없다고 봅니다."
> (「춘자의 사계」, 143)

> "가정부 자신이나 가정부에게 일을 시키는 주인이나 양자가 먼저 상대를 이해하도록 노력하는 일도 중요하지만, 서로의 인간관계를 어떻게 원만하게 이끌어 가야 할 것이냐에 있습니다. 그러나 더 중요한 것은 가정부는 대개 처지가 불우하고 피해의식이나 감수성이 예민한 나이니까, 주인 되는 입장에 있는 분들이 우선 그들을 믿고 인간적으로 대우해 줘야 하지 않겠느냐 하는 것입니다. 그것은 반드시 임금을 많이 주라는 뜻이 아니라 처음 만난 남남끼리라 하더라도 그들을 가족의 일원으로 인식하여, 정신적인 면에서 대우를 해줘야 할 것이 아닌가 하는 말이 되겠습니다. 운운." (「춘자의 사계」, 144)

첫 번째 인용은 춘자가 세 번째로 일했던 어느 연구소의 소장으로 있다는 주인집 남자가 쓴 신문 기사의 내용이다. '핵가족'과 '대화'라는 두 단어로 집약되는 이 내용은 앞서 말한 근대화 시기 가정담론을 그대로

옮겨놓은 듯하지만, 실상 이 가족의 일상에서 대화를 찾기란 여간 어려운 일이 아니다. 그래서 춘자는 아저씨의 신문 기사 내용을 읽고서, "아저씨가 자기 집안을 빗대어서 한 말인지, 아니면 남들에게 자기 집안은 가족 간에 대화가 만발하고 있다는 걸 자랑하기 위해서 한 말인지, 해석이 잘 안 되었"다면서 이런 말을 아저씨가 "공개석상에서 했다는 사실이 놀랍고 앞뒤의 어투가 자기도 그러고 있으니 남들도 그런 대화를 통해 가정의 평화를 찾으라는 뜻이 숨어 있는 것 같아서, 또 한 번 놀랐"(143)다고 서술하고 있다. 그리고 두 번째로 인용한 부분은 서양에서 학위를 마친 박사이면서 여성단체의 간부로 있는 아주머니의 말인데, 이에 대한 춘자는 아주머니가 가정과 밖에서 보여주는 이중적이고 모순적인 행동과 말에 대해 "사기"(144)라고 응수한다. 아주머니는 한 공간에서 같이 생활하는 한 명의 사람으로서 식모를 대해줄 것을 공식적 언어로 말하고 있지만, 실상 자신에게 보여주는 태도는 한 공간에 서식하는 불순물일 뿐이었다는 것이 그 판단의 근거이다. 아주머니는 춘자를 처음 맞아들일 때 그녀에게 식모가 지켜야할 수칙들을 열거한 적이 있는데, 거기에서 춘자는 위생학적 관리대상이며[21], 그리고 공간적으로 가정 내 외부에 존재할 것을 요구받고 있다. '바나나'의 개수를 세고 출근한다든가, 외제 커피를 자신의 방안에 놔둔다든가 하는 모습들(145) 또한 대외적인 언어와 실제 행동이 일치하지 않는 모습으로 보여주고 있다. 특히 위생과 음식물 그리고 배설(화장실)과 관련된 행위는 도시와 시골, 근대와 야

21 식모들이 서울의 가정에서 가장 먼저 요구된 것은 바로 이런 위생학적 관리였다. 특히 이제 막 여성의 신체로 성장할 시기의 식모들은 생리에 대한 처리가 시골과 도시에서 다를 수밖에 없었다. 최일남의 소설의 한 부분은 피 묻은 '서답'을 빨고 있는 식모가 주인집 식구들에게 불결하게 처리되는 장면을 묘사하고 있다. "생리가 시작된다는 것은 마악 여자로서의 구실이나 자격을 갖추어가는 징조로 볼진대, 거기에는 마땅히 어떤 의미가 주어져야 할 것인데도, 나는 여자로서의 출발과 최초의 직업(?)을 갖게 된 첫날을, 어처구니 없는 모멸 속에 맞은 꼴이 되었습니다." (「너무 큰 나무」, 113)

만의 표식을 부여하는 장치들이었다.[22] 전근대와 근대를 구분 짓고 시골과 도시의 차이를 구분하는 이 장치들은, 동양과 야만을 불결한 존재 또는 계몽해야 할 존재로 보았던 서구 식민주의의 논리와 닮아있다. 특히 식모의 생리에 대한 태도는 식모들의 생물학적 여성성마저 불결한 것으로 취급하는 것으로 그녀들에 대한 위계적 시선이 어느 정도였는지를 짐작하게 한다. 그리고 가정 내에서의 이런 차이와 구별짓기식 행위들은 모두 근대적 가정의 형태를 담론화하던 당시의 촌극으로 볼 수 있고, 최일남의 소설은 이를 적절하게 식모를 통해 말하고 있다는 데서 의의가 있다.

이 밖에도 소설에서 근대적 가족담론의 표상으로 등장하는 집들의 내부 사정은 겉보기와 다른 것들이 많았다. 핵가족화되는 근대화 시기의 가족의 모습을 겉과 속이 다른 보여주기 식의 거짓[23]으로 형상화하고 있는 작가의 서술은 도시 중산층의 모순과 불안을 내포하고 있다. 그리고 이때 식모는 이를 충격적으로 경험하게 되고, 의아한 시선으로 담아내고, 주인집 사람들의 이중적인 모습을 폭로함으로써 작가가 부여한 책

22 처음 식모로 들어가게 된 집안의 화장실을 찾지 못한다거나 사용방식을 두고 고민하는 등의 모습과(「춘자의 사계」, 112), 치즈나 케첩과 같은 외제 식품의 맛과 정체 때문에 주인집 아이들의 우스갯거리가 되는 모습(「춘자의 사계」, 114)들이 대표적이다.

23 「춘자의 사계」에 등장하는 할아버지를 첨언할 수 있겠다. 주인댁 내외에게 할아버지는 위생적으로 경제적으로 타자일 뿐이다. 물론 다른 자식들의 둘질적 요구를 막는 방패의 수단으로 노인을 부양하고 있다는 사실이 방패가 되고, 대외적으로는 병 든 노인을 부양하는 어려움을 이겨내는 효부가 되고 있지만 말이다.

"할아버지는 이 집 식구들이 밖에서 돌아오는 저녁 무렵부터, 식구들이 다시 외출하는 다음날 아침 나절까지는 거의 자기 방에 감금되다시피 했습니다. 어쩌다가 밖으로 나오기만 하면, 아이들도, 또 나왔네, 들어가 어서, 하면서 할아버지를 방안으로 몰아넣습니다."(「춘자의 사계」, 117) "요컨대 할아버지는 집 안에서는 아무한테서도 사람 대접을 못 받으면서도, 주인 내외분의 재산을 축내려드는 형제들에 대한 방패나 효심을 선전하는 전시용으로 그런대로 훌륭한 구실을 하고 있었던 셈입니다."(「춘자의 사계」, 121)

임을 수행하게 된다. 1970년대의 현실세계에서 식모는 그 자리를 잃어가면서 배제되지만, 소설에서 식모는 그들을 폐기처분했던 근대화 가족담론을 해체하면서 그 실상을 폭로하는 화자로 재등장하고 있는 셈이다.

근대적 가족의 형성을 통해 경제발전의 기초를 닦으려는 시대적 필요성과 근대적 여성으로서의 자기 위치를 만들어야 했던 여성 담론들은 체계적으로 식모와 같은 여성하위주체들을 배제하는 방식으로 작동했다. 그리고 문학은 배제된 식모들의 목소리를 빌려와 그런 근대 담론들의 비현실성을 폭로하는 데 동원했다. 특히 최일남의 소설은 식모를 화자로 내세우면서 해체의 서사를 보여주고 있다. 그러나 내부의 외부자로서 '가정담론'이 추구하는 중산층 가정의 허구성을 폭로하던 식모 화자는 이내 모순적인 목소리를 낸다.

> (주인 아주머니는) 어쩌다 하루 이틀 거르는 수도 있지만 거의 매일 외출이다. 주부가 살림을 꾸려 나가자니까 할 일도 많고, 살 것도 많고, 계도 여러 구찌 들었을 테니까 자연히 외출도 잦아지겠지만 반드시 그렇지만도 않은 모양이다. 반드시 그렇지만도 않을 것이, 한집에 살다보면 말을 안 해도 대충 나로서는 짐작이 가는 것이다. 그 내 알량한 육감으로도, 아주머니는 꼭 긴요한 볼일이 생겨서 나가는 것은 아닌 것이다. 그날의 화장의 정도, 옷 모양으로 얼추 아주머니의 행방을 때려잡을 수 있는데, 그 내 알량한 추리에 따르면, 아주머니의 외출은 볼일 반, 바람 쏘이고 친구 만나 입 놀리는 일이 반반인 것이다.
>
> (「너무 큰 나무」, 89)

하루가 멀다하고 전화를 받고 외출을 한다. '화장', '팬티 스타킹', '부츠', '호텔 커피숍'(88)과 같은 언어들은 당시 여성들의 소비패턴과 생활상을 드러내주는 기호로 쓰이고 있다. 그리고 화자인 식모의 '볼일 반, 바람 쏘이고 친구 만나 입 놀리는 일이 반반'이라는 어조는 당시 여성지들이 조직하고자 했던 '현모양처형'의 주부상[24]과는 전혀 다르다는 비아냥을 함축하고 있다. 이 소설의 식모는 이런 주인 아주머니의 일상을 부러워하거나 객관적 감정으로 서술하기 보다는 무위도식하는 가정주부의 모습을 비판적으로 서술하는 입장에 가깝다. 근대적이고 과학적인 모성을 지닌 현모양처형이라는 여성 담론의 주장을 그대로 내면화한 시선이 식모의 목소리에 담겨 있다. 식모를 소설의 화자로 내세우고 있지만, 모순적이게도 식모폐지론을 부추겼던 가정담론의 논리를 식모의 목소리가 재현하고 있다. 가정주부들의 과소비를 비판하면서 가정으로의 귀환을 요구했던 당시 여성 잡지들에서의 논조를 상기해본다면, 무위도식하는 주인집 여자의 행태를 비판적으로 서술하는 식모들의 목소리는 하위주체의 관점에서 바라본 것으로 읽히기보다 중산층의 허구성과 소시민적 물질주의를 비판적으로 바라본 작가의 대리보충에 가까워 보인다. 식모라는 존재의 생존위기를 불러온 가정담론의 논리를 그녀들의 입으로 재현하게 한 이러한 글쓰기의 차용방식은 차용대상인 식모들의 상황을 재현하지 못하는 방법이라는 점에서 아쉬움이 남는다.

최일남의 「너무 큰 나무」의 아래와 같은 서술도 이와 다르지 않다.

> 나는 어쩐지 심순이나 동네 사람들이 우리 아저씨의 일을 들먹일 때마다 기분이 나쁘지 않았다. 그렇다고 뭐 남의 집 애들보다 월급을 더

24 「여대생을 위한 한국 근대화에 있어서 여성의 의무와 책임」(『여성』, 1965년 6월호.)라는 기사에 보면, 이 시대 여성 지도자들은 여대생들이 현모양처가 되기를 바라고 있으며, 중산층 가정의 주부들과 같은 유휴 노동력이 그 대상으로 언급되고 있다.

"남편에게 이해와 애정을 베풀어줄 사람은 아내이다. 가정은 안식처이다. 경쟁에 시달리고 피로한 가족구성원들에게 애정으로 힘을 북돋아주고 나아가서 우리는 반드시 잘 살아야겠다는 의욕을 일으켜주며 실지에 있어서 창조력과 합리성으로 근대화의 환경적 조건을 이룩하도록 하는 것이 여성의 근대화에 있어서의 역할…"

많이 받는다거나 특별대우를 받고 있는 건 아니라 해도 남들이 우리 아저씨를 속마음이야 어떻든, 우선 알아주고 우러러본다는 일이 은근슬쩍 내 기분을 돋우어 주는 건 사실이었다. 더구나 장난감 공장을 차려서 돈깨나 벌었다는 심순이네 아저씨가 우리 것보다 좋은 외제 자가용을 빵빵 몰고 다니면서도, 우리 아저씨만 보면 기가 팍 죽어서, 허리를 구십도는 너무하고 칠십도쯤 꺾어서 인사하는 걸 보면 괜히 나도 기분이 으쓱해지고 한편으로 고소한 생각까지 들었다. (「너무 큰 나무」, 91)

이 소설의 '아저씨'는 사람들로부터 존경받고 텔레비전과 신문에도 자주 나오는 '명사'다. 우편물에 주소가 없고 이름만 있어도 우체부 아저씨가 "명사 댁인데 내가 그걸 몰라."(89)라고 하면서 당연스레 편지가 도착하는 집의 주인이다. 실상을 들여다보면 가족들과 대화도 없고, 자신의 집에서 열리는 반상회도 핑계를 대면서 거부하는 속물적인 지식인이지만 말이다. 어쨌든 명사댁 식모인 화자는 주인 아저씨 덕에 어깨에 힘이 잔뜩 들어간 모양이다. 목소리도 점잖게 전화를 받고, 옆집 식모 심순이도 자신보다 아래로 취급하려한다. 자신의 사회적 위치와 무관하게 주인집의 위계를 내적으로 흡수한 모습이다. 이는 당시 식모들의 속물적 세계관에 대한 비판이 아니다. 식모들의 목소리를 차용하는 문학적 전략이 오히려 하위주체들의 목소리를 근대화의 논리에 포섭시켜버리고 있다는 점에 대한 우려이다.

스피박은 『포스트 식민 이성 비판』에서 유럽의 식민주의자들에게 토착문명의 정보를 제공해주는 존재인 '토착정보원'들이 어떻게 이용되고 폐제되는지를 설명하고 있다. 특히 토착정보원들이 서구 제국주의의 논리를 교육받고 이를 내면화한 존재들이라는 점이 중요하다. 일례로 칸트의 텍스트에서 뉴홀랜드인들이나 푸에고인들과 같은 하위주체들은 유럽 제국주의의 확장의 논리와 유럽인종의 존재 목적을 밝혀주는 방식으로 이용되고 있다. 이들 토착정보원들은 칸트적 의미에서 유럽인이라는 주체를 확립하는 '대리보충'적 기능을 담당한 다음 폐제된다는 점이 스피박의 핵심 논법이다. 그녀는 다양한 포스트식민 연구가 피식민지인의 삶을 재현하고 증명하려는 과정에서 거꾸로 식민주의적 지식생산에 복무하게 되는 역설적 상황을 우려하고 있었던 것이다.[25] 결국 의도와 다르게 토착정보원은 제국주의와 유럽의 정반대편에서 검은 피부의 가면을 쓴 마중물이 되어버린 셈이다.

이와 유사하게 최일남의 소설 속 식모 화자들은 중산층 여성들의 과소비 행태와 소시민적 모습을 비판적으로 재현함으로써, 근대적 가정담론을 강화하는 데 복무하고 있다. 식모들은 하위주체의 삶을 증명하고 묘사하는 기능에서 멀어지면서 자신들을 배제하는 근대적 가정담론을 강화하는 대리보충적 기능으로 폐제되고 있는 것이다. 식모는 토착정보원처럼 쓰이고 버려지고 있다.

또한 식모들은 리얼리즘적 소설 쓰기의 한 방식을 위해 차용되고 있다. 이때 식모들의 목소리는 자신들의 것이라고 할 수 없다. 1970년대 중산층의 현실을 담아내야 한다는 무의식적 정언명령이 식모라는 시선을 포착하게 된 것에 가깝다. 식모들은 중산층 가정 내에 위치하면서 외부의 시선을 가진 존재들이다. 근대화 과정에서 소시민이 되어가는 당대의 단면을 날카롭게 포착할 수 있는 시공간적 위치에 있었던 것이다. 때문에 피해자로서의 민중이나 사회적 하위주체들을 담아내야 한다는 하나의 전형적 소설 작법의 대상으로 선정된 것에 가깝다. 식모-창녀와 같은 도시 주변부의 여성하위주체들이 근대화 담론의 폭력성과 불안의식을 표현하기 적합한 정형인 것은 분명하다. 그러나 문제는 스피박이 서양철학의 논리를 비판하면서 우려하듯이, 소설이 그들을 어떤 방식으로 형상화하고 있는지에 대한 점검이 필요하다는 것이다. 정형화된 형상은 다양하고 특수한 차이들을 폐쇄적인 연결고리들로 환원시켜 버릴

25 가야트리 스피박, 앞의 책, 38~43쪽.

위험성을 내포하고 있다. 대상을 정형화하는 것은 동일한 이념과 사상을 차이로 묶으려는 고착된 사유의 주요한 전략이기 때문이다.[26] 또한 프란츠 파농의 방식으로 말한다면 정형화된 형상은 식모와 같은 하위주체들을 "선입견의 영원한 피해자"로 추락시킬 수도 있다.[27] 여기서 다룬 몇 개의 작품들에서 식모와 윤락녀로 불리는 그녀들이 자신들의 목소리로 말하고 있는지가 중요한 이유는 그것이 바로 문학이 그들을 형상화할 때 반드시 경유해야 하는 윤리이기 때문이다. 이런 윤리적 물음을 남성폭력과 국가폭력의 뒤틀린 연관성 속에서 제기하기 위해 잠시 조선작의 소설을 경유한 후 설명하려 한다.

계몽적 주체로서의 남성과 감정 교환의 거부

식모의 존재는 언제든지 가정의 성적 질서를 파괴할 수 있는 '잠재적인 윤락녀'로 취급되었다. 하위계층 여성의 신분상승욕망과 결합한 형태도 더러 존재하지만[28], 대부분 남성의 폭력적인 성 착취에 의해 주인집 남자와 아직 미혼인 식모는 위계적인 관계에 놓인다.[29] 식모에 대한 성

---

26 호미 바바, 나병철 옮김, 『문화의 위치』, 소명출판, 2002, 146쪽.

27 흑인은 항상 특정한 방식으로 재현되어야 한다는 믿음 때문에 흑인들이 동일한 정형으로 작품에 등장하게 되지만, 이런 정형화된 이미지는 곧바로 박제화의 덫에 걸리게 될 것이라는 프란츠 파농의 비판을 상기해야 한다. 프란츠 파농, 이석호 역, 『검은 피부, 하얀 가면』, 인간사랑, 1998, 44쪽.

28 일례로 이호철의 『서울은 만원이다』에 등장하는 복실 어멈은 서린동 영감의 후실로 들어가 집과 다방을 착실하게 챙기는 모습을 보여준다. 자신의 신체를 성적 욕망의 대상으로 상품화하고 부유한 주인 남자의 재산과 교환관계를 맺은 것이다.

29 "아, 식모살이라면 지긋지긋했어. 식모를 뭐 제 집 요강단지로 아는지, 이놈도 올라타고 저놈도 올라타고 글쎄 그러려 들더라니까요. 하룻밤은 주인놈이 덤벼들면 다음날은 꼭지에 피도 안 마른 아들녀석이 지랄발광이고…… 내 미쳐 죽지 미쳐 죽어……." 식모살이를 네 군데나 옮겨 다니며 살았지만 모두가 그 모양이었노라고 말했다. 대학생들을 하숙 치는 집에도 좀 살아 봤는데, 배웠다는 사람들이 이건 뭐 더 악머구리떼 같았노라고 말했다. 그래서 식모살이를 그만둔 것이라고 말했다. (조선작, 「영자의 전성시대」, 『성벽/징소리 外』(한국소설문학대계66), 동아출판사,

착취의 관계는 전상국의 「전야」[30]나 최일남의 「가을 나들이」와 같이 식모를 형상화하고 있는 소설들에서 여성하위주체들의 비극적인 삶을 드러내는 가장 일반적인 장치이기도 하다. 그리고 많지 않은 식모들에 대한 연구에서 이 점은 여성하위주체들을 남성들의 폭력에 희생당한 피해자로 규정짓는데 주요하게 인용되고 있다. 특히 「영자의 전성시대」는 가장 대표적인 피해 여성에 대한 변론으로 읽히고 있다. 대부분 여성하위주체를 피해자로 보고, 가해자를 돈과 생사여탈권을 쥐고 있는 주인집 남성으로 국한시키고 있다. 그러나 이런 이분법적인 관계 설정은 사건 주체들의 다양하고 특수한 현실인식과 관계를 간과하게 한다. 조선작의 「지사총」과 「영자의 전성시대」의 소설적 의의는 이런 이분법적인 관계 너머를 가리키고 있어 보인다. 이 장에서는 「지사총」과 「영자의 전성시대」에 등장하는 국가권력의 폭력에 주목하면서 이것이 어떻게 여성하위주체에 대한 남성들의 폭력으로 전이되고 있는지, 그리고 행정적 국가권력이 여성하위주체들의 작은 희망(정착)과 남성들의 죄의식을 어떤 방식으로 해소하고 있는지를 먼저 제시하려 한다.

식모를 그만두고 "여차장을 하다가 만원버스에서 떨어져 마침 달려든 삼륜차 앞바퀴에 팔 한 짝을 잃게"(「영자의 전성시대」, 126) 된 사연을 나중에서야 영자는 "신경질도 안 부리고 줄줄" 진술한다. 하지만 처음에는 저간의 사연을 내보이지 않았다.

> "왜 그랬어. 어쩌다가 팔뚝을 그랬느냐 말이야."
> "시시한 이야기는 진짜로 집어치우라니까 그러네, 신경질나게."

1995, 126) 이하 작품 인용은 제목과 쪽수만 괄호로 표시한다.

30 전상국의 「전야」의 춘자는 어릴 때 생모를 잃고 노름과 술에 빠진 아버지에게 신체적 폭력을 당하면서 살다가 원주로 식모살이를 나간다. 춘자는 원주의 부잣집에서 처음 주인아저씨에게 성폭력을 당한다. 그리고 현재도 주인아저씨의 "근지러운 시선"(『우상의 눈물』, 민음사, 1980, 148)과 성추행에 지속적으로 노출되어 있다.

영자가 짜증을 부리며 말했다. 그러나 나는 입을 다물 수가 없었다.

"전쟁판에까지 갔다 온 나도 이렇게 사지가 멀쩡한데 진짜 무슨 일이야?"

"씨발, 듣기 싫다는데 왜 자꾸 신경질을 돋구실까. 놀 테면 빨리 한 번 놀고, 그렇잖으면 나는 갈테야."

"알았어."

나는 마치 몰이에 쫓기는 토끼처럼 다급한 마음으로 벌떡 일어나 벽에 걸려 있는 바지 주머니에서 지폐 몇 장을 꺼냈다. 나는 괜스레 허둥대고 있는 나 자신에게 화가 나서 그것을 영자에게 심통스럽게 던져 주었다. 종잇장들은 마치 가랑잎처럼 날렸다.

그런데 영자는 그것을, 굶주린 사람이 허둥지둥 밥술을 떠 넣듯 그렇게 줍는 것이 아닌가. 비로소 나는 사람을 죽일 때와 마찬가지의 잔인스런 쾌감에 떠받치기 시작했다. 내가 난폭한 목소리로 말했다.

"난 너를 돈 주고 샀어. 옷을 벗어. 사그리 벗어 버리란 말야."

"좋았어, 진작에 그렇게 나올 일이시지."

영자는 내 심정 같은 것은 아랑곳없이 기를 돋우어 말했다. 그리고 나서 한 손만으로의 불편한 동작으로, 그러나 아주 익숙한 솜씨로 옷을 벗었다. 나는 마치 내가 죽인 시체를 내려다볼 때처럼 복잡한 마음으로 영자의 알몸뚱이를 내려다보았다. 민둥하게 싹뚝 잘리워 나간 영자의 어깨를 보았을 때, 나는 까닭 없이 호흡이 가팔라지기 시작했다.

(「영자의 전성시대」, 119)

영자에 대한 '나'의 온정적 태도는 차가운 응대로만 돌아온다. 영자는 이미 인정이나 의리 같은 감정들이 현실을 살아가는 데 얼마나 무의미하고 쓸데없는 것인지를 체득하고 있었거나, 아니면 그 감정의 올가미에 다시 얽매여 들고 싶지 않았을 것이다. '나' 또한 서울이라는 공간에서 순수함이 촌스러운 처세로 평가절하 된다는 것을 익히 알고 있었다. 그래서 이 둘은 단순한 교환관계에 들어선다. 서울의 '청량리 오팔팔'에서는 돈과 섹스의 물리적 교환만이 허락된다. 그리고 대부분 이 지점이 식모와 같은 하위주체들에 대한 남성적 폭력의 관점으로만 해석되는 이유이기도 하다.

그러나 주목해야 할 것은 이런 교환의 장면마다 '나'는 전쟁에서의 기억을 떠올린다는 점이다. 소설은 성적 대상으로서의 여성하위주체의 적나라한 모습과 월남에서의 전쟁 경험을 자주 교차 서술한다. 싸구려 화장품들의 향료 냄새는 화약 냄새와 송장 썩어 가는 냄새를 환기하기도 하고(112), 자신의 남성을 과시하기 위해 월남에서 일곱 명의 베트공을 죽였다는 폭력의 경험을 소환하기도 한다(113). 위의 인용문에서도 영자의 불완전한 신체와 그녀에 대한 난폭한 언행이 월남에서 자신이 죽인 시체를 보는 것과 중첩된다.

'나'가 보이는 온정과 폭력이라는 이중적 행위의 의미를 여기서부터 추적할 수 있다. 온정적이고 인간애적인 모습이 상대여성들에게 거부당하는 순간 그는 전쟁에서의 경험을 떠올리게 되고 폭력적인 남성의 모습으로 변장한다. 여기에는 목숨과 성의 거짓 등가교환만이 허락되었던 전쟁에서의 트라우마가 강박적으로 작동하고 있다.

'나'의 이중적인 행위에는 폭력의 대상에 대한 죄책감과 동질감이 내재해 있다. 월남에서 돌아와 목욕탕에서 때밀이를 하고 있는 자신도 신체를 통해 먹고 산다는 점에서 똑같은 '무작정 상경 소년/소녀'라는 동질감과, 폭력을 당하는 대상을 직접적으로 확인하는 데서 느끼는 죄책감이라는 이중 감정이 작동하고 있다. 하지만 이 죄책감을 동질감으로 치환하려는 것에는 '윤리적 착각'[31]이 숨어있다. 지젝의 폭력에 대한 성찰을 잠시 환기하면, 어느 개인을 고문(폭력)하는 것이 멀리 떨어진 곳에 폭탄 투하 승인을 하는 것보다 우리에게는 훨씬 힘든 일이다. 그러나 이

31 슬라보예 지젝, 이현우·김희진·정일원 옮김, 『폭력이란 무엇인가』, 난장이, 2011, 76쪽 참조.

것이 착각인 이유는 후자 쪽이 훨씬 더 많은 사람을 고통스러운 죽음으로 몰고 가기 때문이다. 이런 윤리적 착각을 하게 되는 이유는 인간의 추상적 추론 능력이 발달해왔음에도 불구하고 본능적인 반응으로 고통받는 장면을 직접 목격하면 대상에 대해 동정을 느끼기 때문이다. 소설에서 '나'가 거리의 수많은 여자들과 이름 모르는 창녀들에게서 느끼는 무딘 감정과 달리 영자에게 느끼는 온정적 태도와 죄책감은 이런 윤리적 착각과 크게 다르지 않다. 다음 전쟁에서의 일화는 '나'의 트라우마의 원초적 장면에 해당한다.

> 열대식물로 뒤덮여 있는 늪 근처의 마을 하나를 기습한 일이 있었다. 우리들이 그 마을을 평정하였을 때 마을에 남아 있는 것이라고는 계집들뿐이었다. 하사가 내 귀를 끌어당겨서 속삭였다. "멋진 기회다." 마을의 계집들은 전우들의 요구에 헤프게도 벌려 주었다. 그때도 나는 공포에 질려 떨고 있는 못생긴 처녀 하나를 불필요하게 비상식량 한 상자를 주고 샀던 것이다. 소녀는 목이 가늘었다. 소녀는 풀대처럼 말라비틀어진 목을 도리질하며 저항했다. 소녀의 그 슬픈 저항을 이해할 수 없을 만큼 그렇게 내게 무지막지했더라면 얼마나 행복했었을까. 그렇지, 나는 매우 괴롭게 그 소녀의 국부를 향해 달려들고 있는 무서운 통증을 저어했었다. 나는 나의 난폭하게 돌기한 부분을 소녀의 밖에서 해결했다.
>
> 나는 어리석게도 영자의 그곳을 향해 달려들 통증을 상상하며 영자를 깊숙이 점령했다. (「영자의 전성시대」, 120)

전쟁에서의 살해와 합의된 강간이라는 폭력의 경험은 '나'에게도 상당한 충격이었던 듯하다. 점령당한 마을의 여자들은 "헤프게도" 자신들의 성을 허락했다고 서술되고 있지만, 사실 이 성적 폭력은 암묵적인 교환관계의 성립에 기초하고 있다. 목숨과 성의 맞바꿈. 마을의 처녀들은 군인들에게 자신의 성을 상납하고 목숨을 얻는다. 물론 여기에는 전쟁에서의 패배와 폭력의 비등가성이라는 일방적인 위계가 작동하고 있는 것은 당연하다. 평소라면 이 교환은 성립되지 않겠지만, 전쟁의 승자에게 주어지는 생사여탈권과 폭력의 정당화가 이 교환을 가능하게 한다.

이는 마치 식모들의 생사여탈권(돈과 서울에서의 생활권)을 쥔 주인집 남자들에 의한 겁탈이 암묵적인 교환으로 인식되는 것과 다르지 않다. '나'는 사실 이런 관계에 익숙하지 않다. 더 정확히 말하자면 '나'는 입대 전부터 한 번도 권력의 우위에서 성을 요구해보지 못한 하층 노동자였다. 서울 여자들 앞에서는 한 없이 위축되고 촌스러운 무작정 상경 소년이었을 뿐이었다. 그리고 실제로 '나'는 창숙에게 성을 사는 것 외의 다른 방법을 알고 있지 못했다. 때문에 '나'는 당연한 권력을 뻔뻔하게 이용하지 못하고, '비상식량'을 건네는 행위를 하게 된다. 비상식량을 마을의 처녀에게 주는 행위는 목숨과 성의 등가교환을 스스로 포기하고 사랑과 인간애를 갈구하는 의미를 띤다.

사실 이 행위는 자신은 폭력적 관계를 만들고 싶지 않다는 차이점을 형성함으로써 죄책감에 가면을 씌우는 것에 불과하다. 그런 점에서 이 비상식량은 '나'가 영자에게 과거의 일들을 물어보면서 인간적 관계를 형성하려는 노력과 다르지 않다. 그러나 이미 윤락의 길에 들어선 영자에게 그것은 무의미했던 것처럼, 그 월남 소녀가 "목을 도리질하며 저항"하게 되는 것은 당연하다. 목숨과 성을 바꿀 수는 있지만, '나'의 죄책감을 용인할 의무가 그녀들에게는 없다. 정서적 교감은 허락되지 않는다. '나'가 영자나 월남의 소녀에게 건네는 죄책감과 인간애적 욕구를 받아들이는 순간, 그녀들은 '나'에게 성 이상의 것을 주어야 한다. 그러나 그럴 이유도 없을뿐더러, 폭력 주체의 죄책감을 받아들이는 것은 그들에게 면죄부를 주는 것과 같기 때문이다. 결국 '나'의 어설픈 면죄 행위는 실패로 끝나고 피폭력의 대상인 여성들은 무서운 '통증'으로 당시를 기억하게 된다. 그리고 '나'는 죄책감을 대상에게 전이시키지 못하고, 그 죄책감을 계속 안고 살아가게 된다. 이것이 남자에게 남은 트라우마의 원인이다. 이 증상은 자신이 죽였던 시체들과 강간했던 여성들처럼 폭력으로부터 자유롭지 못한 취약한 타자들을 대할 때마다 강박적으로 등장한다.

사실 돈과 성을 등가적인 교환으로 생각하는 '나'의 인식부터 폭력적이다. 제3세계 여성하위주체들에 대한 연구를 진행하면서 스피박이 분노했던 이유는 바로 서구 유럽의 제국주의 논리가 그들 스스로를 야만적인 문화로부터 제3세계에서 착취당하는 여성들을 구원하는 주체로 설정했다는 데 있었다. 서구의 논리는 비동일성을 동일성의 차원으로 확장하기 위해 제3세계 여성하위주체들을 이용하고 있을 뿐이기 때문이다.[32] 남성 화자가 영자와 월남 소녀에게 가지는 온정적 태도는 자신을 전쟁과 근대화의 폭력적 확장에 희생되는 대상들을 구원해주는 계몽적 존재로 위치시키는 행위에 불과하다. 전쟁에 참여했지만 자신은 폭력과 무관하다는 인식과 영자의 현실을 안타깝게 바라본다는 온정적인 시선은 자신을 슬그머니 폭력의 카르텔에서 제외하는 것이다. 하지만 이런 시선은 근대의 폭력적 담론이 인간애적인 재무장을 한 것에 지나지 않는다. 스피박의 논법으로 '나'는 그녀들을 '대표'할 수는 있지만 '묘사'할 수는 없다.[33] '나'의 행위는 그녀들을 자신의 인간성을 증명하기 위해 소

---

32 스피박은 시르무르의 여왕 라니가 식민무역 및 통치의 편의를 위한 "부족국가" 복원 계획 및 인도의 과부 순사(殉死) 제도인 사티(sati)와 관련하여 기록되는 방식에 주목한다. 문서보관소의 자료들을 통해서 추적되는 시르무르의 라니는 철저하게 영국의 영토적·경제적 이익과 관련되어서만 기록될 뿐이다. 스피박은 역사적 현실 역시 재현되는 것이라는 점을 강조하면서, 라니를 사티와 연결시킨 영국 제국주의를 스스로를 합법화하기 위해 식민지 여성을 자유롭게 해주는 척하면서 써먹는 과정을 밝혀낸다. 스피박이 분노하는 지점은 여성으로서의 라니는 자기-희생을 기꺼이 받아들이려고 하는 존재로 씌어지고, 식민 주체인 유럽 남성 장교는 그녀들을 가부장적인 담론에서 구해주는 계몽적 존재로 등장한다는 점이다. 그들의 목적은 효율적인 지배와 경제적 이익에 불과한 데도 말이다. 제국주의 담론이 페미니즘 담론으로 재무장하는 순간이다. 가야트리 스피박, 앞의 책, 330~347쪽.

33 스피박은 재현을 '묘사'과 '대표'의 의미로 분리해서 사용한다. '묘사'는 '다시-제시

환하고 다시 버리는 폐제의 논리에서 벗어나지 못하고 있다. 남자의 인간성 증명의 노력이 실패하면서 남성 주체로서 '나'가 느끼는 죄책감은 국가라는 폭력의 가해자가 느껴야 할 부담으로 잔존하게 된다. 뒤에서 다시 설명하겠지만, 남자의 온정적인 태도는 여성하위주체들에 대한 국가적 폭력을 은폐하는 역할을 의도치 않게 수행하게 된다. 하지만 역설적으로 이런 노력의 실패가 국가 폭력에 내재하고 있는 또 다른 비가시적 폭력을 가리키고 있다는 점에서 중요하다. 작가는 전쟁으로 인해 부모와 마을을 잃은 전쟁터 여성들과 고향을 떠나 도시의 공적 공간에서 배제된 윤락여성들 모두 전쟁과 근대화라는 국가폭력의 희생자들로 묘사하고 있으며, 이런 병치를 통해 소설은 일상적 폭력에 대한 무감각을 드러내고 비판하고 있다. 조선작의 「영자의 전성시대」는 이 지점에서 평가받아야 한다.

정착의 실패와 웅크린 국가폭력

영자의 꿈은 괜찮은 남자와 '살림'을 사는 것이었다. '살림'이라는 단어에는 불안정의 느낌이 스며들어 있지만, 임시적으로나마 서울이라는 공간에 정착했다는 표식이자 가정이라는 공적 공간으로의 진입을 의미한다. 비록 그 형태가 방 한 칸의 허름하고 초라한 것일지라도, 단 한 명의 남자와 함께 생계를 유지하면서 살아간다는 행위 자체가 희망일 수 있다. 그러나 시대는 이들에게 이조차 허락하지 않았다.

'나'는 외팔이 영자에게 의수를 만들어 준다. "목욕탕의 보일러실 창고에서 팔뚝만한 굵기의 부서진 의자다리"로 만든 의수는 비록 허술하기 짝이 없는 것이었지만, "소맷자락 속에 의수를 달고 어두운 골목길"(「영

(re-presentation)'하는 수사로 대상의 목소리를 담지만, '대표'는 '~를 위해 말하다(speak for)'라는 방법으로 말하는 자는 제외되어 있는 수사라고 말한다. 이에 대한 자세한 설명으로는, 가야트리 스피박, 앞의 책, 363~367쪽.

자의 전성시대」, 123)로 진출한 "영자의 활약은 실로 눈부신"(125) 정도였다. 자신감을 찾은 영자는 "포주를 떼버리고 방을 한 칸 세를 내어 화장대랑 전축이랑 선풍기를 월부로 들여다가 오밀조밀하게 꾸며 놓고 그럴싸한 손님들을 한 오십 명쯤만 단골로 잡는다면 그에서 더 부러울 것이 없을 거라고, 영자는 서글픈 목소리로 말했다."(126) 그즈음 '나'는 여름철 목욕탕 손님이 뜸해서 영자와 외상으로 관계를 맺기도 하고, 영자의 뒤를 봐주다가 감옥에 다녀온 후 청량리 오팔팔에서 영자의 서방으로 통하게 된다. 그리고 영자의 소망은 방 한 칸 영업집에서 "전셋방 값만 모은다면 이젠 발 씻고 살림을 차릴 테야"라는 다짐으로 낙착된다. 그러나 희망은 현실로 실현되지 못하고 영자는 시체로 발견된다.

> 세 구의 시체들은 마치 화염방사기에 타죽은 베트공의 그것들처럼 시꺼멓게 그슬려 있었다. 물집이 터진 자리는 군데군데 시뻘겋게 익은 살덩이가 드러나 있었다. 그 세 명 속에서 영자를 찾아내기는 어렵지 않았다. 영자는 외팔뚝이였으니까. 불에 그슬려 알아볼 수 없게 되었어도 영자의 시체에는 역시 팔뚝 한 짝이 없었다. 나는 영자의 시체 옆에 쭈그리고 앉았다. 나는 이를 악물어 울음을 삼켰다. "이 바보야, 누가 널 보고 이 불길 속으로 뛰어들랬어, 누가." 그러나 영자는 마치 장난기까지 섞인 말투로 "불은 내가 질렀는걸요"하고 말하고 있는 거처럼 보였다. 왜냐하면 나라도 지금 심정 같아서는 어디라도 한군데 싹 쓸어 불질러 버리고 싶었으니까 말이다. (「영자의 전성시대」, 137)

영자를 죽음으로 몰고 간 것은 매음행위를 근절시키겠다는 당국의 방침 때문이었다. "특별시장 명의의 계고장"(133)이 청량리에 날아들었고, 골목 입구의 여기저기에는 경고판이 붙고 경찰들이 배치되었다. 이른바 "불도저 작전"은 "창녀들을 소탕"하고 그녀들을 사회에서 완전히 배제시키기로 한 듯했다. 마치 "평정지역의 베트공 잔비들을 깨끗이 소탕했듯이 소탕시킬 계획”(132)이었다. 영자는 어렵게 이곳을 빠져나와 ‘나’와 함께 목욕탕에서 한 동안 기숙하다가 ‘나이롱 아줌마’에게 맡겨둔 돈을 찾기 위해 다시 청량리로 들어갔다가 원인 모를 화재로 죽게 된 것이다.

영자의 이런 죽음은 두 가지의 의미를 함의하고 있다. 첫째로 일시적이나마 ‘살림’이라는 희망을 품었던 두 사람의 꿈이 영자의 죽음으로 폐기된다는 것이다. 결국 정착의 노력은 실패의 서사로 마무리된다.[34] 둘째로 실패 서사의 배면에 감추어진 국가폭력이 존재한다는 점이다. 인용문에서 영자의 시체가 화염방사기에 타죽은 베트공의 시체처럼 묘사되고 있다. “시뻘겋게 익은 살덩이”와 외팔뚝이 시체에 대한 묘사는 생생한 생명의 잔인한 죽음을 그로테스크하게 보여준다. 이념의 갈등이 만들어낸 베트남 전쟁의 상처와 근대화 프로젝트의 과정에서 도시의 불안과 불순물을 제거하고자 했던 행정권력의 폭력이 하나로 합쳐지는 장면이다. 이 둘은 국가가 이념적 정체성을 유지하고 경제적 안정을 도모하기 위해 하위주체들의 신체와 생명에 가하는 일종의 폭거라는 점에서 유사하다.

이러한 해석이 필연적이고 작가의 의도임을 「지사총」을 통해서 언급할 필요가 있다. 연작의 성격이 강한 「지사총」과 「영자의 전성시대」은 영자와 창숙이 겪는 비극의 계보적 발생 원인을 국가폭력의 측면에서 추론하고 있기 때문이다. 두 작품의 인물은 중첩되어 있다. 「지사총」에서 영식은 「영자의 전성시대」에서의 화자인 ‘나’와 동일인물이다. 창숙과 영자는 이름도 그대로 등장한다. 영식은 군대(월남)에 가기 전 어느

34 이호철의 『서울은 만원이다』에서도 이런 종류의 희망은 유예된다. 통영에서 올라온 길녀는 남씨라는 남자와 만남과 헤어짐을 반복하면서도 그와의 미래를 꿈꾼다. 하지만 잠시의 ‘살림’은 실패로 끝나고, 서로가 뜨내기 신세임을 확인하면서 헤어진다. 강영감의 첩 살이도 채 한 달을 채우지 못한 채 끝나버린다. 처음부터 길녀와 결혼을 생각했던 기상현에게는 그녀는 단 한 번의 기회조차 주지 않는다. 이러한 소설의 장치는 작가의 의도와 무관하게 무작정 상경한 소년/소녀들의 미래에 ‘정착’의 기회를 허락하지 않았던 근대화 담론의 배제의 서사를 드러내준다.

철공장에서 용접공으로 숙식하고 있고, 영자는 그 주인집의 식모로 있고, 창숙은 영식이 관계하는 창녀다. 추석 날 영식은 입대 영장으로 추리되는(영식은 까막눈이다) "특별시장에게서 온 속달우편"(14)을 받아들고 있었다. 군대를 가버리게 되면 "양복점에서 재단사로 일하게 된다든가, 무교동의 한 화려한 술집에서 보타이를 메고 일"(16)해보고 싶은 자신의 꿈을 접어야 한다는 생각을 하고 있던 참이었다. 고아원 출신의 무작정 상경 소년의 꿈이라는 것이 실상 이 정도였다. 마침 그때 창숙이 방문해서 아버지가 묻혀 있는 곳에 제사를 간다고 하면서 동행을 요청한다. 그곳 이름이 지사총이다. 창숙과의 데이트 정도를 생각하고 따라나서 도착한 지사총은 "복원된 광화문과 같이 크고 아름다운 문"(22)을 지나 고궁처럼 단장된 곳이었다. 그리고 그곳에 "왕릉보다 더 큰 무덤 하나가 거대하게 솟아올라"(22) 있었다. 그곳은 한국 전쟁의 과정에서 한꺼번에 학살당한 사람들의 무덤이었다. 창숙의 아버지는 거기 함께 묻혀 있었다. 경찰악대가 동원되고 국무총리와 특별시장이 참석한 "지사총제"라는 제사가 열렸다. 국가적으로 추모되는 행사였다. 지사총에 얽힌 이야기는 이러했다.

> 피에 굶주린 무리들은 그들이 체포한 인사들을 끌고 와서 할아버지가 살고 있는 집 뒤의 지금 지사총이 있는 주변의 야산에 구덩이를 파내는 작업을 시키기 시작했다. 작업에 동원된 사람은 천여 명에 이르렀다. 그 야산의 표피는 순식간에 시뻘건 황토가 드러나고 벌써부터 황량한 살기마저 띠었다. 며칠 후 중추의 달이 괴괴하게 내리비치는 밤이었다. 산 위에서 갑자기 콩 볶는 듯한 총성과 함께 단말마의 비명들이 쏟아져 내려왔다. 총소리는 밤새도록 이어졌다. 악몽과 같은 하룻밤을 할아버지는 꼬박 새웠다. 이튿날 아침 피에 굶주린 이리들은 온데간데없이 사라졌고, 뒷산에는 그야말로 처참한 살육의 현장이 전개되어 있는 것을 볼 수가 있었다. 뒷산은 표피가 일구어진 구덩이마다 철사로 묶인

시체들이 쏟아져 나온 창자를 끌어안고 넘어져 있었던 것이다. 날이 갈수록 시체들은 부패해 갔다. 시체의 상처마다 또는 입과 눈에도 구더기가 발생하여 득실거렸고 악취가 퍼져 나갔다.

(중략)

할아버지의 이야기가 끝났을 때 내가 물었다. "죽은 사람들은 무슨 죄를 지었는데요?" 아마 내 질문은 너무 엉뚱했던 모양이었다. 할아버지는 혀를 끌끌 차면서 나를 핀잔했다. "사람도 원 딱하군. 죄를 지어선가 저들의 반대편이니까 그렇지." (「지사총」, 29~30)

창숙의 아버지는 전쟁의 과정에서 희생되었다. 그 이유는 알 수 없다. 지사총 근처에 살고 있는 어느 할아버지의 증언처럼 죽음의 원인은 그저 "저들의 반대편"이기 때문이다. 인용문에서 "빨건 황토"나 "쏟아져 나온 창자를 끌어안고 넘어져" 있는 시체에 대한 묘사는 앞서 「영자의 전성시대」에서 불에 타 죽어간 영자의 시체에 대한 묘사를 떠올리게 한다. 영자의 시체가 베트공의 시체와 병치된다면, 여기서는 이데올로기에 의해 희생당한 억울한 사람들의 시체들이 그 위에 중첩되는 느낌이다. 그리고 이것은 우연이 아니라 작가의 필연적 장치로 읽힌다.

소설 말미에 밝혀지는 사실이 있다. 영식이 입대 영장으로 착각한 우편물은 사실 "지사총제" 참석 안내장이었다. 영식을 문맹으로 처리한 소설적 장치는 그도 지사총에 묻혀 있는 어느 희생자의 유가족이었다는 사실로 귀결되면서 도시 하위 주체인 영식과 창숙을 하나의 계통으로 이어주는 역할을 한다. 이 지점에서 영식과 창숙이라는 '무작정 상경 소년/소녀'의 발생적 계보를 추적할 수 있게 된다. 작가는 농촌에서 도시로 이동한 소년/소녀들의 불우하고 미래 없는 성장기의 형성근원에 전쟁이라는 이데올로기를 배치하고 있는 것이다. 그리고 먹고 사는 것만이 삶의 목표가 되어버린 1960~70년대 생명정치의 도시 공간에서 슬그머니 자취를 감추었던 전쟁이라는 국가폭력을 재소환하고 있는 셈이다.

앞서 「영자의 전성시대」와 「지사총」의 시체와 죽음에 대한 묘사가 중첩되면서 필연적 장치로 읽힌다는 이유가 여기에 있다. 작가는 두 작품에 등장하는 인물들의 도시하층민으로서의 삶의 근원적 이유로서 두 개의 전쟁(한국전쟁과 베트남전쟁)을 제시하고 있기 때문이다. 이념의 상흔은 모습을 바꾸어 도시하위주체들의 삶에 지워지지 않은 낙인을 남겼다. 작가는 영식과 창숙을 전쟁이라는 이념적 갈등이 낳은 사생아들로 서술하고, 이들이 '무작정 상경 소년/소녀'가 될 수밖에 없었던 필연적 이유로서 국가폭력이라는 장치를 감추어 두고 있는 것이다. 조선작의 연작은 '식모-여차장-창녀'로 이어지는 여성하위주체들과 '고아원-용접공-파병-때밀이'로 이어지는 남성하위주체들을 모두 근대화 과정과 전쟁이라는 국가폭력의 과정에서 지울 수 없는 자국으로 호명하고 있다는 점에서 평가받아야 한다. 조선작의 소설에서 하위주체들의 형상은 국가폭력이 남긴 상흔이며 배제의 자국이다. 그렇다면 이제 남은 문제는 이 국가폭력이라고 명명한 이 폭력의 의미와 그것이 식모-창녀로 이어지는 하위주체들의 삶에 어떻게 작동하고 있는지를 설명하는 일이다.

'주관적 폭력'과 '객관적 폭력'

식모의 존재가 주인집 남성 또는 성적 욕구를 폭력적으로 해소하기 위한 폭력의 대상이라는 점은 선행 연구들의 공통적 논지이다. 생사여탈권과 연관된 경제적 위계와 식모를 하녀로 바라보는 봉건적 사고가 여기에 작동하고 있다. 하지만 이런 점에만 초점을 두는 것은 눈에 보이는 사회적이고 강압적인 형태의 폭력에만 우리의 시선을 고착시킨다. 다시 말해 '주관적(subject) 폭력'과 '객관적(objective) 폭력'을 동일선상에서 인식해서는 안 된다.[35]

35 지젝은 폭력의 양상을 두 가지로 구분한다. 전쟁이나 폭동, 공권력과 같이 행위자가 명확하고 눈에 보이면서 사회적이고 강압적인 형태의 '주관적(subject) 폭력'과,

사악한 개인이나 억압적인 공권력과 같은 주관적 폭력에만 초점을 맞추려는 시도는 사실 어떤 징후를 내포하고 있다. "다른 형태의 폭력을 시야에서 감추게 함으로써 문제의 진정한 중심에 주의를 돌리지 못하게 방해하고 있는 징후" 말이다.[36] 폭력이라고 할 때 대개 즉각 범죄와 폭동 전쟁과 같은 것들을 떠올린다. 식모에 대한 남성들의 성적 폭력은 여기에 해당한다. 하지만 모든 의미의 폭력이 명확히 식별 가능한 행위자가 저지르는 직접적이고 가시적인 '주관적(subject) 폭력'일 것이라는 인식의 유혹에서 벗어날 필요가 있다. 그 배경을 파악해야 하기 때문이다. '주관적(subject) 폭력'은 정상적이고 평온한 상태를 혼란시키는 것으로 드러난다. 때문에 행위자를 분명히 식별할 수 있지만, 구조적인 배경을 보려는 노력을 은폐시켜 구조에서 눈을 돌리게 한다. 우리가 눈을 돌리는 바로 그 자리가 '객관적 폭력'의 위치이다. 일상성의 유지를 위해 작동하는 '객관적 폭력'은 바로 이 정상적인 상태에 내재되어 있다.

문제는 이런 '구조적 폭력'이 자행되고 있을 때 우리가 놀랄 만큼 무감각하다는 사실이다. 정치체계와 경제체계의 일상성은 이 구조적 폭력의 비이성적 성격을 가려주는 안정된 장막이다. 고향을 떠난 무작정 상경

눈에 보이지 않아서 징후적으로만 드러나는 '객관적(objective) 폭력'이 그 두 가지다. 객관적 폭력은 다시 하이데거가 존재의 집이라고 규정한 언어를 통해 구현되는 '상징적(symbolic) 폭력'과 정치와 경제체계가 정상적으로 작동하기 위해 일상성을 유지하려는 '구조적(systemic) 폭력'으로 구분된다. 본 글은 이 드러남과 드러나지 않음에 주목하면서 남성 폭력과 국가 폭력의 양상을 구분하려 한다. 남성 폭력은 식모-창녀와 같은 여성하위주체들에게 직접적이고 가시적으로 가해지는 '주관적 폭력'과 같다. 반면 국가 폭력이 작동할 때 전쟁처럼 가시적인 경우도 있지만 대부분 드러나지 않는 '객관적 폭력'을 지시하고 있다는 점에 주목하려 한다. 본 글에서 이후에 사용되는 '구조적 폭력'이나 '상징적 폭력'은 모두 객관적 폭력의 의미를 지시하며, 이는 전쟁과 행정명령과 같이 가시적인 국가 폭력이 근본적으로 가리키고 있는 비가시적인 '객관적 폭력'을 드러내기 위한 징후로 해석하고 있음을 밝힌다. 폭력의 양상에 대한 정리로, 슬라보예 지젝, 앞의 책, 37쪽~41쪽.

36 슬라보예지젝, 앞의 책, 37쪽.

소녀들이 서울역을 배회하며 두리번거릴 때, 그녀들이 식모라는 이름으로 지칭되면서 도시의 가정 공간에 하위 노동을 담당하는 주체로 안착할 때, 그녀들이 잠재적인 범죄자 또는 잠재적 윤락녀라는 '요보호 여성'으로 불릴 때, '식모폐지론'과 과학적 '가정담론'에 의해 그녀들이 몸을 팔아야 하는 공간으로 내몰릴 때, 그리고 그런 그녀들을 '식모-창녀'처럼 하이픈으로 계열화하면서 정상적인 삶의 형태로부터 배제할 때, 영자가 '살림'이라는 꿈을 꾸다 참혹한 시체로 발견될 때, 언어적인 '상징적 폭력'과 일상성을 유지하려는 '구조적인 폭력'은 언제나 작동하고 있다. 일상성의 유지라는 삶의 명령이 시대의 무감각을 가려주고 있을 뿐이다.

Ⅲ장과 Ⅳ장에서 남성 폭력과 국가 폭력을 구분하려했던 시도는 베트남 전쟁에서의 시체와 청량리를 고립시키는 행정 명령과 같이 국가가 개입된 현상이 남성들의 성적 폭력과 근본적으로 다를 수 있음을 말하기 위해서이다. 남성 폭력은 '주관적 폭력'처럼 행위자가 분명하고 가시적이다. 개인의 부도덕으로 귀결될 뿐이다. 하지만 대상 소설에서 식모들이 가정에서 배제되는 양상과 그녀들이 창녀로 전락하고 죽어가는 모습은 비가시적인 '객관적 폭력'의 징후를 드러내고 있다. 전쟁과 행정 명령(철거 계고장)처럼 가시적인 형태를 보일 때조차도, 그 배후에 웅크리고 있는 상징적이고 구조적인 폭력의 존재를 가리키고 있다. 국가 폭력이라는 표현은 바로 국가라는 표면으로 드러나는 행위자의 심급에 일상성을 유지하기 위한 언어적이고 구조적인 폭력이 있음을 드러낼 때 차별성을 지니게 될 것이다.

> 우리에겐 두 세계가 있다. 하나는 근대적이고 개방적인 '위험사회'이고, 다른 하나는 낡고 은둔적인 '의미세계'를 보존한 안전 사회이다. 그러나 우리는 이 '의미'를 위해 대가를 지불해야 하는데, 그것이 바로 이름을 부를 수 없는 괴물들이 지키는 유한하고 폐쇄적 공간이다. 이 폐

> 쇄된 유토피아적 공간에서 악은 단지 배제되는 것만이 아니다. 악은 가공의 위협으로 변형되고, 공동체는 그것과 일시 휴전을 수립하며, 그것을 경계하며 항구적인 비상 상태를 유지해야 한다.[37]

1970년대의 가정담론은 안정된 의미세계를 구축하기 위한 언어적 장치로 기능한다. 가시적인 폭력보다 상징적 폭력은 언어가 의미세계를 대상에 부과할 때 배제적인 방식으로 드러난다. 친족과 혈연으로 구성된 폐쇄적 공동체라는 대상에 부연된 '가정'이라는 상징 언어는 식모를 '잠재적 범죄자' 또는 '잠재적 윤락녀'라는 이름으로 배제하는 논리를 자연스럽게 생산한다. 하이데거나 언어를 '존재의 집'이라고 명명한 것을 떠올린다면 '가정'과 이른바 '요보호대상'이라는 표현은 안정된 의미세계의 구축과 거기서 배제되어야 할 존재들을 명명한 것과 같다. Ⅱ장에서 가정담론의 구축 과정에서 배제되는 식모들의 형상은 근대화라는 상징계적 질서 구축 과정에서 냉혹하고 추상적인 자본의 논리로 작동하고 있는 '실재(The Real)'를 바라보게 한다. 서울이라는 대도시의 형성과정에서 노동력을 보충하는 존재로서 근대화에 편입되었던 '식모'와 같은 무작정 상경 소녀들의 존재는 가정담론이라는 상징적 폭력에 의해 배제되었다. 쓰이고 다시 버려지는 폐제의 논리는 포함과 배제라는 이중적 작동의 논리를 보여주면서, 그 희생된 존재들의 시체를 짓밟으면서 미래로 나아간다.

'가정'과 '살림'이라는 두 용어는 일상세계의 안정된 공간으로의 진입을 상징한다는 점에서 유사하지만, 전자는 배제를 후시는 포함을 내포하고 있다. '가정'은 안정된 의미세계를 구축하기 위해 '청량리 오팔팔'과의 항구적인 비상 상태를 유지하려고 한다. 청량리는 식모였던 존재들이 가정에서 배제된 후 도시의 하위주체로 편입된 장소이다. 공간의 위

37 슬라보예 지젝, 앞의 책, 57쪽.

계를 나눔으로써 식모들은 창녀라는 이름으로 하위공간에 위치한다. 이곳에 살고 있는 영자는 '살림'이라는 희망을 품는다. '살림'은 일시적이고 불안정한 냄새를 풍기지만, 하위주체의 삶이 가정으로 옮겨가기 위해 거쳐야 할 간이역과도 같다. 때문에 '살림'은 일상성의 안정된 공간으로 편입을 희망하는 존재들의 불안한 언어적 표현이다. 이들의 노력이 실패로 끝나는 이유는 두 가지로 볼 수 있다. 첫째는 소설의 남성인 '나'가 자신을 '영자'를 야만의 세계에서 구출하는 계몽적 존재로 상정하기 때문이다. 이는 앞서 스피박의 논점으로 설명한 바 있다. 동양의 여성을 봉건적 질서로부터 구출하기 위한 백인들의 노력은 서구의 식민주의 이데올로기를 근본적으로 해결하기보다 계몽적 주체의 예외적 사례를 전형화하면서 서구의 논리를 은폐시킨다. 조선작의 소설에서 보이는 '나'(남성)의 노력 또한 자신을 자본주의적 성교환과 비인간성이 지배하는 청량리라는 야만의 공간에서 '영자'를 구해내려는 계몽적 주체로 설정하고 있다. 하지만 자신의 인간성을 증명하기 위한 그의 노력은 죄책감을 해소하려는 것에 불과하고, 이것이 성공하는 것은 식모-창녀의 관계를 도시 하위주체 여성들의 필연적인 경로로 고착화시켜 그녀들을 안정된 의미세계에서 배제하는 구조적 폭력을 은폐하는 역할을 하게 된다. 때문에 '살림'의 실패는 하위 주체의 성공 신화를 생산하기보다 은폐되는 구조적 폭력을 가시적으로 드러나게 한다.[38]

두 번째로 영자의 희망은 국가의 행정명령이라는 표면적 이유에서 기인한다. 창녀들을 '소탕'하기 위한 국가의 행정 명령은 근대의 일상성을 유지하기 위한 비상 상태의 선포와 같다. 식모-창녀의 존재를 '가공의 위협으로 변형'하고 이들과 항구적인 긴장상태를 유지하기 위한 구조적

38 이호철의 『서울은 만원이다』와 손창섭의 『길』 또한 하위주체들의 성공과 정착의 신화를 생산하지 않는다. 두 소설에 등장하는 무작정 상경 소년과 소녀들은 '근대화'라는 언어로 지칭되는 안정된 의미세계로 편입되지 않고 길 위의 인생을 지속하면서 항구적인 긴장상태를 형상화하는 데 기여하고 있다.

폭력의 모습이다. 청량리를 고사시키기 위한 행정권력의 작동은 마치 전쟁과 같은 비상상태를 연상하게 한다. 청량리의 비일상적 존재들이 고립된 공간은 마치 포로수용소와 같으며, 그곳에서 벗어나기 위해 밤의 어둠을 틈 타 지붕을 넘거나 전략을 수립하는 모습은 탈출을 모의하는 포로들과 같다. 비상상태를 선포하는 권리는 주권자에게 있지만, 자본주의적 경제 체제가 지배하는 삶의 공간에서 권력의 모습은 언제나 은폐되어 있다. '살림'의 자금으로 모아두었던 돈을 찾기 위해 다시 청량리에 야습한 영자의 죽음은 표면적으로는 행정 명령이 그 원인이지만, 근본적으로는 도시의 일상성과 정상성을 유지하려는 구조적이고 내재된 폭력이다. 작가가 영자의 시체에 대한 묘사 위에 베트남 전쟁에서의 시체 이미지를 중첩시킨 장면이 바로 내재된 폭력을 폭로한다는 점에서 주목해야 한다. 전쟁은 가시적인 폭력이다. 베트남에서의 시체는 가시적이고 주관적인 폭력의 야만성을 적나라하게 보여준다. 반대로 국가의 행정 명령과 같은 형태는 행위자가 드러나지 않는다는 점에서 객관적(구조적) 폭력의 모습이다. 영자의 시체는 비참하지만 가해자를 지목할 수 없다. 개인적 불행으로 치부되기 쉽다. 하지만 작가는 이 두 시체를 병치한다. 전쟁이라는 가시적 폭력의 희생물과 체제의 안정을 위한 구조적 폭력의 희생물을 중첩시킴으로써 구조적 폭력에 무감각한 우리의 일상성을 드러나게 하는 효과를 지닌다. 영자의 시체는 전쟁의 시체만큼 참혹하다. 전쟁과 같은 폭력만큼 구조적 폭력도 죽음을 불러온다. 이 둘이 하위주체들의 삶에 기입될 때 크게 다르지 않음을 항변하고 있다. 그러나 다시 말하지만 구조적 폭력이 자행되고 있을 때 우리는 놀랄 만큼 무감각하다. 정치체계 또는 경제체계의 일상성이라는 거대한 장막이 폭력의 비이성적 성격을 가리기 때문이다. 일상적인 폭력은 가시적이고 명백하게 악마적인 세력에 의해 실현되지 않는다. 그것은 '우리'의 이름으로 행해진다. 폭력의 주체가 비가시적이라는 표현은 그 주체가 우리 안에 내재되어 있다는 것을 의미한다.

식모들을 '가정'이라는 공간에서 배제했던 '식모폐지론'은 의미세계를 구축하기 위한 언어적인 상징적 폭력의 모습을 보여준다. 그리고 '가정'에서 내몰린 식모-창녀들을 '청량리'라는 공간으로 게토화한 후 그녀들을 소탕하기 위한 행정 권력의 명령은 항구적인 긴장 상태를 유지하면서 일상성을 보존하려는 구조적인 폭력의 모습을 보여준다. 주관적 폭력처럼 가시적이지는 않지만, 명확한 행위자가 없지만, 눈에 보이지 않는 객관적 폭력이 식모들의 폐제의 과정에 그 흔적을 남기고 있는 셈이다. 조선작의 두 편의 소설은 전쟁의 피해자들과 식모-창녀들의 비참한 모습을 중첩하면서 내재된 객관적 폭력이 주관적 폭력만큼 야만적이라는 사실을 폭로하고 있다는 점에서 평가받아야 한다.

구조적 폭력의 장막은 일상성 위에서 안정되게 자리 잡고 있다. 그 장막이 벗겨지는 것은 한 순간 어떤 드러남으로 경험된다. 바디우적 의미에서 그 한 순간이 바로 '사건'[39]이다. 문학은 우연한 것처럼 보이지만 사실은 우연하지 않은 이 필연적 사건을 감지한다. 하지만 일상성의 무감각에 빠지는 경우가 있다. 문학이 리얼리즘적 글쓰기 방법론과 소시민적 삶의 폭로라는 내용에 복무하다가 자신의 목소리를 가지지 못했던, 다른 표현으로 자기 몫을 가지지 못했고 셈법에서 제외된 자[40], 하위주체들의 목소리를 담아내지 못하는 경우가 이 무감각에 해당한다. 최일남의 소설에서 식모 화자들이 자신들을 배제시켰던 '가정담론'의 논리를 재생산하고 있다는 점도 아쉽지만, 문학적 글쓰기가 일상적 사건들의

39 알랭 바디우, 『윤리학』, 이종영 옮김, 동문선, 2001. 84~85쪽. 바디우에게 '사건'은 "상황, 의견 및 제도화된 지식과는 전혀 다른 것을 도래시키는 것"이다. 이미 주어진 것은 이미 굳은 인식만을 남기기 때문에 어떤 진리로 산출시키지 못한다. 그러나 이미 주어진 진리와 질서 속에는 공백이 존재하는데, 잉여적 존재였던 것이 우연히 출현하는 사건이 진리를 촉발한다.

40 본 글에서 식모-창녀의 형상을 도시의 하위주체로 지칭하는 근본적 이유는 그녀들이 도시에서 담당했던 노동의 형태보다도 그녀들이 정치철학의 관점에서 사회로부터 자기 몫을 가지지 못했고, 셈법에서 제외된 자들이기 때문이다.

이면에 내재된 구조적 폭력의 논리를 사고하지 않았다는 점이 더욱 아쉽다. 이는 문학적 글쓰기라는 행위가 자기 몫을 가지지 못한 자를 화자로 내세웠을 때 당연히 거쳐야 할 윤리적 물음이기 때문이다.

나가며 : '그녀들은 말할 수 있는가?'

1960~70년대 식모-창녀와 같은 도시의 여성하위주체들은 과거 식민 시대의 하층민처럼 제국주의의 경제적 착취에 의해 가난의 나락으로 떨어진 것이 아니라 근대화 과정에서 누락된 존재들이라는 점에서 탈식민주의적 형상에 가깝다. 때문에 이들은 근대화 담론의 과정에서 배제된 존재들이면서 동시에 삶이라는 기본적인 조건들을 최우선의 목표가 되는 생명정치의 공포에 포획된 존재들이기도 하다. 이에 대한 보충적 연구가 이후의 과제일 것이다.

식모라는 존재는 근대화에 동원되었던 다양한 기제들에 의해 끊임없이 배제되었다. 남성으로부터의 폭력과 근대적 가정 수립을 위한 가정 담론이라는 기획의 외부에 놓인 존재였다. 때로 하위주체인 남성은 이들과 함께 한국 전쟁과 베트남 전쟁과 같은 이념적 대립의 피해자로 등장한다는 점에서 같지만, 남성은 재폭력을 통해 그것을 반복하고 있고 여성은 끝내 피폭력의 대상에서 벗어나지 못하고 있다. 「영자의 전성시대」에서의 '나'는 영자와 베트남의 여성들에게 죄책감을 느낀다. 영자에게 의수를 만들어주고, 베트남의 여성에겐 성적 교환의 대가로 비상식량을 주려고 한다. 하지만 이런 남자의 시도는 실패의 서사로 끝난다. 현실은 그에게 성과 폭력의 등가교환만을 허락했을 뿐 그 이상의 감정은 규제되었다. 월남에서의 성 교환은 여성의 몸 바깥에 사정하는 형태로 실패했고, 영자에 대한 남성으로서의 책임감은 그녀의 죽음으로 실패했다. 결국 남성 화자의 본질적 의미의 교환 관계 성립의 노력은 돈과 성이라는 일차적 교환관계에서 벗어나지 못한다. 남성이 자신을 하위주체 여성들을 구원해 줄 계몽적 존재로 자리매김할 때 이미 그는 근대화 담론과 공모하고 있는 셈이기 때문이다. 그도 피해자이지만, 가해자의 논리를 공유하고 있음을 조선작의 소설은 지시하고 있다. 그리고 소설은 전쟁이라는 가시적인 '주관적 폭력'과 언어의 구별을 통한 상징적 폭력, 일상성을 유지하려는 구조적 폭력과 같은 비가시적인 '객관적 폭력'을 나란히 병치함으로써 비가시적 폭력의 야만성을 드러내 주었다.

또한 여성하위주체로서 식모는 스스로 발화할 수 있는 언어를 가지지 못했다. 식모는 도시의 주변부에 기생하면서 근대화 담론에 포함되었지만 결국 지배 담론으로부터 이름을 얻지 못했다. 자기의 몫을 가지지 못했다. 그래서 식모들은 타자들에 의해서만 재현된다. 혹은 식모들이 화자로 등장하더라도 그것은 가족담론을 비판적으로 바라보는 작가의 대리보충이거나 타자의 목소리였을 뿐이었다. 결국 식모들은 자신의 언어로 자신의 이야기를 아직 말 하지 못했다. 오히려 자신들을 배제하는 식모폐지론의 논리가 식모의 목소리로 재현되는 모순적 차용방식의 대상이 되었다. 그녀들은 타자에 의해 재현됨으로써 배제되었다. 이는 문학이 구조적인 폭력에 무감각했다는 사실을 보여준다.

근대 가족담론의 불순물로서의 식모와 조국 근대화의 하위 노동자로서의 식모라는 상반된 형상은 이와 같은 여성하위주체들이 근대화의 담론에서 포함과 배제라는 이중의 논리에 포획당한 존재들임을 보여준다. 조국 근대화에서 도시의 하층민으로서 하위 노동을 담당할 산업 역군, 또는 가정의 빈자리를 메워줄 대리보충으로서 그들은 근대화의 과정에 포함된다. 배제의 원리는 식모 폐지론을 통해 엿볼 수 있었다. 이 시대의 여성 담론은 주로 전문직 여성이나 핵가족 형태라는 가족모델 속 과학적 모성을 목표로 생산되었다. 이때 식모들은 가정 안에 존재하는 이물질이자 잠재적인 범죄자였다. 위생학적으로 그리고 근대 여성담론과 가족담론의 장에서 식모는 체계적으로 배제되고 있었다. 이때 여성담론을 형성하는 것을 살펴보면 대부분 생활의 기본적인 형태를 제시하는 방식이다. 모델을 제시하고 기준에서 멀어지는 행태들이 사회적으로 고발되고 표준화된 삶의 형태로 낙착시키는 과정은 근대화 논리의 비정교함을 날 것 그대로 보여주는 동시에 근대성 일상성을 유지하려고 하는 구조적 폭력의 정교함을 보여준다. 무작정 상경 소녀들의 도시 하위주체로의 전락과 정착의 실패는 이런 포함과 배제의 논리에서 비롯되었다. 그 이면에는 국가라는 이름으로 위장한 비가시적인 '객관적 폭력'들이 숨겨져 있다. 때로는 언어의 상징화를 통해 구별짓기식 폭력이 자행되었고, 때로는 삶의 모델을 제시하는 근대화라는 이름의 구조적 폭력이 자행되었다. 이 과정에서 폐제된 식모와 같은 하위주체들의 목소리를 어떻게 담아야 하는지에 물음이 이후에 진행되어야 할 과정일 것이다. 현재로서는 주체들의 목소리는 철저하게 자신들의 이야기를 자신들의 언어로 담아야 한다는 막연한 당위만이 존재한다. 그러나 막연하지 않은 사실은 소설이 1960~70년대 서울이라는 도시 하위주체들의 삶을 이야기할 때 마땅히 비가시적인 폭력들의 거처를 의심해야 한다는 것이다.

참고문헌

기본자료

조선작, 「영자의 전성시대」 / 「지사총」, 『성벽/징소리 外』(한국소설문학대계 66), 동아출판사, 1995.

최일남, 「너무 큰 나무」 / 「춘자의 사계」, 『꿈길과 말길 외』 (한국소설문학대계 41), 동아출판사, 1995.

이호철, 『서울은 만원이다』, 문학사상사, 1994.

전상국, 「전야」, 『우상의 눈물』, 민음사, 1980.

단행본

가야트리 스피박, 태혜숙·박미선 옮김, 『포스트식민 이성 비판』, 갈무리, 2005.

슬라보예 지젝, 이현우·김희진·정일원 옮김, 『폭력이란 무엇인가』, 난장이, 2011.

조르지오 아감벤, 박진우 옮김, 『호모 사케르』, 새물결, 2003.

프란츠 파농, 이석호 역, 『검은 피부, 하얀 가면』, 인간사랑, 1998.

호미 바바, 나병철 옮김, 『문화의 위치』, 소명출판, 2002.

논문

김문정, 「1960,70년대 서울과 '무작정 상경 소년/소녀'의 서사」, 상허학보 41집, 2014.

김영삼, 「1960년대 소설의 정치철학적 연구」, 전남대 국문과 박사학위논문, 2015.

김원, 「근대화 시기 주변부 여성노동에 대한 담론 –'식모'를 중심으로」, 아시아여성연구, 제43집 제1호, 2004.

김인건, 「식모, 이 변함없는 인권의 푸대접」, 『여원』, 1966년 5월호.

김정화, 「1960년대 여성노동 - 식모와 버스안내양을 중심으로」, 『역사연구』 제11호, 2002.
박수현, 「1970년대 식모와 남성 작가의 소설」, 한국언어문학 제91집, 2014.
서연주, 「여성 소외 계층에 대한 담론 형성 양상 연구 – 『여원』에 나타난 사회현실 인식을 중심으로」, 여성문학연구 18, 2007.
서정자, 「가사노동 담론을 통해서 본 여성이미지 – 1910년대부터 1970년대까지 여성소설을 중심으로」, 한국문학연구 19, 1997.
손윤권, 「70년대 소설에 나타난 식모의 양상」, 강원인문논총 제17집, 2007.
신건, 「1960~1970년대 근대화 프로젝트와 여성담론에 관한 연구」, 연세대 사회학과 석사학위논문, 2000.
오창은, 「도시의 불안과 여성하위주체 – 1970년대 '식모' 형상화 소설을 중심으로」, 현대소설연구 52, 2013.
유종주, 「인구의 도시집중 문제」, 『가족계획』 38, 1967.
이화여자대학교 농촌문제연구소, 「이촌여성의 도시생활적응 및 직업이동에 관한 연구」, 1974.
장창옥, 「식모에 대한 대우를 개선하자」, 『여원』, 1957년 11월호.
최형남, 『주부생활』, 1969년 12월호.
황정미, 「개발국가의 여성정책에 관한 연구 – 1960~70년대의 한국 부녀행정을 중심으로」, 서울대사회학과 박사학위논문, 2001.
『여성』, 1965년 6월호/1965년 10월호/1968년 3월호/1969년 4월호.

세월호 '사건'과 '사건' 이후 문학의 가능성*

— 『우리는 행복할 수 있을까』를 중심으로 —

김영삼

'사건'으로서의 세월호

세월호 침몰이 '사건'인 이유를 세 가지로 말할 수 있다. 먼저 박민규는 「눈먼 자들의 국가」에서 세월호가 '사건'임을 간명하게 표현했다. '사고'와 '사건'은 의도성의 차이가 있다. 사고는 의도성이 없다. 사건은 의도성이 있다. 그래서 교통'사고'와 살인'사건'은 다르게 표현된다. 그렇다면 세월호는 어떤가. 박민규는 "세월호는 애초부터 사고과 사건이라는 두 개의 프레임이 겹쳐진 참사였다. 말인즉슨 세월호는 선박이 침몰한 '사고'이자 국가가 국민을 구조하지 않은 '사건'이다"[1]라고 단언한다. 사건의 책임자는 국민을 구조하지 않은 국가이다. 그리고 이렇게 덧붙인다. "사고로 위장된 사건은 있어도 사건으로 위장된 사고는 존재하지 않는다."(60) 즉 세월호는 국가가 스스로의 책임을 회피하기 위해 사건을 사고로 위장하고 있는 것이다. 일부 정치인이 냉철한 척 하면서 슬며시 정치적 성명서에 집어넣어 말하듯이 해양 사고가 아니다. 세월호 참사는 국가가 국민을 구조하지 않은 '사건'인 것이다.

---

* 이 원고는 "「세월호 '사건'과 '사건' 이후 문학의 가능성 - 『우리는 행복할 수 있을까』를 중심으로」, 『감성연구』 16"에 게재한 글을 수정·보완한 것이다.

1 박민규, 「눈먼 자들의 국가」, 『눈먼 자들의 국가』, 문학동네, 2014, 56쪽.

두 번째로 세월호가 사건이 이유는 '눈물' 때문이다. 세월호가 침몰하는 참사적 스펙터클을 텔레비전으로 목도한 '인민(people)'[2]들은 애도의 공동체가 되어 눈물을 흘렸다. 타인의 고통과 불행에 대한 연민이 아니라 참회와 반성의 눈물이었다. 산업화 이후 우리의 삶이 얼마나 세속적이었는지, 이때 우리의 이성이 도구적이었거나 정지해 있었음을, 사회의 총체적 부실과 균열에 자신들의 책임이 없지 않음을, 그리고 국가의 미작동에 자신들의 한 표 내지는 무관심이 동력을 제공했음을 순간적으로 깨달은 눈물이었다. 이는 외부의 권력에 의한 통치술이 아니라 내면화된 통치성이 타자에 대한 무관심과 사건에 대한 무기력을 생산했다는 사실에 대한 각성의 눈물이다.[3] '어,어…'하는 사이에, '설마' '그래도' 하는 사이에 세월호는 '정말로' 침몰했다. 우리는 그 장면을 점심을 먹으면서 퇴근하면서 밤잠을 설치면서 유투브로 찾아가면서 보았다. 어떤 일이 일어났다고 사후에 들은 것이 아니라 그 순간을 모두들 '보았다'[4]. 이 순간에 대한 '봄see'은 우리 삶의 몰-윤리에 대한 '봄'이다. 앞서 달리기

---

2 본래 'people'은 '인민'으로 번역되는 것이 '국민' '민중' '시민' 등과 같은 용어들의 차별적 의미와 달리 객관적 표현이 될 것이다. 다만 이 논문에서는 'people'을 일반적으로 '주체'로, 세월호 사건 희생자의 부모들이 소설의 화자일 때는 '부모-주체'로, 세월호 사건을 바라본 타자로서의 우리를 지시할 때는 '시민-주체'로 명명함으로써 각각의 문학적 기능에 대해 분석하려 한다.

3 세월호 사건에 내재된 통치성을 푸코의 생명관리정치로 읽어낸 사례들은 이미 충분하다. 이영진, 「2014년 여름, 비탄의 공화국에서 - 애도와 멜랑콜리 재론」, 『문학과사회』 2014년 가을호, 293쪽./ 김형중, 「우리가 감당할 수 있을까? - 트라우마와 문학」, 『문학과사회』 2014년 가을호, 256쪽./ 김수미, 「고통의 재현, 그 정치성에 대한 단상 - 세월호 참사에 대하여」, 『언론과 사회』 23(4), 2015, 70~75쪽.

4 '어떤 일이 일어났다고' 사후에 '들은' 게 아니다. 배 안에 있는 이들과 동시간을 보낸 거다. 지난 4월 세월호가 가라앉는 걸 전 국민이 봤다. '들은' 게 아니라, '읽은' 게 아니라, 앉아서, 서서, 실시간으로 '봤다'. 매일매일, 천천히, 고통스럽게 '봤다'. 아침 뉴스로 보고, 저녁 뉴스로 보고, 인터넷 뉴스로 봤다. 그러니까 '한 명'도 구하지 못하는 걸. 김애란, 「기우는 봄, 우리가 본 것」, 『눈먼 자들의 국가』, 앞의 책, 12쪽.

위해 누군가를 딛고 올라서야 했던 기억들이 아름다운 추억이 아님을 깨달은 사건인 것이다.

그러니 기울어가는 배 안에서 불안을 떨치기 위해 한 여고생이 "기울기는 어떻게 구하더라?"라는 질문을 김애란은 다르게 읽어낸다. "이 경사(傾斜)를 어찌하나. 모든 가치와 신뢰를 미끄러뜨리는 이 절벽을, 이윤은 위로 올리고 위험과 책임은 자꾸 아래로만 보내는 이 가파르고 위험한 기울기를 어떻게 푸나"[5]라고 말이다. 다시 말해 이 '기울기'는 한국사회의 '비윤리' 또는 '몰윤리'의 다른 이름이었다. 성장과 발전은 이를 눈감게 한 비윤리적 논리였다. 그리고 또 이것이 세월호가 침몰한 이유이기도 하다.

그러니 정리하자면 세월호가 사건이어야 하는 것은 그것이 '기울어진' 우리의 몰윤리를 총체적으로 되돌아보게 하는 눈물을 작동시켰기 때문이다. 이 눈물의 의미를 계속해서 묻는 행위, 그럼으로써 세월호가 침몰할 수밖에 없었던 그 이유는 내 안에서 질문하는 것을 계속하기, 이것을 '사건에의 충실성'이라고 할 수 있다면, 이제야 세월호는 '사건'이 되는 셈이다. "우리가 눈을 뜨지 않으면 끝내 눈을 감지 못할 아이들이 있기 때문"(박민규, 65)이라도 세월호 참사는 '사건'이다.

세 번째로 세월호가 '사건'인 이유는 그것이 사건 자체가 아니라 그것을 바라보는 우리라는 주체를 돌아보게 했기 때문이다. 문학이 표현해야 하는 것은 '사건' 자체가 아니라, '사건이 보게 하는 것' 또는 '사건이 우리 마음에 남긴 것'이라고 말할 수 있다. 문학은 과연 그 일을 할 수 있을까? 가상이 실재(Real)의 아픔을 초과할 수 있을까? 가능하다면 그것은 어떻게, 어떤 모습으로, 어떤 윤리로 수행되어야 할 것인가? 세월호 이후 우리 사회와 문학에 던져진 이러한 질문에 대한 응답들이 있어

5 김애란, 앞의 책, 17쪽. 이 '기울기'를 사회불평등과 경쟁의 논리로 읽어낸 것은 박민규의 경우도 유사하다. 박민규, 「눈먼 자들의 국가」, 앞의 책, 64쪽.

왔다.

> 뒤집어진 배의 스펙터클이 뉴스를 통해 생중계되던 며칠의 낮과 밤 동안, 그 안에서 결국 무엇이 일어나고 있었는지를 생각하는 것은 '타인의 고통'에 대한 감각을 시험하는 일이다.(뒤집어져 침몰하는 배의 생중계가 결과적으로 일종의 '스너프 필름'이었다는 것이 확인된 뒤에도 이 장면은 끊임없이 방영된다. 그 이미지 속에서 세월호 내부의 고통은 '실재'하지 않는다) 사건 이후의 말들은 이 타인의 고통에 대한 감수성과 상상력의 편차를 보여준다. 타인에 대한 연민이란 이 사태를 가져온 세계에 대한 근본적인 사유를 가능하게 할 수 있을까? 문학이 그 연민의 수사학과 달라야 한다면, 그 말들과 문학이 달라야 한다면, 세월호 이후의 문학이 그 이전의 문학과 달라야 한다면, 혹은 다를 수밖에 없다면, 문학은 이제 무엇인가?[6]

이광호는 살아남은 자들의 언어가 무기력하며 무능력하다고 말한다. 살아남은 자들의 증언은 언어의 한계와 기억의 불가능이라는 사태에 직면하기 때문이다. 지상의 언어로 사건과 그것에 따른 정동을 표현한다는 것이 얼마나 기만적인가를 알고 있기 때문이다. 그래서 그는 "살아남은 자의 말하기와 글쓰기는 발화의 고통과 침묵의 무게 사이에서 진행"(81)될 수밖에 없다고 진단한다. 세월호를 잊지 말아야 한다는 윤리적 요청과 이를 정확하게 기록할 수 없다는 언어의 절망 사이의 무거운 침묵을 경험한 것이다. 그럼에도 불구하고 그는 침묵을 기록하고 침묵에 다가서서 사건을 "증언할 수 있는 '침묵의 언어'를 어떻게 발명할 수 있는가"(81)하는 것을 문학의 문제로 가져온다. 일단 그것은 '연민'[7]이어서

---

6 이광호, 「남은 자의 침묵 - 세월호 이후에도 문학은 가능한가?」, 『문학과사회』, 2014년 겨울호, 82~83쪽. 이후 문장 속에 인용하는 경우에는 본문에 쪽수만 표기함.

7 "고통받고 있는 사람들에게 연민을 느끼는 한, 우리는 우리 자신이 그런 고통을

는 안 된다. 거기에는 타자의 고통에 대한 실재가 없기 때문이고, 무엇보다 타자의 고통과 주체의 삶이 서로 연결되어 있다는 자각이 없기 때문이다. 그러나 문학이 '연민의 수사학'과 달라야 한다면 무엇이어야 하는가라는 질문은 여전히 존재한다. 이렇게 본다면 이광호의 응답은 사실 질문에 가깝다.

김형중이 쓴 두 개의 글은[8] 이 질문에 대한 일관된 입장을 보여주고 있다. 4·19와 5·18 등 한국 사회의 여러 정치적 사건에 대해 지금까지 문학은 무능력했다. "사건은 문학을 무능력과 직면하게 하고, 재현불가능한 것을 국가나 법의 언어와는 전혀 다른 언어로 재현"(「문학과 증언」, 47)해야만 했다. 오히려 르포 문학의 재현 가능성이 도드라지는 모습이었다. 문학은 재현 불가능이라는 고통 앞에서 유일한 출구가 있다면 다음과 같다.

> 언어를 가지지 못한 존재의 발화 불가능성에 자리를 내주는 고도로 자기성찰적인 언어, 무의미가 됨으로서 오히려 충만한 증언을 가능하게 하는 공백의 언어, 증언의 불가능성을 지시함으로써 역으로 증언에 성공하는 역설의 언어, 그런 언어만이 작가에게 증인으로서의 자격을 부여한다. 그리고 작가는 바로 그 증언 불가능성과 증언 가능성 사이에

가져온 원인에 연루되어 있지 않다고 느끼는 것이다. 우리가 보여주는 연민은 우리의 무능력함뿐만이 아니라 우리의 무고함을 증명해주는 셈이다. 따라서 (우리의 선한 의도에도 불구하고) 연민은 어느 정도 뻔뻔한 (그렇지 않다면 부적절한) 반응일지도 모른다. 특권을 누리는 우리와 고통을 받는 그들이 똑같은 지도상에 존재하고 있으며 우리의 특권이 (우리가 상상하고 싶어하지 않는 식으로, 가령 우리의 부가 타인의 궁핍을 수반하는 식으로) 그들의 고통과 연결되어 있을지도 모른다는 사실을 숙고해보는 것, 그래서 전쟁과 악랄한 정치에 둘러싸인 채 타인에게 연민만을 베풀기를 그만둔다는 것, 바로 이것이야말로 우리의 과제이다." 수전 손택, 『타인의 고통』, 이재원 옮김, 이후, 2004, 154쪽.

8 김형중, 「문학과 증언: 세월호 이후의 한국문학」, 『감성연구』 12집, 2015.
김형중, 「우리가 감당할 수 있을까? - 트라우마와 문학」, 앞의 책.

서 고통스럽게 요동하면서 일어난 사건에 대해, 그 사건으로 죽은 자들에 대해 증언하기를 멈추지 않을 수 있다. 요컨대 상징적 질서 내에 일종의 왜상으로 출현한 실재의 틈을 봉합하지 않고 텍스트 내로 들여오고 보존함으로써, 외상으로서의 사건에 오래도록 충실한 윤리적 주체가 될 수 있다.[9]

'무젤만'과 같은 존재들의 고통을 살아남은 자들의 언어로 증언할 수 없다는 이 '공백'의 벽 앞에서 유일한 방법은 작가가 '재현의 주체'가 아니라 고통의 내부로 함께 들어가는 '윤리적 주체'가 되어야 한다는 의미로 해석된다. 그의 말처럼 아가멤논은 딸을 잃게 된 슬픔을 자신의 얼굴을 검은 색으로 칠하는 행위로 표현할 수밖에 없었다. 자식을 잃은 자의 고통을 재현할 언어는 없기 때문에, "그런 의미에서라면 아가멤논의 얼굴은 예술적 재현의 한계이자 무능력"(「문학과 증언」, 33)을 의미한다는 그의 말은 옳다. 사건에 대한 예술의 역할을 '재현'에만 두자면 말이다. 사건의 재현에서 문학은 그의 주장처럼 무기력하다. 그러나 문학의 역할을 '재현'이 아닌 것으로 보면 이야기는 달라진다.

문학이 재현을 목적으로 한다면 그것은 실패할 것이다. 문학적 형식을 띠더라도 감정의 대리분출에서 멀리 나아가지 못할 가능성이 크다. 그러나 문학의 말하고자 하는 목적이 재현이 아니라, 사건이 주체들의 마음에 새긴 무엇에 대한 것이라면 문학이 할 일이 있을 것이다. 그리고 이때 문학이 가리키는 주체가 사건의 희생자이거나 죽은 자 또는 유가족 또는 실종자가 아니라 그 사건을 목도한 사람들이라면 어떤가?

사건이 이런 주체에게 던진 질문에 주목해 보면 자연스럽게 질문이 뒤따른다. 세월호 사건은 주체에게 어떤 감정을 유발했는가? 세월호 사건은 주체의 삶을 어떻게 평가하게 했는가? 그리고 사건 이후 주체는 어

9 김형중, 「우리가 감당할 수 있을까? – 트라우마와 문학」, 앞의 책 275~276쪽.

떻게 살아야 하는가? 사건 이후에 주체는 어떤 윤리를 가져야 하는가? 문학이 표현해야 하는 것은 '사건' 자체가 아니라, '사건이 보게 하는 것' 또는 '사건이 우리 마음에 남긴 것'이다. 이것이 '재현의 주체'가 아니라 '윤리적 주체'가 될 수 있는 방법일 것이다. 그리고 이를 '주체-돌아보기'라고 명명한다면 바로 거기에 문학의 처소가 있다. 이광호의 제출한 응답[10]도 이와 다르지 않다.

문학의 문제는 '사건' 이후 문학적 주체들을 재정립하는 문제이다. 이 글은 그 가능성을 구체적인 문학 작품을 통해 탐색하고, 문학의 가능성에 대한 응답을 제출하기 위해 쓰였다. 세월호 이후의 문학작품에 대한 선행연구는 많지 않다. 신샛별[11]은 김애란과 김영하의 최근 단편을 통해 세월호 사건 이후 주체들이 어떻게 비겁해지고 있고 어떤 경로로 사건이 잊히는 지를 보여주고 있다. 이 작품들이 세월호를 직접적 배경으로 하고 있지는 않지만 사건이 주체에게 요구하는 윤리에 대한 적절한 보고였다. 최강민[12]은 세월호 참사의 유가족과 친구들이 남긴 구술 인터뷰를 토대로 엮은 『금요일엔 돌아오렴』, 『다시 봄이 올 거에요』와 시인들과 유가족이 함께 쓴 '생일시' 모음집인 『엄마, 나야』를 대상으로 치유적 글쓰기의 가능성을 보고했다. 사건과 문학의 가능성에 대한 연구의 범위를 넓혀 준 의미가 있다. 이광호와 김형중의 논의는 문학의 재현 불가능성이라는 고통스러운 자각과 함께 그 가능성으로 '윤리적

---

10 "'사건'은 자기 자신에 대한 뼈아픈 윤리적 질문으로 되돌아와야 한다. 이 끔찍한 사태는 그것을 만들어낸 이 체제 안에서의 자신의 존재 방식을 거부하고 자기 자신을 다시 창조하는 사유를 요구한다. "사건은 우리로 하여금 새로운 존재 방식을 결정하도록 강요하는 것이다." '사건 이후의 주체'가 맞닥뜨리는 중요한 문제는, 그 사회와 시스템의 일부였던 모두가 떠안은 윤리적인 문제이다." 이광호, 「남은 자의 침묵-세월호 이후에도 문학은 가능한가?」, 앞의 책, 85~86쪽.

11 신샛별, 「최근 소설이 '세월호'를 사유하는 방식」, 『창작과비평』 168호, 창작과비평사, 2015.

12 최강민, 「세월호 참사와 치유적 글쓰기」, 『어문론집』 71, 중앙어문학회, 2017.9.

주체 되기'를 설정하고 있다는 점에서 공통적이다. 가능성과 방향성을 타진한다는 점에서 귀중한 지점이다. 하지만 작품에 대한 논의로서는 아쉬움이 있다.

또한 세월호 이후 세월호에 대한 작품에 대한 본격적인 연구는 전무한 편이다. 다행히 세월호 참사 희생자들을 추모하기 위해 15인의 소설가들이 공동으로 작업한 소설집이 있다.[13] 이 소설집에 실린 이야기들과 문학적 언어들을 최대한 자세하게 들춰보려 한다. 이를 통해 사건 이후의 문학이 위의 질문에 값할 만한 대답을 하고 있는지를 살펴봐야 할 차례다.

부모-주체들의 우울과 관리되는 죽음

죽음이 수반하는 슬픔의 정동은 일상적 삶의 질서를 일시 정지하게 만들기 때문에, 삶의 논리는 죽음과 슬픔의 정동를 관리하고 이 파괴적인 정서가 작동하는 범위를 제어할 필요가 있다. 장례식장이라는 장소와 장례식이라는 절차는 그런 의미에서 관리되는 죽음, 관리되는 감정의 전형적인 형태라고 할 수 있다.[14] 그러나 감정의 관리는 철저히 살아있는 존재들을 위한 삶의 논리에 근거한다. 적절한 애도의 형식으로 죽은 자들을 삶의 영역 바깥으로 안전하게 추방함으로써 살아남은 자들의 삶의 방식과 논리를 안전하게 보존하기 위한 것이다. 그러나 이것이 성공적으로 작동하지 않을 때라면 애도의 형식은 달라져야 한다. 다시 말

13 본 논문은 세월호 참사 희생자 추모 15인 공동소설집인 『우리는 행복할 수 있을까』(심상대 외, 예옥, 2015.)를 분석의 대상으로 한다. 이후에 같은 기획으로 『숨어버린 사람들』(세월호 추모 문학 12인 공동소설집, 윤후명 외, 예옥, 2017.)이 출간되었다. 애초에는 같이 분석하려 하였지만 작품 하나하나의 의미를 최대한 살펴보려는 욕심에 이 글에서는 제외하고, 후속 연구에서 분석하려고 한다.

14 죽음에 대한 정치경제학적 처리와 의미에 대해서는, 장 보드리야르, 『섹스의 황도』, 정연복 옮김, 솔, 1993, 120~127쪽.

해 죽은 자들에 대한 슬픔의 정동이 너무나 거대한 것이거나, 슬픔의 의미가 상징적으로 의미화되지 못해서 무의식을 지배하면서 떠도는 유령처럼 사라지지 않는다면 말이다.

세월호 사건이 그러하다. 이런 관점에서 접근할 때 전성태의 「가족버스」는 적절한 애도의 방식에 대한 물음으로 읽힌다. 소설은 화자의 어머니인 노모의 장례와 화자의 딸이 세월호의 친구들에게 애도를 표하는 두 겹의 죽음을 대비하고 있다.

먼저 여든둘의 나이로 세상을 떠난 노모의 장례 절차는 규격화되어 있다. 교회장을 주장하는 큰올케와 가족장을 치르자는 다른 가족들의 대립 또한 장례절차의 매뉴얼 선택 이상의 의미는 띠지 못한다. 상조회사의 여직원은 "장례지도에 서툴고 융통성도 없"(75)지만 사제와도 같이 장례의 절차를 관장한다. 장례지도사인 그녀와 상의하지 않거나 그녀가 허락하지 않은 행동은 아무리 작은 것이라도 조심스럽다. 화장 후 장지인 영암으로 가는 버스 안에서 노모의 유골함을 가족들이 번갈아 안아볼 때에도 장례지도사인 그녀의 동의가 필요했다. 입관을 앞두고 장례지도사는 십자가가 인쇄된 편지지를 가족들에게 내밀었다. 상제들이 편지를 써서 입관 때 낭독하고 관에 넣어드리자는 것이었다. 그녀는 이것이 "당연한 의무"라는 듯 말했고, 가족들은 "성가신 숙제을 받은 양 당황"했다. "애도를 지나치게 규격화하려 드는 것 같았다"(77)는 화자의 푸념은 이렇듯 규격화된 절차와 방식이 과연 적절한 애도의 형식인가라는 의문을 갖게 하면서, 슬픔의 정동이 관리의 대상이 될 수 없다는 사실을 지시하기도 한다.

노모의 장례에서 화자가 관리의 대상이었다면, 세월호 사건과 관련해서 화자는 살아남은 아이들의 부모로서 감정 관리의 주체로 기능한다. 세월호 사건으로 친구들을 잃은 딸(지민)과 친구들은 기숙학원에서 방학을 보내야 했다. 이들의 엄마들은 슬픔 대신 침묵을 요구했고, 공감과 눈물대신 대학과 성공이라는 미래를 제시해야만 했다. 자신들의 아이들이 "무사히 대학에 갈 때까지 무슨 약정처럼 엮여서 아이들을 관리하고 있"(82)었다. 소설은 노모의 장례식 과정에서 보이는 의례적인 절차와 자식들의 감정 관리에 전전긍긍하는 부모 주체들의 모습을 통해서 죽음의 정동이 관리되는 사회의 단면을 드러낸다. 그 사이 세월호 사건이 유발하는 공감과 슬픔의 정서는 기피 대상이다. 그러나 소설은 딸과 친구들이 영암에서의 장례식 이후 진도 팽목항에 가겠다고 선언하면서 다른 애도 방법의 필요성을 강조하게 된다.

> "지금 가만히 있으라고 할 참이야?"
>
> "눈 가려서 우리를 보호하려고 하지 마. 지금 참으라고 하면 다음이 돼도 참고 살 거야. 참고, 참고, 참는 그런 어른이 되고 말 거야."
>
> "그냥 거기 한 번 가보고 싶었을 뿐이야. 일 년 동안 내내 그랬어. 바다 보면서 우리만 공부해서 미안하다고 말하고 싶었어. 잊지 않았다고 말해주고 싶었다고. 우리가 무슨 대단한 걸 하겠다는 것 아니었어. 나는 외할머니를 2년 동안이나 못 뵀어. 그래서 가슴이 더 아파."[15]

결국 아이들은 기숙학원이 아니라 진도 팽목항으로 간다. 화자는 아이들이 지닌 애도의 정서를 관리하거나 제어하는 것이 불가능하다는 것을 깨닫는다. 그리고 장례의 절차를 떠나 자신의 '엄마'를 떠나보내는 마음을 시로 써서 가족들과 함께 읽는다. 분명 이런 방식의 결말은 관리되는 죽음의 절차 또는 관리되는 애도의 정서와는 다른 진정성의 면을 엿보게 하는 것은 분명하다. 그러나 적절한 애도의 방식이 어떤 것이어야 하는가라는 앞선 질문에 대한 적절한 대답을 확실하게 보여주고 있다고 말하기는 어려워 보인다. 그것이 관리될 수 없다는 당위만이 아이들의 절규로서 드러날 뿐, 타자의 슬픔을 대하는 주체의 태도는 여전히 불안하고 불명확하다.

15 전성태, 「가족 버스」, 『우리는 행복할 수 있을까』, 예옥, 2015, 87쪽.

세월호 사건이 야기한 우울은 의학적 용어로 정의될 수 있는 질병을 초과한 무엇이다. 세월호 사건 이후 우리 사회가 보인 애도의 물결은 집단적 우울을 앓고 있는 사회적 정신풍경으로 비친다. "그것은 한국사회의 구성원들이 자신의 트라우마와 상처와 충격, 그리고 부서진 마음을 표현하고 소통하며, 타인들의 상심을 우려하고, 안타까워하는 마음의 집중된 체험들이 집결되어 있는 '초超의학적' 용어"[16]이기 때문이다. '마음의 부서짐'을 경험한 한국 사회의 국민들은 애도의 공동체로서 집단적 우울을 공유했다. 익히 몇몇의 논자들이 거론한 것과 같이 애도와 우울은 다르다. 애도는 상실된 대상에 투여된 리비도가 새로운 대상으로 옮겨가는 과정으로, 성공적인 리비도 재투여는 슬픔의 주체를 삶으로 회귀하게 만든다. 반면 우울은 애도와 달리 슬픔의 리비도를 새로운 대상에게 투여하는 데 실패하고, 에너지는 주체 내부로 회수되어 자아를 가학적으로 충동한다. 이때 주체들은 "쓸모없고 무능력하고 도덕적으로 타락한 자아"[17]로 자신을 판단하게 된다. 이것이 세월호 사건 이후 부모-주체들이 아이들의 죽음에 죄책감을 느끼는 이유이기도 하다. 자신의 행동을 세속적으로 규정하면서 우울의 늪에서 벗어나지 못한다. 또한 애도와 달리 이 우울의 주체는 자신이 상실한 것의 '의미'를 모른다. 잃어버린 사람이 누구인지는 분명하게 드러나지만 그것의 의미가 무엇인지를 명확하게 알지 못하므로 정작 어떤 것을 상실했는지 모르게 된다.

이들이 바로 세월호의 부모-주체들에 가깝다. 잃어버린 사람이 누구인지는 알고 있지만 그의 '어떤 것'을 상실했는지 그 의미를 알기 어렵다. 거대한 상실감에 대한 명료한 해석을 내릴 수 없거나 그런 해석이 거부당했을 때 주체에게 상실은 무의식적으로 잔존한다. 이 상실의 경

16 김홍중, 「마음의 부서짐 - 세월호 참사와 주권적 우울」, 『사회학적 파상력』, 문학동네, 2016, 84쪽.

17 지그문트 프로이트, 「슬픔과 우울증」, 『정신분석학의 근본개념』, 윤희기·박찬부 옮김, 열린책들, 2003, 244-249쪽.

험은 상징적 의미화가 불가능한 영역으로 부모-주체들의 감정을 이끌어가 버린다.

> 이제 바다에 들어가야 할 시간이군요. … 오늘부터 저 검푸른 바다와 싸울 거예요. 높은 파도와 거센 폭풍이 집어 삼킬지도 모르지만 저는 그 애 엄마잖아요. 바다 깊숙한 곳에서 유리창을 손톱으로 으드득 긁어대며 얼굴이 새하얗게 질려 있는 그 아이, 그 아이가 지금 청거북을 타고 바닷속을 떠돌고 있어요. 그 애가 엄마를 기다린다구요. 그 애가 우는 소리가 들려요. 그 애가 잃어버린 코와 입도 찾아봐야 하구요. 진짜 시간이 없어요. 시간이 …… 제발 저를 여기서 놔주세요. 저는 여기서는 아무것도 알고 싶지도 듣고 싶지도 보고 싶지도 않아요. 그러니 선생님도 더 이상 제게 묻지 마세요.[18]

이 말의 주체는 아들을 잃은 엄마다. 아이의 아빠는 아이가 세 살 때 간암으로 죽었고, 엄마 혼자서 마트에서 일하며 어렵게 살림을 꾸려오고 있었다. 먹고 살기 위해 일하다보니 아이들과 함께 일상의 순간을 보내지 못했음을 뒤늦게 안타까워하고 있다. 마치 그것이 아이들의 죽음의 원인이라도 되는 것처럼 세월호의 죽음은 이렇듯 '엄마'라는 이름의 부모-주체들의 죄책감을 호출하기도 한다. 부모-주체는 아이의 죽음을 인정하지 못한다. 소설의 제목처럼 아이는 '청거북'을 타고 바다를 떠돌고 있을 것이다. 그러니 이제 자신은 그 아이를 찾으러 가야한다면서, 자신을 상담해주는 정신과 의사에게 아이가 죽었다고 함부로 말하지 말 것을 요구한다. 이 장면은 슬픔과 상실의 정동이 의학적으로 관리될 수 없다는 사실을 지시함과 동시에 자식들을 떠나보낸 부모-주체들이 자식의 죽음에 대한 의미화에 실패하고 있다는 점을 함께 보여준다.

18 손현주, 「청거북을 타는 아이」, 『우리는 행복할 수 있을까』, 앞의 책, 222쪽.

신주희의 「극」은 상징화에 실패한 자식의 죽음으로 인해 부유하는 부모-주체의 삶을 조명하고 있다. 시간이 흘러 자신의 딸을 세월호 사건으로 잃은 주인공은 이제 노인이 되었다. 그렇게 세월이 흘러가는 동안에, 그러니까 "세상이 너무 아무 일 없이 돌아가는"(333) 동안에 아내는 스스로 목숨을 마감했고, "후회, 분노, 수치, 원망, 증오, 억울함과 비참함, 살의, 그리고 다시 무력감"(334) 등의 감정들은 그의 삶을 한 순간도 놓아주지 않았다. 세상은 세월호 사건의 의미화를 포기한 것이다. 그리고 살아남은 부모-주체들은 의미화를 거부한 사회와 타자들에게 '분노'와 '살의'와 같은 공격적인 감정을 느꼈지만 이내 대상을 찾지 못한 감정들은 '무력감'의 이름으로 되돌아올 뿐이었다. 그러니 "지난 세월은 무효나 다름없었다."(336)

소설에서 아버지의 이름을 잃어버린 노인은 북위 칠십칠 도 사십칠 분에 있는 "시오라팔룩"에 가려고 한다. 언젠가 노인은 딸과 북극에 함께 가자고 약속했었다. 그곳에는 오로라가 있기 때문이다. "오로라, 그게 무슨 힘이 있는지, 그걸 본 많은 사람들의 인생이 바뀌었대"(327)라고 말하던 딸의 목소리가 생생하게 들렸기 때문이다. '시오라팔룩'은 현재 노인이 갈 수 있는 북극과 가장 가까운 곳이었다.

그러나 이 소설은 무기력하다. 시오라팔룩으로 향하는 노인의 신념같은 행동에는 그 무언가가 달라지기를 바라는 희망이 담겨있음에도 불구하고, 정작 '오로라'가 어떤 상징적 의미를 획득할지 알수 없으며 노인의 인생이 어떻게 바뀔지 예상할 수 없기 때문이다. 그런 점에서 손현주와 신주희의 소설은 유사한 운명에 놓여있다. 재투여 대상을 찾지 못해 떠도는 리비도와 같이 소설의 부모-주체들이 모두 이곳을 떠나 어디론가 가려한다는 점과 희망적 상징으로 등장하는 청거북과 시오라팔룩이 명확한 의미획득에 실패하고 있다는 점에서 그러하다. 다만 그들이 지금 여기를 떠나려는 다른 이유를 짐작할 수는 있다.

> 그러나 그 어디서도 보이는 것과 들려오는 것들을 피해 갈 수는 없었다. 몇 주가 지나 들은 얘기도, 몇 달이 지나 들은 얘기도 남자가 알던 것과 다르지 않았다. 아무 일도 일어나지 않았고, 아무것도 바뀌지 않았다. 그럴 때마다 남자의 숨에서는 쇳소리가 났다. 얕고 빠르게, 의식적으로 호흡을 조절하지 않고서는 도저히 숨을 쉴 수 없었다. 남자는 중얼거렸다. 더 먼 곳, 더, 더 깊은 곳, 아무도 살지 않는 무인도 같은 곳을 찾아야겠어, 하고. 어처구니없게도, 남자는 지구상에 사람이 살지 않는 곳은 어디일까에 대해 골똘히 생각하기 시작했다.[19]

그러니까 노인은 '말'들로부터 도피하고 싶었다. '가만히 있으라'는 말부터 '먹고 살아야 한다''최선을 다하고 있다''책임이 없다' 등등 경제와 일상과 살아남은 자들의 삶의 논리를 대변하는 무수한 언어로부터 도피해야만 했다.

세월호를 이야기하는 글들에서 빈번하게 인용된 김애란의 말을 다시 인용해 보자.

> 한때 크고 좋은 말들을 가져다 아무 때고 헤프게 쓰는 정치인들을 보면 '언어약탈자'라고 생각한 적이 있다. 그런데 안산에서 이제는 말 몇 개가 아닌 문법 자체가 파괴됐다는 느낌을 받았다. 어떤 낱말이 가리키는 대상과 그 뜻이 일치하지 못하고 흔들리는 걸, 기의와 기표의 약속이 무참히 깨지는 걸 보았다.[20]

김애란의 이 문장들은 언어로 표현할 수 없는 슬픔의 깊이를 지시하고 있지만, 그 반대편에는 '언어약탈자'로 표현된 사람들의 폭력적인 말들이 도사리고 있음을 놓치면 안 된다. 신주희의 소설에서 주인공이 떠

19 신주희, 「극」, 『우리는 행복할 수 있을까』, 앞의 책, 327쪽.

20 김애란, 「기우는 봄, 우리가 본 것」, 『눈먼 자들의 국가』, 문학동네, 2014, 14쪽.

나고 싶었던 공간은 바로 저 '언어약탈자'자 지배하는 상징적 언어질서의 세계였던 것이다.

세월호 이후 주체들은 서둘러 애도를 끝내고 싶었는지도 모른다. 아니 제대로 된 애도가 무엇인지 질문을 던지기도 전에 일상이라는 얄팍한 공간으로 돌아가야 했는지도 모른다. 그것이 무관심의 폭력이 될 수도 있는 가능성을 묵인한 채 '불확실한 삶'에서 '확실한' 그 무엇인가를 잡고 싶어서 서둘러 이웃의 불행의 손을 놓아버렸는지도 모른다.[21] '언어약탈자'들이 지배하는 상징질서의 공간에 '정치인'들만이 존재했다고 말할 수는 없을 것이다. 너무 일찍 애도의 종결을 바랐던 시민-주체들의 (무)의식도 혐의를 벗기는 어렵다.

그렇다면 전성태의 소설은 이 혐의에서 자유롭지 못한 한 부모-주체를 등장시켜 자신의 수치심[22]을 표현하고 있는 셈이다. 또한 손현주는 자식의 죽음 이후 부모-주체가 겪는 '마음의 부서짐'을 병리적으로 진단하려는 상징계적 시도를 거부한 것으로 읽을 수 있다. 그리고 마지막으로 신주희의 부모-주체는 이 사회의 노골적인 상징 언어의 질서로부터 벗어나기 위한 시도를 한 것이다.

---

21 연효숙, 「우리들, 애도를 놓치다 - 폭력에 대처하는 윤리는 가능할까?」, 한국철학사상연구회, 『망각과 기억의 변증법』, 이파르, 2015, 39쪽.

22 '수치심'의 감정이 문학적 사건으로 기능할 수 있는 가능성을 권명아의 설명에서 짐작할 수 있다. "세월호 사건 이후 살아남은 자들은 자기모멸과 수치의 정동에서 벗어나기 힘든 상태가 되었다. … 세월호 추모시집 『우리 모두가 세월호였다』에 수록된 시들은 죄의식, 부채감, 수치심과 환멸이라는 공통의 정동으로 휩싸여 있다. 이러한 정동이야말로 세월호 사건이 촉발한 신체의 리얼리티이다. …… 세월호가 사건인 것은 이 사건이 우리 신체를 이미 돌이킬 수 없이 변용시켜버렸기에, 세월호 이후 우리에게 남겨진 것은 과연 그 상태로부터 '우리'가 무엇이 될 것인지를 가늠하는 일이다. 그런 점에서 '세월호'는 "우리에게 주변을 돌아보고 인간을 가늠하는 방법"을 비로소 혹은 새삼 강제한다는 점에서 사건적인 것이다." 권명아, 「사건 이후의 인간학 - 혼의 투쟁에 대하여」, 『팽목항에서 불어오는 바람』, 노명우 외, 현실문화, 2015, 45쪽.

이런 해석에 기반할 때 문학의 역할을 이야기하는 것이 가능하다. 소설의 어떤 표현도 현실의 부모-주체들이 느낀 감정을 초과할 수 없다. 팽목항에서 송출된 유가족들의 절규를 넘어설 수 있는 문학적 재현은 없다. "물이 갑자기 쑥 들어와서 손을 놓치고 … 그다음부터는 아이들을 잃어버려서, 손을 놓쳐버려서 …… 그때 친구들을 도와주지 못했으니까"[23]와 같은 생존 학생의 증언을 과연 어떤 문학적 재현이 대신할 수 있을 것인가. 그런 점에서 문학은 무능하다. 때문에 사건 이후 문학의 가능성에 대한 질문은 재현의 가능성이 아니라 바디우적 의미에서 '사건 이후의 충실성'에 대한 질문이어야 한다. 문학이 세월호에 대해 사건일 수 있다면 그것은 살아남은 자들의 죄책감이나 슬픔의 정동을 재현하는 데 있지 않고, 세월호 사건에 대한 우리들 즉 시민-주체들의 마음과 윤리적 태도에 대해 끊임없이 질문을 던지는 과정에서 찾아야 한다. "애도의 능력이 없다면 우리는 우리가 폭력에 대항하는 데 필요한 삶에 대한 더욱 예리한 느낌을 잃게 된다"[24]는 버틀러의 말은 진정한 애도의 능력이 타자의 슬픔에 내재한 사회의 구조적인 폭력을 예리하게 느끼는 시민-주체들의 태도에 있다는 의미일 것이다. 그리고 바로 거기에 재현을 넘어선 문학의 가능성이 놓여있다.

시민-주체들의 망각과 공감 능력의 필요성

이 장에서는 세월호 사건을 대하는 시민-주체들의 민낯을 조명한 세 편의 작품을 통해 삶의 논리가 지닌 폭력성과 이를 폭로하는 문학의 역할에 대해 말해보려 한다. 세월호 침몰의 비극성은 사건의 객체였던 존재들을 순식간에 사건의 주체로 전환시킨다. 대한민국의 수많은 시민-

23 조태준·배경내, 「이 형아가 너 살릴게」, 『다시 봄이 올 거예요-세월호 생존학생과 형제자매 이야기』, 416세월호참사작가기록단, 창작과비평사, 2016, 78쪽.

24 주디스 버틀러, 『불확실한 삶』, 양효실 옮김, 경성대학교출판부, 2008, 20쪽.

주체들은 당사자가 아니면서도 밤새 뉴스를 켜놓고 상황을 지켜보면서 같이 울었다.

> 텔레비전에서는 계속 같은 뉴스가 반복되고 있었다. 습관처럼 텔레비전을 켜놓아도 눈길을 잘 주지 않았는데 그날은 이상하게도 시선이 머물렀다. 숟가락질이 점점 느려지다 결국 멈췄다. 밥이 반 넘게 남았지만 더 이상 먹히지 않았다. 상도 치우지 않고 멍하니 텔레비전만 쳐다봤다. 그러다가 목이 메는 느낌에 물을 마셨다. 왠지 물조차 잘 넘어가지 않았다. 마른 눈이 뻑뻑하게 당겨왔다.[25]

검은 파도만 송출되던 뉴스화면, 그 장면을 바라보던 당시 많은 사람들의 일상이 이러했을 것이다. 사건의 객체였던 존재들이 점점 사건의 주체와 다름없이 슬픔에 빠져들었을 것이다. 일상을 유지하기 어려웠을 것이며, 자신도 모르게 흐르는 눈물의 정체에 대해 정확한 명명이 어려웠을 것이다. 거대한 배의 침몰과 속수무책의 죽음이 도저히 믿기지 않았을 것이다. 그 비극성이 너무도 비현실적이어서 눈을 뗄 수 없었을 것이다. 마치 작은 원룸의 침대 위에 사자가 웅크리고 있는 것을 본 것처럼 말이다.

느닷없는 사자의 출현은 "이성적으로, 논리적으로, 상식적으로 다가가기"(350) 어려운 상황임에 분명하다. 온 몸이 하얀 털로 뒤덮인 사자가 침대 위에 앉아서 '나'를 노려본다는 상황설정은 세월호 침몰과 같은 비현실적인 사건이 느닷없이 우리의 삶에 출현한 것과 같다. 비현실적이지만 엄연히 우리가 목도하고 있는 현실로 말이다. 소설의 '나'는 출근 후 "일하는 동안에도 나는 사자 생각을 멈출 수가 없었"(352)노라고 토로한다. 다른 사람들도 마찬가지였다. 뉴스 화면과 인터넷을 떠날 수 없었

25 박사랑, 「사자의 침대」, 『우리는 행복할 수 있을까』, 앞의 책, 348쪽.

다. 세월호 사건 이후 "나는 그들 안에 섞여 사자를 떠올렸다."(352) 사자를 잊을 수 없었다. 자신의 침대에 앉아 가만히 뉴스를 쳐다보던 사자의 눈빛과 사자의 날선 발톱은 고스란히 세월호 사건의 비참함을 의미하고 있기 때문이다. 이 생경한 작가의 전략은 '나'가 남자친구인 '명'에 대한 자신의 태도를 반성하는 데로 나아가게 한다. "나는 명의 불행을 등졌다. 명의 아픔을 보듬으려 하지 않았고 삶의 고단함도 이해하려 하지 않았다. 그냥 변화하기 귀찮아 그 자리에 있었을 뿐이었다"(357)는 자기고백은 일상에 매몰된 삶으로 인해 주변의 타자에게 무관심했던 자신을 되돌아보게 하는 역할을 수행하고 있다. 그러나 이런 관심은 오래가지 못한다.

> 사자와 멀어지고 싶었다. 사자는 내가 자신을 기억해주고 바라봐주길 바랐다. 나는 반대로 억지로라도 사자를 잊고 내 일상으로 돌아가길 원했다. 저 멀리서 일어나는 일에 등을 돌리고 내 앞에 떨어진 일에만 집중하고 싶었다. 그렇게만 살아도 피곤했다. 매일 업무에 시달렸고 때때로 데이트도 귀찮았다.
>
> …… 내 몸은 자연스럽게 일상으로 돌아갔다. 나는 집안에 있을 때에도 사자를 잊었다. 사자가 정말 없었던 건지 희미해졌던 건지, 아무튼 잘 보이지 않았다. 사자 생각을 전혀 하지 않다가 불쑥 나타난 사자에 놀라기도 했다. 그러나 그것도 오래가지 않았다.[26]

> 아니에요, 그냥 헷갈린 거예요. 그럴 때 있잖아요. 바쁘게 살면 기억이 뒤죽박죽되기도 하고요. 정말 잊은 건 아니에요. 잠시 깜박할 수도 있죠, 다들 그렇잖아요? 그런데 실험 참가비는 언제 주신다고 하셨죠?[27]

---

26 박사랑, 「사자의 침대」, 앞의 책, 364~365쪽.

27 박사랑, 앞의 책, 367쪽.

앞의 인용문은 앞선 인용문에서 보인 시민-주체의 태도와는 너무나 상반된다. 망각이나 억압은 존재하지 않는다. 푸코의 분석대로 '지식의 의지'가 스스로의 필요성에 의해 '광기'와 '질병'을 도시와 현대의 바깥으로 추방한 것처럼, 먹고 살아야 한다는 '삶의 의지'가 스스로의 의지로 '기억'을 망각에게 넘겨 준 것일 뿐이다. 강요는 존재하지 않았다. 스스로 삶의 필요성에 의해 기억의 자리를 비워버린 것뿐이다. 중요한 것은 외부의 어떤 강제적인 힘의 정체를 밝히는 데 문학의 역할이 있는 것이 아니라, 사건을 망각하고자 하는 내면화된 통치술 내지는 생명정치의 힘을 묘사하는 데 문학의 역할이 있다는 것이다. 사자의 출현과 망각은 우리, 즉 시민-주체들의 내부에서 일어난 일이다.

권영임의 「이 꽃 같은 나라」는 이러한 비겁함에 대해 끈질기게 묻고 질문한다. 이 작품은 사건의 진실이 무엇인지 묻지 않는다. 그것은 익히 알려져 있고, 사실의 영역은 문학이 할 일이 아니다. 이 소설이 어느 정도 성공하고 있다면 그것은 사건 이후 사람들이 어떻게 비겁한 주체로 변해가는지를 보여주고 있다는 데 있을 것이다. 두 개의 사건이 억지로 꿰어 맞춰진 느낌이 있는 것도 사실이지만, 문학적 완성도가 아니라 문학이 어느 지점에 주목하고 있는지를 볼 필요가 있다.

'수나'라는 이름의 여고생이 사라졌다. 수나는 일주일 후 섬진강을 한참이나 흘러가서 시체로 발견되었다. 성폭행의 흔적이 역력했다. 범인으로 의심되는 '진호'는 수나의 아빠가 근무하는 학교의 여성 교장이었다. 그리고 수사를 지휘하는 파출소장은 교장과 내연의 관계였다. 유력한 증인으로 지적 장애인인 박 씨의 아들과 '수나'가 집으로 돌아오던 길에 탄 버스 운전자 '장윤철'이 있었다. 그러나 박 씨와 그의 아들은 의문의 화재로 목숨을 잃게 되고, 장윤철은 마을을 떠나 도시로 사라졌다. 그리고 '진호'는 캐나다로 유학을 떠났다. 수나의 죽음과 박 씨 일가의 죽음 등 연속되는 사건으로 마을 사람들의 불안은 가중되었고, "수나의 죽음은 어느새 재수 없는 일이 되어버렸다."(234)

소설이 집중하고 있는 지점이 바로 여기다. 미제사건의 진실을 밝혀가는 추리 형식의 문학적 구성이 아니라, 사건 이후 살아있는 사람들이 기억을 처리하는 방식과 피해자 가족을 바라보는 시선이 작품의 문장이 집중하는 영역이다. 이 소설은 "얼마 전까지만 해도 살해당한 것이 분명하다면서 범인을 찾아 나설 듯이 위로해주던 가까운 이웃들"(234)이 어떻게 변해가는지에 집중하고 있다. 살인 '사건'은 어느새 '사고사'가 되었고, 이웃들은 "어지간히 하라며 지겹다는 표정을 노골적으로 드러냈다."(235) 그리고 수나는 어느새 "행실이 더러운 여자로 변질되기까지" 했다. 파출소장과 교장의 관계가 수나의 사건을 은폐하는 힘으로 작동했고, 장윤철은 이들에게 돈을 받고 박 씨의 집에 방화를 하고 도시로 떠났다는 것을 마을 사람들은 알고 있었다. 소문은 진실보다 빠르게 그들의 의식으로 파고들었지만, 그들은 모두 사건이 잊혀지기를 바랐다. 수소문의 끝을 잡고 겨우 찾아낸 장윤철은 수나의 엄마에게 "나도 먹고 좀 삽시다. 백 날 찾아와 봐도 해줄 말 없습니다."(239)라는 말만 남기고 사라진다. 그리고 5년 후 다시 찾은 장윤철은 더 이상 놀라지도 않고 "그 일 때문에 오셨다면 할 말 없으니 돌아가세요."(241)라고 할 뿐이었다. 그러는 사이 세월호 참사가 발행했다.

> 비늘처럼 올라온 배의 끝부분이 바닷속으로 가라앉는 걸 나는 눈앞에서 지켜보았다. 살려달라고 울부짖었을 수나의 목소리를 듣는 것만으로도 밤마다 잠을 이루지 못하는데, 배 안에 갇힌 아이들의 울부짖음까지 겹쳐 하루를 살아내는 게 지옥 같았다.
>
> 배가 가라앉은 다음엔 나오지 않았다. 시신으로 돌아온 가족들의 심정을 누구보다 잘 알았다. 어딘가에 살아 있을 것이란 희망을 버려야하는 것이 얼마나 잔인한 일인지를 이미 경험한 사람이었다.
>
> 산 자가 아닌 죽은 자를 기다리는 기막힌 현실이 믿어지지 않았지만 이건 꿈이 아니었다.[28]

그제서야 그녀는 수많은 죽음 뒤에 도사리고 있는 권력의 작동과 무관심의 논리를 알게 되었지만 사람들의 반응은 수나의 죽음 때와 다르지 않았다. "지겨워서 그래, 나 살기도 바쁜데 지겨워서"(246)라는 예의 익숙한 경제적 논리가 비수처럼 애도를 막았다. 그래서 광화문에 차려진 세월호 아이들의 영정 앞에서 차마 "아! 좆 같은 나라"(244)라고 못하고 '이 꽃 같은 나라'라고 돌려 말할 수밖에 없었다.

시민-주체들은 언젠가부터 이웃의 슬픔에 대한 공감 능력을 상실해버렸다. 대신 그 자리에 타인에 대한 적대심과 공격성, 증오감이 자라고 있다. 독버섯처럼 자란 이것은 타인의 고통으로 향하는 통로를 가로막아 버렸다. 세월호 참사 희생자들과 유가족들의 얼굴을 망각하고 지워버린 시민-주체들은 "'민생', 먹고 사는 문제의 이름으로 또다른 폭력을 행사한 것이 아니었을까 하는 의구심"을 소설은 잔인하게 증명하고 있다. "우리들의 이기심에 웅크리고 있는 자폐적 나르시시즘이 철저히 고통받는 이웃인 타자를 배제"하는 현장을 소설은 비추고 있다. 이러한 의구심을 지속적으로 묻는 것이 바로 문학의 사건일 수 있는 가능성이다. 사건 이후 주체들의 윤리적 충실성에 대한 질문을 멈추지 말아야 한다.

세월호 참사 이후 '사건에의 충실성'에 대한 문학적 가능성을 한숙현의 소설에서 발견할 수 있다. 이 소설은 어떤 불행한 사건을 겪은 사람이 타인의 슬픔을 대하는 자세에 대한 물음에서 시작된 듯 보인다. 이 소설은 두 개의 이야기로 구성되어 있다. 변형된 액자 형식처럼 소설 안에 인용된 소설이 교차되면서 서술되어 있다.

먼저 액자 안의 이야기를 보자. 인용된 소설에는 세월호 참사로 '엄마2호'를 잃은 '엄마3호'와 '넉희'의 이야기가 쓰여 있었다. '엄마1호'는 '넉희'의 친엄마였지만 화재사고로 '넉희'를 품에 보호한 채 죽었다. '엄마2호'는 자원봉사를 하면서 이런 '넉희'의 사정을 알게 되고, 나이가 많아

28 권영임, 「이 꽃 같은 나라」, 『우리는 행복할 수 있을까』, 앞의 책, 243쪽.

자격이 안 되는 자기 대신 자신의 딸인 '엄마3호'의 이름으로 '넉희'를 입양한다. '엄마3호'는 '히키코모리'이다. 집밖으로 나가지 않는 일본어의 명사형 표현이 바로 '히키코모리'이다. '엄마2호'는 타인의 불행에 공감하고 기꺼이 '넉희'를 자신의 삶 안쪽으로 받아준 사람이었다. 그리고 '넉희'는 다행스럽게도 '엄마3호'의 삶도 달라지게 했다. 그러던 중 세월호 참사로 인해 '엄마2호'가 죽게 된 것이다. 슬픔의 무게에 짓눌려 있던 '엄마3호'는 어느 순간 "나가야겠어"(283)라고 말한다. 그리고 이때 '넉희'는 다짐한다.

> 혹시 엄마3호의 마음속에 있다는 그 계단들이 이제야 다 이어진 걸까 넉희는 어느새 주먹을 쥐고 있는 자신을 발견했다 그리고 다짐했다 설령 오랫동안 구조되지 못할지라도 기꺼이 함께 표류할 준비가 되어 있다고, 엄마3호가 팔을 뻗었을 때 무언가 꽉 움켜쥘 수 있도록 아직 그리 두껍지 않은 자신의 팔뚝이라도 기꺼이 내어 주겠다고, 어린 넉희를 품에 안고 온몸으로 불길을 막아냈던 엄마1호처럼, 지금도 넉희와 엄마3호를 더 걱정하고 있을 엄마2호처럼, 넉희는 스스로 엄마4호가 될 준비를 하고 있었다
>
> 문 밖의 계단들이 하나씩 출렁이기 시작했다[29]

왜 소설 속 인물들이 엄마 1호, 2호, 3호로 호명되는지를 인용문의 마지막 문장이 보여주고 있다. 이 호칭들은 '엄마'라는 이름으로 타인의 슬픔에 공감하는 모든 존재들에게 부여되는 부정칭의 대명사다. 미지칭과 달리 '누구'든, '누구'라도 엄마5호 또는 엄마6호가 될 수 있다는 것을 의미한다. 이 소설의 작가는 어린 '넉희'를 살려낸 친모만이 '엄마'의 이름을 독점하는 것이 아니라, 그를 따뜻한 가정의 품으로 보듬어 준 '엄마2

29 한숙현, 「소년, 마침표를 찍지 않는」, 『우리는 행복할 수 있을까』, 앞의 책, 284~285쪽.

호'와 세상과 소통하지 못하는 히키코모리인 '엄마3호'도 '엄마'의 이름을 가질 수 있음을 말하고 있다. 그리고 이제 성장한 '녁희'는 기꺼이 '엄마3호'의 보호막이 되어 줄 것이다. 소설은 타인의 아픔을 대하는 자세가 어떠해야 하는가하는 질문에서 출발했고, 순환되는 '돌봄'과 '엄마-되기'를 질문에 대한 답변으로 제출한 것이다. 그러므로 이 소설에서 '엄마'는 '공감'의 다른 이름이다.

이제 액자 밖 이야기를 보자. '나'는 '모경'에게 가해자였다. 대학 친구인 '모경'이 슬픈 가정사를 털어놓았을 때 '나'는 거기에 공감하지 못했다. "자신의 상처나 불행으로 아파하며 이해받기를 원하는 사람들을 혐오하"(264)면서, '모경'의 뺨을 때리고 "강제로 키스를 하고 속옷 안으로 거칠게 손을 집어넣"(265)는 폭력을 행사했다. 그 누구보다 자신의 경험이 가장 끔찍했기 때문이었다.

'나'의 엄마는 연쇄 살인의 희생자였다. 그리고 여덟 살이었던 '나'는 유일한 목격자였다. 엄마의 벗겨진 하의와 피투성이가 된 모습을 보고 말았다. 이 강렬했던 유년의 기억은 '나'를 "폭력-관능-죽음의 삼각형"(256)에 대해 관심을 가지게 했고, 범죄자들의 심리에 관심을 가지게 했고, 무엇보다 타인의 아픔에 공감하지 못하게 했다.

그러나 '나'의 누나는 달랐다. 그녀는 타인의 고통에 대단히 민감했다. 이 나라에서 참사와 사건이 터질 때마다 누나는 희생자들에 공감하면서 며칠씩이고 같이 울었다. 그리고 누나는 "실컷 운 다음에는 무언가 도울 일이 없는지 여기 저기 알아보면서 자원봉사니 모금활동이니 하는 것들에 열중"(276)하는 사람이었다. '나'는 그런 누나의 행동이 "자기연민"이라고 말했지만, "실은 나를 향한 말"(277)이라고 고백한다.

참혹했던 경험은 이들에게 다른 삶의 태도로 남아 있었다. 그러던 중 '나'는 '모경'이 쓴 것으로 보이는 한 편의 소설을 읽게 된다. 그 소설이 바로 앞서 설명한 액자 안 이야기이다. 그제서야 '나'는 이렇게 말한다.

타인을 덮친 비극적 사건에 채널을 맞추고 함께 울어버리는 게 누나에게 필요했듯이 감당할 수 없는 슬픔이 올라올 때 그걸 견디는 각자의 방식이 있는 거라고, 누구에게는 야구장이 누구에게는 긴 칩거가 누구에게는 팔을 뻗어 움켜쥘 무언가가 필요하다고. 타인의 슬픔에 기대어 자신의 슬픔을 달래는 것 역시 하나의 방법이라는 걸 알게 되었다고 말할지도 모르겠다

(중략)

그리고 팔을 뻗어 다른 누군가를 안을 수 있을 때까지 나는 소설이나 한 편 쓰면서 기다릴 작정이다 모경을 위한 소설에는 단 한 개의 마침표도 찍지 않을 것이다 왜냐하면, 아직 우리에게는 마침표를 찍을 수 있는 문장이 하나도 없기 때문이다 아직 아무것도 시작되지 않았다 그 누구에게도 별 도움이 되지 않겠지만, 당분간 내가 할 수 있는 건 이게 전부다

엄마는 끔찍한 사건의 피해자였다, 이렇게 시작하는 첫 문장 앞에서 나는 그만 울음을 터뜨렸다[30]

인용문은 '모경'에 대한 '나'의 속죄의 문장들이다. 또 자신의 삶을 연민하면서 타인의 아픔에 눈 감았던 지난 삶에 대한 반성의 문장들이다. 세월호를 전면적으로 다루고 있지 않음에도 이 소설이 문학적 가능성을 보여준 이유는 세월호 사건이 촉발한 '주체-돌아보기'의 연쇄작용을 이끌고 있기 때문이다.

다시 말하고 싶다. 문학이 표현해야 하는 것은 '사건' 자체가 아니라, '사건이 보게 하는 것' 또는 '사건이 우리 마음에 남긴 것'이다. 거기에 문학의 처소가 있다. 이 소설의 인용문에 마침표가 없는 이유가 여기에 있다. 사건이 계속되는 한 우리는 각자의 방식으로 타인의 아픔에 직면하게 된다. 그 방식이 죄책감의 성찰일 수도 있으며, 공감일 수도 있으

30 한숙현, 앞의 책, 286쪽.

며, 자신의 삶에서 애도가 종결되지 않은 채로 무의식을 지배하고 있던 사건을 다시 꺼내서 발설하는 용기일 수도 있다. 하지만 거기에 마침표가 어울리지 않는 것은 그것이 종결되지 않았기 때문이며, 동시에 타자에게로 다시 타자에게로 지속되어야 하는 작업이기 때문이다.

이 작업을 멈추는 순간 주체는 "가만히 있으라"는 명령에 굴복하게 된다. 이 수동적이고 체제 보존적인 언어에 대해 김행숙은 이렇게 일갈한다.

> 판단의 주체를 예외로 하는 판단은 비윤리적입니다. 명령의 주체를 예외로 하는 명령은 비윤리적입니다. 그러므로 '가만히 있으라'는 말은, 뒤돌아서 생각해보니 뼈아픈 실수였다고만 할 수 없는 것입니다. 어떤 망각, 어떤 무지는 인간적인 약점이나 허점으로 용인되기 어려운 윤리적인 구멍, 윤리가 사라진 비인간적인 빈자리인 것입니다.[31]

명령의 당사자는 명령 수행의 대상에서 제외되는 이 뺄셈의 문법이 지니는 특권의식에는 비인간의 윤리가 악마의 뿔처럼 자라고 있다. 때문에 우리는 기억해야 한다. 기억의 객체가 아니라 주체로서 사건을 기억해야 한다. 주체로서 사건을 기억한다는 것은 사건의 재현 양상을 기록하는 것보다는 사건 이후 자신의 삶을 돌아보는 것에 더 가까운 일이다.

소환되는 무젤만들과 구조적 폭력

수전 손택은 문학이 "우리 아닌 다른 사람들이나 우리의 문제 아닌 다른 문제들을 위해서 눈물을 흘릴 줄 아는 능력을 길러주고, 발휘하도록 해줄 수 있습니다"[32]라고 말한 바 있다. 이 말은 공감 능력과 책임감의

31 김행숙, 「질문들」, 『눈먼 자들의 국가』, 문학동네, 2014, 24쪽.

과제를 문학에게 부여하고 있다. 수동적 주체로 전락하지 않기 위해서라도 문학은 이 과제에 부응해야 한다. 여기에 충실하기 위해 먼저 사회적 사건들을 정치철학적 관점으로 읽을 수 있어야 한다.

> 세월호 참사를 97년 체제로 명명되는 신자유주의적 역사의 시간 계열 안에서 주기적으로 순환되면서 정세를 구성하고 있는 사건으로 이해하게 될 때, 우리는 비로소 세월호 참사에 이론적, 실천적으로 개입하는 행위가 정치적으로 얼마나 중요한 의미를 갖고 있는지를 깨달을 수 있게 된다.[33]

세월호는 단독적으로 구성된 '사고'가 아니다. 세월호가 '사건'인 이유는 그 안에 우리 사회의 구조적이고 내재적인 문제점들이 도사리고 있기 때문이다. 신자유주의적인 사회 시스템이 양산하는 분배 불평등의 고착화는 세월호 이전에도 많은 죽음들을 생산했다. 가까이는 용산참사가 있고, 신자유주의가 도입되기 전에도 삼품백화점과 같은 사건들이 있었다. 민영화, 노동 유연화 정책 등으로 표출되는 냉정하고 효율성 중심의 자본주의 구조는 사회의 개인에 대한 '비-돌봄'의 사회적 윤리를 생산함으로써 개인 주체들의 생존 문제를 사회적 시스템 바깥으로 추방해 버렸다. 이로 인해 발생한 수많은 죽음과 냉대에는 신자유주의적 질서의 통치술을 내재화 한 주체들은 '살게 하고', 이를 거부하거나 배제된 자들은 '죽게 내버려 두는' 생명관리 정치의 작동이 도사리고 있음을 어렵지 않게 느낄 수 있다.[34]

가령 한차현의 소설[35]은 세월호를 통해 시간의 기억 속에 묻힌 희생

32 수전 손택, 「문학은 자유이다」, 『타인의 고통』, 이재원 옮김, 2004, 208쪽.

33 정용택, 「정세적 조건에 의해 강제된 개입의 시간」, 『자음과모음』, 2014 가을호, 205쪽.

34 미셸 푸코, 『생명관리정치의 탄생』, 심세광 외 옮김, 난장, 2013, 372쪽.

자들을 소환한다.[36] 이들은 국가적 재난에 의해 이미 죽은 자들이다. 소설의 제목대로 분류하자면 이들은 국민이 아닌 '그 밖의 존재들'에 해당된다. 랑시에르의 어법으로는 '셈법에서 제외된 자'들이다. 국가 구성의 논리 또는 국가 운영의 논리에서 배제된 존재들이다. 이미 죽었음으로 또한 이미 잊혀졌으므로 국가의 보호를 받지 못한 채 영원한 '손님'으로 분류된 존재들이다. 손님은 외부자이며 영원한 타자의 다른 이름이다. 그리고 기억의 대상에서 지워진 무젤만과 같은 존재들이다.[37]

그런 존재들이 서울 명동 어느 뒷골목 식당에서, 살아있는 존재들이 식사를 하는 그런 식당 어느 2층에서 모임을 하고 있다. 이들을 다시 기억의 선상 위로 드러내게 한 것이 바로 세월호다. 즉 세월호는 스스로에 대한 애도가 완료되지 않았음을 다른 사건들을 소환함으로써 말하고 있

---

35 한차현, 「국가와 국민과 그 밖의 존재들」, 『우리는 행복할 수 있을까』, 앞의 책.

36 한차현이 소환한 사건과 이름들을 정리하면 다음과 같다. 1993년 1월 청주 우암상가에서 서른일곱 살 때 온 조일곤, 대구 지하철 방화사건 때 온 개량한복의 사내, 대구 도시가스 폭발 때 온 지승민, 1974년 청량리 대왕코너 때 온 한차연, 1970년 서울 시민회관에서 온 나영환, 충주호 유람선 때 온 서금옥, 연천 예비군훈련장에서 온 김희태, 영동역 열차 탈선 때 온 권원덕(백발노인), 거제 극동호 때 온 연제훈(고동색 작업복), 씨랜드청소년수련원 때 온 소망유치원 천사반 정우영, 성수대교 때 이쪽으로 온 서지영(남색 체크무의 치마의 여고생), 삼풍백화점 지하 식품매장에서 아르바이트하던 박환기, 부산 구포역에서 무궁화호 타고 온 임나은, 2014년 2월 경주 마우나오션리조트 때 온 남색 패딩점퍼의 소년, 그리고 세월호 사건에서 온 이보나가 소환된 존재들이다.

37 이명랑의 소설에서도 수많은 죽음들이 호명된다. "너는 어디에서 왔니? 1993년 3월 경부선 구포역 탈선사고, 7월 아시아나 항공기 추락, 10월 위도 서해 페리호 침몰, 1994년 10월 성수대교 붕괴, 충북 충주호 유람선 화재, 1995년 4월 대구지하철 공사장 가스폭발, 6월 삼풍백화점 붕괴, 2003년 2월 대구지하철 화재, 6월 씨랜드 화재, 2008년 1월 경기도 이천 물류센터 폭발, 2009년 11월 부산 실내사격장 화재, 2013년 7월 태안 해병대 캠프 사고, 2014년 2월 경주마우나리조트 붕괴, 아니면 2014년 4월 16일, 오늘 이 침몰해가는 세월호에서 방금 죽어 저 지옥을 빠져나온 그 누구인 거니?" 이명랑, 「이제 막 내 옆으로 온 아이에게」, 『우리는 행복할 수 있을까』, 앞의 책, 141~142쪽.

는 셈이다. 자신들이 당한 죽음이 단순한 사고가 아니라 국가가 국민의 생명을 포기한 사건이었다는 것을, 그리고 그런 사건이 이미 수차례 역사에서 반복되고 있었다는 사실을, 그래서 우리가 기억해야 할 것이 여전히 많음을, 세월호도 그 중에 하나임을 말하고 있는 것이다.

유령으로 소환되거나 과거의 사건들과 대화를 하거나 문학은 한 사건과 다른 사건 사이에 가상의 점선(연결선)을 긋고, 이를 통해 새로운 성좌를 상상적으로 구성하는 기획의 일종일 수도 있다. 이는 현실에 뿌리를 두고 사실을 구성하는 구술담이나 르포와 달리, 기억을 윤리적 태도로 사건들을 재구성하는 문학의 역할이자 기획이라고 할 수 있다.

작품집에서 마지막으로 분석하려는 김신의 소설은 이러한 문학의 기획에 충실한 작품으로 꼽을 만하다. 이 작품은 각각 다른 폭력으로 인해 죽어간 세 명의 다른 '지수'를 하나의 이야기로 구성해서 세월호 사건의 의미를 확장하고 있다. 세 명의 지수와 세 가지의 기억이 얽혀 우리 사회에 내재된 구조적 폭력의 끔찍함과 기억하기의 필요성을 인식하게 한다.

다소 파괴적인 어법과 구성으로 인해 세 가지의 이야기가 성공적으로 정리되어 있지는 못하지만, 삶의 논리에 포획된 부모(한국 사회의 주체들)의 경제적 실패와 가정의 불화와 그 결과로 방치된 수많은 '지수'들이 구조화된 폭력에 의해 어떻게 폭력의 대상으로 전락되는지를 적나라하게 보여준다.

세 명의 다른 지수들은 모두 '물' 속에서 죽음을 맞게 되는 비참한 유사성을 띠고 있다. 첫 번째 지수는 어린 아이다. 아빠는 지방의 공사현장에 있고, 엄마는 공장에서 근무하고 있다. 아이는 혼자서 학교와 태권도 학원과 피아노 교습소를 다녀오고, 지역 돌봄 센터에서 집으로 돌아온다. "엄마 아빠 손을 잡고 물놀이를 갈 수 없을 것"(179)이라는 걸 어린 나이에 깨닫게 되는 삶이었다. 어느 날 "옆집에 사는 삼촌"(180)은 지수를 따라오고, 그에게서는 "술 냄새"(180)가 풍기고 있었다. 그리고 첫 번째

지수는 사라졌다.[38]

소설은 이 아이의 독백으로 구성되어 있다. "엄마가 나를 가졌을 때 세상엔 따스한 햇살이 있었고 싱그러운 꽃과 나무가 있었"던 사실을 기억하고 있지만, 그 모든 것들이 파괴되고 사라져버렸기 때문에 기억과 환상의 어법으로만 당시를 말할 수밖에 없는 아이의 독백은 그래서 비참하다.

두 번째 지수는 초등학생 같다. 아빠의 폭력을 못 견딘 엄마는 지수의 곁을 떠났다. 아빠는 "낡고 오래된 도시의 집"(187)으로 지수를 데려갔다. 그곳에는 새엄마와 갓 태어난 아이가 있었다. 새엄마인 여자는 굉장히 깔끔한 성격이었고, 아이의 부주의함은 곧 여자에게 남편의 전처를 떠올리게 했다. 그리고 그것은 실패의 징후였고 복선이었다. 행복한 가정을 꿈꾸었겠지만 이내 현실의 핍진함을 경험하게 된 여자는 모든 원인을 어린 지수에게 전가했다.[39] 가정의 신화가 파괴된 자리에 폭력이 자라난다. 욕망 성취의 실패가 가져온 패배의식은 힘없는 존재들에 대한 무자비한 폭력으로 표출된다.[40] 죽음을 예감한 두 번째 지수의 마지막

---

38 "내가 옥상 물탱크 속에서 발견되던 날은 비가 그치고 푹푹 찌는 한 여름날이었다. 동네 아이들이 놀이터 물놀이 분수대에서 뛰놀 때, 아이스크림을 먹으며 학원 계단을 오를 때, 평소 같으면 엄마가 기계 앞에 앉아 금속에 글자를 새겨 넣고 있었을 때, 한낮에 나 혼자 집에 있었을 그 시간에 나는 수색견들에게 발견되었다. 탐문수사를 하는 중에 무심코 지나쳤던 옥탑방 주변을 형사들이 에워싸고서 나를 찾아냈다. 땡볕이 작열하던 이웃집 옥상 마당에 나의 몸이 수습되어지고 나서야 세상은 발칵 뒤집혀졌다." 김신, 「윈드 벨, 기억의 문을 열면」, 『우리는 행복할 수 있을까』, 앞의 책, 181~182쪽.

39 "네 엄마를 닮아 게으르고 지저분하구나. 더러워서 정말로 견딜 수가 없어. 너도 네 엄마처럼 형편없는 여자가 될 게 뻔해 자식을 버리고 간 여자들이 다 그렇고 그렇지. 불결한 계집애, 얼굴만 봐도 구역질이 나." 김신, 앞의 책, 190쪽.

40 "여자는 날렵한 기술로 나에게 발길질을 했다. 넘어지면 다시 일어서게 하고 분이 가라앉을 때까지 킥을 날렸다. 긴 생머리를 질끈 묶어올린 다음 내 몸 위로 올라타기도 했다. 아빠가 엄마의 목을 졸랐던 것처럼 여자도 나의 목을 졸랐다. 내가 숨이 컥컥 막혀 얼굴이 홍당무처럼 되면 여자는 하얗게 웃었다." 김신, 앞의 책,

독백은 이러하다.

> "여자는 축 늘어진 나를 들어 욕조 물속에 담가놓았다. 나는 너무나 망가졌다. 내 몸을 보는 것이 이제 나는 두렵다. 모두가 생일파티를 벌이고 있을 시각에 나는 욕조 속에 알몸으로 눕혀져 꽃눈송이가 떨어지는 것을 보았다. 흰 꽃이 핏빛으로 물들고 있었다. 지금은 봄이다. 누군가는 태어나고 누군가는 이상한 여행을 떠난다. 영원히 잊지 못할 봄날에 소풍을 간다.[41]"

바우만은 미국에 거주하는 라틴 아메리카계 사람들인 '라티노(latino)'에 대한 연구에서 자연재해와 같은 재난이 공평하고 무작위적이라고 생각하기 쉽지만 사실 거기에는 '가난'이 도사리고 있다고 진단했다.[42] 가난한 사람들이 위험한 처지에 놓이기 쉽다는 바우만의 진단은 김신의 소설에서 무자비한 폭력에 노출된 '지수'들이 '라티노'와 다르지 않다는 것을 짐작하게 한다. 세월호가 사건인 이유에 한국 사회의 신자유주의적 질서가 추구한 효율성의 논리가 내재되어 있는 것이라면, 우리가 뒤돌아봐야 할 것은 사건 그 자체가 아니라 그와 유사한 삶의 논리가 양산할 수 있는 수많은 폭력의 가능성이기도 할 것이다. 수많은 사회적 약자들이 구조적 폭력에 노출되어 있고, 그들의 죽음과 세월호의 죽음이 다르지 않음을 소설은 이야기로 보여주고 있다.

그리고 세 번째 지수는 세월호의 아이다. 이혼한 부부, 파괴된 가정, 생업에 바쁜 부모와 방치된 아이들과 같은 결핍된 가족 구성은 여기에

190쪽.

41 김신, 앞의 책, 191~192쪽.

42 지그문트 바우만, 『부수적 피해』, 정일준 옮김, 민음사, 2013, 15쪽. "우리는 자연재해가 어느 정도 공평하고 무작위적이라고 생각하곤 한다. 그렇지만 언제나 가난한 사람들이 위험한 처지에 놓인다는 것이 지금까지의 실상이다. 가난하다는 것은 그런 의미이다. 가난은 위험하다. 흑인인 것은 위험하다. 라티노인 것은 위험하다."

서도 반복된다. 거대한 선박이 속절없이 무너진 사건에는 한국의 자본주의적 욕망이 복합적으로 작용했고, 우리의 삶의 방식과 태도가 그와 무관하지 않음을 책임 없지 않음을 자각하고 있었기 때문에 소설의 인물들은 경제적 결핍과 욕망에서 벗어나지 못한 존재들로 구성된다.

부모는 이혼했다. 경제적인 이유 때문이다. 한 때 그들도 행복한 가정을 꿈꾸었지만, 그 꿈은 '드림 캐처'처럼 꿈속에서나 가능할 법한 일이었다. 수도권 위성도시의 쇼핑몰에서 근무하는 엄마는 밤 열 시까지 연장영업을 하고 자정을 넘겨서야 퇴근을 한다. 때문에 딸과 함께하는 저녁식사는 요원하며, 딸의 등교에도 신경을 쓰지 못한다. 소설의 초반부에서 설명하는 인물들의 상황 묘사에 동원되는 단어들, "카드 값이 얼마, 마이너스는 얼마, 주택 융자금 원금과 이자, 매장 수수료 얼마, 오늘 매출은 얼마였나 같은 손익분기점"을 계산하는 동안 비경제적인 행복의 요소들은 미래의 소망으로 유보된다. 그러다 사건이 발생한 것이다. 소망은 영원히 미루어진다. 세 번째 지수의 마지막 외침은 이러하다.

> "배가 급속히 기울면서 심장이 얼어붙은 것처럼 차가운 바닷물이 들어오기 시작했다. 상상을 초월하는 수온 속에서 허우적거리며 울부짖는 비명 소리가 여기저기서 터져 나왔다. 사나운 물살이 집어삼킬 듯 휘몰아치는데 가만히 있으라는 안내방송이 허공중에 떠다녔다. 급박한 경황 중에 비현실적으로 울리는 차분한 방송 소리가 어쩌면 진짜 우리의 운명을 데리고 떠나는 여행자들의 소리였는지도 모르겠다. 선실 창밖으로 해경구조대가 보인다. 창문을 두드려보지만 몸은 점점 물에 잠겨 턱밑까지 물이 차올랐다. 소리를 지를 수도 숨을 쉴 수도 없을 것 같다. 제발 망치로 창문을 깨트려주세요. 밧줄을 조금만 내려주세요. 제 손을 잡아주세요 …….”[43]

---

43 김신, 앞의 책, 197~198쪽.

이들은 모두 '돌봄'을 받지 못했다. 사회적 공적 시스템이 제공하는 '돌봄 서비스'의 대상 바깥에 놓여있었다. 그리고 이들은 모두 '물' 속에 버려지거나 방치되었다. 세 명의 다른 '지수'의 죽음은 그 존재들이 살아온 모든 시간을 지금-여기의 관점에서 재해석하게 만든다. 그때서야 비로소 죽음은 '사건'이 된다.

사고(Accident)는 우연(accident)의 결과이다. 반면 사건은 필연의 결과이다. 세월호가 사고가 우리 사회의 구조적 모순의 결과인 이유는 그 원인에 신자유주의적 질서와 거기에 동승한 개인들의 이기적인 욕망과 개인주의가 필연으로 작용하고 있기 때문이다. 그리고 소설은 세 명의 '지수'의 이야기를 서술하면서 기록이 아닌 기억하기로서의 문학의 역할을 충실하게 수행하고 있다. 우리 사회의 구조적 모순이 만들어낸 폭력이 수많은 '지수'들의 죽음을 만들어 냈음을 김신의 소설은 직시하고 있다.

이야기로 응수하기 : 맺음말을 대신하며

'사실'로 기술되는 시간과 '이야기'로 다가오는 시간은 다르다. 개별적이고 특수한 어떤 존재들의 삶도 하나의 사실로 기록되면 '이야기'는 사라진다. "사실의 기록은 오직 하나뿐인 절멸을 기억하지 않는다."[44] 세월호 실종자와 미수습자들의 숫자를 알려주는 텔레비전 화면은 각각의 개별적 존재들의 이야기를 증발시킨다. 이야기로 기억되는 세월호는 하나의 미증유의 사건이 된다. 이야기화된 세월호와 세 명의 '지수' 이야기에는 침몰 사고라는 프레임이 가리고 싶었던 신자유주의적 효율성이 낳은 사회적 불평등과 그로인해 양산되는 구조적 폭력과 생명관리정치가 양산하는 '비-돌봄'이라는 불편한 진실을 담고 있다.

44 노명우, 「역사가 될 수 없는 이야기의 묵시」, 『팽목항에서 불어오는 바람』, 앞의 책, 22쪽.

국가는 이야기를 허용하지 않는 데 능숙했으며, 이야기를 사건화하는 데 재빨랐고, 조직원들은 이야기의 확산을 차단하려는 마음이 더 급했고, 조직 최상층은 이 거대 조직이 이야기를 사장시키는 데 급급하고 있음을 본능적으로 알아챌 수 있었듯이 공감의 능력을 상실하고 있었다.[45]

공감은 이야기에서 온다. 그 시절 손석희는 뉴스가 아니라 이야기를 송출했다. 세월호 이후 문학은 사건 당사자들이 겪은 경험의 재현이 아니라, 사건을 바라보는 '주체-돌아보기'를 대상으로 삼아야 한다. 그리고 문학은 이야기를 만들어내고 이를 송출함으로써 '사건에의 충실함'을 윤리적으로 수행하는 것이다.

레이먼드 카버는 자신의 단편 「별것 아닌 것 같지만, 도움이 되는」에서 타자들의 슬픔에 공감하기 위해 어떤 마음과 태도가 필요한지를 간접적으로 일러준다. 뺑소니 사고를 당한 한 아이는 혼수상태에서 회복되지 못했고, 결국 아이의 부모는 무기력하게 아이의 죽음을 목도할 수밖에 없었다. 원인 모를 억울함과 분노의 감정이 슬픔을 앞섰다. 이 분노의 정동이 향한 대상이 빵집 주인이었다. 그는 젊은 부부의 상황을 전혀 모른 채 주문한 물건을 찾아가라는 몇 번의 전화를 건 것이 전부였다. 그것이 젊은 부부가 내뱉는 행선지가 불분명한 분노의 말들을 받아줘야 할 의무가 되지는 못했다. 하지만 그는 조용히 의자를 가져와 그들을 앉게 하고, 미안하다는 말을 먼저 건넨다. 그리고서는 아이의 부모에게 갓 구운 롤빵과 커피를 먹게 했다. 아무것도 먹지 못했을 것이라면서. 갑자기 느껴진 허기는 젊은 부부가 따뜻하고 달콤한 그것들을 아주 오랫동안 음미하게 했다. 그러는 사이 빵집 주인은 자신의 외로움과 중년의 한계와 빵집의 반복되는 일상과 사람들이 먹을 것을 만드는 자신

45 노명우, 앞의 책, 28쪽.

의 일이 좋다는 이야기를 했다. 부모는 그의 말에 귀를 기울이면서 먹을 수 있는 만큼 먹었다. 이른 아침이 될 때까지, 창으로 희미한 햇살이 그들의 등을 비출 때까지. 그가 건넨 것이 '별것 아닌 것 같지만' 연민이나 동정이 아니라 공감하려는 따뜻한 마음이었기 때문에 '도움이 되'었을 것이다. 그런 작은 마음과 태도가 필요했고, 또 존재했을지도 모른다. 세월호 이후 우리 사회에 말이다. 보상금을 계산하고 경제적 한파를 걱정하고 정치적 이해득실을 따져 묻기 전에, 별것 아닌 것 같은 공감의 의지들이 만들었던 작음 마음과 몸짓들이 더 따뜻한 것이었을지도 모른다.

이제 문학은 사건 이후 재현과 증언의 자리가 아니라, 우연(accident)에 대해 이야기로 응수해야 한다. 세월호의 생경들이 탑승객, 실종자, 사망자 등의 추상적 이름으로 화석화되면서 그들의 구체적인 얼굴들은 지워진다. 그 망각의 자리에 경제적 이윤과 통치의 논리가 기입되기 전에, 법률상의 인간만이 남겨지기 전에, 서둘러 문학은 그들을 이야기로 환생시키고 송출해야 한다. 그 이야기를 통해 주체들이 스스로를 돌아보고, 이웃의 슬픔에도 눈을 돌려 공감의 손을 내밀 수 있다면 사건 이후 문학의 가능성은 열려있다.

참고문헌

세월호 참사 희생자 추모 15인 공동소설집, 『우리는 행복할 수 있을까』, 심상대 외, 예옥, 2015.

권명아, 「사건 이후의 인간학 - 혼의 투쟁에 대하여」, 『팽목항에서 불어오는 바람』, 노명우 외, 현실문화, 2015.

김수미, 「고통의 재현, 그 정치성에 대한 단상 - 세월호 참사에 대하여」, 『언론과 사회』 23(4), 2015.

김애란, 「기우는 봄, 우리가 본 것」, 『눈먼 자들의 국가』, 문학동네, 2014.

김행숙, 「질문들」, 『눈먼 자들의 국가』, 문학동네, 2014.

김형중, 「문학과 증언: 세월호 이후의 한국문학」, 『감성연구』 12집, 2015.

김형중, 「우리가 감당할 수 있을까? - 트라우마와 문학」, 『문학과사회』 2014년 가을호,

김홍중, 『사회학적 파상력』, 문학동네, 2016,

노명우, 「역사가 될 수 없는 이야기의 묵시」, 『팽목항에서 불어오는 바람』, 노명우 외, 현실문화, 2015.

미셸 푸코, 『생명관리정치의 탄생』, 심세광 외 옮김, 난장, 2013.

박민규, 「눈먼 자들의 국가」, 『눈먼 자들의 국가』, 문학동네, 2014.

수전 손택, 「문학은 자유이다」, 『타인의 고통』, 이재원 옮김, 2004.

수전 손택, 『타인의 고통』, 이재원 옮김, 이후, 2004.

신샛별, 「최근 소설이 '세월호'를 사유하는 방식」, 『창작과비평』 168호, 창작과비평사, 2015.

연효숙, 「우리들, 애도를 놓치다 - 폭력에 대처하는 윤리는 가능할까?」, 『망각과 기억의 변증법』, 한국철학사상연구회, 이파르, 2015.

이광호, 「남은 자의 침묵 - 세월호 이후에도 문학은 가능한가?」, 『문학과 사회』, 2014년 겨울호.

이영진, 「2014년 여름, 비탄의 공화국에서 - 애도와 멜랑콜리 재론」, 『문

학과사회』 2014년 가을호.
장 보드리야르, 『섹스의 황도』, 정연복 옮김, 솔, 1993.
정용택, 「정세적 조건에 의해 강제된 개입의 시간」, 『자음과모음』 2014 가을호.
조태준.배경내, 「이 형아가 너 살릴게」, 『다시 봄이 올 거예요 – 세월호 생존학생과 형제자매 이야기』, 416세월호참사작가기록단, 창작과비평사, 2016.
주디스 버틀러, 『불확실한 삶』, 양효실 옮김, 경성대학교출판부 2008.
지그문트 바우만, 『부수적 피해』, 정일준 옮김, 민음사, 2013.
지그문트 프로이트, 「슬픔과 우울증」, 『정신분석학의 근본개념』, 윤희기·박찬부 옮김, 열린책들, 2003.
최강민, 「세월호 참사와 치유적 글쓰기」, 『어문론집』 71, 중앙어문학회, 2017.9.

이중적 예외상태로서의 5·18과 민중·민족문학 담론*

— 『창작과비평』의 논의를 중심으로 —

김영삼

정치적 예외상태와 민중·민족문학론 담론의 형성

'1980년 5월 광주민주화운동'(이하 5·18)은 국가의 물리적 폭력이 데모스의 생명을 대량으로 앗아간 사건이었고, 국가의 행정권력이 동원되어 사건의 진실을 은폐하고 왜곡하면서 광주를 고립시켰던 음모의 기획이었다. 5·18은 사건 그대로의 모습으로 기록되거나 전달되지 못했고, 군부의 반공이데올로기적 프로파간다의 대상으로 전락했다. 사건의 실체 일부분이 외부로 유출되었더라도 대부분 그것은 '음흉한 소문'이거나 '믿지 못할 음모론적인 이야기' 정도였다. 5·18의 진실은 은폐됐고, 믿기 힘든 증언들은 대부분 죽음에 관한 것이었고, 군부의 압도적인 국가폭력이 국민의 신체에 직접 개입한 장면에 대한 목격담이 너무나 생생했다. 민주주의라는 신화는 철저히 파괴되었고, 현장에 대한 증언은 대부분 묵살되었다. 진실은 외면당했고 살아남은 자들은 무기력했다.

마치 세월호가 물에 잠기는 현장을 텔레비전의 실시간 화면으로 목도

---

* 이 원고는 "「이중적 예외상태로서의 5·18과 민중·민족문학 담론 – 『창작과비평』의 논의를 중심으로」, 『현대문학이론연구』 71"에 게재한 글을 수정·보완한 것이다.

한 비극의 스펙터클이 우리의 무기력을 증언한 것처럼, 5·18 현장의 믿지 못할 국가폭력의 실체적 진실과 이에 대한 은폐의 정치학은 주체의 '무기력'과 '우울'을 생산해냈다. 애도와 달리 우울은 슬픔의 리비도를 해소하지 못한 상태로 상실과 자기 비하를 가져온다. 또한 사건 당시의 무기력으로 인해 아무것도 할 수 없었던 주체들은 이후 무거운 무기력에 짓눌리게 되었다.[2] 5·18이라는 정치적 사건이 문학적 사건일 수 있는 이유는 이처럼 사건의 진실이 밝혀지지 않았기 때문이고, 사건의 당사자들이 겪었던 주체의 무기력과 우울의 정서가 미학적 형상화의 가능성으로 작동하고 있기 때문이었다.

당시의 상황을 보면 5·18 이후 1980년대가 일종의 '예외상태'에 놓여 있다는 진단이 가능하다. 군부권력은 독점적 국가 폭력을 통해 주권과 법질서를 정지시켜 '정치적 예외상태'[3]를 선언했다. 군부권력은 주권자임을 자처하면서 민주주의에 대한 광주 시민들의 열망을 공공의 안전을 위협하는 폭력으로 규정하고, 정상적인 법질서와 주권의 행사를 정지시킴으로써 예외를 상례화시켰다. 신군부는 1980년 5월 17일 21시 30분 비상계엄 전국 확대를 국무회의에 상정하게 했다. 이때 신군부가 표면적

---

2 프로이트에 의하면 멜랑콜리(우울)은 애도의 불가능성을 동반한다. 증상의 관점에서 보면 애도와 우울은 흡사하지만, 리비도 경제학의 관점에서는 차이가 뚜렷하다. 애도는 상실된 에너지를 다른 대상으로 이입하는 노동 과정으로 애도 후 주체는 일상으로 복귀가능하다. 그러나 우울은 리비도가 새로운 대상을 찾지 못한 채 주체의 내부로 회수되어 쓸모없고, 무능력하고 도덕적으로 타락한 자아에 대한 비하감을 생산한다. 프로이트는 이것이 주로 '도덕적인 열등의식'으로 드러난다고 말한다. 우울은 상실된 것의 정체를 모르는 것이 아니라 그 의미를 알지 못한다. 본 논문에서 분석되고 있는 임철우 작품의 인물들은 기본적으로 이런 우울의 정서에 기반하고 있다. (Sigmund Freud, 「슬픔과 우울증」, 『정신분석학의 근본개념』, 윤희기·박찬부 옮김, 열린책들, 244~249)

3 칼 슈미트는 "주권자란 예외상태Ausnahmezustand를 결정하는 자"라고 규정했다. 이 기준에 의하면 당시 군부는 스스로를 주권자로 정초한 것으로, 국민의 권리를 일시적이지만 항구적으로 유보한 셈이다. Carl Schmitt, 『정치신학: 주권론에 관한 네 개의 장』, 그린비, 김항 역, 2010, 16쪽.

으로 내세운 계엄령의 확대 이유는 '사회 혼란에 따른 북괴의 남침 위기'[4]였다. 5·18이 '광주사태' '폭동' '국가전복을 노린 불순한 배후세력의 조종에 의해 발생한 내란' 등의 용어로 불린 뒤, 1987년 6월 항쟁을 거쳐 1988년 6공화국이 들어선 뒤 국민화합을 모색한다는 이유로 '광주민주화운동'으로 재규정된 것을 보면 최소 8년 동안 5·18은 예외상태의 시공간 속에 있었다. 그리고 남북 분단이라는 정치적 논리와 경제발전이라는 경제적 논리는 예외를 상례로 규정할 수 있게 했던 암묵적이고 은밀한 합의로 기능했다.[5]

아감벤은 "현대의 전체주의는 예외상태를 통해 정치적 반대자뿐 아니라 어떠한 이유에서건 정치 체제에 통합시킬 수 없는 모든 범주의 시민들을 육체적으로 말살시킬 수 있는 (합)법적 내전을 수립한 체제로 정의될 수 있다"[6]고 하면서 항구적인 비상사태(예외상태)의 출현을 경고한 바 있다.[7] 그리고 이런 국가 폭력은 작품들의 서사에서 인물들이 직간접적으로 경험한 억압적 상징으로 표상된다. 5·18 이후 문학은 국가권력의 행정적이고 독점적인 폭력에 의해 목소리를 빼앗긴 '정치적 예외상태'의 대상이었다.[8]

---

4 「관보 제8547호」, 국가기록원, 1980년 5월 17일.

5 5·18의 역사적 사실에 대한 자료로는 아래의 두 자료를 참고하였다.
전남사회운동협의회 편, 『(광주 5월 민중항쟁기록) 죽음을 넘어 시대의 어둠을 넘어』, 풀빛, 1985. 광주광역시 5.18사료편찬위원회 편, 『5.18 광주민주화운동자료총서』(1-20권), 전일실업, 1997-1999.

6 Giorgio Agamben, 『예외상태』, 김항 옮김, 새물결, 2009, 15쪽.

7 항구적인 예외상태에 대한 아감벤의 이러한 우려는 1960년대 박정희의 제3공화국에 대한 관점을 시사한다. 박정희의 군부독재가 스스로를 '혁명'정부로 칭하면서 어떻게 18년간의 장기집권을 가능하게 했는가 하는 정권유지의 방법론을 이 예외상태에 대한 규정에서 찾을 수 있다.

8 Giorgio Agamben, 앞의 책, 14~21쪽. 칼 슈미트와 벤야민에 의해 촉발된 예외상태의 개념은 일차적으로는 독재에 상응하는 주권권력이 법집행을 정지하고 일상에서는 불가능했던 폭력적 상황을 자행하는 상황으로 이해할 수 있다.(14~21) 그러

문학 분야도 상황은 다르지 않아서 '소설의 침체 현상'으로 일컬어지는 문학의 공백 상태가 있었다.[9] 계간 『창작과비평』은 1988년 「광주항쟁의 소설화」를 게재하면서 처음으로 '광주 항쟁'이라는 이름을 호명한다.[10] 1980년 오월의 사건 이후 『창작과비평』에 실린 글들 중 '광주' 또는 '오월' 등의 이름이 제목으로 등장한 최초의 글이다. 문학과 정치의 거리가 긴밀했던 『창작과비평』의 성향을 볼 때 이러한 사정은 의외인데, 그 대상을 1980년대 전부로 확장해도 세 편만이 게재되어 있을 뿐이다.[11] 물론 5·18 관련 소설들은 이전에도 간간히 언급되어 왔다. 다만 여

나 아감벤이 말하는(벤야민을 경유한) '예외상태'에 대한 개념은 좀 더 폭넓게 해석될 여지가 충분하다. 예외가 상례가 되어버리는 군사정권의 폭거와 같은 형태만이 아니라 5·18 항쟁 당시 시민들에 의해 선언된 법 정지 상태를 또한 예외상태로 규정할 수 있다. 이때 예외상태는 유스티티움 Iustitium(법의 정지)에 더 가깝다. 유스티티움은 공화국에 위기에 빠질 수 있다고 판단될 경우 원로원의 최종권고를 통해 집정관이나 시민에게 국가를 위한 모든 수단을 취할 것을 요구한 로마의 사례를 기반으로 하고 있다.(84~85) 본 논문에서 '예외상태'는 일반적인 의미의 법정지상태를 가리키는 의미로 사용한다.

9 이와 관련해 1980년대의 이른바 '소설침체현상'의 원인 중 하나로 '리얼리즘적 재현의 한계'로 보고 있는 배하은의 연구(「재현 너머의 증언 – 1980년대 임철우, 최윤 소설의 5·18 증언–재현 문제에 관하여」, 『상허학보』 제50집, 상허학회 2017.6.)가 있다. 이 논문에서도 백낙청과 최원식의 비평을 언급하면서 리얼리즘적 재현이라는 관점으로 임철우의 소설을 분석하는 것이 지닌 한계를 논하고 있다. 그러나 이를 당시 『창작과비평』 중심으로 담론화된 민중·민족문학론에 근본적인 탐색으로 나아가지는 않고 있다는 점에서 본 연구의 차별점이 있다.

10 최원식, 「광주항쟁의 소설화」, 『창작과비평』 60호, 1988년 여름. 〈문학계 동향〉이라는 비정기적 코너에 실린 여덟 쪽의 짧은 글이어서 본격적으로 광주민주화운동의 소설화를 다룬다고 말하기에는 무색하다. 작품으로는 윤정모의 「밤길」, 박호재의 「다시 그 거리에 서면」, 정도상의 「십오방 이야기」, 그리고 홍희담의 「깃발」이 다루어진다. 민족민중운동의 주체가 노동자라는 자각이 제시되고 있다는 점에서 홍희담의 소설을 중심적으로 평가하고, 다른 세 작품은 이와 달리 외재적 접근으로서 본질적이지 못한 한계가 있다면서 비교대상으로 언급되고 있다.

11 글의 제목만을 보았을 때 5·18과 관련된 글로 최원식의 「광주항쟁의 소설화」(앞의 책), 황석영의 「항쟁 이후의 문학」(앞의 책), 고세현의 〈5·18 광주민중항쟁 9주년 기념학술 토론회〉의 내용을 정리한 「80년 '광주'의 의미」(『창작과비평』 64호, 1989

기서 눈여겨 볼 점은, 그 글들이 대부분 "민중문학론" 또는 "민족문학론"의 성격과 역할을 논의하는 장에서 다루어진다는 점이다.[12] 이는 5·18이 그 자체의 목소리를 부여받기 보다는 민중·민족문학 담론 수립의 타자로 기능했다는 말이 된다.

황광수는 1970년대를 거쳐 1987년 당시까지 전개된 민중문학론을 세 가지의 경향으로 정리한다. 첫째는 민중문학론에 호의적이지만 민중문학론자는 아닌 사람들이 존재한다. 김병익[13]이 여기에 해당하는데 이들은 "민중적 현실에 대해 직접 묘사하지 않으나 현실의 잘못된 구조를 반성·비판적으로 바라보게 하는 문학작품"의 가치를 내세우면서 객관적 거리를 두고 있다고 말한다. 그리고 이렇게 이어간다.

> 둘째, 70년대부터 '민중'을 민족해방의 주체로 인식하면서 일정하게 민중지향성을 유지해왔으며 궁극적으로는 **민중 자신이 만드는 민중의 문학**이 본격화되어야 한다는 주장을 하기에 이른 입장이 있다. …(중략)… 셋째, 민중(이때 민중은 주로 직접생산자로서의 기층민중을 의미한다) 자신이 주체가 되는 문학에 보다 많은 의미를 부여하며, 끝내는 **민중**

년 여름호.)가 있다.

12 백낙청, 「민중·민족문학의 새 단계」, 『창작과비평』 57호(부정기간행물), 1985년.
염무웅·김사인·이재현·전영태, 〈좌담〉 「80년대의 문학」, 『창작과비평』 57호(부정기간행물), 1985년.
황광수, 「80년대 민중문학론의 지향」, 『창작과비평』 58호, 1987년.
백낙청, 「오늘의 민족문학과 민족운동」, 『창작과비평』 59호, 1988년 봄.
최원식·임영일·전승희·김명인, 〈좌담〉 「민족문학과 민중문학」, 『창작과비평』 59호, 1988년 봄.
본 논문에서는 『창작과비평』의 글들 중에서 최원식의 「광주항쟁의 소설화」, 백낙청의 「민중·민족문학의 새 단계」, 황광수의 「80년대 민중문학론의 지향」을 중심으로 다른 글들을 연관해서 살피고자 한다.

13 김병익은 민중문학론에 대해 "이해와 공감을 유지하면서도 그것에 아직 전폭적으로 수용하기에는 많은 유보가 있음을 숨기지 못"한다고 말한 바 있다. 김병익, 「민중문학의 실천적 과제」, 자유실천문인협의회 편, 『민족문학』 5집, 이삭, 1985, 47쪽.

자신이 쓰고 읽는 문학을 통해 기존 문학의 노동소외 현상이 극복되어야 한다는 입장이다.[14] (강조-인용자)

민중이 스스로 문학작품을 생산하고 또 소비함으로써, 지식인 작가가 중심이었던 '문학의 노동소외'를 극복하는 것이 민중문학론의 궁극적인 방향이다. 황광수의 이러한 견해는 최원식이 「깃발」 분석을 통해 보여주었던 광주항쟁의 소설화 방향과 정확하게 일치한다. 다음 장에서 구체적으로 분석하려 한다.

'민중문학' 또는 '민중운동' 또는 '민중'을 이야기하는 사람들의 공통적 사유의 하나가 1980년대의 특성으로 '민중의 대두'를 말한다는 점이다. 그리고 그 구체적 계기가 바로 '80년대의 광주'이다. 이들은 80년대의 특수한 역사적 상황에서 문학의 개념과 범주에 대한 근본적인 재검토의 필요성을 주장하면서, "'문학'을 민족·민중 해방을 위한 전체운등과의 관련 속에서 고찰"(황광수, 185)하고 있다. 1970년대 초부터 그 싹을 보이기 시작한 민중문학론은 주로 백낙청에 의해 민족둔학론의 일환으로 전개되면서 민중과의 거리를 꾸준히 좁혀가는 과정을 걷게 되며, 80년대의 전반기를 거쳐오는 동안 '민중 자신에 의한 문학'의 이론으로 발전되어 온 것이다.

노동자 스스로 생산하는 민중문학론에 대한 이견도 존재했다. 김병익은 민중문학론은 '전문성'에 대한 문제를 놓고 70년대 선배세대와 80년대의 소장세대들간에 "현격한 거리"를 드러내고 있다면서, 민중문학론은 전문문학인에 대한 배타성을 표출하기 보다는 포괄성을 지녀야 하고, "민중에 의한 민중문학"에의 일방적 경사는 "보다 높은 가치에로 정진하려는 인간의 자연스러운 창조의욕을 부인하고 피라밋형의 문화적 가치 서열 체계를 혼란시키는 것이며, 그리하여 문학과 예술의 진정한 의미

14 황광수, 「80년대 민중문학론의 지향」, 앞의 책, 186쪽.

를 하락시키는 결과를 낳는다"고 일침을 가한다. 그러면서 "민중운동이 개혁을 통해 성취하려는 체제의 구체적 모형이 무엇이며 그것을 수행하는 데 대한 미래전망과 그 방법론이 실천적으로 제시" 되어야 한다는 입장이었다.[15] 그러나 이런 목소리는 민중·민족문학 담론의 정당화 과정에서 객관성을 확보하기 위해 잠시 거론될 뿐이었다.

민중·민족문학 담론의 본격적인 시작은 『창작과비평』이 폐간 중 무크지로 발행한 판본에 실린 백낙청의 「민중·민족문학의 새 단계」라고 할 수 있다. 이 글에서 밝히고 있는 것처럼 민중·민족문학 담론의 목표는 "민중 자신이 만들고 민중을 위하는 민중의 문학"(8)으로 보인다. 민중은 문학에 대한 우연적인 후원자가 아니라 의식적 지원자로 격상되어야 하며, 최종적으로 문학의 생산자로 성장할 잠재적 존재로 표현되고 있다. 백낙청의 민중적인 민족문학의 새로운 시대는 민중에 대한 이런 시각과 기대를 바탕에 두고 있었다.

민중문학론자들의 배타성을 경계하면서 개방성과 포용력을 요구하는 김병익의 비판[16]에 대해서 백낙청은 지극히 "온당한 상식"이며, "기층 민중이 쓴 문학만이 민중문학이라거나 민중적 소재를 택해야만 민중문학이 된다는 등의 도식주의"에서 벗어나야한다고 말하면서도 이렇게 강조한다.

> 현실적으로 그것(민중문학-인용자)이 우리 문학의 전부 또는 심지어 대다수도 아님을 정직하게 인정하고 또 억지로 전부로 만들 수도 없음을 시인하기는 해야겠지만, 동시에 장기적으로 순리에 따라 우리 문학 전체가 민중문학으로 "귀일"하기를 지향하지 않는대서야 도식적·분파적 민중문학론밖에 못 되는 것이다.

15 김병익, 앞의 책, 47~48쪽.

16 김병익, 「민중문학론의 실천적 과제」, 자유실천문인협의회 편, 『민족문학5』, 이삭, 1985.8, 52쪽.

> 일부 민중문학론자의 배타성·편협성에 대해서는 나 자신도 더러 비판을 가해왔지만, 덮어놓고 배타성을 기피하는 것도 배타성의 한 형태이며 실은 일정한 배타적 선택을 통해서만 진정한 포용성에 도달할 수 있기도 하다.[17]

"일정한 배타적 선택"이 "진정한 포용성"이라는 역설적인 문장의 의미를 잘 따져봐야 한다. 민중문학의 배타성에 대한 "온당한 비판"이 존재하지만 한국문학의 나아가야 할 궁극에는 '민중 자신이 만들고 민중을 위하는 민중의 문학'이라는 목표가 있어야 한다. 이런 점에서는 어느 정도의 배타적인 원칙을 유지해야 한다는 것일 테다. 그리고 이러한 일관된 선택이 지속되어야 분파적인 민중문학론이 아니라 제3세계적 자기인식[18]에 맞는 한국적 문학성을 획득하게 된다는 의미일 것이다. 그러나 비판에 대한 반론이 다소 비논리적이다.

여하튼 중요한 문제는 80년대 민중·민족문학론의 주체로서 민중이 광주의 기억을 어떻게 구체화하느냐이다. 백낙청은 광주의 소설화는 "소재의 문제가 아니라 의식의 문제이며 그것도 새로운 차원 곧 새로운 형식의 작품으로 나타나는 구체적인 의식의 문제"[19]라고 강조하면서, 민중의 의식이 '민중·민족문학론의 새 단계'의 관건이라고 말한다. 하지만 곧바로 한국은 새로운 단계로 들어섰다기 보다는 그 목전에 와 있다고 평가하고 있다. 그 이유로는 민중 개념의 보편화가 부족하고, 독점적 자본주의의 확대라는 경제적 상황이 70년대와 근본적으로 차별성이 없으며, 문학의 단계가 이런 경제적 분야로부터 독립적이지 않으며, 무엇보

17 백낙청, 「민중·민족문학의 새 단계」, 앞의 책, 15쪽.

18 백낙청은 「4·19의 역사적 의의와 현재성」(앞의 책, 11)에서도 그는 민중의 제3세계적 자기인식의 필요성을 강조하고 있는 바, 그에게서 민중문학과 제3세계 문학의 유사관계를 발견하는 것은 이미 익숙한 논리이다.

19 백낙청, 「민중·민족문학의 새 단계」, 앞의 책, 8쪽.

다 구체적인 문학작품의 사례가 뒷받침을 해주지 못했기 때문이라고 평가했다.

『창작과비평』에서 광주의 오월에 대해 다룬 글이 생각보다 적다는 것과 그나마 관련된 문학적 비평의 자리에 '광주' '오월' 등의 이름 대신 '민중문학' '민족문학'이라는 단어가 자리하고 있다는 점은 사건의 자리에 담론이 자리하고 있다는 징후로 보인다. 민중·민족문학 담론의 공정화 과정에서 5·18은 사건 자체의 공포, 억울함, 슬픔 등과 같은 정서적 전달보다는 그것의 리얼리즘적 재현의 대상으로 사유되고 있었다.

본 글은 세 가지 장면을 중심으로 민중·민족문학 담론의 배제의 논리를 살펴보려고 한다. 첫째로 '민중의 대두'라는 측면에서 홍희담의 「깃발」과 윤정모, 박호재, 정도상에 대한 최원식의 비평을 분석하고자 한다. 두번째로 민중·민족문학 담론이 노동자에 의한 민중문학의 전례로 언급하고 있는 박노해의 경우 어떤 식으로 폐제되는지를 말하려고 한다. 그리고 마지막으로 백낙청의 비평과 함께 임철우의 소설을 자세히 분석함으로써 민중·민족문학 담론으로는 재현할 수 없는 기억과 죄책감의 서사가 어떤 식으로 5·18의 의미를 재현하고 있는지를 살펴볼 것이다. 이상의 사례 분석을 통해 민중·민족문학 담론의 모호함과 더불어 문학적 예외상태에 연루된 흔적을 정리해보려고 한다.

'민중'에 갇힌 5·18 – 윤정모·박호재·정도상의 경우

최원식의 「광주항쟁의 소설화」라는 글에서 다른 작품들과의 비교를 통해서 홍희담의 「깃발」을 상찬하면서 민중·민족문학 담론의 방향성을 보여준다. 글의 서두에서 최원식은 고은의 시를 인용하면서 "광주항쟁을 괄호치고 비통한 신음만 뿜어냈던 것"[20]에서 '80년대 소설의 침체현

20 최원식, 「광주항쟁의 소설화」, 앞의 책, 287쪽. 이후 짧은 인용은 본문에 쪽수만 표기.

상'의 원인을 찾는다. 그는 구체적인 사건은 실종되고 고통과 슬픔의 목소리만 강조하는 당시 작품들의 현상을 "망명상태"로 규정하면서 비판한다.[21] 황석영 또한 "비극의 상투화"라는 말로 이와 유사한 현상을 비판했는데, 그는 5·18을 사유하는 당시 문학의 비탄과 분노가 소시민적 자의식으로 전락할 것을 우려했기 때문이었다.[22]

그러나 당시 문학적 반응에 대한 이런 비판은 홍희담의 「깃발」에서 발견한 "민중의 대두"(286)을 강조하면서 민중·민족문학론의 가능성을 강조하는 데에 그 목적이 있었다. 광주항쟁의 소설적 가능성을 진단하는 이 글에서 최원식은 소시민적 자의식과 지식인의 패배의식을 비판하면서 광주항쟁의 본질적 국면을 드러내는 소설로 홍희담의 「깃발」을 내세우면서 이렇게 말한다.

> 이 작품에는 민중구성의 핵심부를 이루는 **노동자**들이 축으로서 등장한다. … 계엄군의 잔인한 진압이 급기야 발포로 귀결되면서 항쟁이 새로운 국면을 맞이하자 지식인과 노동자의 관계는 급변한다. 이 변화가 순분이 속한 야학의 노동자들과 야학 선생 윤강일의 대립 속에서 극적으로 포착되고 있으니, … 윤강일의 퇴각으로 야학노동자들은 서울의

21 "고은 시인은 이 시를 통해서 민중문학의 이름 아래 우리 시대로부터 일종의 내적 망명상태로 빠져든 80년대 문학의 어떤 경향에 대해 동지적 경고를 발하고 있는 것이다." (최원식, 앞의 책, 287)

22 "광주 직후에 쏟아져나왔던 비탄과 분노의 시들은 당연하기는 했지만 어느 젊은 평론가의 표현처럼 그를 극복하고 항쟁의 새로운 단계로 나아가게 하는 게 아닌 '비극의 상투화' 같은 점도 엿보입니다. (무등산을 이는 저놈 한 삽씩 더가는 바람에 이러다가는 광주에서 무등산이 없어져버리겠다는 문병란의 농담, 무등산은 다 일고 있다더만 하는 송기숙의 농담) 비탄과 속죄의 넋두리는 그야갈로 변혁운동의 불꽃에서 비켜선 소시민적인 자의식입니다. 이 비극의 넋두리와 일상적 실천이 빠져버린 느닷없는 전투적 구호의 결합이 팔십년대 중반의 민중시들을 상투화했던 게 사실입니다." (황석영, 「항쟁 이후의 문학」, 앞의 책, 51) 개인적 감정의 표출을 소시민적 자의식으로 평가절하하는 황석영의 비평은 민중·민족문학 담론의 그것과 매우 닮아있다.

어느 방직회사에서 해고되어 귀향한 형자의 지도 아래 결속한다. …
윤강일이 수배자로서 순분이들의 자취방으로 숨어들어와 세심한 보호 아래 편안한 잠에 빠져드는 장면에서 보이는 여성 노동자들의 따뜻하면서도 단호한 분위기에서도 그러하고, 안개가 자욱한 새벽길을 따라 깃발처럼 펄럭이는 노동자들의 옷자락은 얼마나 싱싱한 이미지인가. **민중민족운동의 주체는 노동자라는 자각이 간명하고도 힘차게 제시되고 있는 것이다.**[23] (강조-인용자)

이 작품을 항쟁에 참여했던 여성 노동자들의 변증법적인 인식발전과정으로 보는 시각은 그리 낯설지 않다.[24] '윤강일'로 대표되는 지식인과 '형자'를 중심으로 한 노동자들의 관계의 역전이라는 의미로 작품이 해석되고 있다. 여성 노동자들의 변증법적인 인식의 발전 과정이 고스란히 드러나고 있는 셈이다. 노동자 집단, 이른바 기층민중이 항쟁의 중심부에 들어온다는 것이 바로 글의 서두에서 최원식이 새로운 "민중의 대두"라는 표현의 의미이다. 윤정모의 「밤길」, 박호재의 「다시 그 거리에 서면」, 정도상의 「십오방 이야기」는 각각 탈출하는 지식인, 소시민적인 누나, 그리고 진압군의 시각으로 사건을 조명한다는 소설화의 가능성이 있지만 "본질적 국면"을 드러내지는 못했다. 반면 「깃발」은 "민중구성의 핵심부를 이루는 노동자들이 축으로서 등장"하여, "운동의 일반법칙"을 관철시킨 후 "최후의 결전기에 마침내 총을 잡고 꽃처럼 산화"(292)한다. "민중민족운동의 주체는 노동자라는 자각이 간명하고도 힘차게 제시되고 있는 것이다"와 같은 문장에는 5·18을 그 자체의 사건으로 보려는 것

23 최원식, 앞의 책, 292~293쪽.

24 황정현은 「1980년대 소설론」(5월문학총서간행위원회, 『5월문학총서4-평론』, 문학들, 2013년, 197~198)에서 홍희담에 대한 상반된 입장들을 정리하고 있고, 김형중은 「『봄날』 이후」(『5월문학총서4-평론』, 앞의 책, 268)에서 홍희담의 작품이 "문학적"이기 보다는 "사회학적"이라며 비판했다.

이 아니라 민중·민족문학론의 관점에서 해석하려는 강한 의지가 엿보인다. 또한 "홍희담씨가 노동자인 줄 알았다가 나중에 그렇지 않다는 이야기를 듣고 솔직히 약간의 실망을 금치 못했다"(293)라고 말하는 부분은 작품의 인물만이 아니라 작가도 민중이어야 한다는 인식이 강하게 작용하고 있다.

그렇다면 「깃발」의 민중·민족문학으로서의 가능성과 달리 대립적 관계로 언급된 작품들은 어떻게 평가되고 있는가 볼 필요가 있다. 먼저 최원식은 윤정모의 「밤길」을 "광주항쟁의 소설화에 혈로를 뚫"(289)은 작품이며, 이후 발간된 『일어서는 땅』의 소설들이 대체로 "항쟁의 바깥에서 비통한 마음으로 항쟁을 바라보는 「밤길」의 시각을 취하고 있다"(289)면서 그 가치를 긍정적으로 평가한다. 그러나 곧 김신부와 함께 광주항쟁의 진상을 알리기 위해 도시를 탈출한 요섭의 불안감을 예민하게 파고들면서 민중문학의 논리를 개진한다.

> 요섭의 족보타령은 결국 감상에 지나지 않는다. 이 감상의 밑바닥에는 광주항쟁의 민중적 전개 앞에서 번민하는 **소시민적 고뇌**가 서려 있는 것이다. 이 때문에 감성적인 요섭보다, "비록 이 밤길이 영원히 끝나지 않는다 해도 이젠 서둘러야 한다"고 다짐하는 김신부가 더욱 돋보이지만, 그 다짐에도 불구하고 이 인물에서도 일말의 쓸쓸함을 지울 길이 없다.
>
> 요컨대 이 작품은 광주항쟁에 대한 **지식인의 부채의식**에 주제적 촛점이 맞춰 있으니, 그것은 광주항쟁 당시 광주 바깥의 지식인들을 무겁게 내리눌렀던 참담한 무력감을 고통스럽게 환기시킨다.[25] (강조–인용자)

인용문은 요섭이 동학군에 가담했다 옥사한 자신의 증조부와 왜놈에 저항했던 조부의 삶을 거론하면서 패배의 불안감을 표현하는 부분에 대

25 최원식, 앞의 책, 288~289쪽.

한 최원식의 평가다. 부당한 권력에 저항했던 요섭의 가족사는 인물을 충분히 민중의식으로 무장시킬 수 있었지만, 오히려 요섭은 패배의식에 젖어있다. 최원식은 이런 요섭의 의식을 "소시민적 고뇌"라고 비판한다. 또한 김신부가 상대적으로 돋보인다고 하면서도 "일말의 쓸쓸함"을 느끼는 이유는 김신부가 민중이 아니라 지식인이기 때문이다.

최원식의 이 관점은 박호재의 「다시 그 거리에 서면」에 대한 분석에서도 일관되게 적용된다. 이 소설은 항쟁에 참여한 대학생 형석의 누나인 지숙의 시각에서 서술되어 있다. 지숙은 빈농 집안 출신이다. 할아버지와 아버지는 가난 속에서 죽었고, 홀어머니와 두 남동생을 건사해야 했던 지숙에게 "소시민적 안정에 대한 염원은 절박한 것"(289)이었다는 것이다. 소시민적 삶을 염원하는 지숙과 달리 동생 형석은 운동권 학생으로 항쟁에 참여하게 되고 막내동생 형수는 방위병으로 진압군에 동원되면서 가족은 역사의 복판에 놓이게 된다. 소설은 '소시민적 삶'에 대한 관심에서 "광주항쟁의 정당성을 이해하게 되는 지숙의 의식의 발전과정"으로 설명되고 있다.[26] 항쟁에 참여한 동생들의 생사를 확인하지 못한 누나의 초조함과 불안은 5·18을 직접 경험했던 광주 시민들의 일반적 감정일 것이다. 하지만 최원식은 지숙의 감정보다 소시민적 정서에 대한 비판과 정치적 의식의 성장에 초점을 두고 있다는 점을 확인할 수 있다.

정도상의 「십오방 이야기」에서도 사정은 다르지 않다. 이 소설이 진압군 '만복'의 시각을 도입함으로써 광주항쟁의 소설적 가능성을 열어놓았다는 긍정적 평가 이후 곧바로 최원식은 작품 속 교도소의 잡범들이 5·18에 대한 소문을 공유하는 장면에 주목한다. 질펀한 사투리가 구사된 대화의 내용은 때밀이, 식당 종업원, 구두닦이, 운전수, 공돌이 등이

26 5·18문학의 소시민적 문학관에 대한 대표적인 글로서, 이강은, 「광주민중항쟁에 대한 소시민적 문학관을 비판한다」, 『노동해방문학』, 1989년 5월호.

총을 잡고 싸웠다는 것과 데모를 하지 않아도 먹고 살 수 있기 때문에 도망간 학생들과 달리 이들은 끝까지 싸웠다는 것이다.[27] 5·18 당시 초기 지도부였던 대학생과 지식인들의 협상전략과 달리 끝까지 항전을 고수했던 노동자와 시민 중심의 후기 지도부의 차이는 이미 익숙한 보고이다. 그런데 최원식의 여기에서 한 걸음 더 나아가 계급적 인식으로 사건에 접근한다.

> **뼈아픈 말이다. 민중구성**에 있어서 주변부를 이루는 룸펜프롤레타리아트가 광주항쟁에서 맡았던 적극적 역할과, 룸펜프롤레타리아트는 결국 황금과 권력에 맹종하는 **변절한 무산계급**이라는 고전적 이론은 어떻게 연관되는가?[28] (강조-인용자)

최원식이 "뼈아픈 말"이라고 탄식하는 이유는 때밀이와 공돌이 같은 존재들이 도망간 지식인들과는 달리 끝까지 항쟁을 하다가 목숨을 잃어버렸다는 사실에 대한 안타까움 때문이 아니다. 그가 "뼈아픈" 이유는 이른바 '민중'[29] 구성의 주변부에 불과한 "룸펜프롤레타리아"들이, 결국은 소시민적 욕망('황금과 권력')에 굴복하게 될 그들이 항쟁의 주인으로 묘사된 것에 대한 뼈아픔 때문이다.

앞에서도 말했듯이 민중·민족문학론의 관점에서 항쟁의 주인이자 민

27 "낭중에 광주사람들 야그 들어봉께 살벌했다등만. 첨엔 학생들이 시작했는디, 뒤에 갸들은 다 내빼고 때밀이, 식당 종업원, 구두닦이, 운전수, 공돌이, 구멍가게 주인 같은 야들이 총을 잡고 광주를 지킨다고 싸웠다등만, 뭐. 니기미 뒤져뿌린 놈만 불쌍하지 누가 알아주나." / "때밀이 같은 야들이 왜 죽기 살기루다 싸운지 아냐. 학생들은 배운게 있어놓께 그거 안해도 지 목구녁은 채울 수 있응께 발라버린 것이고, 갸들은 못 가진 한도 있고 데모 하나 안하나 때밀이는 때밀이고 공돌이는 공돌잉께 싸우는 것이고, 무엇보다도 갸들이 의리 하나는 끝내중께." (정도상, 「십오방 이야기」, 한승원 외, 『일어서는 땅』, 인동, 1987, 316)

28 최원식, 앞의 책, 291쪽.

29 민중·민족문학론의 '민중' 개념에 대해서는 다음 장에서 구체적으로 다루겠다.

중은 본질적으로 '노동자' 계급을 의미한다. 그런데 고전적 이론에 의하면 소시민적 태도로 인해 "변절한 무산계급"으로 전락해야 할 룸펜프롤레타리아들이 이른바 데모스로서 역사의 복판에 등장해버린 것이다. 즉 노동자 계급이 각성하고 변증법적 발전을 이루어서 항쟁의 중심적 역할을 했어야 했는데, 이런 예상과 다른 결말에서 기인한 당혹스러움과 소외감이 저 "뼈아픈 말이다"라는 표현에 녹아 있다. '지식인-소시민', '룸펜프롤레타리아-소시민적 욕망'이라는 구조적 사고방식은 그 대립항에 노동자(또는 농민)를 설정은 도식적이며 배제를 생산하게 한다. 랑시에르식으로 말하면, 비정상적 일용직 노동에 관여하는 최하층 노동자로서 룸펜프롤레타리아들은 마치 자기 몫을 가지지 못했던 인민(people)들처럼 문학과 정치의 담론구성의 셈법에서 제외돼 버린 셈이다.[30]

'노동자'만이 기층민중으로 인정된다. 지식인은 결국 황금과 생활에 종속된다. 백낙청은 과거에 이미 "지식대중의 중간자적 부동성(浮動性)"[31]이라는 표현으로 유사한 입장을 말한 바 있다. 또한 "때밀이, 식당 종업원, 구두닦이, 운전수, 공돌이, 구멍가게 주인 같은 야들"은 노동자들과 달리 조직화 될 수 없다. 때문에 그들은 농민·노동자의 이름을 얻지 못

---

30 랑시에르에게 '정치(politique)'는 '분배'에 대해 질문하는 것이다. 자신의 말이 말로 셈해지지 않는 자들, '몫 없는 자들'이 기존 사회의 나눔의 방식을 문제삼는 것으로, 이를 랑시에르는 불일치(dissensus), 계쟁(litige)이라고 명명한다. 이 글의 마지막에 임철우 작품을 호명하는 이유는 1980년대 문학비평의 나눔에 대한 질문이면서 그의 소설에 제 몫을 부여하려는 것이다. Jacques Rancière, 『문학의 정치』, 유재홍 옮김, 인간사랑, 2009.

31 1970년대 말부터 민중의 성격에 대한 백낙청의 이념은 확고했다. 백낙청은 「민중은 누구인가」(『뿌리깊은 나무』, 1979년 4월호.)에서 "근대의 민중도 또한 소시민·노동자 같은 다양한 구성을 보이고 있다. 그러나 자본제사회라는 근대사회로서의 성격이 확립된 곳일수록 민중의 주요성원은 자본의 소유에서 소외된 노동자계급"(148~149)이 된다면서 민중구성에서 노동자 계급의 중요성을 강조했다. 또한 "지식대중은 대체로 가장 지배자에게 속기 쉽고 이용당하기 쉬운, 그런 뜻에서 가장 '우매한 군중'임을 지식인들 스스로가 명심해야"(160) 한다고 강조한 바 있다.

한 채 배제된다. 그들은 최소한 이 글의 논리 안에서만큼은 제 몫을 부여 받지 못한 자들이며, 이름을 얻지 못한 자들이며, 역사의 호명에 기입될 수 없는 자들이 되어버렸다. 역사에 대한 정치적 사유방식이 역사에 대한 문학적 서술을 지도하고 편집하면서 5·18 초기 소설들의 증언하는 목소리가 담론의 바깥으로 배제되었다.

물론 민중·민족문학 담론은 1980년대적 상황에서 리얼리즘 문학론의 거시적 방향성을 기획하는 과정의 생산물이며, 담론이 의도적으로 몇몇 작품들을 밀어낸 것이라고 일반화할 수는 없을 것이다. 그러나 홍희담의 「깃발」 분석에서 중심이 된 노동자들과 달리 다른 작품에 등장하는 인물들은 5·18의 진정한 역사적 의미를 형상화하는 문학의 장에서 소외되고 있다. 요섭과 김신부와 같은 지식인들의 고뇌와 괴로움, 지숙과 같은 평범한 시민들의 가족의 생사에 대한 염려, 주변부 룸펜프롤레타리아들의 탄식 등은 민중·민족문학 담론의 기획에서는 고려되지 못했다. 이런 상황을 '문학적 예외상태'라고 표현할 수 있다면, 이제 5·18은 정치적 비상사태가 예외를 상례로 만들어버린 '정치적 예외상태'와 문학 담론이 지닌 계급적 인식이 파생한 '문학적 예외상태'라는 이중의 덫에 놓이게 된다.

노동자 문학의 수용과 비판 - 박노해의 경우

박노해의 시집 『노동의 새벽』은 민중·민족문학의 주체가 지식인 그룹에서 노동자 그룹으로 옮겨가야 한다는 담론의 바람에 가장 적합한 사례였다. 노동자인 시인이 노동자들의 일상생활과 노동현장을 배경으로 노동자들의 의식을 형상화한 시이기 때문에 박노해의 시가 "80년대의 문학 하면 뭐니뭐니 해도 맨먼저 떠오르는 것"[32]이 당연하다.[33] 관념

32 좌담 「80년대의 문학」(앞의 책, 106)에서 염무웅의 표현이다.

33 본 논문에서 대상으로 하고 있는 대부분의 글들에서 박노해의 작품들이 주요한 사

적 노동자가 쓴 문학이 아니라 실제 노동 현장과 일상생활의 경험이 노동자의 의식속에서 유기적 연관성을 획득한 작품에 박노해가 언급되고 있었다. 물론 현장에는 박노해만 있었던 것은 아니다.

> 필자가 「민중·민족문학의 새 단계」라는 글에서 "오늘의 현실을 각성된 노동자의 눈으로 보는 참다운 민중·민족문학의 작품들"이라는 평가기준을 제시한 것은 그러므로 민중성의 기준이자 예술성의 기준이었다. 그리고 이는 노동현장에 관한, 또는 노동자 자신에 의한 작품들뿐 아니라 여타 모든 작품에도 적용될 수 있는, 그런 의미에서 '보편성을 띤' 기준이라 할 것이다. 바로 그런 기준에 따른 검토를 감당할 만한 종전의 업적이 시집 『노동의 새벽』이었다면, 최근에 나온 정화진의 「쇳물처럼」(무크지 『전환기의 민족문학』, 풀빛, 1987)이나 한백의 「동지와 함께」, 석정남의 「불신시대」(둘다 실천문학사의 무크지 『노동문학 1988』에 수록) 같은 작품들은 이제 소설에서도 비슷한 논의가 가능해지고 있음을 보여준다. 다시 말해 노동현장을 웬만큼 충실히 그려냈다는 사실만으로 노동문학 부재의 풍토에 충격을 주던 차원을 넘어, 상당한 의식수준의 노동자에게도 진지한 읽을거리·토론거리가 됨직한 작품들이 이제 여기저기서 나오기 시작하고 있는 것이다.[34]

백낙청은 1987년 6월 항쟁이 한정된 승리로 귀결되고 결국 군부독재의 연장이라는 원치 않은 결과에 직면했지만, "우리의 민족문학·민중문학이 바야흐로 새로운 단계로 진입"(223)했다고 하면서 그에 합당한 작품을 위의 글처럼 제시하고 있다. 박노해 뿐 아니라 정화진, 석정남, 한백 등을 인용하면서 노동자 문학이 보편성을 띠고 있다고 말한다.

례로 다루어지고 있다. (백낙청, 「민중·민족문학의 새 단계」/염무웅·전영태·김사인·이재현, 좌담 「80년대의 문학」/황광수, 「80년대 민중문학론의 지향」/최원식·임영일·전승희·김명인, 좌담 「민족문학과 민중문학」)

34 백낙청, 「오늘의 민족문학과 민족운동」, 앞의 책, 225쪽.

특히 「동지와 함께」에 대해서는 이 중 성공한 작품으로 높이 평가한다. 중편이라는 규모도 좋지만 무엇보다 주인공 '필혁'이 구로지역의 연대파업에 우발적으로 참여했다가 투쟁을 통해 각성한 후 투사로 변모하는 과정을 감동적으로 보여주고 있다는 설명을 추가했다. 한백의 소설이 "단지 현장체험만이 아니고 그 체험에 대한 일정 수준의 의식적 정리를 거친 작품"[35]이라는 추가설명은 백낙청이 이 시기 노동자 문학을 통해서 무엇을 발견하고 싶어했는지를 간접적으로 보여준다. 즉 민중·민족문학은 '민중'은 곧 '노동자·농민'이라는 조건과 '노동자가 만드는 노동자 문학'이라는 다음 조건, 그리고 '노동자들의 노동현장과 일상적 생활의 유기적 연관성'이라는 내적조건과 더불어 '투쟁 과정을 통한 의식의 성장'이라는 윤리적 조건까지 충족해야 함을 의미한다. 물론 민중·민족문학 담론이 모든 작품에 이런 조건을 자격의 기준으로 제시한 것은 아니지만, 담론이 추구했던 문학의 정신이 어느 정도였는지를 짐작하기에는 충분하다. 그러니 박노해의 작품들도 『노동의 새벽』의 신선함이 다소 감소된 후에는 여러 비판에 직면하게 되는 것도 당연하다.

> **(김명인)** 분명히 거기에 뭔가 빠져 있어요. 개별사업장에서 노동대중이 어떻게 단결하는가, 어떻게 단결하고 자기 사업장 내에서 투쟁을 조직화해내는가라는 부분, 그래서 거기에서 개별 노동자와 개별노동자가 어떻게 연대해나가고 어떻게 동지의식을 확보해나가고 그럼으로써 당장 눈앞에 나타나는 적대세력, 자본가들과 어떻게 싸움을 하는가 하는 부분이 박노해 시 전체를 통틀어서 빠져 있는 것 같애요.[36]
>
> **(전승희)** 그러니까 지금 김명인 씨의 말씀은 『노동의 새벽』이 의외로 일상성에 치우쳐 있는 반면, 그 이후의 시들은 철저히 슬로건적이

35 백낙청, 앞의 책, 226쪽.

36 최원식 외, 좌담 「민족문학과 민중문학」, 앞의 책, 30~31쪽.

> 다, 말하자면 박노해의 시에는 일상과 가두투쟁을 연결하는 매개경험이 빠져 있다, 이런 지적이신 거죠? 저로서는 바로 이 점, 곧 박노해의 시가 일상과 투쟁 즉 경제주의와 정치주의라는 양극단을 변증법적으로 지양하는 진정한 노동자적 전망을 흡족할 만큼 보여주지 못하고 있다는 사실을 지적하는 것이 보다 중요할 것 같습니다.[37]

해당 좌담에서도 박노해는 노동자문학의 전범으로 평가되었지만 민중·민족문학론의 전형성에는 조금 부족한 부분이 있다는 점에서 아쉬움의 대상이 되고 있다. 개별노동자들이 등장한다고 해서 되는 것이 아니라 그들이 다른 노동자들과 '어떻게' 연대를 이루어나가고, '어떻게' 적대세력들과 투쟁을 이끌어나가는가와 같이 구체적인 의식의 발전과 성장을 요구하고 있다. 아쉽게도 『노동의 새벽』 이후 박노해의 작품에는 이런 항목이 결여되어 있다는 게 최원식의 판단이다. 그리고 전승희는 이를 관념성의 선취 때문으로 판단하는 듯 그런 모습이 다분히 "슬로건적"이며 생활과 투쟁현장 사이의 매개항의 결여된 것으로 평가한다. 노동자 문학에 이런 아쉬움은 네 명의 참여자들을 오가면서 좌담 내내 유사한 표현으로 변주된다.

사정이 이러하다 보니 백낙청의 말처럼 "민중작가나 민중문화운동을 하는 사람들일수록 예술적인 피나는 노력을"[38] 해야 할 듯하다. 백낙청과 김지하의 대담에서도 박노해의 문학은 논의의 대상이었는데, 여기에서는 또다른 '조건'이 제출되는 분위기다. 백낙청은, 박노해도 농촌출신일 터인데도 박노해 "시의 형식이나 가락에서는 사실 농촌공동체 같은 게 별로 느껴지지 않"는다는 지적을 하면서 "이것은 노동자들 개개인의 문제라기보다는 아직까지 농민운동과 노동운동이 제대로 연결되어 있

37 최원식 외, 앞의 책, 32쪽.

38 김지하·백낙청, 〈대담〉 「민족, 민중 그리고 문학」, 『실천문학』 1985년 봄, 56쪽.

지 않다든가 또 노동자들의 생활 자체가 임금도 그렇고 노동시간도 그렇고 노동환경도 그렇고, 어떤 기본적인 주장을 하고 지금의 노동현실에 대해서 고발을 하는 기본적인 문제제기 이상의 여유가 없다는 현실과 관계가 있는" 것이라고 지적하고, 김지하는 이러한 지적을 이어받아 노동자문학에서는 "노동자의 전인격적인 호소와 삶 자체의 전율 같은 것이 배어나와야" 하고 노동자들 속에 있는 여러 가지 농촌공동체의 추억, 농촌적 삶에서의 가치관 또 그들이 신봉했던 종교나 전설들이 표현되어야 하는데 박노해의 시집에는 그런 것이 나타나 있지 않다는 것이다.[39]

황석영은 이를 "우리 시의 전통적 율격"[40]의 필요성으로 역설한 지면이 있지만, 농촌공동체의 정서와 가치관이 정확히 어떤 것인지는 어떤 비평가도 정확하게 말하고 있지는 않다. 다만 최원식의 표현을 빌려보면 농촌공동체의 정서가 어디에 뿌리를 두고 나온 말인지는 짐작이 간다.

> 현실적으로 오늘날 한국노동자의 대부분이 농민의 아들, 딸이다. 한국의 노동운동이 더 깊이 뿌리를 내리기 위해서는 노동자의 마음과 기억에 숨어 있는 농민적 기억을 단지 극복해야 될 장애로 규정하기보다는 싱싱한 시의 원천으로 끌어안고 넘어서는 적극적인 태도가 요청된다. 이런 점에서 일터의 현실을 탁월하게 반영하고 있는 박노해의 작품에 농촌과 농민에 대한 관심이 매우 희박하다는 사실은 이미 언급했듯이 그의 시에 전통적 형식이 거의 살아 있지 않다는 것과 긴길히 호응한다.[41]

---

39 김지하·백낙청, 앞의 책, 38쪽.

40 황석영, 「항쟁 이후의 문학」, 53~54쪽.
"시를 무기로 삼건 선전의 도구로 활용하건 간에 일차적 목표는 어떻게 하면 대중의 가슴에 스며들 듯이 정서를 전달해서 변화시킬까 하는 것입니다. 특히 역사적인 주제를 곧잘 다루게 되는 장시의 경우에 우리 시의 전통적 율격과 분위기를 통하여 구성을 하는 것이 자연스러운 일이겠지요.

생물학적 지리적으로 1980년대 도시의 노동자들이 농촌공동체에 그 뿌리가 있다는 것을 부정하기는 어려워 보인다. 그러나 그것이 왜 민중·민족문학 담론의 과제가 되어야 하는 이유가 되지는 못한다. 몇몇 논자들이 언급하는 전통적 율격과 농촌공동체의 정서가 닿아있다는 사실도 역시 부정하기는 어렵다. 하지만 그것이 민중·민족문학이 전통적 율격의 정서를 담고 있어야 하는 이유가 되지는 않는다. 그렇지 않아도 민중·민족문학 담론은 여러 가지 조건들을 직간접적으로 제시함으로써 스스로 폭을 좁혀왔다. 기층 민중으로서 노동자 또는 농민, 민중 자신이 만드는 민중문학, 노동공간과 생활공간의 매개, 의식의 성장이라는 높은 가치에 더해 농촌공동체의 정서 함양이라는 기준 또한 만족시켜야 한다면, 이는 민중·민족문학 담론이 사실 자기 개념 규정이 명확하지 않다는 것을 의미하지 않을까 싶다.

기억의 고통과 우울 - 임철우 소설의 경우

임철우는 1984년 「봄날」(『아버지의 땅』, 문학과지성사, 1984)과 「직선과 독가스」(『세계의문학』 33호, 1984년 가을호) 등을 발표하면서 5·18을 처음으로 소설의 배경으로 삼는다. 그리고 『그리운 남쪽』(문학과지성사, 1985)에 수록된 「동행」과 「사산하는 여름」(『외국문학』 제5호, 1985년 여름)에서도 5·18은 후경화의 방식으로 은유된다.

임철우의 소설은 5·18을 직접 경험한 자가 기록한 거의 최초의 문학적 상흔이다. 하지만 사건에 대한 문학의 역할을 사실의 증언과 기록으로 생각하는 경우 임철우의 소설은 『죽음을 넘어 시대의 어둠을 넘어』와 같은 르포르타주와 비교할 때 파괴력이 약하게 보일 것이다. 또 민중의 투쟁과 성장의 과정으로 5·18을 사유하는 관점에서 볼 때 임철우의 소설은 소시민적 지식인의 변명처럼 들릴 것이다. 지금까지 살펴본 민

---

41 최원식 외, 앞의 책, 31쪽.

중·민족문학론의 관점이 여기에 해당한다.

그러나 임철우의 소설은 국가폭력이 국민의 신체에 개입한 파괴적 폭력에 대한 흔적으로, 역사적 불행이 개인 주체에게 남긴 상처와 슬픔과 분노에 대한 기록이다. 앞선 두 관점이 의미 생산을 배제한 지점에서 나온 목소리라는 점에서 다른 평가를 받아야 할 이유가 충분하다. 이 장에서는 「봄날」, 「동행」, 「직선과 독가스」, 「사산하는 여름」을 중심으로 임철우의 소설이 어떤 지점에서 그리고 어떤 방식으로 5·18을 기억하고 있는지, 그리고 임철우의 소설이 민중·민족문학론이 담당할 수 없는 어떤 부분을 형상화하고 있는지를 두 부분으로 나누어 분석하려고 한다.

가. '민중'이 증언할 수 없는 것

임철우의 소설은 (1)기억의 소환, (2)망각의 욕망, (3)기억과 망각의 갈등, (4)죄책감의 표현이라는 일관된 구성을 보인다. 「봄날」과 「동행」을 중심으로 분석해 보면, 먼저 어떤 매개들이 오월의 기억을 소환한다. 「봄날」에서는 정신병원에 갇혀 있는 친구 '상주'가, 「동행」에서는 다른 도시로의 도피를 위해 주인공을 찾아온 현상수배자인 '너'가 이 역할을 한다. 이들의 출현은 아슬아슬하게 유지해온 현실의 삶에 균열을 예고한다.

> "너는 마치도 주술적인 힘을 지닌 북소리처럼 어둠 저편으로부터 갑자기 그리고 은밀하게 나를 덮쳐왔다. 그 북소리 속에서 본능적으로 나는 어떤 불길한 파괴의 냄새를 감지했다. 그것은 지금까지 내가 조심스럽게 지켜오고 있던 휴식과 평온하고 느슨한 일상의 생활 감각을 밑바닥부터 송두리째 휘저어 놓고 말리라는 걸, 그리고 어쩌면 마침내 그것들과 가차없이 결별해야만 하는 최악의 상태까지도 감수해야 할 지 모른다는 위험스러운 사실을 의미하는 것이었다."[42]

42 임철우, 「동행」, 『우리시대 우리작가 31-임철우』, 동아출판사, 1987, 287쪽.

불현듯 삶으로 파고든 과거의 기억들은 일상의 생활을 흔드는 위험 요소이다. “불길한 파괴의 냄새”로 환기되는 과거는 다른 작품들에서도 공통적으로 후각적인 요소로 등장한다. 「직선과 독가스」에서 비오는 도청 광장에서 무력감에 빠진 주인공에게 다가오는 “독가스 냄새”[43]가 그러하고, 중편 「사산하는 여름」[44]에서 산 너머 수원지 밑바닥에서 시체가 발견되었다는 소문이 퍼지면서 광주 사람들이 맡는 “수돗물 냄새”와 “시큼한 맛”을 느끼는 부분이 그러하다. 이런 불길함과 파괴의 냄새는 때로 사람들의 입을 떠도는 소문이라는 청각적 형태로도 전해진다. 「동행」에서 나를 찾는 전화벨 소리, 「봄날」에서 순간 공포를 환기하게 했던 민방위 훈련의 사이렌 소리가 그러하다. 이런 비시각적인 감각을 통한 환기는 시각이 드러내는 명확성과 대비되면서 사건의 진실이 은폐되고 있다는 점을 환기하게 한다. 5·18은 임철우에서 명징한 언어로 드러나지 않고 우회해서 소환된다.

사건은 처음 명징한 명사로 발설되지 않는다. 5·18이 생산한 감정의 파토스는 미처 언어의 거처를 마련하지 못한 채 방황한다. 또한 사건은 야무진 서술어로 끝을 매듭짓지 못한다. 채 사건이 끝나지 않았거나 진

---

43 “아마도 그건 까마득한 옛날부터 인간의 피 속에 숨어 내려온 엄청난 죄악의 냄새이거나 추악하기 그지없는 배신의 냄새일지도 몰라요” (임철우, 「직선과 독가스」, 『세계의문학』 33호, 1984년 가을호, 308)

44 “여보. 저그, 그 소문 들었소? 어저께 큰방집 여자가 그라던데, 산 너머 수원지 밑바닥에서 시체를 건져냈답니다예. 그것도 자그만치 일곱씩이나 말이어라우. 그것이 참말이까라우.”

“거, 지발 아구지 좀 닥치지 못할란가. 그럼 우리가 지금까지 모두 송장 썩은 물을 마시고 살았다는 애기여, 뭐여.”

“어따, 우리집뿐일랍디여. 온 시내 사람들이 모두 같이 마셨겄지라우.”

“당신이 봤어? 임자가 두 눈으로 똑똑히 봤느냐고.”

“아, 보기는 내가 어떻게 봐라우. 그냥 사람들이 그러드라는 소리제이. 보나마나 틀림없이 재작년 봄 그 난리통에 행방 불명된 사람들일 것이라고들 합디다.” (임철우, 「사산하는 여름」, 『외국문학』 제5호, 1985년 여름호, 108~109)

실이 가려진 상태라면 더더욱 서술어는 지연된다. 사건은 의미의 거처를 얻지 못한 품사로, 감정의 지독한 울림을 언어화할 수 없을 때 사용하는 언어로 등장한다. “오메오메”, “으짜쓰까”, “저 썩을 것들”, ‘환장하것구마” 등의 말들이 여기에 해당할 수 있을까. 5.18관련 소설에 등장하는 이런 표현들은 남부지방의 억센 사투리가 가장 비극적인 방식으로, 역사의 피를 묻힌 채 한국 문단의 중심에 등장했던 언어적 사건이었다. 온전한 언어가 되지 못한 채 우울의 감정은 언어의 주변을 맴돌고만 있었다.

다시 냄새로 돌아오면, 이 냄새들이 “죄악의 냄새”나 “배신의 냄새”로 표현되고 “모두 송장 썩은 물을 마시고 살았다”는 진술과 겹치면서 ‘기억’보다는 ‘망각’을 선택한 인물들이 모종의 죄의식을 공유하고 있다는 인상을 강하게 풍기고 있다.

이러한 죄의식의 표현은 소설의 두 번째 구조적 유사성을 지시한다. ‘생활의 논리’가 지배하면서 망각의 욕망이 인물들의 일상을 이끌어 간다. 「봄날」의 우리는 누군가는 취업을 하고 누군가는 공부를 하면서 일상을 살아간다. 직업을 가진다는 것은 투쟁의 피를 흘렸던 거리의 문법이 아닌 생활의 문법에 익숙해진다는 의미이다. 「동행」의 주인공은 “평온하고 느슨한 일상의 생활 감각”을 익히고 있는 중이었다. 주인공에게 현실은 “일상의 권태와 망각”이고 과거를 기억하는 일은 “피곤”(298)이다. 그는 피곤하고 힘겨워 차라리 잠들어 버리고 싶었다. 그 잠이 자신을 “마비된 의식과 교살당한 영혼”으로 만들고 있다는 사실을 자각하면서도 기꺼이 “침몰”(이상 「동행」, 298)을 원했다. 이러한 회피를 「동행」의 친구가 날카롭게 짚어낸다.

> 너, 은유를 쓰는 그 버릇은 여전하구나. ……
>
> 현명해, 너는 분명히 … 하지만 가끔은 지나치게 현명하다는 것이 결점이 되는 경우도 있거든. 예를 들면, 눈은 크지만 입이 너무 작은 사람

처럼 말이야. 임마. 입을 크게 키워라. 그러지 않을 바엔 차라리 눈을 작게 뜨든지. 그것이 아마도 앞으로 네가 세상을 무난하게 살아가는 방법일지도 모르잖아. 언젠가 그렇듯 네가 해 준 말을 나는 아직도 분명히 기억하고 있었다.[45]

여기서 "은유"는 현실을 직시하지 않는 태도를 의미한다. "현명함"은 이기적인 합리성으로서 민중·민족문학론이 그토록 기피하는 소시민적 지식인의 타협주의적 태도를 연상하게 한다. 마치 주술의 능력을 잃어버린 채 인간의 삶에 적응한 샤먼처럼 '나'는 현실의 생활 논리는 진실을 펼쳐보지 않은 채 아슬아슬하게 삶을 유지하고 있었다. 그런 삶은 "눈은 크지만 입이 너무 작은 사람"이라는 비유에 의해 무참하게 찔리고 만다. 알고 있지만 말하지 않는 비겁한 '나'의 모습에 대한 뼈아픈 지적이기 때문이다.

이렇듯 '기억'은 불시에 찾아와 살아남은 자들의 현실을 무참히 파괴한다는 점에서 오카 마리의 말을 상기하게 한다.

> 기억은–또는 기억이 매개하는 사건은– '나'의 의사와는 관계없이 나에게 찾아온다. 여기에서 주체는 바로 '기억'이다. 그리고 '기억'이 이와 같이 갑자기 도래하는 것에 대해 '나'는 철저하게 무력하며 수동적이게 된다. 바꿔 말하면 '기억'이란 때때로 나에게는 통제 불가능한 것으로, 나의 의사와는 관계없이 나의 신체에 습격해 오는 것이기도 하다는 점이다. 그리고 사건은 기억 속에서 여전히 생생하게 현재를 살아간다. 그렇다면 기억의 회귀란 근원적인 폭력성을 숨기고 있는 게 된다.[46]

'(1)기억의 소환'은 '(2)망각의 욕망'을 "은유"적이고 "눈은 크지만 입이

45 임철우, 「동행」, 앞의 책, 304쪽.

46 오카 마리, 『기억, 서사』, 김병구 옮김, 소명출판, 2004, 49쪽.

너무 작은 사람"이라고 비판하면서 침묵과 망각과 피로에 사로잡힌 살아남은 자들의 현실에 '폭력적'으로 개입한다. 즉 주체에 의해 발굴되는 것이 아니라 기억이 스스로 도래하는 것이다. 이것은 사건을 겪은 자들에게는 피할 수 없는 절대적인 순간이다. 임철우의 소설은 이 순간을 기록하려는 서사이다. 그리고 이러한 서사는 결정적으로 '망각의 욕망'에 휘두리는 불완전한 개인에게서 발생할 수 있다. 민중이라는 정치적 주체가 표현할 수 없는 감성의 영역이다. 1980년에 4·19의 현재성을 논의한 백낙청에 의하면 '민중'은 제3세계적 존재로서 '민족해방'이라는 궁극의 목표를 향해 자기를 변증법적으로 발전시켜 나아가야 할 대상이었다.[47] 이후 1985년 「민중·민족문학의 새 단계」에서 민중은 "어느 특정 계급·계층만을 가리키는 것이 아니라 여러 계급·계층의 연합된 운동체"이면서 동시에 "계급적 이해의 변화에 따라 유동적"[48]인 것이었다. '민족해방'과 '민족통일'이라는 불변할 것 같았던 민중의 목표는 보이지 않고, 대신 '민중구성'의 유동성과 운동성이 강조된다. 이제 곧 민중은 "계급·계층으로서의 역량의 연합체"이며, 생활 터전으로서의 하부구조만이 아니라 국가체제로서의 상부구조에 의해서도 민중의 개념은 달라질 수 있는 "운동체"가 된다. 그러나 좋게 말해 유동성과 운동성이지 사실 민중의 개념 자체가 모호하다.[49]

이러한 민중·민족문학론의 민중의 개념을 볼 때, 소설의 주체가 '민중'이었다면 망각의 욕망에 따른 죄의식이나 불완전하고 명료하지 못한 감성적 문장들은 발화되기 힘들다. 임철우의 초기 소설의 인물들이 겪는

---

47 백낙청, 「4·19의 역사적 의의와 현재성(사월혁명 20주년 기념논문)」, 『창작과비평』 56호 1980년 여름, 11쪽.

48 백낙청, 「민중·민족문학의 새 단계」, 앞의 책, 18쪽.

49 1985년 『창작과비평』에 발표된 글들에서 민중은 모든 계급·계층의 연합체로 정의되고 있지만, 이는 이후 1987년과 1988년에 발표되는 글에서 보이는 민중은 곧 노동자 또는 농민이라는 정의와도 충돌한다.

기억의 폭력적 소환은 사건을 민족해방이나 계급운동의 차원에서 바라보는 민중에게는 발생하지 않는다. 「깃발」의 노동자들처럼 그들의 언어와 행동은 명료할 것이기 때문이다. 그러나 사건에 대해 말하는 것은 무엇보다도 '사건'의 말할 수 없음 자체를 증언하는 것이다. "말로는 이야기할 수 없을 것이 분명한 그 '사건'에 대해 말하려고 하는 우리가 '말할 수 있는 자'로서 행동하려고 한다면, 그 순간 우리는 '사건'을 배반하게 될 것"[50]이기 때문이다. 민중·민족문학 담론이 추구하는 것과 달리 임철우의 소설이 이러한 방식으로 사건을 기억하려 한다는 점에서 의의가 있다.

병리적 현상과 죄책감의 기억

백낙청은 임철우의 소설이 사건의 후유증을 병리적으로 표현함으로써 5·18을 명백하게 다룬 점을 업적으로 평가한다면서도, 이 소설들이 광주의 진실을 제대로 포착하고 작품화했다고 하기에는 부족하다고 말한다.

> 그러나 도대체가 1980년 5월 광주의 역사를 '상처'와 '병리'의 차원에서만 보는 것부터가 정말로 문제다. 이는 광주의 진상을 다시 조사하는 게 그 상처를 아물리는 데 도움이 되느냐 안 되느냐라는 여야간 공방의 차원이라면 모를까, 민중·민족문학에서는 극히 피상적인 민중의식이요 역사의식이다. 광주사태의 정확한 경위와 진상이 어떠했건, 무릇 다수 민중이 일거에 집단 행동으로 나선 역사적 사건에서는 민중의 희생과 상처가 큰 것에 못지않게 자신들도 몰랐던 엄청난 힘이 평범한 시민들 중에 폭발적으로 솟아남을 경험하는 법이다. …… 「사산하는 여름」에서는 폭발성의 의미에 관한 통찰과 신념이 없을뿐더러 폭발성 자체가 '후유증'의 제시 속에 은폐되어버릴 위험이 있는 것이다. ……

50 오타 마리, 앞의 책, 149쪽.

> 어쨌든 우리의 소설문학은 이제 노동현실·분단문제·광주사태 등등의 힘겨운 주제에 도전하기 시작했으며 그 본격적인 작품화가 어떤 형태를 띠어야 할지를 전보다 훨씬 구체적으로 그려볼 지점에까지 온 것이 분명하다. 한마디로 그것은 **위의 온갖 주제들을 상호연관된 총체적 현실로 인식하는 본격적인 장편소설 곧 리얼리즘 소설**이어야 함이 분명해진 것이다.[51] (강조-인용자)

백낙청에게 5·18은 "노동현실"이나 "분단문제"와 전혀 다른 문제가 아니다. 그것은 "광주사태의 정확한 경위와 진상"과 무관하게 "민중"의 "엄청난 힘"이 "평범한 시민들 중"에서 솟아났을 때 폭발적의 의미로 드러나는 것이다. 그런데 임철우의 소설은 모두 개인의 정신이상과 아픔의 차원에서 다루어지고 있기 때문에 민중의 폭발성이 드러날 기회를 없애버리고 있다는 것이다. 더구나 그는 여기에서도 민중과 평범한 시민을 나누고 있다. 노동자가 아닌 지식인이 생산한 자기 변명에 불과하다. 임철우의 소설들은 병리적으로만 5·18을 표현함으로써 "온갖 주제들을 상호연관된 총체적 현실로 인식하는 본격적인 장편소설 곧 리얼리즘 소설"이 되지 못하는 것이다. 아마 이 문장만큼 민중·민족문학 담론이 지향하는 소설이 무엇인가를 말해주는 표현이 없을 것이다.

그러나 임철우 소설의 병리적 현상, 소설에서는 구체적으로 죄책감으로 표상되는 감정적 현상은 오히려 세계를 '상호연관된 총체적 현실로 인식하는' 리얼리즘 소설에서는 불가능하다는 점에서 의의가 있다. 담론의 질서는 빗금을 긋고 임철우의 5·18 소설들이 발신하는 어떤 신호들을 울타리 밖에서 살게 했다. 민중의 엄청난 힘이 폭발적으로 드러나지는 못했지만, 민중으로 명명되기 이전의 개인들에게 남은 5·18의 외상이 죄책감의 형식으로 드러나면서 '사건'은 종결되지 않고 지속되는 효

---

51 백낙청, 「민중·민족문학의 새 단계」, 앞의 책, 37쪽.

과를 낳는다. 임철우의 소설을 계속해서 분석하면서 그 효과를 살펴보고자 한다.

불현듯 찾아온 기억의 소환으로 이제 소설의 인물들은 현재의 공간에서 다른 공간으로 이동한다. 이 '떠남'이 세 번째 플롯을 이끌면서 기억과 망각의 갈등을 드러낸다. 「봄날」의 친구들은 '상주'가 있는 정신병원으로, 「동행」은 친구의 새로운 도피처로 동행한다. 진실이 은폐되고 가상의 언어가 지배하는 현실의 공간은 '기억'의 소환을 허락하지 않는다. 여기의 공간은 죄의식의 공유로부터 침묵의 카르텔로부터 자유롭지 못한다. 그래서 그들의 떠남은 다른 의식과의 충돌을 예고하는 셈이다. 바로 죄의식과의 충돌인데, 이는 임철우의 소설에서 매우 빈번하게 등장한다. "구경꾼" 또는 "윤간의 기억"(「동행」), "벙어리 아들"(「봄날」), 침묵할 수밖에 없었던 정보기관의 "흰 벽의 방"(「직선과 독가스」), 그리고 두 젊은 남녀의 몸이 한 덩어리가 되어 굳어버렸다는 유언비어에 대한 사람들의 동물적인 호기심(「사산하는 여름」) 등 어렵지 않게 찾을 수 있다. 때로는 자신들의 욕망을 채우기 위해 이기심으로 때로는 언어 불능의 상태로 표현되는 이러한 코드가 지배한다는 사실은 임철우 초기 소설이 바로 이런 감성에서 출발한다는 점을 다시 확인시켜준다.

죄책감의 표현으로 흔히 분석되는 임철우의 작업은 역설적으로 '기억'을 위한 기록이다. 잊혀지고 왜곡되기 전에 '잠'에서 깨어나 꿈의 내용이 사라지기 전에 서둘러 남겨야만 했던 상흔의 기록이다. 이 기록을 위해 소설 속 인물들은 여기를 떠나야 한다. 그리고 이 떠남의 플롯은 바로 어떤 '기억' 내지는 '목소리'와 고통스럽게 조우하게 된다. 「동행」에서는 돼지밥을 얻어 집으로 가는 중 기차에 치여 죽은 어느 시골 여자의 처참한 모습에서 그해 오월이 환기된다. 그리고 「봄날」에서는 '상주'의 일기가 이 역할을 한다.

> ……기억하라. 너는 이제 벙어리 아들을 낳으리라. 아벨을 묻은 피에

젖은 네 두 손의 업보로서, 그 배신의 증거로서 내 손수 네 아들의 혀를 자르리라. 그리하여, 뭉툭하니 잘려나간 네 아들의 입속을 들여다보며 그늘의 네 죄악을 기억하게 하여 주리라. 심중의 진실을 전할 수가 없어서, 심장을 터뜨릴 듯 부릅 뜬 눈을 터뜨릴 듯 먹먹하게 다만 바라보며 제 가슴팍만 맨주먹으로 두들기기만 하는 아들의 얼굴을 들여다보면서 네 가증한 배신의 흔적을 확인하게 하리라. 돌자갈마저 하얗게 바스라지는 십 년 가뭄 끝에 벌건 빈 밭을 수확하는 황홀한 기쁨을 기꺼이 네게 베풀어 주겠나니, 쭉정이만 그득한 바구니를 들여다보듯 네 가련한 아들의 먹먹한 눈빛을 들여다보며 네 죄악의 풍족한 소출을 스스로 하나부터 마지막까지 거두게 하리라.[52]

5·18의 그 어느 날 밤 자신의 집을 찾아와 대문을 두드리던 친구('명부')의 애원을 외면했다는 죄책감 때문에 '상주'는 괴로워하다 결국 정신병원에 수감된다. 그처럼 기억을 유지하는 자들은 대부분 감금되고 도시에서 축출되면서 비일상적 시공간에 거처한다. '상주'가 그러하고, 최윤의 「저기 소리 없이 한 점 꽃잎이 지고」의 소녀가 또한 그러하다. 다만 소녀가 비언어적 방식으로 과거를 기억하는 것과 달리 상주에게는 문자언어가 존재한다.[53] 일기가 바로 그것인데, 그의 일기는 그날을 기억하고 있는 자의 죄의식의 기록이라는 점과 이를 망각한 자들에 대한

52 임철우, 「봄날」, 『우리시대 우리작가 31-임철우』, 앞의 책, 325~326쪽.

53 소문과 같이 임철우 소설에서 말이 지닌 비진실성과 달리 글은 망각하는 자들을 내파하는 힘을 지니고 있다. 소설에서 청각적(음성적) 요소와 시각적 요소는 진실을 전달하는 방식이 다르게 작동하고 있다. 데리다는 음성과 문자의 관계에 있어서 문자가 음성의 영향을 받아 음성을 표현해 내는 수단이 되지만 한편으로는 음성을 일탈하는 부분도 있다고 했다. 로고스적인 전통에서는 문자가 음성에 일탈하는 부분이 있으면 그것을 제거하고 음성에 맞게 만들었지만 데리다가 보기에는 음성과 문자는 각각 따로 작동하는 체계이다. 이 둘 사이에는 차이가 있지만 기존의 개념으로는 파악이 되지 않는다. Jacques Derrida, 『글쓰기와 차이』, 남수인 옮김, 동문선, 2001, 314~318쪽.

저주의 기록이라는 점에서 이중적이다. '상주'는 총소리가 도시를 뒤엎던 그 밤, 자신의 집 대문을 두드리던 소리를 듣고서도 공포로 인해 도움을 주지 못했다는 죄책감 때문에 괴로워한다. 그것이 사실이든 '상주'의 죄책감이 만들어 낸 환각이든 그가 쓴 일기의 기록은 누군가의 죽음을 외면할 수밖에 없었던 무기력과 공포에 대한 자책의 기록이다. 한편 자신의 비겁함을 자책하던 말들이 일기에 쓰여 친구들에게 읽혔을 때 비로소 그 문장들은 모든 망각하는 자들에게 저주의 기록이 된다. '상주'의 병은 정신착란 때문이 아니라 '기억'의 대가이며, 반대로 친구들의 공포는 '망각'의 대가이다. 때문에 '상주'를 걱정했던 친구들이 본 일기의 내용은 그날을 '망각'하고 있는, 또는 망각을 바라는 그들에게 무거운 형벌로 다가오게 된다.

그들은 "아벨"이다. 배신의 대가는 "벙어리 아들"을 낳게 되는 것이다. 거기에 더해 "혀"가 잘릴 것이며 언어를 상실하게 될 것이다. 그들이 얻을 수 있는 것은 오직 "십 년 가뭄 끝에 벌건 빈 밭을 수확하는 황홀한 기쁨"과 "죄악의 풍족한 소출"이라는 역설들뿐이다.[54] 매우 가혹한 저주의 주문이다. 5·18의 피해자가 스스로에게 이토록 잔인한 형벌을 내린 것을 보지 못했다. 어떤 것도 말할 수 없으며, 그러므로 참회도 불가능하다. "내 손수 네 아들의 혓바닥을 자르"(「봄날」, 328)겠다는 '상주'의 선언은 "기억하라, 기억하라"는 주문(呪文)과 함께 그들을 과거로 되돌려 보내는 강력한 힘으로 기능하고 있다. 이 저주를 푸는 방법은 오직 '기억' 뿐이다.

54 '벙어리'나 '빈 밭' 등과 같은 비생산의 모티프는 당시 임철우 소설에서 '사산'과 같은 이미지로 변용된다. 「사산하는 여름」의 제목도 그러하고, 「동행」에서도 소설의 맥락과 무관하게 다음과 같은 부분이 삽입되어 있다. ("저예요. 네네. 어떻게 되었다구 하던가요? (생략) 여자는 울상을 짓고 있었다. 또 사산이라니 …… 세상에 …… 두 번씩이나 세상에."(288)) 어떤 여자의 전화 내용으로 소설의 전체적인 분위기를 암시하고 있다. 이러한 '사산'의 이미지들은 임철우 초기 소설에서 5·18에 대한 '기억-망각'의 대립을 강력하게 환기하고 있다.

「봄날」에서 '상주'의 일기에 쓰인 문장과 「동행」에서 '친구'가 '나'에게 하는 당부는 모두 앞서 말한 "기억하라"는 메시지다. 요청이자 당부이며, 주문(注文)이자 주문(呪文)이다. 그리고 소설의 마지막은 죄책감의 확인의 서사로 마무리된다.

> 상에서 마주치는 그런 모든 사물들이 이제는 어느덧 또 다른 의미와 냄새와 촉감과 빛깔과 소리를 지닌 채 그 어둡고 두려운 기억들을 문득 문득 망각의 저편으로부터 불러내곤 하는 것이었다. 모르는 새에 그렇듯 우리는 조금씩 병들어 있었다. 그리고 어쩌면 우리는 그 음침한 기억들과 함께 일생을 살아갈 수밖에 없을 것이리라.[55]

「직선과 독가스」에서도 죄책감의 정서는 지배적이다. 이 소설은 정신분열증을 겪고 있는 한 환자('허상구')의 진술 형식과 병리학적 기록 형식을 취하고 있다. 허상구는 모 신문사의 시사만화 작가다. 정부 비판적인 만화로 인해 정보기관에서 나온 검은 양복들에게 연행되었다가 하루 동안 아무것도 하지 않은 채 "흰 벽의 방"에 갇혀 있다 풀려난다. 정보기관은 그에게 아무런 질문도 하지 않았기 때문에 그는 그곳에서 어떤 말도 할 수 없었다. 다시 말해 "흰 벽의 방"은 진실이 드러날 수 없다는 사실을 날카로운 전등의 백색 시선으로 전달한 셈이다. 심한 무력감에 빠진 허상구는 비오는 도청 앞에 거리에서 다음과 같은 경험을 하게 된다.

> 내가 얼마나 오래 그 계단 위에 쪼그려 앉아 있었는지는 잘 모르겠어요. … 바로 그때였어요. 난 그 순간에 처음으로 그 냄새를 맡아냈던 거라구요. 기묘한 냄새였어요. 정체를 알 수 없는 고약한 냄새가 가까운 어디에선가로부터 스멀스멀 피어오르고 있는 듯했습니다. … 언제

55 임철우, 「봄날」, 333쪽.

부터인지 모르게 이 도시 위에 내리는 빗속에는 틀림없이 그 냄새가 마치도 오래오래 감추어져 온 엄청난 음모와 소름끼치는 핏빛 죄악의 기억처럼 눅진하게 스며들어 있다니까요.

…… 그 어디에든 빗방울은 우리들의 육식을 노리고 무차별로 어지러이 날아와 뻥, 뻐엉, 뻥 구멍을 뚫어 놓기도 하고, 혹은 거무죽죽하고 깊숙한 문신을 고운 처녀의 살갗에 숱하게 남겨 놓기도 하지요. 아마 알고 계실 겁니다. 그렇죠? 으흐흐흐흣. 겉으로는 아무것도 모르는 척 천연스레 살아가고 있는 선생님과, 나와, 그리고 다른 더 많은 사람들의 마음 속에 깊이깊이 판박이 되어 있는 그 무수한 구멍들이며, 또 마악 부패해가기 시작하는 짐승의 시신처럼 푸르딩딩한 듯, 혹은 불그죽죽 거무튀튀한 듯 아름다운(그래요. 아아, 추악하기 때문에 더더욱 아름다운) 그 온갖 문신들을 말입니다.[56]

독가스는 어떤 진실도 말할 수 없었던 자신의 무력감에 대한 자책의 냄새다. 허상구의 아니 작가 임철우의 죄책감이 여기서도 확인된다. 배신, 이기적인 현명함, 일상에의 안주, 역사와 마주하기의 불편함, 망각과 기억 등 앞선 소설의 모티프들이 여기서는 독가스 냄새로 재생되고 있다. 냄새는 도시의 빗속에 "핏빛 죄악의 기억처럼 눅진하게 스며들어" 있다. 이어지는 부분에서 허상구는 아주 옛날부터 "인간의 핏속에 숨어 내려온 엄청난 죄악의 냄새이거나 추악하기 그지없는 배신의 냄새일지도"(308) 모른다는 고백을 한다. 마치 「봄날」에서 "아벨"의 벗어날 수 없는 원죄와 다르지 않다. 아벨의 죄로 벙어리 아들을 낳듯이, 이 소설에서 허상구는 예의 "흰 벽의 방"에서 침묵을 유지 당했다. 만화를 통해서라도 그날(물론 소설에서는 5·18이 직접 언급되지 않지만)을 기억하려고 했지만, 침묵의 경험 이후 좌절한 그는 "직선을 그릴 수가 없"(310)게 되어 버린다. "세상의 모든 사물을 추호의 의심도 없이 두쪽으로 날렵하고도

56 임철우, 「직선과 독가스」, 앞의 책, 307~308쪽.

완전하게 갈라놓는 바로 그 강력하면서도 단호한 선"(310)을 이제 그는 그릴 수 없게 되었다. 형벌이다. '벙어리'가 되어버린 것과 같다. 그런 허상구의 마지막 절규는 다음과 같다.

「저는 지금 정체를 알 수 없는 독가스와 독극물로 인하여 날마다 죽어가고 있습니다. 제발 저를 살려 주십시오. - 단식 사흘째」
……「…… 저를 살려 주세요. - 단식 나흘째」[57]

독가스 냄새를 맡게 되면서 정신 이상 증세가 심해진 후 그는 충장로 우체국 앞에서 '살려달라'는 피켓을 들고 단식을 하고 있다. 거리의 광인으로 전락했다. 작가는 그 원인을 비유적으로는 독가스로, 본질적으로는 오월의 사건에 대한 침묵의 결과로 제시하고 있는 셈이다. 동시에 피켓에 적힌 광인의 언어가 미친 사람의 말로 변질되어 진실이 감추어지는 현실을 우회적으로 지시하고 있다. 데리다는 이런 방식의 "불화(dissension)"[58]가 이성의 내부에서 광기를 표출시킴으로써 최초의 뿌리를 찾아간다고 설명한다. 즉 허상구의 저 피켓팅은 망각의 형벌이며 동시에 기억을 기억하는 행위이기도 하다.

이렇듯 임철우의 소설은 (1)갑자기 소환되는 기억, (2)망각의 정서, (3)기억과 망각의 갈등 (4)죄책감의 서사로 구성된다. (1)에서 (4)로 진행되면서 인물의 정서는 '안정'에서 '불안정'의 상태로 이행하고[59], '망각'에서 '기억'의 상태로 이동한다. 그리고 점점 죄책감이 증가하는 양상으로 진행된다. 이러한 구성을 통해 임철우는 5·18을 기억해야 한다는 강력한

57 임철우, 「직선과 독가스」, 앞의 책, 316쪽.

58 Jacques Derrida, 『글쓰기와 차이』, 앞의 책, 66쪽.

59 「봄날」의 마지막 '순음'의 눈물, 「직선과 독가스」 주인공의 광인 상태, 「동행」에서 '나'의 불안정 상태가 이러한 서사의 흐름을 뒷받침한다.

서사를 남긴 것이다. 이 글의 앞에서 말한 바와 같이 당시는 법질서가 정지되고 민주주의가 항구적으로 유보된 '정치적 예외상태'의 시대였다. 외부의 검열과 자기 검열의 시대였다. 잊어야 할 이유가 많았고 잊어야 차라리 편한 시대에 임철우의 소설은 처절한 자기고백의 형식으로 가장 시의적절한 주문의 형식으로 기록되었다. 때문에 그의 소설에 "5월문학도 소시민적 지식인의 번민을 해소하는 수단에 그칠 위험이 있다"[60]라는 주홍글씨를 서둘러 붙이기 전에 5·18에 어떤 해석도 하지 않은 채 기억해주기만을 바라는 목소리를 들어야 할 필요가 있다.

5·18이 문학적 사건일 수 있는 이유는 사건의 진실이 알려지지 않았다는 아주 단순한 사실에서 출발한다. 도시는 고립되고 정보는 통제되고 사건은 왜곡되었다. 총을 맞거나 피를 흘린 사람들의 이야기는 산맥을 넘지 못했다. 누군가의 억울함은 권력의 무게에 짓눌려 함부로 언어화되지 않았고, 모두들 비겁함의 침묵을 공유하고 있었다. 설령 소문의 벽을 넘어 다른 도시에 닿은 이야기들은 믿을 수 없는 거짓이 되거나 간첩이라는 레드콤플렉스의 강력한 트라우마에 지레 겁먹은 채 침묵의 감옥 속으로 사라져 버렸다. 이러한 사실은 멀리서 일어난 어떤 사건을 이야기의 형태로 전달한다는 문학의 본령을 소환하는 힘이다. 문학으로서 5·18의 의미는 여기에서 출발한다. 윤정모의 「밤길」이 5·18을 대상화하는 소설 중 주목을 받았던 이유 또한 사건의 진실을 알리기 위해 그들이 침묵의 산맥을 넘어서고 있기 때문이다. 다행스럽게도 그제야 사건은 진행 중이 된다. 종결되고 잊혀진 역사의 한 사건이 아니라 재해석되고 재구성되면서 구제될 수 있는 하나의 사건으로 남게 된다. 임철우의 소설도 바로 이런 자리에 서있다.

60 백낙청, 「오늘의 민족문학 민족운동」, 앞의 책, 239쪽.

나가며

5·18 이후 1980년대의 문학적 지평은 이중의 '예외상태'에 놓여있었다. 군부권력은 독점적 국가 폭력을 통해 주권과 법질서를 정지시켜 '정치적 예외상태'를 선언했다. 군부권력은 주권자임을 자처하면서 민주주의에 대한 광주 시민들의 열망을 공공의 안전을 위협하는 폭력으로 규정하고, 정상적인 법질서와 주권의 행사를 정지시킴으로써 예외를 상례화시켰다. 1987년 6월 항쟁을 거쳐 탄생한 6공화국이 국민화합을 이유로 5·18을 '광주민주화운동'으로 재규정하기까지 최소 8년 동안 5.18은 정치적 예외상태의 시공간 속에 있었다.

5·18 이후 문학 비평의 현장에서는 민중·민족문학 담론의 총체성에 대한 구현과 문학의 미학적 예술성이라는 서로 다른 예술론의 당파성이 충돌한다. 특히 『창작과비평』을 중심으로 생산된 민중·민족문학론은 5·18 초기 작품들을 지속적으로 비교하고 배제하면서 담론을 형성했다. 홍희담의 「깃발」의 경우 민중·민족문학은 노동자의 의식이 성장하는 투쟁의 장이어야 했다. 이 과정에서 몇 개의 작품들이 비교대상이 되었다. 더 나아가 담론은 민중을 노동자와 농민으로 규정하고, 민중·민족문학론은 민중이 직접 생산하는 민중문학이어야 한다고 주장했다. 박노해의 작품이 성공적인 사례로 언급되지만 결국 모호한 기준에 의해 폐제되는 결과를 낳았다. 그러나 그들이 주장하는 '민중'의 개념은 70년대의 개념과 다를 수밖에 없었고, 1980년대의 시대적 상황에 맞는 '민중' 개념 규정에 실패한 것으로 보인다. 또한 담론은 작품 속에서 노동현장과 생활현장이 밀착되면서 투쟁과정의 구체성과 긴밀성이 드러나길 바랐고, 작가와 독자들이 각성하고 변증법적으로 발전하는 윤리적 과제 또한 수행하기를 원하게 되었다. 민중·민족문학 담론은 당대 문학의 일부를 지속적으로 배제하면서 성장할 수밖에 없는 기형적 상황에 놓여 있었다.

임철우의 초기 소설에 대한 비평은 바로 민중·민족문학 담론에 의해 소외된 문학적 흔적이다. 임철우는 5·18을 잊지 않았다. '사건'의 기억은 불현듯 소환되어, 고통을 망각하고 현실에 적응하고자 하는 개인들에게 끊임없이 기억의 필요성을 역설했다. 때로는 저주의 문장으로, 때로는 고통에 대한 공감으로, 때로는 죄책감으로 인한 광기로 기억은 살아 존재했다. 그것이 민중·민족문학 담론이 요구하는 민중에 의해 생산되어 민중의 각성과 인간해방을 목표로 하는 문학에 부합하지 않았다 할지라도, 임철우는 개인으로서 지닌 죄책감을 일관된 플롯을 통해 소설화함으로써 '사건' 이후 어떤 삶을 살아야 하는지에 대한 질문을 놓치지 않았다. 민중·민족문학 담론은 1980년대라는 특수한 정치적 상황 속에서 문학의 거시적 방향성에 대한 근본적인 고뇌의 출발점이다. 또한 정치적 억압의 시기에 리얼리즘 문학론의 큰 방향성을 획득하려는 문학 본연의 움직이었다는 점은 부인하기 어렵다. 다만 본 논문은 민중·민족문학이 담론화되는 과정에서 의도와는 무관하게 5·18의 특수한 문학적 가능성의 경계를 구획지었고, 5·18 관련 초기의 작품들이 어떻게 문학적 예외상태에 놓이게 되는지를 탐색하려 했다.

물론 객관성을 확보하기 위해서는 당시의 다양한 문학비평의 장을 살펴보아야 할 것이다. 그럼에도 분명한 것은 5·18이라는 정치적 사건을 직간접적으로 경험한 순수 개인들의 상처와 후유증에 대해 민중·민족문학 담론이 놀랄 만큼 무감각하다는 점이다. 민중·민족문학론을 앞세운 리얼리즘 문학의 총체성에 대한 추구와 민중적 시각이라는 담론이 1980년대 문학의 해석에 기여한 바를 무시하고 싶지는 않다. 그러나 타자에 대한 윤리적 관점에서 볼 때 당시의 논의는 개인의 후유증이 민중의 폭발성을 은폐시켰다는 백낙청의 말과 달리 오히려 '민중'이라는 언어가 자기 몫을 가지지 못하고 현실의 셈법에서 제외된 사람들의 순수한 목소리를 은폐시킨 꼴이 되어버렸다.

참고문헌

기본자료

임철우, 「동행」, 『우리시대 우리작가 31-임철우』, 동아출판사, 1987.

임철우, 「봄날」, 『우리시대 우리작가 31-임철우』, 동아출판사, 1987.

임철우, 「사산하는 여름」, 『외국문학』 제5호, 1985년 여름호.

임철우, 「직선과 독가스」, 『세계의문학』 33호, 1984년 가을호.

백낙청, 「4·19의 역사적 의의와 현재성」, 『창작과비평』 56호 1980년 여름.

백낙청, 「민중·민족문학의 새 단계」, 『창작과비평』 57호(부정기간행물), 1985년.

백낙청, 「오늘의 민족문학과 민족운동」, 『창작과비평』 59호, 1988년 봄.

염무웅·김사인·이재현·전영태, 〈좌담〉「80년대의 문학」, 『창작과비평』 57호, 1985년.

최원식, 「광주항쟁의 소설화」, 『창작과비평』 60호, 1988년 여름.

최원식·임영일·전승희·김명인, 〈좌담〉「민족문학과 민중문학」, 『창작과비평』 59호, 1988년 봄.

황광수, 「80년대 민중문학론의 지향」, 『창작과비평』 58호, 1987년.

황석영, 「항쟁 이후의 문학」, 『창작과비평』 62호, 1988년 겨울호.

논문 및 단행본

「관보 제8547호」, 국가기록원, 1980년 5월 17일.

강소희, 「오월을 호명하는 문학의 윤리」, 『현대문학이론연구』 62호, 현대문학이론학회, 2015.9.

광주광역시 5.18사료편찬위원회 편, 『5.18 광주민주화운동자료총서』(1-20권), 전일실업, 1997-1999.

김병익, 「민중문학론의 실천적 과제」, 자유실천문인협의회 편, 『민족문학5』, 이삭, 1985.8.

김정남, 『진실, 광장에 서다 : 민주화운동 30년의 역정』, 창비, 2005.

김지하·백낙청, 〈대담〉「민족, 민중 그리고 문학」, 『실천문학』 1985년 봄.
김형중, 「『봄날』 이후」, 5월문학총서간행위원회, 『5월문학총서4-평론』, 문학들, 2013년.
김홍중, 『사회학적 파상력』, 문학동네, 2016.
방민호, 「광주항쟁의 소설화, 미완의 탑」, 『언어세계』, 1996년 봄호.
배하은, 「재현 너머의 증언 – 1980년대 임철우, 최윤 소설의 5·18 증언-재현 문제에 관하여」, 『상허학보』 제50집, 상허학회, 2017.6.
성민엽, 「민중문학의 논리」, 성민엽 편, 『민중문학론』, 문학과지성사, 1984.
유재천, 「민중개념의 내포와 외연」, 유재천 편, 『민중』, 문학과지성사, 1984.
윤정모, 『밤길』, 책세상, 2009.
이강은, 「광주민중항쟁에 대한 소시민적 문학관을 비판한다」, 『노동해방문학』, 1989년 5월호.
전남사회운동협의회 편, 『(광주 5월 민중항쟁기록) 죽음을 넘어 시대의 어둠을 넘어』, 풀빛, 1985.
정도상, 「십오방 이야기」, 한승원 외, 『일어서는 땅』, 인동, 1987.
정명중, 「'5월'의 재구성과 의미화 방식에 대한 연구-소설의 경우」, 5월문학총서간행위원회 편, 『5월문학총서4 - 평론』, 문학들, 2013.
황석영, 「떠난 자와 남는 자」, 『황석영의 한국명단편-변혁과 미완의 출발』, 문학동네, 2015.
황정현, 「1980년대 소설론」, 5월문학총서간행위원회, 『5월문학총서4-평론』, 문학들, 2013년.
Carl Schmitt, 『정치신학:주권론에 관한 네 개의 장』, 그린비, 김항 역, 2010.
Giorgio Agamben, 『예외상태』, 김항 옮김, 새물결, 2009.
Jacques Derrida, 『글쓰기와 차이』, 남수인 옮김, 동문선, 2001.
Jacques Rancière, 『문학의 정치』, 유재홍 옮김, 인간사랑, 2009.
Sigmund Freud, 「슬픔과 우울증」, 『정신분석학의 근본개념』, 윤희기·박찬부 옮김, 열린책들.

소설이 '오월-죽음'을 사유하는 방식*

— 한강의 『소년이 온다』를 중심으로 —

최윤경

서론

비교적 근거리에서 파악되는 세계사적인 사건인 '아유슈비츠'와 '9·11'은 우리에게 폭력의 참상을 극명하게 보여주었다. 두 사건은 한 국가[민족]가 다른 국가[민족]를 적[타자]으로 상정[거부]한 데서 비롯되었으며 무고한 시민들의 참사를 불러일으켰다. 여기에 우리의 1980년 5월 광주[1]는 '국가'가 '국민'을 '적'으로 규정함으로써 빚어진 참극이라는 사실에서 그 폭력성이 더해진다. 1980년 5월, 국가권력은 무장하지 않은 광주 시민들을 향해 군사적 폭력을 사용했고 이에 광주 시민들이 죽음을 무릅쓰고 '개입'함으로써 가시적이 되었던 사건이 5·18이다. 그러나 5·18

* 이 원고는 "「소설이 '오월-죽음'을 사유하는 방식-한강의 『소년이 온다』를 중심으로」, 『민주주의와 인권』 16권 2호"에 게재한 글을 수정·보완한 것이다.

1 1980년 5월 군사정권은 민주주의를 요구하는 광주 시민들을 무차별적으로 학살했고 이에 광주 시민들은 정당한 저항권을 행사했다. 이에 대한 제도적인 승인[명칭]이 '5·18민주화운동'이다. 서용순은 그러한 명칭의 '애매성'을 지적하는데 이는 "5월 광주는 국가 권력의 혁명적 전환을 문제삼는, 보다 근본적인 정치로의 지향으로 특징져지는 새로운 경향을 추동하는 계기였다."는 점에서다.(서용순, 2007) 본고는 중의적인 용어로 이야기되는 '5·18'이라는 용어를 주로 사용하는데 맥락에 따라 '오월', '1980년 5월' '광주' 등의 용어를 쓰기도 할 것이다.

은 아직 역사에 응당한 이름으로 기입되지 못했으며 '기념'과 '헌사'라는 국가의 요식행위 속에서 그 의미가 희석되고 있다는 것이 주지의 사실이다.[2] 작가 최인훈이 우리 사회의 기득권 세력이 그들의 이득에 해가 될 때 주기적으로 '광주'를 실시한다[3]고 했듯 1980년 5월은 '지금, 여기'에서도 진행 중이다. 문학이 1980년 5월을 끊임없이 소환하는 것은 5·18을 "깜깜한 데"에서 "밝은 데"(한강, 2014: 192)로 '구출'하려는 시도, 즉 '문학의 윤리'의 문제로 이야기할 수 있을 것이다.

1980년 5월을 다룬 소설의 시작에 『일어서는 땅』(한승원 외, 1987), 『부활의 도시』(한승원 외, 1990), 『꽃잎처럼』(공선옥 외, 1995)으로 묶인 단편들이 있다. 그 뒤에 장편 『봄날』(전5권, 임철우, 1997·8)과 『밤꽃』(최인석·임철우 엮음, 2000), 『5월문학총서2-소설』(5월문학총서간행위원회 엮음, 2012)로 묶인 단편들이 있다.[4] 비교적 최근에는 『레가토』(권여선, 2012), 『소년이 온다』(한강, 2014), 『길, 저쪽』(정찬, 2015) 등의 장편소설들이 잇따라 출간되고 있다.[5] 이 소설들은 1980년 5월의 폭력적인 상황들에 대

2 5·18민주화운동기념일은 국가보훈처가 주관하는 국가기념일이다. 36주기 기념식이 있던 지난 5월 18일 대통령은 기념식에 참석하지 않았으며 국가보훈처장은 5·18 유족의 저지로 행사장에 들어가지 못했다. 여기까지는 언론에서 보도되었다. 그런데 사전에 기념식 참가신청 절차가 있었다는 사실을 알지 못했던 많은 시민들이 '보안상 불가피하다'는 이유로 기념식장 입장을 거부당한 사실, 기념식이 끝난 후 유족들이 자신들이 올 자리가 아니었다며 울분을 토로한 사실 들은 아직 '사건'이 되지 못하고 있는 것으로 보인다.

3 "모든 시대의 기득권 세력은 그들의 기득권에 제일 해가 안 될 부분에 대해서는 약간의 자치를 허락하고, 자기들의 기득권을 내놓아야 할 부분에서는 언제나 폭력적으로 독점을 유지하고 그 부분에서는 자기들만 자치하고, 그 밖의 구성원들에게는 그 부분을 금기로 선포한다. 그 선포에 항의하면 주기적으로 '광주'를 실시한다."(최인훈, 2008: 66-7)

4 이 가운데 『꽃잎처럼』, 『밤꽃』, 『5월문학총서2-소설』 들에서는 앞서 발간된 소설집에 들어있는 단편들이 다수 중복된다.

5 이 밖에도 1980년 5월의 폭력을 30년이 지난 현재적 시점에서 개인의 복수의 문제와 연결(김경옥, 2013, 『야구란 무엇인가』)되거나 원전사고라는 미래의 비극에 등

한 '재현', 그리고 당시 '광주'에 적극적으로 개입하지 못했거나 부재했던 데에 대한 지식인들의 부채감이 현재적 삶에서 지속되고 있음을 보이는 1980년 5월의 '현재화'로 일별된다. 그런데 1980년 5월의 '재현'이나 '현재화'의 어느 한쪽에 치우쳐 있다. 이를 테면 "제도화되기 이전의 1980년 5월을 가장 극적으로 총체적으로, 가장 가깝게 형상화"(김형중, 2006: 250)한 『봄날』은 1980년 5월의 '재현'에, 광주 외부에서 광주항쟁의 실체를 국내외에 알리는 역할을 하다가 경찰의 심문과 고문으로 삶을 훼손당한 데에 대한 치유의 시간으로 현재적 삶을 살고 있는 사람들을 그리고 있는 『길, 저쪽』은 1980년 5월의 '현재화'에 초점이 맞추어져 있는 것이다. 1980년 5월이 여전히 우리의 현실에서 문제가 되고 있고 그것이 소설에서 서사의 중요한 동력으로 호출되고 있다고 본다면 '재현'과 '현재화'가 함께 소설의 방식으로 사유되어야 하지 않을까. 그런 점에서 한강의 『소년이 온다』가 주목된다.

한강은 열 살 때, 막내고모와 아버지가 나누는 대화를 들으며 1980년 5월을 추체험한다. 『소년이 온다』는 이러한 작가의 '오월'에 대한 사적인 회고[6]의 소산이다. 앞서 언급했듯 1980년 5월은 국가폭력에 광주 시민들이 맞서 죽음으로 가시적이 되었던 바, 계엄군이 도청에 들어오기 전날부터 27일 새벽에 이른 참사가 그 정점을 이룬다. 한강의 『소년이 온다』는 그러한 '오월-죽음'[7]의 문제가 서사의 중심에 놓여 있다.

치되는 과거의 비극으로 소환(박솔뫼, 2014, 「그럼 무얼 부르지」)하는 소설들이 논자들의 관심을 끌고 있다.

6 김연수(2014); 한강은 80년 5월에 대한 이야기를 열살 때 '서울 수유리 언덕배기 집'에서 듣는다. 작가는 태어나서 아홉 살까지 살았던 광주 중흥동 집을 80년 1월 떠나왔다는데 중흥동 그 집을 산 사람의 아들이 그해 5월에 죽은 것이다. 한강은 아버지가 가르쳤던 학생-중학생-이기도 했던 '소년'에 대해 생각한다. "차가운 장판 바닥에 배를 대고 엎드려 숙제를 하던 방, 그 부엌머리 방을 그 중학생이 쓰지 않았을까. 내가 건너온 무더운 여름을 정말 그는 건너오지 못했나."(한강, 2014, 「에필로그」, 『소년이 온다』)

『소년이 온다』에서 ‘오월-죽음’은 1980년 5월 ‘죽은 자’에 기입된 중학생 ‘정대’와 ‘동호’의 죽음으로 대표된다. 문제는 ‘죽은 자’인 그 둘의 목소리가 발화되고 있다[8]는 점이다. 이숙(2014)은 『소년이 온다』에서 1980년 5월 ‘죽은 자’의 목소리가 1인칭 시점으로 발화되고 되고 있다는 점, ‘살아남은 자’인 ‘은숙’과 ‘선주’에게 역시 ‘죽은 자’인 동호가 ‘너’의 2인칭 시점으로 불리며 ‘기억’된다는 점을 지적한다. 그러나 이숙은 그러한 정대와 동호를 살아남은 자들의 죄책감이 만들어낸 환영으로 간단하게 치부한다. 정대와 동호는 유령으로, 말을 할 수 없다는 점에서 그 둘에게 ‘오월-죽음’에 대한 ‘진실’을 들을 수 없고 5·18 관련 논문을 쓰고 있는 작중인물 ‘윤’이나, 작가 한강의 의미 부여로 가능해진다[가능해졌다]는 것이 이숙의 주장이다. 조연정(2014)은 동호의 죽음에 대한 불가해성(不可解性), 그리고 인간으로서의 존엄성이 훼손된 만큼 고문을 당했던 살아남은 자들의 증언의 불가능성이 강조된다고 본다.[9] 조

7 1980년 5월 열흘 동안 국가 폭력에 맞선 광주에서의 시민들의 죽음을 본고에서는 편의상 ‘오월-죽음’으로 부르기로 한다.

8 ‘죽은 자’인 ‘동호’가 자신을 ‘너’의 2인칭으로 부르는 가운데 상무대와 도청에서 동호가 시체들의 수습에 참여했던 상황이 주요하게 진술된다. 여기에서 ‘너’가 ‘동호’를 지시한다고 본 것은 ‘너’의 진술 속에서 1980년 5월 동호가 도청과 상무대서 시신들을 함께 돌봤던 ‘진수’를 ‘진수 형’으로, ‘선주’를 ‘선주 누나’로, ‘은주’를 ‘은주 누나’로 부르고 있다는 점에서다. 그리고 27일 새벽 동호가 계엄군과의 결사항쟁을 각오하고 도청에 남은 ‘시민군’으로 남기까지의 상황이 ‘살아남은 자’로서 동호를 ‘너’로 호명하는 ‘은숙’과 ‘선주’의 기억을 통해 진술된다. 그리고 역시 ‘죽은 자’인 ‘정대’의 목소리는 ‘나’의 1인칭으로 발화된다.

9 조연정은 동호가 이미 죽고 없다는 사실에서 “누구도 동호의 죽음을 온전하게 설명할 수는 없다”고 보며 동호의 죽음에 대한 불가해성(不可解性)을 강조한다 이는 우리에게 죽음이 살아서 경험될 수 없다는 인간의 조건을 확인하는 것에 다름 아니다. 이러한 단언은 필자가 ‘오월-죽음’을 특별히 문제 삼고 있는 까닭이 어디에 있는지를 다시 질문하게 만드는 측면이 있다. 이에 대해 강소희는 “국민의 안전과 생명을 보호할 의무를 지닌 국가가 도리어 국민들을 향해서 폭력을 가했던 사건이라는 점에서, ‘국가가 무엇인가’ 하는 질문에 답할 수 없다는 사실에서 (오월) 죽음의 불가해성이 비롯된다”(2015: 19)는 점을 분명히 한다.

연정은 『소년이 온다』에서 그러한 오월-죽음에 대한 불가해성과 살아남은 자들의 증언의 불가능성이 작가의 '재현 가능성'으로 극복되고 있다고 보는 점에서 이숙의 논의와 겹쳐진다. 이에 강소희(2015)는 『소년이 온다』를 오월의 제도화 혹은 사물화에 맞서 '오월의 공백'을 소설화[지시]하려는 시도로 본다. 언어화할 수 없는 오월의 죽음을 말하는, 문학의 윤리를 읽어내려는 것이 논자의 주요한 논점이다. 그런데 강소희의 논의는 '오월의 공백을 지시하는 것'과 '문학의 윤리'에 간극이 있으며 이에 대해 더 설명되어야 할 것으로 보인다.

김형중은 임철우를 일컬어 "('광주'를 겪은 이후) 주검과 함께 이승을 살면서 항상적인 애도 상태인 초인적인 긴장을 글쓰기에 대한 욕망으로 견뎌내며 사는", "죽은 자의 명령을 들은 작가"(김형중, 2014)라고 했다. 한강 역시 1980년 5월 '죽은 자'들의 명령을 들었으며 『소년이 온다』는 이러한 작가의 소산이라고 해도 크게 틀린 말이 아닐 것이다. 본고는 '오월'을 "재현" 혹은 "말하려는" 작가의 "글쓰기"보다 한강이 들었을 1980년 5월 '죽은 자'들의 '명령'과 이에 대한 '살아남은 자'들의 응답의 양상들에 주목하고자 한다. 『소년이 온다』에서 망자들이 귀환하여 1980년 5월 자신들의 죽음에 대한 해명을 요청하고 이에 '살아남은 자'들은 1980년 5월에 대한 윤리적 책무를 인식한다. 그런 점에서 1980년 5월은 살아남은 자들에게 현재적인 사건이 되며 우울증적 주체 혹은 후사건적 주체의 가능성을 보이는 개별화의 양상으로 나타난다. 이를 1980년 5월이 지금 우리에게 '명령'하는 것이 무엇인가 하는 '문학의 윤리'의 문제로 연결 짓고자 한다.

'오월-죽음'에 대한 독해의 지점

인간에게 죽음은 살아서 체험될 수 없다는 점에서 삶을 갑작스럽게 침범하는 것이 되며 그 순간 '억울'과 '원통'의 감정 상태가 되기 마련이다. 그러나 죽음은 곧 '무(無)'가 되기 십상이고 죽은 사람과 함께 했던 살아있는 사람의 '상실'의 아픔이 남을 뿐이다. 그런데 한강의 『소년이 온다』는 '죽은 자'들이 귀환하며 자신의 죽음에 대한 해명을 요청하고 있다는 점에서 문제적이며 이러한 지점에서 1980년 5월을 다루고 있는 여느 소설들과 구별된다.

『소년이 온다』에서 1980년 5월 '죽은 자'인 '정대'는 며칠 째 소식이 없는 누나(정미)를 찾으러 친구 '동호'와 함께 나섰다가 '광장'에서 저격수가 쏜 총에 맞아 "비명에 횡사"[10]한다. 정대는 그렇게 '오월-죽음'에 기입된다. 그런데 문제는 죽은 정대의 목소리가 1인칭 시점에서 발화되고 있다는 사실이다.

> 나를 죽인 사람과 누나를 죽인 사람은 지금 어디 있을까. 아직 죽지 않았다 해도 그들에게도 혼이 있을 테니, 생각하고 생각하면 닿을 수 있을 것 같았어. 내 몸을 버리고 싶었어. 죽은 그 몸뚱이로부터 얇고 팽팽한 거미줄같이 뻗어나와 끌어당기는 힘을 잘라내고 싶었어. 그들을 향해 날아가고 싶었어. 묻고 싶었어. 왜 나를 죽였지. 왜 누나를 죽였지. 어떻게 죽였지.(52)

정대는 누나와 살고 있었고 그것은 누구에게, 어떤 이유로도 빼앗길 수 없는 정대의 '권리'다. 그런데 지금 정대는 그 개별적인 권리를 박탈당한 것이다. 게다가 정대의 죽은 몸조차 제대로 다뤄지지 않고 있다. "환자복을 입은 젊은 남자였는데 … 가마니를 가슴에 덮고 누운 그는 누

---

10 작가 최명희가 이를 탁월하게 묘사한바 있다. "비명(非命)에 횡사를 한 원통한 사람의 넋은, 미처 몸에서 빠져 나가지 못한 채 거리 중천에서 방황하게 된다./ 그래서 혼불도 흩어져 버린다./ 하지만 제 목숨을 다 채우고 고종명(考終命에)하여, 제 명대로 살다가 편안히 가는 사람의 혼불은, 미리 나가 들판 너머로 강 건너로 어디 더 먼 산 너머로 날아간다."(최명희, 2009, 『혼불』 3: 104)

구보다도 청결했어 … 환부를 꿰매고 약을 발라주었어… 똑같이 죽은 몸인데, 누군가의 손길이 남아 있는 그 몸이 한없이 고귀해 보여서 나는 이상한 슬픔과 질투를 느꼈어. 몸들의 높은 탑 아래 짐승처럼 끼여 있는 내 몸이 부끄럽고 증오스러웠어."(53) 하는 데서 전해지는 정대의 분노는 그 통렬함이 극에 달한다. 정대는 지금 자신과 누나를 '누가' '어떻게' '왜' 죽였는지, 자신의 훼손된 몸마저도 왜 짐승처럼 취급되어야 하는지를 묻고 있는 것이다. 그러한 정대의 발화는 1980년 5월의 참극을 낳은 가해자에게 향해 있다는 점에서 가해자의 '자백'만이 정대의 요청에 대한 해명이 될 수 있다. 정대의 죽음에 대한 부당함을 가해자가 인정하고 그 죽음이 애도될 때 망자는 비로소 하늘로 떠나보내질 수 있을 것이다.[11] 그런데 『소년이 온다』에서 정대의 죽음에 대한 가해자의 자백 대신 동호의 행위가 부각된다.

'동호'는 1980년 5월 광장에서 손을 놓친 정대를 찾으러 도청 민원봉사실에 간다. 거기에서 동호는 죽은 사람들의 "피 묻은 얼굴을 물수건으로 닦아내고" 있는 "교복 입은 누나(은숙)"에게 "어제 요 앞에서 군인들이 총을 쐈을 때, 친구가 맞는 걸 동네 사람들이 봤다"는 소리를 들었다고 하면서 정대의 행방을 묻는다. 그런데 사실, 동호는 스스로를 속이

11 김형중은 5·18이나 세월호 '외상적 사건'으로 인해 우리가 치러야 할 '애도'를 세 가지 차원으로 세분한다. 먼저 외상적 사건에서 살아남은 '생존자'들이 치러야 할 애도다. 그들은 사건으로부터 치유가 필요하다. 다음으로 '유가족'들이나 친구들, 동료들이 치러야 할 애도가 있다. 그들 역시 시신(애도의 대상)을 되찾고, 그 시신 앞에서 통곡하고, 그들을 더 '좋은 곳'으로 보내기를 바라면서 애도를 성공적으로 마무리해야 한다. 그렇게 될 때 고통스러운 기억 때문에 나머지 삶을 지옥처럼 살지 않게 될 것이다. 마지막으로 '우리들', 즉 '사회' 혹은 '공공영역'이 치러야 할 애도가 있다. 이때의 애도는 대개 상징적 질서에서 난 틈을 어떻게든 다시 메우려는 세력들 간의(그 틈을 마치 큰일은 없었다는 듯이 봉합하려는 세력과 그 틈을 새로운 계기로 삼아 다른 형태의 상징적 질서를 도입하려는 세력들 간의) 다툼으로 나타난다.(김형중, 2014 가을: 269-70); 김형중은 세 가지 차원의 애도를 세분하면서 "그들의 치유를 바란다.", "애도가 성공적으로 마무리되기를 바란다."에서 보이듯 '바란다'라는 술어를 사용했다. 이러한 논자의 문체를 바꾸어서 정리했음을 밝힌다.

고 있다.

> 역전에서 총을 맞은 두 남자의 시신이 리어카에 실려 시위대의 맨 앞에서 행진했던 날, … 인산인해를 이뤘던 저 광장에서, 마지막으로 정대를 본 건 동네 사람이 아니라 바로 너였다. 모습만 본 게 아니라, 옆구리에 총을 맞는 것까지 봤다. 아니, 정대와 너는 처음부터 손을 맞잡고 선두로, 선두의 열기 쪽으로 나아가고 있었다. 귀를 찢는 총소리에 모두 뒤돌아 뛰기 시작했다. …아수라장 속에서 정대의 손을 놓쳤다. 다시 총소리가 귀를 찢었을 때, 모로 넘어진 정대를 뒤로 하고 너는 달렸다. … 너는 눈을 가늘게 뜨고 거리 가운데 쓰러진 수십명의 사람들을 봤다. 네가 입은 것과 똑같은 하늘색 체육복 바지가 얼핏 보인 것 같았다. 운동화가 벗겨진 맨발이 꿈틀거린 것 같았다. 네가 뛰쳐가려는 순간, 입을 막고 떨던 아저씨가 네 어깨를 붙들었다. …지금 나가면 개죽음이여. … 군인들의 대열에서 2인1조로 이십여명이 걸어나왔다. 앞쪽에 쓰러진 사람들을 신속하게 끌고 가기 시작했다. 그때를 기다린 듯, 옆 골목과 맞은편 골목에서도 여남은명이 달려나가 뒤쪽에 쓰러진 사람들을 들쳐업었다. 이번엔 옥상에서 총을 쏘지 않았다. 하지만 너는 정대를 향해 그들처럼 달려가지 않았다. 네 곁에 있던 아저씨들은 숨이 끊어진 일행을 업고 서둘러 골목 사이로 사라졌다. 갑자기 혼자 남은 너는 겁에 질려, 저격수의 눈에 띄지 않을 곳이 어디일까만을 생각하며 벽에 바싹 몸을 붙인 채 광장을 등지고 빠르게 걸었다.(31-3)

위의 예문은 동호가 스스로를 '너'의 2인칭으로 호명하며 정대의 죽음을 목도했던 상황에 대해 진술하고 있는 장면이다. 동호는 총에 맞아 쓰러져 죽어가는 정대를 뒤로 하고 도망쳤고 겁에 질려서 정대의 주검마저도 지키지 못했음을 자책하고 있다. 동호는 광장에서의 일이 악몽이기를 바라는 마음으로 정대를 찾고 있는 것이다. 동호의 "오늘"은 "그 다른 세상이 계속됐다면 지난주에 중간고사를 봤을 것"이고 "시험 끝의 일요일이니 오늘은 늘어지게 자고 일어나 마당에서 정대와 배드민턴을 쳤을" 것이다. 그런데 동호의 오늘은 그 다른 세상의 시간이 "더 이상 실감되지 않는다."(24) 광장에서 정대의 죽음으로부터 도망친 이후 동호의 시간은 "꿈보다 무서운 생시"(34)가 된다. 그런데 상무대에서 처참한 주검들을 목도[12]한 이후 동호는 정대의 죽음에 대한 가해자가 '나라'라는 사실을 인식하게 된다.

> …네가 이해할 수 없었던 한 가지 일은, 입관을 마친 뒤 약식으로 치르는 짧은 추도식에서 유족들이 애국가를 부른다는 것이었다. 관 위에 태극기를 반듯이 펴고 친친 끈으로 묶어놓은 것도 이상했다. 군인들이 죽인 사람들에게 왜 애국가를 불러주는 걸까. 왜 태극기로 관을 감싸는 걸까. 마치 나라가 그들을 죽인 게 아니라는 듯이.
>
> 조심스럽게 네가 물었을 때, 은숙 누나는 동그란 눈을 더 크게 뜨며 대답했다.
>
> 군인들이 반란을 일으킨 거잖아, 권력을 잡으려고. 너도 봤을 거 아냐. 한낮에 사람들을 때리고 찌르고, 그래도 안되니까 총을 쐈잖아. 그렇게 하라고 그들이 명령한 거야. 그 사람들을 어떻게 나라라고 부를

12 "그중에서도 맨 끝 모서리에 있는 사람의 상태가 가장 나쁘다. 처음 네가 보았을 때 그녀는 십대 후반이나 이십대 초반의 자그마한 여자였는데, 썩어가면서 이제는 성인 남자만큼 몸피가 커졌다. 딸이나 여동생을 찾는 사람들을 위해 천을 걷어 보일 때마다 너는 부패의 속도에 놀란다. 여자의 이마부터 왼쪽 눈과 광대뼈와 턱, 맨살이 드러난 왼쪽 가슴과 옆구리에는 수차례 대검으로 그은 자상이 있다. 곤봉으로 맞은 듯한 오른쪽 두개골은 움푹 함몰돼 뇌수가 보인다. 눈에 띄는 그 상처들이 가장 먼저 썩었다. 타박상을 입은 상처의 피멍들이 뒤따라 부패했다. 발톱에 투명한 매니큐어를 바른 발가락들은 외상이 없어 깨끗했지만 시간이 흐르며 생강 덩어리들처럼 굵고 거무스레해졌다. 정강이를 넉넉히 덮었던 물방울무늬 주름치마는 이제 부풀어오른 무릎을 다 덮지 못한다."(11-2); "체머리 떠는 노인의 얼굴을 너는 돌아본다. 손녀따님인가요, 묻지 않고 참을성 있게 그의 말을 기다린다. *용서하지 않을 거다.* 이승에서 가장 끔찍한 것을 본 사람처럼 꿈적거리는 노인의 두 눈을 너는 마주 본다. *아무것도 용서하지 않을 거다. 나 자신까지도.*"(45)

수 있어.(17)

동호에게 '나라'와 '군인들'이 동일시되며 그러한 동호의 인식을 통하여 처참한 주검, 훼손당한 몸들에 대한 가해자가 '나라-군인들'이라는 사실이 지시된다. 동호에게 애국가와 태극기는 나라-군인들에 대한 기표인 만큼 유족들이 애국가를 부르고 태극기로 관을 감싸는 행위가 납득되지 않는다. 은숙 역시 '군인들을 가해자로 지목한다는 점에서는 동호와 인식을 같이 한다. 그런데 군인들을 어떻게 '나라'라고 부를 수 있냐고 반문하는 데서 은숙에게는 군인들을 제외한 상태로 나라의 위상이 유지되고 있음을 알 수 있다. 폭력적인 현실을 인식하는 문제에서 동호는 은숙보다 유보 없는 지점에 있는 것이다. 이러한 동호의 인식은 '죽은 사람들'과 '군인들'의 자리를 전도시키는 데서 극점에 이른다.

> …그 밤 빽빽이 강당을 메운 죽은 사람들의 모습을 문득 둘러보며, 마치 이곳에 집결하기로 약속한 군중 같다고 너는 생각했다. 소리치지도 움직이지도 손을 맞잡지도 않는, 지독한 시취만을 뿜어내는 군중 속을, 너는 장부를 겨드랑이에 끼운 채 빠르게 걸어다녔다.(21)

레비나스는, 사유[생각]는 "폭력 장면 또는 지독하게 지루하게 느껴지는 시간"들에서 "시작되는 것 같다"(레비나스, 양명수 역, 2000: 25)고 했다. 상무대에서의 처참한 주검들에 대한 목도는 동호를 레비나스의 이른바 '사유'로 이끈다. '나라-군인들'을 괄호에 넣고 그 자리에 죽은 몸들, 즉 '오월-죽음'들을 군중으로 세우는 데서 보이는 동호의 인식은 "폭력에 대한 공포와 자신에 대한 수치를 이성과 용기로 극복한 시민"(최정운, 2012: 117)의 그것을 닮아있다. 이는 "기존의 소설에서 온전히 목소리를 부여받지 못했던 어린 소년들과 소녀들, 그리고 여성 노동자"(조연정, 2014: 134)로 이야기되는 그 '어린 소년'의 차원을 넘어선다.[13] 그런데 동호는 1980년 5월 27일, 그러니까 계엄군이 '싹쓸이'를 결정하고 도청에 들어오기 전, 결사항쟁을 각오하고 도청에 남은 시민군들 틈에 고등학생이라고 신분을 속이기까지 하면서 들어있었고 그 '새벽' 죽게 된다.

그렇듯 『소년이 온다』에서 정대와 동호로 대표되는 '오월-죽음'에 대한 의미는 '나라-군인들'의 대척점에서 독해된다고 하겠다. 『소년이 온다』에서 이러한 '오월-죽음'은 1980년 5월을 무사히 통과한 '살아남은 자'들에게 '현재적 사건'이 된다.

현재적 사건으로서 '오월-죽음'

우울증적 주제의 자기 징벌

『소년이 온다』에서 '선주'와 '은숙'은 1980년 5월에 살아남았다는 사실에서 죄의식을 갖고 있는 인물들이다. 김형중이 정리했듯(각주 11) 선주와 은숙에게 1980년 5월은 '외상적 사건'으로 남았다. 그 둘은 '치유'가 필요하고 '애도'를 치러 현재적 삶이 지옥처럼 되지 않아야 할 것이다. 그런데 『소년이 온다』에서 선주와 은숙은 1980년 5월 이후 자기징벌적 삶을 사는 것으로 그려진다.[14] 이런 점에서 두 인물에게 1980년 5월은

---

13 자신의 죽음에 대한 해명을 요청하는 '정대' 역시 '어린 소년'을 초과한다. "더이상 내가 열여섯이라는 느낌이 들지 않았어. 서른여섯, 마흔여섯 같은 나이들도 여리고 조그맣게 느껴졌어. 예순여섯, 아니 일흔여섯살이라고 해도 이상할 것 같지 않았어./더이상 나는 학년에서 제일 작은 정대가 아니었어. 세상에서 누나를 제일 좋아하고 무서워하는 박정대가 아니었어. 이상하고 격렬한 힘이 생겨나 있었는데, 그건 죽음 때문이 아니라 오직 멈추지 않는 생각들 때문이었다. 누가 나를 죽였을까, 누가 누나를 죽였을까, 왜 죽였을까. 생각할수록 그 낯선 힘은 단단해졌어. 눈도 빰도 없는 곳에서 끊임없이 흐르는 피를 진하고 끈적끈적하게 만들었어."(51)

14 프로이트에 따르면 슬픔[애도]과 우울증[멜랑꼴리]은 둘 다 사랑하는 사람의 상실이나 어떤 이상(理想) 등의 상실에 대한 반응이다. 그런데 '슬픔'을 어느 정도 시간이 지나면 극복되리라는 기대를 갖게 되는 정상적인 주체가 느끼는 감정으로 보는 반면 우울증은 주제가 감당하기 힘든 병리적 상태로 망상 속에서 삶을 점점 파괴하는 병리학적인 증상으로 진단한다.(김석, 2012: 60)

현재적 사건으로 지속된다[15]고 볼 수 있다. 살아남은 자'로서 '오월-죽음'에 대한 부채감이 현재적 사건으로 기입되면서 두 인물은 우울증적 주체의 양상을 띤다. 그런데 선주가 그러한 인식으로의 함몰로 치닫는데 비해 은숙은 '오월-죽음'에 대한 다른 인식의 가능성을 보여준다.

먼저, '선주'는 현재 '녹취' 일을 하고 있다. 10년 전 '윤'이 시민군으로서 증언을 부탁했는데 이를 거절한 사실이 있다. 현재에 이르러서도 선주는 어떻게 증언이 가능하냐는 말을 독백처럼, 반복한다. 그러한 가운데 선주가 혹독하게 치렀던 '고문'과 그로 인해 고통스러웠던 삶이 또한 선주의 독백처럼 자기 진술된다.

> 기억해달라고 윤은 말했다. 직면하고 증언해달라고 말했다.
>
> 그러나 그것이 어떻게 가능한가.
>
> *삼십 센티 나무 자가 자궁 끝까지 수십번 후벼들어왔다고 증언할 수 있는가? 소총 개머리판이 자궁 입구를 찢고 짓이겼다고 증언할 수 있는가? 하혈이 멈추지 않아 쇼크를 일으킨 당신을 그들이 통합병원에 데려가 수혈받게 했다고 증언할 수 있는가? 이년 동안 그 하혈이 계속되었다고, 혈전이 나팔관을 막아 영구히 아이를 가질 수 없게 되었다고 증언할 수 있는가? 타인과, 특히 남자와 접촉하는 일을 견딜 수 없게 됐다고 증언할 수 있는가? 짧은 입맞춤, 뺨을 어루만지는 손길, 여름에 팔과 종아리를 내놓아 누군가의 시선이 머무는 일조차 고통스러웠다고 증언할 수 있는가? 몸을 증오하게 되었다고, 모든 따뜻함과 지극한 사랑을*

---

15 『소년이 온다』에서 1980년 5월에 살아남은 인물로 '선주'와 '은숙' 외에 '진수'라는 인물이 비중있게 다루어지고 있다. 진수는 27일을 도청에서 죽음을 각오하고 남은 사람들을 선두지휘하며 이후 가장 가혹한 고문을 받는다. 살아남았다는, 아직 살아있다는 사실을 치욕으로 느끼며 여섯 번 자살을 시도하다 실패하고 결국 자살한 것으로 그려진다. 그런데 살아남은 자로서 진수의 이야기 역시 진수의 발화가 아닌 같은 방에 수감되어 같은 조였던 '나-교대생'의 발화로 전해진다. '나-교대생'에 의해 진술되는 진수 역시 선주처럼 우울증적 주체의 양상을 띤다.

스스로 부숴뜨리며 도망쳤다고 증언할 수 있는가? 더 추운 곳, 더 안전한 곳으로. 오직 살아남기 위하여.(166-7)

선주는 27일 새벽을 '통과'했고, 총을 소지했다는 점에서 '극렬분자'로 분류되었다. 위의 예문은 선주가 받은 고문이 얼마나 혹독한 것이었는지를 알 수 있게 한다. 그리고 '19:00, 19:30, 19:40, 20:00, 20:10, 20:30, 21:00, 21:20, 21:50, 22:30, 22:40, 22:50, 23:00, 23:50, 0:10, 0:20, 0:30, 2:00, 2:50, 3:00, 3:20, 3:30, 4:00, 4:20, 4:30, 4:40, 4:50, 5:00'의 분 단위로 분절[16]에 따른 선주의 이야기는 선주의 현재적인 삶의 1980년 5월의 지속이라는 사실을 보인다. 선주는 외부 세계와 단절된 채 자폐적인 삶을 살고 있으며 '오월-죽음'에 대한 인식 역시 굴절되어 있다.

내 책임이 있는 거야, 그렇지?

입술을 다문 채, 눈앞에서 일렁이는 파르스름한 어둠을 향해 당신은 묻는다.

내가 집으로 가라고 했다면, 김밥을 나눠 먹고 일어서면서 그렇게 당부했다면 너는 남지 않았을 거야, 그렇지?

그래서 나에게 오곤 하는 거야?

왜 아직 내가 살아있는지 물으려고.(176-7)

예문에서 '나(선주)'가 '너'로 호명하는 인물은 다름 아닌 동호이다. 선주는 자신이 동호에게 집으로 가라는 말을 하지 않았기 때문에 동호가 남아서 죽었다고 생각하고 급기야 자신이 살아있다는 사실을 죽은 동호

16 선주의 이야기가 분절된 시간으로 표현되는 것은 80년 5월의 폭력적인 경험으로 인한 굴절된 삶과 파편화된 인식을 보여주는 소설적 방법이기도 하다. 이는 임철우의 『봄날』이 '1980년 5월 16일 새벽, 산수동 오거리'에서 '5월 28일 아침 7시 30분, 도청 앞 광장'에 이르기까지 시간과 장소에 따라 80년 5월에 대한 기록의 형식을 취하는 것과 구별된다.

가 책망하는 것처럼 느끼고 있다. 앞서 살폈듯 상무대에서의 처참한 주검들을 목도한 이후 동호는 도청에 남았다. 그런데 선주는 자신의 경험에 비추어 동호의 죽음을 자의적으로 판단하며 오해하고 있다. 이러한 선주의 동호의 죽음에 인식의 한계는 1980년 5월 '죽은 자'들과 '살아남은 자'를 "우리들"로 통칭하며 "우리들을 희생자로 부르도록 놔둬서는 안 돼."(175) 하는 데서 보다 분명해진다.

앞서 『소년이 온다』에서 '죽은 자'인 정대와 동호의 발화는 그들을 죽인 가해자가 '나라-군인들'이라는 사실을 폭로하는 것으로서 의미가 있음을 살폈다. 그렇게 볼 때 정대와 동호는 나라-군인들에 의해 '희생'되었다는 사실이 강조되어야 할 것이다. 이와 다르게 1980년 5월을 살아남은[통과한] '선주'나 '은숙'은 '나라-군인들'에 의해 더 이상 희생자가 되면 안 된다는 사실이 또한 강조되어야 할 것이다. 그런데 선주의 인식에서 그 둘이 구분되지 않는다. 이는 선주가 기도처럼 "죽지 마./ 죽지 말아요." 하는 데서도 마찬가지다. 선주의 발화는 두 사람을 향해 있다. '죽지 마.'는 죽은 동호를, '죽지 말아요.'는 과거 함께 노동 운동을 했고 현재 병원 응급실에 있는 '성희 언니'를 향한 것이다. 그런데 선주는 1980년 5월 죽은 동호의 '환영'을 붙들면서 응급실에 있는 '성희 언니'와의 대면을 미룬다. 이는 1980년 5월 살아남았다는 자책에서 비롯된 선주의 '자기 징벌'의 일면을 보인다. 이렇듯 선주는 1980년 5월과 현재가 혼재된 속에서 꿈속을 헤매듯 배회하며 스스로를 주체로 세우지 못하고 있다.

선주는 자신의 "선택은 언제나 최악의 상황을 피하는 쪽이었다"고 진술한다. 그런데 "그해 봄"에는 "버스에서 터져나오는 여자애들의 쨍쨍한 노래에 이끌려 광장으로, 총을 든 군대가 지키는 광장으로 걸었던 것처럼. 끝까지 남겠다고 가만히 손을 들었던"(175), 다른 선택을 했다. 1980년 5월 동호의 선택이 어린 소년의 차원을 넘어 폭력에 대한 공포와 자신에 대한 수치를 이성과 용기로 극복한 '시민'을 향해 있듯 1980년 5월 선주의 '다른 선택' 역시 '시민'의 차원을 예비했던 것으로 볼 수 있을 것이다. 그런데 살아남았다는 자책 속에 '오월-죽음'을 오해하고 있는 선주의 현재적 인식에서 "80년 5월은 죽은 시간 속에 남겨진 두렵한 기억"(서용순, 2007: 99)일 뿐이다. 그렇듯 선주는 오월 이후를 자기 징벌적 삶으로 '연명'하고 있다는 점에서 '우울증적 주체'의 양상을 띤다. 선주가 "여름 이전으로 돌아갈 길은 끊어졌다. 학살 이전, 고문 이전의 세계로 돌아갈 방법은 없다."(174)고 느끼는 데서 다른 출구는 없어보인다. 『소년이 온다』에서 선주가 이르지 못한 '여름 이후'와 '고문 이후'를 은숙의 현재적 삶을 통해 보여준다.

후사건적 주체의 가능성

『소년이 온다』에서 '은숙' 역시 선주와 더불어 1980년 5월을 '살아남은 자'이다. 27일 도청에서의 동호의 마지막 모습이, 상무대에서 같이 주검들을 수습했던, 그러나 도청에의 마지막 밤을 함께 하지는 않았던 '은숙'의 발화로 진술된다.

은숙의 입을 통해 전해지는 27일 새벽 동호처럼 계엄군의 총받이가 된 시민들이 있었고 진수처럼 항복해서 영창으로 끌려간 시민들이 있었다.[17] 여기에서 '동호'처럼 죽은 계엄군의 총알받이가 된 그 희생의 제단 위에서 1980년 오월 '광주'의 진실이 지켜졌다는 것이 많은 사람들의 생각이다.(최정운, 2012: 290-1) 그 반대편에 1980년 5월에 살아남았다는 사실 그 자체를 수치로 여기며 살고 있는 살아남은 자들이 자리하는 바, 은숙의 현재적 삶이 그러하다. 현재 은숙은 작은 출판사에서 '수배자(번역자)'의 원고 편집자를 맡고 있다. 그런데 '시청'으로부터 수배자의 원고에 대한 검열이 이루어지고 대부분의 원고가 삭제된다. 뿐만

17 이날 새벽 도청에는 최후까지 싸우겠다며 500여명의 시민들이 남았다. 그들 가운데 살아서 계엄군에 잡혀간 사람은 200여명이며 사망한 사람은 160명에서 400명 사이로 추정된다.(최정운, 2012: 266·273)

아니라 은숙은 수배자에 대한 정보를 제공하지 않는다는 이유로 시청 검열과 '사내'에게 실핏줄이 터질 만큼 뺨을 맞는다. 그렇듯 은숙의 현재적 삶이 폭력적이라는 사실에서 1980년 5월의 지속이다.

> 거칠게 꿰매어진 문장들, 문단째로 검게 지워진 자리들, 우연히 형상을 드러낸 단어들을 그녀는 생각한다. *당신을. 나는. 그것은. 아마도. 바로. 우리들의. 모든 것이. 당신은. 어째서. 바라봅니다. 당신의 눈은. 가까이에서 멀리에서. 그것은. 또렷이. 지금. 좀더. 희미하게. 왜 당신은. 기억했습니까.* 숯이 된 문장과 문장들 사이에서 그녀는 숨을 몰아쉰다. 어떻게 분수대에서 물이 나옵니까. 무슨 축제라고 물이 나옵니까.(79-80)

은숙은 군복을 입은 검열관들이 먹줄로 긋다 못해 롤러로 밀어버린 수배자의 번역 희곡 가제본에서 '우연히' 살아남은 단어들을 본다. 그렇듯 살아남은 단어들은, 살고 싶어 했고 무서움에 떨던, 죽은 동호의 귀환이다. 그리고 '무슨 축제도 아닌데 어떻게 분수대에서 물이 나오냐'는 은숙의 '항의'는 계엄군의 학살이 종료된 27일 아침 시청 분수대에 물줄기가 뿜어져 나오지 않았던 그 상황에 대한 상기이다. 여기까지라면 은숙 역시 선주의 우울증적 주체와 다를 바 없다. 그런데 출판이 불가능해진 수배자의 번역 원고가 무대에 올려지면서 연극의 한 장면이 은숙이 우울증적 주체를 넘어서는 계기가 된다.

'서 선생'의 연극은 시청 검열과에서 삭제당한 수배자의 번역 원고의 내용들이 배우들의 대사로 연기될 계획이었다. 그런데 사복형사들이 연극을 지켜보고 있는 상황에서 대사는 배우들의 신음소리로 대체된다. 그런데 검열과에서 삭제되기 전에 희곡을 직접 입력하고 삼교까지 본 은숙이 배우들의 입술모양을 읽어냄으로써 대사가 텍스트의 문면에 제시된다.

당신이 죽은 뒤 장례를 치르지 못해,
당신을 보았던 내 눈이 사원이 되었습니다.
당신의 목소리를 들었던 내 귀가 사원이 되었습니다.
당신의 숨을 들이마신 내 허파가 사원이 되었습니다.
…
봄에 피는 꽃들, 버드나무들, 빗방울과 눈송이들이 사원이 되었습니다.
날마다 찾아오는 아침, 날마다 찾아오는 저녁들이 사원이 되었습니다.
…
네가 죽은 뒤 장례식을 치르지 못해, 내 삶이 장례식이 되었다.
네가 방수 모포에 싸여 청소차에 실려간 뒤에.
용서할 수 없는 물줄기가 번쩍이며 분수대에서 뿜어져나온 뒤에.
어디서나 사원이 불빛이 타고 있었다.
봄에 피는 꽃들 속에, 눈송이들 속에, 날마다 찾아오는 저녁들 속에.
다 쓴 음료수 병에 네가 꽂은 양초 불꽃들이.(100-3)

은숙이 읽어낸 대사의 내용은 '당신-죽은 자'의 장례식을 치르지 못해 '나-산 자'의 '눈'이 그대로 '사원'이 되었다는 비가(悲歌)이다. 그런데 은숙은 무대 위에 올려지고 있는 비가의 '당신' 대신 '너'를 기입하고 계엄군의 학살이 종료된 27일 아침 도청의 참극을 새겨 넣는다. 급기야 은숙은 무대의 소년(배우)을 '동호'로 호명한다. 그런 점에서 이제 연극은 동호에 대한 은숙의 제의가 된다.[18] 동호의 죽음을 애도하지 못한 은숙의

18 은숙의 동호에 대한 제의로 해석되는 이러한 장면은 우리의 '씻김굿'을 연상하게 하는 측면이 있다. '씻김굿은 죽은이의 영혼을 저승으로 천도하는 것이 목적이다. 망자들의 한이 굿에서 넋두리로 표출되고 산 사람 역시 망자에게 자신들의 한을 푸는 넋두리를 한다. 이에 굿은 죽은이와 산 사람의 만남의 자리인 동시에 한을 푸는 공간이자 시간이 된다. 죽은이는 죽은이 대로, 산 사람은 살아있는 대로 못다

삶이 장례식이나 다름없었던 상황이 토로되고 있는 것이다.

처음에 은숙은 객석을 향한 소년의 얼굴을 보지 않기 위해 눈을 감는다. 이는 1980년 5월 살아남았다는 사실로 자책 속에 삶을 연명해 온 것이나 마찬가지였던 은숙이 그러한 자신과의 대면을 거부하는 것에 관계된다. 그런데 은숙의 동호에 대한 호명은 1980년 5월 살아남은 자로서 자책을 넘어서는 계기를 보이는 것으로서 의미가 있다.

서사론적 관점에서 서술자[화자]는 서사를 펼치거나 서사의 필요에 부응하는 행위를 하는 행위자이다.(S.리몬 케넌, 최상규 역, 1988: 132) 그렇게 볼 때 『소년이 온다』에서 선주와 은숙은 서사의 중심에 있으면서도 '그녀'의 3인칭, '당신'의 2인칭 시점으로 불리면서 화자가 되지 못한다. 이는 두 인물이 스스로의 삶에 대해 말할 위치를 확보하지 못하고 있다는 사실을 보이는 소설적 방법이다. 그런데 연극을 관람하던 은숙이 스스로를 '나'로, 무대에 등장한 소년을 '너'로 부르다 급기야 맺혀있던 소리가 터져나오듯 '동호'를 피화자로 호출한다.[19] 그리하여 『소년이 온다』는 은숙[화자]의 동호[피화자]에 대한 이야기가 되며 비로소 은숙은 산자의 입으로 정대와 동호로 대표되는 '오월-죽음'에 대해 말할 수 있는 위치를 확보한다.

레비나스의 '윤리적 주체'에서 이야기되는 '타인-타자의 얼굴'은 '나'와 마주한 '너'가 아니라 제삼자인 '그-낯선이', 왕이나 독재자 또는 부자의 얼굴이 아니라 가난한 고아·과부·나그네의 얼굴, 즉 고통 받는 사람의 얼굴이다. 고통 중에 있는 이 얼굴과의 만남이 없다면 우리는 아무문제

한 한을 풀어버림으로써 이들은 죽음의 속박으로부터 자유로워진다. 그리하여 죽은이뿐만 아니라 산 사람 역시 새로운 존재가 될 수 있는 것이다. (황루시, 2001: 66-72)

19 그보다 앞서 동호가 '너'로 불리지만 화자가 누구인지 알 수 없다. 그런데 연극에서 은숙이 소년을 동호로 부른 지점에서 이제까지 동호를 '너'로 불렀던 화자가 은숙이었다는 사실이 사후적으로 설명되는 것이다.

없이 살 수 있다.(강영안, 2005: 35-7) 그러나 윤리적 주체는 고통 속에 있는 타인의 '볼모'가 된다. 『소년이 온다』에서 선주와 은숙은 정대와 동호, 아직 역사에 응분의 이름으로 기입되지 못한 이름들의 '복권'을 위해 자신들의 자유를 문제시했다는 사실에서 '오월-죽음'의 '볼모'이다. 여기에 연극을 관람하던 은숙이 무대 위의 소년을 '동호'로 부르며 동호의 눈을 응시하는 장면은 '오월-죽음'에 대한 볼모, '후사건적 주체'[20]로서의 책무를 인식하는 은숙을 '오월-죽음'의 전경으로 내세운다.

그런데 실제로 『소년이 온다』에서 은숙의 이야기보다 선주의 이야기가 나중에 배치되어 있다. 그러한 텍스트의 배치는 '오월-죽음'에 대한 후사건적 주체의 가능성을 보여주는 '은숙'보다 우울증적 주체에 침잠한 '선주'가 강조되는 것으로 판단된다.

결론을 대신하여-'오월-죽음'과 문학의 윤리

『소년이 온다』에서 누가, 왜, 어떻게 자신을 죽였는지에 대한 '정대'의 물음, 이에 동호는 나라-군인들을 가해자로 인식하기에 이른다. 그렇듯 정대와 동호로 대표되는 '오월-죽음'을 '나라-군인들'의 대척점에서 이해했다. 그런데 『소년이 온다』에서 '정대'와 '동호' 외에 소년이 한 명 더 있다.

> 체포 당시 총을 가지고 있지 않아 단순 가담자로 분류된 사람들이 유월까지 차례로 석방되고, 이른바 극렬분자, 총기 소지자들만 상무대

20 "제도적 정치에 대립하는 변혁적 정치의 키워드는 '주체성'이다. 그것이 어떤 울분의 분출이건, 의식적인 계급적 실천이건, 폭력과 부당함에 대한 저항이건 대중의 반역으로서의 변혁적 주체성을 말한다. … 역사의 모든 사건들에서 드러나는 … 주체들은 사건을 통하여서만 성립하는 주체들로서, 사건에 대한 충실성의 성립을 통해 호출된 주체들이다. …5·18이라는 정치적 사건은 주체들을 호명하였고 이 호명에 응답한 주체들로서 나타난 것이다."(서용순, 2007: 104-5) '후사건적 주체'는 사건 이후에 충실성을 통하여 성립되는 주체를 말한다.

에 남았습니다. …

김진수와 나는 여전히 식판 하나를 받아 한줌의 식사를 나눠 먹었습니다. 몇시간 전에 조사실에서 겪은 것들을 뒤로하고, 밥알 하나, 김치 한쪽을 두고 짐승처럼 싸우지 않기 위해 인내하며 묵묵히 숟가락질을 했습니다. 실제로 어떤 사람들은 식판을 내려놓고 소리쳤습니다. 참을 만큼 참았어. 그렇게 네가 다 처먹으면 난 어쩌란 말이야. 으르렁거리는 그들 사이로 몸을 밀어넣으며 한 남자애가 더듬더듬 말했습니다. *그, 그러지 마요.* 좀처럼 입을 떼지 않는, 늘 주눅 든 듯 조용한 아이였기에 나는 놀랐습니다.

우, 우리는…… 주, 죽을 가, 각오를 했었잖아요.

김진수의 공허한 눈이 내 눈과 마주친 것은 그때였습니다.

순간 깨달았습니다. 그들이 원한 게 무엇이었는지. 우리를 굶기고 고문하면서 그들이 하고 싶었던 말이 무엇이었는지. *너희들이 태극기를 흔들고 애국가를 부른 게 얼마나 웃기는 일이었는지, 우리가 깨닫게 해주겠다. 냄새를 풍기는 더러운 몸, 상처가 문드러진 몸, 굶주린 짐승 같은 몸뚱어리들이 너희들이라는 걸, 우리가 증명하겠다.*(118-9)

그 소년이 '영재'이며 정대와 동호와 같은 '중학생'이었다. '동호'와 '영재'는 "스무살이 되지 않은 사람들을 집으로 보낸다는 지도부의 지침을 거부"(112)하고 27일 새벽까지 남았다. 그 새벽 동호는 죽었고 영재는 살아남아 총을 소지한 '극렬분자'로 분류되어 혹독한 고문을 치렀다. 그런데 어린 소년이 영재가 '대학 신입생'인 김진수와 '스물세살 교대복학생' '나'로 하여금 "굶주린 짐승같은 몸뚱어리-호모사케르"(119)가 되어가고 있음을 일깨우고 있는 것이다. "군부"가 "그 죄목들이 부조리했다는 걸 스스로 자백하듯" "사형과 무기징역을 선고받은 사람들까지 석방했"던 것이 "이듬해 성탄절까지"였던 만큼 영재는 늦어도 그때 교도소에서 석방되었을 것이다. 그런데 "지난 십년 동안 여섯차례 손목을 그었"고 "매일 밤 수면제를 술에 타서 먹고" 자고, 그러다 결국 "사람을 죽일 뻔"해서 "정신병원에 들어가게" 되었다는 것이 진수가 '국선변호사'로부터 들었다는 오월 이후 영재의 삶이다. 그리고 '나'는 "그동안 김진수가 그 아이를 얼마나 자주 만났고 그 아이가 어떻게 살아왔는지 궁금하지 않"(129)다. '나'의 오월 이후 역시 영재와 다르지 않은 것이다.

> 지나간 여름이 삶이었다면, 피고름과 땀으로 얼룩진 돋뚱이가 삶이었다면, 아무리 신음해도 흐르지 않던 일초들이, 치욕적인 허기 속에서 쉰 콩나물을 씹던 순간들이 삶이었다면, 죽음은 그 모든 것 한꺼번에 지우는 깨끗한 붓질 같은 것이리라고.(122)

교도소에서의 혹독한 고문 이후 '죽음'만이 구원이라고 생각했다고 하는 '나'의 진술이다. 이는 1980년 5월 살아남은 자인 '은숙', '선주', '진수', 그리고 '영재'에게 있어서도 마찬가지다. 결국 진수는 '자살'을 선택했고 '영재'는 정신병원에서 끊임없이 자살을 시도할 것이다. '나'는 '아직도 살아남았다는 치욕'과 싸우고, '선주'는 죽은 동호의 환영을 보며 연명하듯 살고 있다. 그리고 은숙은 여전히 폭력적인 현실에서 나라-군인들의 감시를 받으며 '가까스로' 살고 있다. 한강의 『소년이 온다』는 바로 이 지점에서 '영재' '나' '선주' 그리고 '은숙'이 우리의 타자로 있다는 사실을 환기한다. 우리가 애써 외면하거나 혹은 잊고 있는 그 '얼굴'을 '마주보기'를 요청하는 것이다. 바로 여기가 '문학의 윤리'가 발현되는 지점이다.

『소년이 온다』에서 동호가 '오월-죽음'에 대한 가해자로 지목했던 '나라-군인들'이 실제로 법정에 세워졌지만 그들의 범행을 부인했다.[21] 현

21 5·18 관여자들은 자신들은 모두 자신의 범행(내란목적·살인) 관여사실을 부인하였다. 전두환은 자기권한 밖의 일이라 했고, 계엄사령관(이희성)은 자우권발동을 중계발표했을 뿐이고, 국방부장관(주영복)은 대책회의에 사회를 했을 뿐이고, 특전사령관(정호용)은 보조금 지원과 작전상의 조언을 했을 뿐이고, 광주 현지의 지휘관

실 정치에서는 나라-군인들의 '범행'에 대한 자백[시인]은 요원한 일이다. 그런 점에서 『소년이 온다』는 가해자-나라들의 자백을 정대와 동호로 대표되는 '오월-죽음'의 대척점에 놓는 것으로 소설이 '오월-죽음'을 사유하는 방식을 보여주었다는 데에 그 의미가 있다.

최정운이 "5·18이 순수한 정신이 되기 위해서는 망자들은 이제 하늘로 떠나보내져야 하며 그러기 위해서는 그들이 죽은 이유를 그들이 알아들을 수 있도록 말해주어야 한다. 그것이 산 자들끼리의 말이어서는 안 된다."(최정운, 2012)라고 했다. 이에 응답이라도 하듯 한강은 『소년이 온다』에서 '오월-죽음'에 기입된 '망자들'의 요청-목소리를 '상상'하고 여기에 '오월-죽음'에 대한 책무를 인식하는 살아남은 자들을 윤리적 주체로 마주 세웠다. 이를 통해 1980년 5월을 살아남은 자들이 지금 우리들 곁에 타자로 있다는 사실이 환기되며 바로 이 지점에서 '문학의 윤리'가 발현된다고 보았다.

이었던 소준열과 박준병은 단지 명령대로 행동했을 뿐이라 주장했다. 반면 영관급 이하의 일선 장교와 사병들은 위해서 시키는 대로 했을 뿐이라고 주장했다. (한인섭, 2002: 206)

참고문헌

기본자료

한 강. 2014. 『소년이 온다』. 창비.

단행본 및 논문

강소희. 2015. "오월을 호명하는 윤리". 『현대문학이론연구』 62. 현대문학이론학회.

공선옥 외. 1995. 『5월광주대표소설집-꽃잎처럼』. 풀빛.

김 석. 2012. "애도의 부재와 욕망의 좌절". 『민주주의와 인권』 12-1. 5·18연구소.

김연수. 2014 가을. "사랑이 아닌 다른 말로는 설명할 수 없는-한강과의 대화". 『창작과비평』. 창비.

김형중. 2006. "『봄날』 이후". 『5·18민중항쟁과 문학·예술』. 5·18기념재단.

______. 2014 가을. "우리가 감당할 수 있을까-트라우마와 문학". 『문학과사회』. 문학과지성사.

김홍중. 2009. 『마음의 사회학』. 문학동네.

서용순. 2007. "5·18의 주체성과 후사건적 주체의 미래에 대한 소고". 『민주주의와 인권』 7-2. 5·18연구소.

5월문학총서간행위원 엮음. 2012. 『5월문학총서2-소설』. 문학들.

이 숙. 2014. "예술가의 사회적 책무: 폭력의 기억과 인간의 본질". 『현대문학이론연구』 60. 현대문학이론학회.

임철우. 1997·1998. 『봄날』(전5권). 문학과지성사.

정 찬. 2015. 『길, 저쪽』. 창비.

정 찬 외. 2006. 『20세기 한국소설42』. 창비.

조연정. 2014. "'광주'를 현재화하는 일-권여선의 『레가토』(2012)와 한강의 『소년이 온다』(2014)를 중심으로". 『대중서사연구』 20-3. 대중서사학회.

최인석·임철우 엮음. 2000. 『5·18 20주년기념소설집-밤꽃』. 이룸.
최정운. 2012. 『오월의 사회과학』. 오월의봄.
한승원 외. 1987. 『'80년 5월 광주항쟁소설집-일어서는 땅』. 인동.
_________. 1990. 『광주항쟁 10주년 기념 작품집-부활의 도시』. 인동.
한인섭. 2002. "폭력에 대한 법적 책임 및 피해회복-5·18 민주화운동의 법적 해결을 중심으로". 『서울대학교 법학』 43-2.
최명희. 2009. 『혼불3』. 매안.
황루시. 2001. 『진도 씨김굿』. 화산문화.
S.리몬-케넌. 최상규 역. 1988. 『소설의 시학』. 문학과지성사.
엠마누엘 레비나스. 양명수 역. 2000. 『윤리와 무한』. 다산글방.

제2부 권력과 자유

박경리 『표류도』에 나타난 '자유'*

최윤경

서언

박경리의 작품세계는 대체로 「계산」[1](1955)과 「흑흑백백」(1955)을 비롯한 1950년대 초기 단편, 『김약국의 딸들』(1962)·『시장과 전장』(1964)·『파시』(1964-5)로 대표되는 1960년대 장편, 그리고 전16권에 이르는 『토지』(1994)의 세 층위로 구분할 수 있다. 초기 단편의 시기는 한국전쟁으로 인한 상실과 허무를 견디는 전쟁미망인들의 이야기가 주요한데 이는 전후세대로서 작가 박경리의 경험세계와 연관된다. 1960년대 장편의 시기에 이르면 전후 사회의 혼란상과 폭력성에 저항 내지는 대응하며 자기존립의 근거를 찾아가는 것으로 인물들의 능동성이 부각된다. 그리고 『토지』에 이르러서는 1897년 한가위에서 해방까지의 현대사의 투영 속에 '최참판댁'과 얽힌 사람들의 누대의 이야기를 하동에서 동경, 간도 등의 소설 공간 속에서 들려주고 있다.

『표류도』(1959)는 『애가』(1958)와 더불어 박경리의 1950년대 초기 단

---

* 이 원고는 "「박경리 『표류도』 연구」, 『어문논총』 24"에 게재한 글을 수정·보완한 것이다.

1 박경리, 「계산」, 『불신시대』, 지식산업사, 1987. 「계산」의 원래 제목은 「불안지대」였는데 김동리가 제목을 「계산」으로 바꾸어 『현대문학』에 추천했다.

편소설의 시기에 속해 있으면서 장편소설의 장르적 특성을 지닌다.[2] 연구자들이 『표류도』를 초기 단편소설과 60년대 장편소설을 잇는 과도기적 작품으로 규정 짓는 까닭이 여기에 있다.[3] 그런 점에서 박경리의 작품세계에서 『표류도』의 서사 내적인 차별성이 간과된 측면이 있는데 본 연구는 이러한 문제제기로부터 출발한다.

박경리는 "나는 슬프고 괴로웠기 때문에 문학을 했으며 훌륭한 작가가 되느니보다 차라리 인간으로서 행복하고 싶다"[4]고 했다. 이러한 진술은 박경리에게 소설 쓰기란 누구보다 먼저 작가 스스로 삶의 역경을 딛고 일어설 수 있는 디딤돌로서의 의미가 있음을 나타내고 있다. 박경리는 「불신시대」로 대표되는 초기 단편에서 그의 문학의 정수로 일컬어지는 『토지』에 이르기까지 '생명'의 문제를 놓지 않는다. 초기 단편에서 여주인공들은 대개가 전쟁미망인으로 등장되며 그들이 속해 있는 사회에서 인간으로서의 존엄성을 훼손당한다. 그러나 문제의 주인공들은 속악한 세상에 맞서지 못하며 '탈향'[5]을 선언하는 것으로 서사가 마무리된다. 여주인공들이 소극적인 저항에 그치는 점에서 그들의 삶의 문제가 해결

2 두 작품 가운데 허현실은 『애가』를 박경리의 첫장편소설로 본다.(「1950년대 박경리 소설의 '근대'와 '여성'」, 『한국문예비평연구』 제36집, 한국현대문예비평학회, 2011)이에 비해 김치수는 『표류도』를 박경리의 첫장편소설로 삼는다. 그런가 하면 최만봉은 『표류도』를 초기 단편소설의 계열에 포함시키면서 '처녀 장편소설'로 본다.(최만봉, 『박경리의 『표류도』 연구』, 연세대 교육대 석사학위 논문, 2000)

3 방은주,「박경리 장편소설에 나타난 사랑의 의미 연구」, 서울대 석사학위 논문, 2003.
유임하, 「박경리 초기소설에 나타난 전쟁체험과 문학적 전환」, 『한국현대문학연구』 제46집, 한국문학연구학회, 2012.
장미영, 「박경리 소설 연구」, 숙명여대 박사학위 논문, 2001.
최만봉, 「박경리의 『표류도』 연구」, 연세대 교육대학원 박사학위 논문, 2000.

4 박경리, 『거리의 악사』, 민음사, 1977, 107쪽.

5 이호철의 「탈향」에서 화자이며 관찰자인 '나'가 얄팍한 인정주의, 돌아갈 기약 없는 고향에의 그리움으로 눈물이나 짜고 있는 감상주의와 결별하고 단독자로서의 '탈향'을 실행한 데서 빌려 온 개념이다.(「탈향」, 『한국소설문학대계』 39, 동아출판사, 1995)

되지 못하고 사적인 영역에 가둬진다. 그런데 『표류도』에 이르면 속악한 세상에 대하 여주인공의 통렬한 비판과 건강한 생명의 자각에 대한 문제가 공적인 영역에서 표현된다. 그런 점에서 본 연구는 『표류도』가 '자유'의 문제가 제기되고 있다고 본다. 인간에게 행복은 자신의 선택과 결단으로 삶을 꾸림으로써 가능해진다고 볼 때 작가 박경리에게 '소설쓰기'와 '자유'의 문제가 연결된다. 『표류도』에서 나타나고 있는 '자유'의 의미에 대한 규명을 통해 『표류도』가 박경리의 초기 단편소설들을 수렴하고 이후 60년대 장편소설을 견인하는 위치를 차지하고 있음을 밝히고자 한다.

불신시대의 대한 심문

작가는 자기가 살고 있는 시대를 자신의 작품에 수용하기 마련이며 이때 사회의 모순된 구조는 한 개인으로서 작가가 경험한 삶의 계기 속에 포함되게 된다. 성인이 되어 한국전쟁을 자신이 몸소 겪은 전후세대[6]에 속하는 박경리는 모든 것을 잃어버린 시대, 인간이 인간을 신뢰하지 못하게 하는 물신사회였던 전후의 현실을 '불신시대'로 명명한다. 그리고 그의 문학 역시 아버지에게 버림받고 홀어머니와 어렵게 살던 불우했던 어린시절[7]에, 한국전쟁으로 인한 남편과 아이의 죽음, 전후의 빈곤

6 전후세대(1950년대)란 통상 오영수·김성한·손창섭·장용학·한무숙·유주현·정한숙·강신재·박연희·손소희 등 전쟁 이전에 『예술조선』·『백민』·『신천지』·『문예』 등으로 등단한 작가와, 전쟁 이후 『사상계』·『문학예술』·『현대문학』 및 신춘문예를 통해 등단한 이호철·김광식·오상원·서기원·최상규·하근찬·박경리·송병수·선우휘·이범선·전광용·추식·강용준·한말숙·박경수·오유권·곽학송·최인훈 등을 가리킨다.(김윤식·정호웅, 『한국소설사』, 문학동네, 2010, 361)

7 아버지는 죽는 날까지 어머니에 대해 타인이라기보다 오히려 적의에 찬 감정으로 시종 일관했다. 어찌하여 사랑하지도 않고 그렇게 미워한 여인에게 나를 낳게 했는가 싶다. 어머니는 말하기를 산신에게 빌어 꿈에 흰 용을 보고 너를 낳았으니 비록 여자일망정 너는 큰 사람이 될 것이라고, 나는 그 이야기를 시시하게 들었을 뿐만 아니라 산신에게, 증오하고 학대하던 남자의 자식을 낳게 해 주십사 하고 애

한 생활 등의 체험이 더해진 고통스러운 삶의 인식에서 출발한다.

박경리의 초기 단편들에는 작가가 살아온 삶의 내력이 많이 들어있다. 대부분의 단편들에서 전쟁으로 인해 남편과 아들을 잃고 가난에 시달리며 홀어머니를 부양하는 여성이 작중화자인 점이 그러하다. 대개의 여주인공들은 가족 바깥이 없는 폐쇄적인 삶의 공간에서 거듭 이어지는, 예측불허의 사건들로 인한 불행으로 점철되는 가운데 막다른 골목으로 내몰린다. 여주인공들의 그러한 비극적인 삶은 「불신시대」, 「암흑시대」(1958)와 같은 제목에서 드러나듯 시대적인 상황이나 조건에서 비롯된다. 영문도 모른 채 그 불가항력적인 폭력에 노출된 이들이 박경리 초기 단편들의 여주인공들인 것이다. 그런데 초기 단편들에서 그러한 폭력의 실체가 여주인공들의 눈에 들어오지 않는다. 이들의 삶을 나락으로 떨어뜨린 배후로써 전쟁이 지목되지 못하고 있는 것이다. 그런 점에서 전쟁으로 인한 삶의 문제 역시 개인의 몫으로 남겨지게 된다.

> 9·28 수복 전야에 진영의 남편은 폭사했다. 남편은 죽기 전에 경인도로에서 본 인민군의 임종을 이야기했다. 아직도 나이어린 소년이었다는 것이다. 그 소년병은 가로수 밑에 쓰러져 있었는데 폭풍으로 터져나온 내장에 피비린내를 맡은 파리떼들이 아귀처럼 덤벼들고 있더라는 것이다. 소년병은 물 한모금만 달라고 애걸을 하면서도 굶결처럼 어머니를 부르더라는 것이다. 그것은 본 행인 한 사람이 노상에 굴러 있는 수박 한 덩이를 돌로 짜개서 소년에게 주었더니 채 그것을 먹지도 못하고 숨이 지더라는 것이다.
>
> 남편은 마치 자신의 죽음의 예고처럼 그런 이야기를 한 수시간 후에 폭사하고 만 것이다. (「불신시대」, 7)

원한 어머니를 경멸했었다. 박경리, 「반항정신의 소산」, 『창작실기론』, 어문각, 1962. 369쪽.(재인용, 류보선, 「비극성에서 한으로, 운명에서 역사로」, 『작가세계』 통권22, 세계사, 1994, 20)

여주인공인 진영의 남편의 죽음에 대한 직접적인 표현이 '폭사'가 전부이며 '인민군 소년'의 주검으로 대리된다. 남은 것은 전쟁미망인으로서 어디에도 의지할 곳 없는 진영의 고통스러운 삶이다. 결국 전쟁으로 인한 가난과 피폐한 인간들 속에서 지친 여주인공들의 '탈향'이 선언된다. 조금도 감해지지 않고 점점 더해가는 고통 속에서 여주인공들의 무력한 절규로 전체 서사가 마무리되고 있는 것이다. 이로써 단편 「불신시대」 전쟁의 압도적 압력에 휩쓸린 비극적 순간의 포착에 머무르거나 설익은 고발 내지는 소박한 휴머니즘의 수준을 맴돌았다는[8] 평가를 낳게 된다. 그런데 『표류도』에서 「불신시대」의 진영과 비슷한 처지에 있는 '현회' 남편 '찬수'의 죽음은 구체적인 상황 속에 놓여있다. 즉, 자본주의와 사회주의의 양대 이데올로기의 각축장, 즉 미국과 소련의 두 강대국의 대리전인 한국전쟁의 구도 속에서 그려진다.

> 훈아의 아버지인 찬수를 만난 것은 사변이 나기 전의 일이다. 그때 나는 S대학교 문리대에 적을 두고 있었고, 찬수 역시 S대학교의 의과대학에 적을 두고 있었다. …
>
> 그 당시 학생들간에는 좌우익으로 세력이 나누어져 피투성이의 싸움이 벌어지고 있었다. 그러한 과도기 속에서 우리는 그 어느 것에도 가담하기 않고 다만 학비와 먹을 것과 시간을 얻기 위해 무지 고생을 하고 있었다. …그는 결코 자기를 파는 일이 없었다. 그러나 찬수는 양쪽에서 다 미움을 받았다. 동시에 양쪽에서 이용하려고 무척 속을 썩인 사람이기도 했다. 찬수에게 H라는 친구가 있었다. 그들이 친해진 동기는 좀 색다르다. H는 열렬한 코뮤니스트였다. … 마침 볼 일이 있어 나하고 찬수하고 나하고 나란히 걸어오는데
>
> "히야아! 놋그릇 장수!"
>
> 뒤에 따라오던 H의 야유였다. 찬수는 슬그머니 돌아서서 H를 바라

8 김윤식·정호웅, 『한국소설사』, 문학동네, 2010, 354쪽.

보더니

"왜 그러는 거야. 무슨 용무냐?"

벌써 H는 찬수한테 시비를 걸어볼 작정이었던 것이다. 그의 주변에는 이미 적잖은 그들 패가 서 있었다.

"좀 불러보면 못 쓰냐? 뭐 그리 비싸게 굴 건 없잖아. 개처럼 사람이 부르면 꼬리를 흔들어야지, 놋그릇이 팔리거든."

그 말에는 대중을 저버리는 반동, 너는 개다, 하는 저의가 충분히 내포되어 있었다.

…

유엔군이 인천에 상륙했을 때 찬수는

"이미 나에게는 쌍방의 총구가 겨누어져 있는 거야. 그 쌍방이 아니었더라면 우리들의 삶은 아직도 의의 있고 공정한 것이었겠지. 그러나 쌍방의 범죄를 고발할 곳이 없으니, 나는 이대로 걸어 가는 거야. 그리하여 나는 나를 지키는 희생자가 되는 것이겠지." (『표류도』, 50-54)

「불신시대」에서 '폭사'한 것으로 진영의 남편의 이름 없는 '죽음'과 달리 것과 달리 『표류도』에서 현회의 남편 '찬수'의 죽음은 자본주의와 사회주의의 각축장, 즉 미국과 소련의 두 강대국의 대리전인 한국전쟁의 구도 속에서 양대 이데올로기의 희생양으로 그려지고 있는 것이다. 연인이었던 찬수와 진영은 좌우 어디에도 들지 않았으며 땀 흘려 일하는 것을 부끄러워하지 않는 고학생들이었다. 그 가운데서도 찬수는 좌우 진영으로부터 어느 한쪽을 선택할 것을 강요받는다. 그러나 찬수는 좌우 이데올로기를 삶의 의미를 앗아가는 '범죄'로 인식하는 만큼 어느 쪽도 선택할 까닭이 없다. 쌍방의 범죄를 고발할 곳을 찾지 못한 찬수는 자신의 길을 그대로 가며 그것이 곧 스스로를 지키는 길이라고 생각한 것인데 그러한 찬수에게 대중을 저버리고 있다는 딱지가 붙여지며 결국 찬수는 코뮤니스트, 즉 여맹의 간부 K'가 쏜 총에 맞아 죽는다. 이렇듯

『표류도』에서 찬수의 죽음은 무고한 개인을 이데올로기의 희생양이 되게 한 불신시대를 심문하는 물음이 된다. 이렇듯 『표류도』는 박경리의 초기 단편에서 가려져 있었던, 주인공들을 불행의 나락에 떨어뜨린 배후로써 사회·역사적 현실이 주인공들의 삶의 후면에 두텁게 배치되고 있다.

속악한 세계에 대한 항거의 표출

박경리의 초기 단편에서 '탈향'을 '선언'하는 것으로 표현되고 있는 여주인공들의 소극적인 저항이다. 그런데 『표류도』에 이르면 속악한 세상에 대한 대항이자 인간성 회복을 위한 항거로 표출된다.

초기 단편소설들처럼 『표류도』의 여주인공 '현회'에게 집은 폐쇄적인 공간이다. 현회는 현재 그 '비굴'과 '수선스러움'으로 경멸하게 되는 어머니, 현회가 사회에 자리를 잡는 데에 있어 장애가 되는 사생아 '훈아', 아버지를 닮아 방랑벽이 심한 배다른 동생 현기와 함께 살고 있다. 그들은 현회가 발버둥치면 칠수록 휘말려 들어가는 질긴 끄나플과 같은 존재들이다. 있다. 그런데 현회는 초기단편의 주인공처럼 그러한 집에 갇혀 있지 않고 '마돈나'라는 다방으로 나온다. 현회가 '마담',으로 있는 마돈나는 집의 유폐된 공간에서 현회를 끌어내는 '세계'이다. 거기엔 비록 유부남이지만 현회와 서로 사랑하는 사이인 '김상현', 어떤 조건 없이 현회를 도와주는 '김사장'과 시인 '민기', 그리고 현회가 돌봐주어야 할 '광희'가 있다. 「불신시대」의 결말에서 진영의 탈향 선언은 비록 무력하긴 하지만 외부세계의 부조리에 직접 대항하겠다는 의지의 표명이었던 바,[9] 마돈나에서 현회는 타락한 세상과 타락한 인간에 대한 항거를 일보 진전시킨다. 사람의 생명을 앗아가고 삶의 터전을 폐허로 만든 전쟁과 돈으로 사람의 가치를 저울질하는 '중', 그리고 마취도 시키지 않고 뇌수술을

9 장미영, 「박경리 소설 연구」, 숙명여대 박사학위 논문, 2001, 41쪽 참조.

해 어린목숨을 도수장의 개처럼 생죽음시킨 의사 들한테 속수무책 당했던 그 '진영'이 아닌 것이다.

『표류도』에서 현회는 '최강사'가 자신을 향한 시선만으로도 '땀이 밴 남의 손을 잡았을 때처럼 미적지근한 불쾌감이 내 등골을 타고 내려간다'(『표류도』, 28)고 느낀다. 그렇듯 현회에게 혐오의 감정을 불러일으키는 '최강사'는 대학 강사인데 협잡꾼이며 낡은 학설을 도용하는, 지식인으로서의 인격과 풍모를 갖추지 못한 사람으로 그려지고 있다. 문제는 그 같은 타락한 인간이 지식의 최고 전당이라고 하는 대학에서 교수 행세를 하고 있는 반면 '양심'있는 인간으로 살려고 애쓰는 현회는 사생아를 낳았다는 이유로 손가락질당하며 학교 교사직까지 박탈당했다는 사실이다. 이렇듯 『표류도』에서 인간의 타락과 부정을 부추기는 불합리한 사회를 뼈저리게 겪은 현회의 사회와 인간에 대한 혐오가 최강사에게 집약되어 보여지고 있다.

『표류도』에서 최강사가 현회의 인간으로서의 존엄성을 짓밟고 유린하는 데에 결국 살인이 벌어지게 된다. 그러한 현회의 최강사 살해는 작품 초반부에서부터 암시되고 있다는 점에서 사건의 우발성을 상회한다.

> 마돈나는 북쪽과 서쪽에 창이 몇 개 있는 빌딩 모퉁이에 자리잡고 있었다. 사철을 두고 음산한 분위기가 떠돌고 있는 곳이다. 딱딱하게 굳어버린 낡은 의자들, 찌그러진 것도 더러 있어 흡사 고물상 같은 인상을 준다. 그 고물상 같은 인상을 더욱더 강조하는 물건은 낡아서 먼지가 뿌옇게 앉은 것처럼 되어 있는 그림과 본시 노랑빛이었던 것이 지금은 미색으로 퇴색한 커튼, 이지러진 꽃병들인데, 그러나 카운터에 놓인 청동 꽃병만은 예외다. 별로 크지 않은 꽃병이지만 그 모양이 전아하고, 품위있는 착색 하며 제법 유서 깊은 물건 같았다. 이것은 우리 마돈나에 있는 고물 중에서 가장 연륜적인 관록을 제시하고 있는 것이며 또한 후일에 있어서 무서운 운명을 지니게 된다. (『표류도』, 7)

주인공 현회가 항거할 세상에 대한 표상으로서 최강사가 표적으로 들어와 있는 장소인 마돈나는 그 자체가 음산한 분위기를 풍기며 안에 있는 물건들 또한 낡고 퇴색하고 이지러졌다. 그런데 유독 '청동 꽃병'만은 '전아'하고 '품위'있는 것으로 도드라진다. 그리고 그것은 최강사와 같이 보여지면서 '무서운 사건'에 대한 복선의 역할을 한다. 마돈나의 '카운터'는 현회가 세상을 보는 감시대이며 '청동 꽃병'은 현회의 시선을 대리한다. 그렇듯 예고된 사건은 현회가, 자신을 외국인에게 창녀처럼 떠넘김으로써 인간적인 모욕을 안긴 최강사의 뒤통수에 '청동 꽃병'을 던짐으로써 일어난다.

> "미스터 스미스, 그렇게 그 여자가 욕심이 나오?"
> 최강사의 서툴지 않은 영어가 귀에 흘러 들어왔다. 이방인은 고개를 끄덕이며
> "참 아름답소. 눈이 신비하게 슬픔에 젖어 있소."
> "스미스가 외로워서 그렇게 보이는 거요. 여자란 돈과 폭력이면 정복되는 동물 아니요?"
> "저 여자도 돈과 폭력이면 그만인가?"
> "물론."
> "나 같은 외국인한테도?"
> "외국인을 더 환영하는 바이지. 당신네들은 한국 남성들보나 여자를 위해 주니까."
> "그럼 저 여자를 소개해 주구려."
> "돈과 힘이 있소, 스미스는?"
> "힘이? 힘이 있지. 특별한 힘이. 그리도 돈도 있소."
> "그럼 왜 이런 가난뱅이 나라에 와서 취직을 할려고 했소?"
> "그것 다 취미지."
> "흐음? 그렇다면 문제가 달라지겠는걸. 그럼 스미스가 날 도와주겠소?"

"아암, 돈 많이 주겠소."

"안돼 그건. 일전에 내가 부탁한 일 들어주어야 돼요. 스미스, 사실 저 여자는 말이요. 내 것인데 조건에 따라 양보할 수도 있어. 여자를 갖는 데는 낭비가 심해 골치야, 하하핫!"

눈에 불을 켜고 최강사의 뒤통수를 뚫어져라 노려본다. 망치로 그 뒤통수를 바수어 죽이고 싶다. 어떠한 잔인한 방법을 써서라도 죽이고 싶다. 눈앞에는 사람도 땅도 하늘도 보이지 않았다. 광포한 피가 기름처럼 지글지글 끓고 있었고, 둘러앉는 최강사의 뒤통수만이 새까만 점이 되어 눈 속에 밀려들어온다.

"이런 곳에 있는 여자는 레이디가 아니니까 손쉽고 또 뒤가 귀찮지 않거든…"

빈 청동 꽃병을 와락 잡아당겼다. 오직 최강사의 뒤통수만이 흑점이 되어 또렷하게 나타난다.

순간 마돈나의 모든 창문이 모두 뒤틀리어 공중에서 교차했고, 막막한 속에 시뻘건 불덩어리가 출출 쏟아진다. 뒤통수, 까만점이 흔들리며 앞으로 넘어진다. 보이지 않는다. (『표류도』, 251-252)

현회에게 최강사는 속악한 세상에 대한 표적이 된다. '돈도 있고 특별한 힘도 있지만 가난뱅이 나라에 와서 취미로 취직하려는 이방인'과 더불어 현회의 슬픔과 고통을 재미로 삼고 현회의 성을 농락한 최강사, 현회는 그로부터 훼손당한 인간으로서의 존엄성에 대한 복수를 위해 살인자가 된다. 그렇듯 『표류도』에서 현회의 최강사 살해는 속악한 세상에 대한 항거의 표출이 된다.

자유에의 요청과 그 한계

박경리의 초기 단편으로 대표되는 「불신시대」에서 진영은 전쟁과 속물적인 세계에서 상처와 소외를 경험하지만 속수무책 당하는 인물이다.

그런데 『표류도』의 현회는 「불신시대」의 진영이 선언에서 그치고 만 '항거'를 감행한다. 속악한 세상에 대한 표적으로서 최강사를 살해한 것이다. 그 다음 수순은 사회적 통념에 따라 현회가 '죄인'이 되는 것이다. 그런데 '상해치사'를 저지른 현회의 태도는 죄인으로서의 그것이 아니다.

> 이곳 주민들의 범죄의 동기는 거의 다 애정문제가 아니면 빈곤에서 이루어지고 있다. 거기엔 사회라는 공동기구 속에서 혜택을 받지 못한, 또는 박해를 받은 조건이 반드시 개재되는 것이다. 그들의 범죄 사실에는 어느 뜻에서든 엄밀한 선악의 기준이 성립될 수는 없다. 사회질서나 사회의 규범을 떠나 순수한 인간의 마음이라는 고향에서 선악의 기준으로 볼 때, 작은 반항과 계산이 서투른 이성, 그것은 무지의 죄다. 누군가 무지는 죄악이라고 말한 것처럼. 나도 계산기의 고장으로 최강사를 죽였다. 그 순간 나의 교활한 삶의 질서는 반항심과 미움에 맹목이 되었던 것이다. 마음의 고향에서 정말 선악의 기준을 세워본다면 더 간악하고, 더 악랄하고, 그러나 그들은 정묘한 계산에 움직이며 궤도에서 결코 벗어나지 않기 때문에 선량한 시민으로, 질서인으로 삶을 향유하는 것이다. 그런 사람이 최강사 같은 사람인 것이다. 내가 최강사의 죽음에 대하여 회오나 동정의 눈물이 없는 것은 그 때문이다. (『표류도』, 294-295)

신문사의 카메라맨들이 카메라를 들이대는데 현회가 고개를 꼿꼿이 세우고 복도를 걸어나오는 데서 최강사를 살해한 자신의 행위의 대해 스스럼없음을 읽어낼 수 있다. 이것은 법정에서 최강사 살해는 우발적으로 한 행동이 아니며 자신이 의도한 것이라는 현회의 진술에서 보다 분명해진다. 최강사를 살해한 사건에서 현회에게 중요한 것은 자신이 받을 '형량'이 아니라 '양심'의 문제다. 창부를 함부로 대하듯 동석한 외국인에게 현회를 매매한 최강사의 언사가 그녀에게 모욕을 안긴다. 이

것이 현회가 최강사를 더 이상 참아낼 수 없는 한계점에 다다르게 한 것이다. 그런데 현회가 최강사 살해한 범죄의 동기를 검사는 다른 데서 찾으려고 한다.

> "야합을 해서 사생아까지 낳고 많은 손님들을 접대해야 하는 다방 마담의 직업을 가진 여성이라면 남자의 그만한 희롱쯤 받아넘기는 것이 당연하지 않소. 무슨 결백을 주장해야 하는 처녀도 아니요 가장부인도 아닌 처지에서…" (『표류도』, 280)

검사의 심문은 전쟁미망인이 되어 가족을 부양해야 했던 직업을 가진 여성들에 대한 사회적 편견과 남성중심적인 사고를 적나라하게 보여준다. 푸코는 감옥을 '강제권의 수단에 의해 적용대상이 되는 사람들을 분명히 가시적으로 만드는 장치'[10]라고 했다. 현회는 법정에서 검사의 심문 속에서 자신이 아닌 다른 사람으로 다루어지고 있는 것이다. 그리고 『표류도』에서 현회에게 감옥은 아이를 죽인 여자, 아편쟁이, 밀수사기꾼 같은 일상의 질서에서 강제로 분리되고 소외당한 자들의 생이 알몸으로 드러나는 공간으로서 전후사회의 밑바닥을 체험하는 장소가 된다.

> 전쟁, 죽음, 기아, 사랑, 대부분의 사람들이 겪어야 하는 이러한 인간가를 나도 이제 웬만큼 겪은 사람이다. 사람도 죽였고, 죄수라는 이름도 붙게 되었으니 이만하면 막다른 골목까지 온 셈이다. … 나는 확실히 이곳에 와서 내가 지닌 거죽을 한 꺼풀 벗었다. 오만과 묵살과 하찮은 지혜에 쌓였던 한 꺼풀의 옷을 벗어 던졌다. 이제 인간의 비극이 내 머릿속에 있는 추리의 세계가 아니요, 내 말초신경의 진동(振動)도 아니다. 내 피부에, 내 심장에 불행한 인간들은 다정한 친구처럼 자리하고 있는 것이다. (『표류도』, 294)

10 미셸 푸코, 오생근 역, 『감시와 처벌』, 나남출판, 1994, 183쪽.

이렇듯 현회는 감옥에서 다시 태어난다. 한 사람의 삶에서 벗어나 만인의 삶을 바라보게 되는 것이다. 도스토예프스키의 『죄와 벌』에서 라스꼴리니꼬프는 '악의 화신'으로서 전당포 주인인 노파를 살해하고 유형의 형벌을 받는데 양심의 가책을 느끼지 않는 까닭은 '노파 살해'를 '비범한 사람이 가진 권리의 행사'라고 생각하기 때문이다. 라스꼴리니꼬프는 뭔가 새로운 것을 말할 줄 아는 사람이라면 범죄자가 되지 않을 수 없다는 생각한다. 그리하여 '비범한 사람'은 '좋은 것의 이름'으로 '현재의 것을 파괴할 것을 요구'하는데 라스꼴리니꼬프에게 파괴의 대상이 노파였던 것이다. 그리고나서 라스꼴리니꼬프 자신이 과연 '비범한 사람'인지 아닌지를 끝없이 회의한다. 그리고 『죄와 벌』의 '악'의 문제가 해결되지 않은 채 서사가 끝난다. 『표류도』의 주인공인 현회의 '최강사 살해'는 라스꼴리니꼬프의 노파살해를 떠올리게 한다. 라스꼴리니꼬프처럼 현회 역시 자신을 둘러싼 속악한 세상에 대해 벌벌 떠는 피조물이 아니라, 인간으로서의 존엄성을 훼손당한 데에 대한 항거로서 '비범한 사람'으로서 세계의 질서에 대항한 것이다.

『죄와 벌』에서 라스꼴리니꼬프가 노파를 살해하기 위해 치밀하게 계산하고 움직였던 것처럼 작가 박경리는 현회의 최강사 살해가 돌발적인 분노에 한 것[11]이 아니라 이야기의 도입에서 '청동 꽃병'이 '무서운 사건'에 대한 복선이 되게 하고 결국 '악에 대한 징벌'로서 최강사의 살해를 서사의 후반부에 배치한다. 그런데 『표류도』에서 현회는 일찍이 라스꼴리니꼬프의 그 싸움을 포기하고 만다. 라스꼴리니꼬프가 노파살해를 끝까지 '죄'로 인정하지 않은 데에 반해 현회는 형량을 줄이기 위해 애초에 최강사에 대한 '살의'가 있었다는 진술을 스스로 뒤집는다. 이로써 현회의 최강사 살해는 사회악에 대한 항거가 아닌 우연히 벌어진 사고가 된

11 유임하, 「박경리 초기소설에 나타난 전쟁체험과 문학적 전환」, 『한국현대문학연구』 제46집, 한국문학연구학회, 2012, 497쪽.

다. 그리고 출옥한 현회는 자신에게 유일한 희망이었던 딸 훈아가 죽었다는 사실을 알고 나서는 초기 단편소설의 주인공들처럼 자기 안에 유폐된다.

샤르트르에게 '예술의 종극적인 목적은 이 세계를 있는 그대로 보여주되, 그 근원이 인간의 자유에 있는 듯이 보여줌으로써 그것이 재획득하는 데에 있다'[12] 작가가 '드러내 보이는 것'을 독자가 '창조'하게 함으로써 연루자가 되도록 만드는, 그리하여 작가와 독자가 함께 세계에 대한 책임을 지게 되는 것이다.[13] 그리하여 '라스콜로리꼬프'와 '현회'의 '죄에 대한 회의'는 독자의 그것으로 인도됨으로써 '창조로서의 읽기'가 가능해진다. 『죄와 벌』에서 '사회 악'에 대한 화신으로서의 라스콜리니꼬프가 '노파살해'의 '죄'에 대해 양심의 가책을 느끼지 않음으로써 그에 대한 문제가 유보되고 그 물음이 독자에게 인도되며, 『죄와 벌』은 끝난 이야기가 아니라 새롭게 시작되는 이야기가 된다.[14] 도스토에프스키는 이렇듯 시작과 끝이 있는 이야기로서 『죄와 벌』의 서사를 종결짓는 대신 더 이어져야 할 이야기가 있음을 내비치는 것으로 마무리한다. 그에 비해 『표류도』의 '현회'는 법정에서 형량을 줄이기 위해 '김강사에 대한 살의'를 부인하며 감옥에서 나와서도 자신의 약점과 불행을 확인하며 자기 안에 유폐되려고 한다.

> 병실의 침대 밑 마룻장에는 마치 생명의 여백처럼 햇빛이 절반쯤 깔려 있었다. 결혼할 것을 내 스스로 제안해 놓고서 마음은 지금 어느 허공을 헤매고 있는 것일까? 조금 전만 해도 나는 김선생이 나를 버리고

12 장폴 샤르트르, 정명환 역, 『문학이란 무엇인가』, 민음사, 2009, 82쪽.

13 장폴 샤르트르, 위의 책, 87쪽 참조.

14 "그러나 이제 새로운 이야기, 한 사람이 점차로 소생되어 가는 이야기, 그가 새롭게 태어나는 이야기, 그가 한 세상에서 다른 세계로 옮겨 가는 이야기, 이제까지는 전혀 몰랐던 새로운 현실을 알게 되는 이야기가 시작되고 있다."(표도르 미하일로비치 도스또예프스키, 홍대화 역, 『죄와 벌-하』, 열린책들, 2009, 810)

병실로부터 그만 나가버릴 것만 같아서 공포를 느끼지 않았던가. 그러나 나는 지금 광대뼈가 불거진 이 사나이를 거의 무심히 바라보고 있는 것이다. 전연 알지 못했던 사람처럼 그저 덤덤히 바라만 본다. 어쩌면 나는 나 혼자 표류하는 일을 더 많이 생각하고 있는지도 모른다. 절박하고 처절한 고독을 더 많이 더 정직하게 받아들이고자 하는 것인지도 모른다. (『표류도』, 314)

『표류도』의 '현회'는 '이상현'이라는 남자를 사랑하는데 초기 단편소설들의 주인공들에게서 볼 수 없는 모습이다. 이러한 지점은 현회가 이상현과의 사랑을 통해 '함께'라는 의식을 갖게 된 점, 타자와의 접촉은 자신의 유폐된 공간에서 나와 세계, 즉 자유를 구가하기 시작했다는 사실에서 주목된다. 『표류도』의 시작에서부터 천착해 온 '사회 악'의 대한 문제는 인간의 삶의 조건, 자유에 관한 물음에 관련된다. '최강사 살해'로 대표되는 속악한 세상에 대한 현회의 항거는 인간으로서의 존엄성을 지키기 위한 행위로서 의미가 있다. 그런데 현회가 그 싸움을 끝까지 이어가지 못한다. 현회는 이상현을 사랑하지만 그를 자신보다 높은 곳에 위치지우면서 그로부터 도망한다. 그 대신 현회는 삶에 지치고 곤경에 처해 있을 때마다 자신을 도와준 김사장에게 그만 몸을 의탁하고자 한다. 그렇듯 『표류도』에서 속악한 세상에 대한 싸움을 시작한 현회가 자유[사랑] 대신 선택한 것이 삶의 위로와 안식이다.

샤르트르는 예술작품은 인간의 자유에 대한 신뢰의 행위이며 따라서 작품이란 인간의 자유의 요청이라는 안목 아래 세계를 상상적으로 제시하는 것이라고 정의한다. 그에게 '좋은 소설'이란 독자를 자유를 요청하고 그에 신뢰를 보내는 연루자가 되게 한다.[15] 그런데 박경리의 『표류도』는 여주인공 현회가 세계에 대한 싸움을 포기함으로써 샤르트르가

15 장폴 샤르트르, 위의 책, 89쪽.

제기하는 바, '연루자'로서 독자의 역할도 끝나게 된다. 그러나 샤르트르에게 있어서 '어두운 문학'이란 있을 수 없는데 그 이유가 세계를 아무리 어두운 색조로 그린다 해도 그 묘사는 오직 자유로운 인간이 그런 세계 앞에서 자신의 자유를 느끼도록 하기 위한 것이라는 사실에서다. 그러한 샤르트르에게 문학은 설령 그것이 아무리 어두운 기운을 드리우고 있더라고 자유의 문제가 기입되게 된다. 『표류도』에서도 현회가 속악한 세상에 대한 싸움을 멈추었다고 하더라도 거기엔 아직 소진되지 않는 '자유'의 문제가 들어있다. 『표류도』는 한국전쟁 이후 속악한 세계에 빠지지 않고 한 인간으로서의 자존을 지키고자 했던 여주인공의 '자유'의 문제가 다루어지고 있다. 이렇듯 자기의식을 소유함으로써 행복한 인간상을 소설의 방법으로 구현하려는 박경리의 문제의식이 다뤄지고 있다는 점에서 『표류도』는 박경리의 다른 여느 소설들과 구별되는 입지점을 갖는다고 하겠다.

결어

『표류도』는 박경리의 1950년대 초기 단편소설의 시기에 속하면서 장편소설의 장르적 특성을 갖는 과도기적 성격이 짙은 작품으로 초기 단편소설들을 수렴하면서 이후 60년대 쏟아져 나오는 장편소설들을 견인하는 역할을 한다. 이를 『표류도』에서 표현되고 있는 '자유'의 문제를 중심으로 살폈다.

「불신시대」로 대표되는 박경리 초기 단편에서 여주인공들은 불가항력적인 한국전쟁의 처절한 경험에 더해 자신들이 속해있는 사회에서 인간으로서의 존엄성을 훼손당한다. 무력한 그들은 서사의 마지각에서 속악한 현실에 대해 '탈향'을 선언하지만 전쟁으로 인해 떠안게 되는 삶의 고통이 조금도 감해지는 것은 아니며 전쟁으로 인한 삶의 문제 역시 개인의 몫으로 남겨지게 된다. 그런데 『표류도』에 이르면 속악한 세상에 대한 대항이자 인간성 회복을 위한 항거로 표출된다.

『표류도』에서도 여주인공 현회가 속악한 세계에 대한 싸움은 중도에 포기된다. 그러나 비록 멈추었다고 하더라도 거기엔 아직 소진되지 않는 '자유'의 문제의식, 어떤 힘이 들어있다고 보았다. 그런 점에서 『표류도』는 한국전쟁 이후 속악한 세계에 빠지지 않고 한 인간으로서의 자존을 지키고자 했던 여주인공의 그러한 '자유'의 문제는 박경리의 다른 여느 소설들과 구별되는 입지점을 갖는다고 하겠다.

참고문헌

박경리, 『표류도』, 나남출판, 2000.
______, 『불신시대』, 지식산업사, 1987.
______, 『김약국의 딸들』, 나남출판, 1994.
______, 『파시』, 나남출판, 2003.
______, 『시장과 전장』, 나남출판, 2003.
______, 『거리의 악사』, 민음사, 1977.
______, 『Q씨에게』, 솔, 1993.

권영민, 『한국현대문학사』, 민음사, 2012.
김윤식 외, 『1950년대 문학연구』, 문학사와비평연구회 편, 예하, 1991.
김윤식·정호웅, 『한국소설사』, 문학동네, 2010.
김진숙, 「박경리 중기 장편소설의 갈등 구조 연구」, 서울시립대 석사학위 논문, 2010.
김치수, 『박경리와 이청준』, 민음사, 1982.
류보선, 「비극성에서 한으로, 운명에서 역사로」, 『작가세계』 통권22, 세계사, 1994.
방은주,「박경리 장편소설에 나타난 사랑의 의미 연구」, 서울대 석사학위 논문, 2003.
송호근, 「삶에의 연민, 恨의 美學」, 『작가세계』 통권22, 세계사, 1994
유임하, 「박경리 초기소설에 나타난 전쟁체험과 문학적 전환」, 『한국현대문학연구』 제46집, 한국문학연구학회, 2012.
이어령, 「우상의 파괴」, 『누가 그 조종을 울리는가』, 동화출판사, 1969.
장미영, 「박경리 소설 연구」, 숙명여대 박사학위 논문, 2001.
조남현 편, 『박경리』, 서강대학교출판부, 1996.
최만봉, 「박경리의 『표류도』 연구」, 연세대 교육대 석사학위논문, 2000.
허연실, 「1950년대 박경리 소설의 '근대'와 '여성'」, 『한국문예비평연구』 제

36집, 한국현대문예비평학회, 2011.
미셸 푸코, 오생근 역, 『감시와 처벌』, 나남출판, 1994.
르네 웰렉·오스틴 워렌, 이경수 역, 『문학의 이론』, 문예출판사, 2010.
장폴 샤르트르, 정명환 역, 『문학이란 무엇인가』, 민음사, 2009.

1950년대 실존주의의 유행과 '불안'에 대한 고찰*

최창근

들어가며

실존주의는 1950년대 후반 우리 사회에 유입된 서구 사조로 전쟁으로 피폐해진 인간성에 대한 성찰을 바탕으로 근대의 모순을 극복하는데 일조해온 것으로 여겨져 왔다. 그러나 실존주의가 서구에서 들어온 철학사상이라는 점과 일순간 유행처럼 번진 정황을 본다면 실존주의가 한국사회에서 차지하는 위상이나 의미를 한번쯤 의심해 볼 필요가 있다. 왜냐하면 실존주의는 초기의 뜨거웠던 바람이 무색하게 순식간에 그 열기가 식어버렸기 때문이다. 자발적이지도 않고 자생적이지도 않았던 실존주의가 한때 우리 사회를 휩쓸었던 이유가 무엇인지를 살펴보는 것이 본 논문의 의의이다.

서구에서 실존주의가 유행했던 이유는 양차대전 이후 대두된 인간성에 대한 회의, 근대문명의 폐해 그리고 합리성과 윤리에 대한 불신을 극복하기 위한 시도였다. 그런 면에서 실존주의에 대한 기대나 효과를 우

* 이 원고는 "「1950년대 실존주의의 유행과 '불안'에 대한 고찰」, 『감성연구』 6"에 게재한 글을 수정·보완한 것이다.

리 사회에 그대로 적용하기는 어려운 부분이 있다. 한국전쟁의 양상이나 전후의 상황은 서구의 양차대전과는 그 의미가 상당히 다르기 때문이다. 따라서 실존주의가 과연 1950년대의 사회를 치유하는데 도움이 되었는지 또는 만약 그렇지 않다면 실존주의를 들여온 실제의 목적은 무엇인지를 살펴봄으로써 1950년대 후반의 한국사회의 모습을 좀 더 분명하게 밝힐 수 있을 것이다.

전후 상황과 실존주의

1950년대 한국사회에서의 실존주의의 유행은 서구의 그것과는 분명히 차이가 있다. 물론 한국전쟁이라는 민족적 비극이 있고나서 실존주의가 유행한 현상이 양차대전 이후 서구의 상황과 유사한 면이 있다. 그러나 1·2차 세계대전은 문자 그대로 인간성에 대한 거대하고 심각한 회의를 불러온 사건이었다. 제국주의적 침략에 대한 야욕과 식민지의 확대를 통한 자본주의적 욕망의 폭주, 600만에 달하는 유대인 학살과 연합군의 무차별 폭격 그리고 야만성의 완결이라 할 수 있는 미국의 원자폭탄 투하 등 전쟁을 통해 드러난 인간의 이면은 추악함 그 자체였다. 이성의 힘을 바탕으로 근대문명을 이루었다는 인간의 자부심은 자만일 뿐이었으며 인간은 결국 탐욕과 폭력의 노예였다는 것이 전쟁을 통해 폭로된 것이다. 인간은 문명의 옷을 입은 야만인에 불과했으며 과학기술의 발전은 이 야만인을 더욱 위험한 존재로 만들었다는 성찰 속에서 실존주의는 태동하였다. 서구사회의 전통적 형이상학과 인간에 대한 믿음을 전면적으로 거부하면서 시작되었다는 면에서 실존주의는 급진적인 사상이다. 또한 실존주의는 이성 중심의 철학적 경향에 대한 거부와 파괴를 원칙으로 하는 아방가르드적 성격을 특징으로 한 반체계적이며 반성적 사유라고 할 수 있다.[1] 특히 이데아로 대변되는 실재와 본질에 대

1 박훈하, 「「요한시집」과 실존주의와의 대화성 시론」, 『코기토』 48, 부산대학교 인문

한 믿음에서 출발하는 서양의 형이상학을 근본적으로 부정한다는 점에서 위험한 사상이기도 했다.

그러나 실존주의를 초래한 원인이 되었던 전쟁의 양상에서 서구와 한국은 다른 면이 많다. 한국전쟁은 양차대전 이후의 냉전기에 벌어진 강대국간 이데올로기의 싸움이었고 지정학적 특수성에 기인해서 발생한 대리전의 성격이 크다. 민족의 비극이라는 반성의 계기가 존재함은 부인할 수 없지만 이것 역시 그렇게 단순한 문제라고 할 수는 없다. 한국전쟁은 우선 이데올로기의 투쟁이라는 점에서 양 측이 어느 정도의 대의명분을 가지고 전쟁에 임했다는 점을 지적할 수 있다. 이데올로기적 대립 그 자체는 강대국간 이해관계에 의해 발생했지만 그 이데올로기가 대변하는 현실의 갈등은 우리 사회에도 엄연히 존재했었다. 특히 일제강점기와 해방 후에 발생했던 지주 소작인 간의 분쟁 등은 전근대부터 존재해 온 고질적 문제점이었다. 당시 급진적인 사회주의가 민중의 광범위한 지지를 얻을 수 있었던 것은 이러한 제반여건이 내재되어 있었기 때문이다. 그러므로 어떤 면에서 한국전쟁은 자본가와 노동자, 지주와 소작인의 갈등이 폭발한 것이라고 할 수 있다.

가진 자와 못 가진 자의 분열과 대립은 이데올로기이면서 또 한편으로는 생존의 문제였었다. 따라서 양쪽은 체제 수호와 혁명이라는 상반된 목적을 위해 전력으로 전쟁에 임할 수밖에 없었다. 분단은 돌이킬 수 없는 상처로 남았지만 이데올로기의 측면에서 본다면 이는 자신들의 가치를 지킨 절반의 승리이기도 했다. 또한 종전 후의 남·북한은 상대 체제에 대한 적대와 반목으로 자신들의 체제를 유지해 왔다. 남한과 북한은 체제를 수호하기 위한 경쟁에 돌입하게 되고 점차 그 이데올로기에 더욱 맹목적이 되어 버렸다. 양측은 전쟁의 정당성을 주장하며 자신들의 행위를 합리화 해 왔고 이는 지금까지도 어느 정도 유효하다. 이런

학연구소, 1996, 165쪽.

상황 하에서 전쟁 중에 나타난 인간성의 파괴와 타락을 고민할 여지는 줄어들 수밖에 없었으며 전쟁이 보여준 광기와 폭력은 무시되었다. 따라서 한국전쟁은 서구가 보여줬던 근대문명과 인간성에 대한 회의와 반성을 제기하기 힘들었다. 배타적이면서 독단적인 이데올로기가 득세하는 상황에서 진정성 있는 성찰이 가능할 수는 없다.

그러다보니 실존주의를 수용한 계층은 지극히 한정적일 수밖에 없다. 소설가나 철학자 등 일부 지식인 계층만이 실존주의를 가져와 전후의 사회를 진단하고자 했었던 것이다. 전쟁의 폭력성과 근대문명의 허상을 볼 수 있는 것은 일부 민감한 감성을 지니고 있는 지식인 계층에 해당하는 이야기였다. 최인훈의 「광장」이나 장용학의 「요한시집」과 같은 소설들은 이데올로기가 대립하는 극한의 상황에서 인간 실존의 문제를 가장 예민하게 드러내 보여주고 있는 소설들이다. 남과 북 어느 곳에도 정착할 수 없는 「광장」의 주인공이나 포로수용소에서 생존을 위한 처절한 몸부림 속에서 절망하는 「요한시집」의 인물들은 작은 상처에도 고뇌하고 번민하는 인간들이었다. 그러나 이를 당대의 보편적 정서와 문제인식이라고 할 수 있을지는 의문이다. 당대에 발표된 몇 편의 소설을 가지고 실존주의가 국민들에게 받아들여지고 큰 영향을 미쳤다고 단정할 수는 없다.

실상 문학계 내에서도 실존주의는 그다지 주목을 받지 못했다. 문학계는 이데올로기의 대립이 가장 심한 곳 중 하나이기도 했다. 문단은 해방 후부터 좌와 우의 갈등이 가장 노골적이면서도 첨예하게 대립되었고 이는 전후까지 이어졌다. 많은 문인들이 직·간접적으로 전쟁에 깊숙이 관여했으며 자기 진영의 사기진작을 위한 이데올로기적 글들을 다수 발표하였다. 휴전 후에는 사회주의 사상을 주장하던 문인들이 대거 월북하면서 순수문학을 주장하던 일단의 작가들만이 남한에 남게 되었다. 이들이 전후의 문단에 던진 화두는 순수문학의 일환인 민족문학론이었다. 그러나 이는 역설적이게도 다분히 정치적 의도를 담고 있는 화두였다. 즉 탈이데올로기로 은폐한 이데올로기가 민족문학론이었던 것이다. 문학외적인 이념적 갈등이 사회의 중심에 자리 잡음으로써 실존이나 불안, 죽음의식, 허무감 등을 중심으로 한 개인의 의식을 문제 삼는 실존주의문학이 설 자리를 확보하기란 쉬운 일이 아니었다.[2] 한편으로는 실존주의에 대한 작가들의 이해나 인식도 상당히 부족했다. 당대 작가들이 근대사회의 불안이나 공포를 어렴풋하게 인지하고는 있었으나 이에 대한 깊이 있는 이해에는 도달하지 못했다. 그들은 죽음을 형상화하며 당대의 비극적 모순을 드러내려고 했으나 대부분 죽음을 유발시킨 대상에 대한 분노나 피해를 받은 아픔으로 자살하고 마는 문제만 다룸으로써 본질적 측면에는 다가가지 못했다.[3] 이처럼 실존주의가 가장 깊숙이 침범해 들어왔다고 할 수 있는 문학계에서도 실존주의는 제대로 다루어지지 못했고 변방에 머물러 있는 형편이었다.

근대문명과 불안의 상관성

그러나 현상적으로 1950년대 후반 실존주의가 상당히 유행한 것은 분명한 사실이다. 신문지면에도 1955년 이후 실존주의라는 용어가 자주 등장한다. 그리고 이와 함께 자주 제시되는 단어가 '불안'이다. 실존주의는 불안이라는 인간의 특수한 감정과 밀접하게 연관되어 있다. 이에 대해 하이데거는 '공포'와 '불안'을 나누어 구분하고 있다. 이 구분에 따라 '공포'와 '불안'의 특성을 간략히 설명한다면 '공포'는 그 대상이 구체적인 경우이고 '불안'은 그 대상이 불확실한 경우이다. 공포의 대상, 즉 "두려운 것"은 그때마다 손안의 것, 눈앞의 것, 공동현존재의 존재양식을 가

2 배경열, 「50년대 실존주의론」, 『한국문학이론과비평』 20, 한국문학이론과비평학회, 2003, 232쪽.

3 최강민, 「50년대 소설에 나타난 죽음의 유형 고찰」, 『어문논집』 24, 중앙어문학회, 1995, 190쪽.

진 세계내부적으로 만나게 되는 어떤 것이다.[4] 즉 그 위험성과 유해함을 알고 있는 특정한 대상이 내게 닥쳐 올 것이라는 알고 나서 느끼는 감정이 공포이다. 공포는 국경을 넘어오는 적의 대군이며 해마다 닥치는 홍수와도 같다. 공포는 그것이 가져올 피해를 알지만 그럼에도 불구하고 대처할 수 없는 무능력 때문에 결국 아무것도 할 수 없는 현존재의 무기력에서 기인한다.

'불안'이 공포와 다른 점은 그 대상이 구체적이지 않다는 점이다. 따라서 불안은 그것 앞에서 자기가 불안해하는 그것이 무엇인지를 알지 못한다.[5] 불안은 어둠 속이나 숲 속에 존재하는 정체모를 무엇이고 왜 두려워하는지도 모르면서 두려워하는 대상이다. 알 수 없는 대상에 쫓기면서 느끼는 압박감이고 그것을 느끼는 당사자로 하여금 벗어나고픈 욕구를 느끼도록 만드는 심리 상태이다.[6]

즉 '불안'은 불확실과 예측 불가능성에 기반하고 있다. 근대사회가 내포하고 있는 근원적 불안이 인간을 끝없는 고통 속에 처하게 한다. 연이어 일어난 양차 대전의 끔찍한 참상과 나날이 발전하는 전쟁무기로 인한 3차 대전의 가능성은 인류를 멸망의 위기로 몰아갔다. 인류는 수천 년 간 자신들이 이루어놓은 위대한 업적과 찬란한 성과들을 스스로 파괴하고 세계를 불확실하게 만들었다. 급격한 사회적 변화와 혼란 속에서 과거의 기반을 상실한 채 새로운 미래 또한 미확정된 상태가 근대적 주체가 처한 현실이다.

인간은 실상 어느 것도 정해지지 않은 상태 즉 자유의 상태에 처해 있는 존재들이다. 자유는 말 그대로 확실한 것이 아무것도 없음을 전제로 한다. 이 막연한 미결정의 미래가 주체에게는 알 수 없는 그 무엇으

4 마르틴 하이데거, 이기상 옮김, 『존재와 시간』, 까치, 1998, 195쪽.

5 마르틴 하이데거, 위의 책, 254쪽.

6 맹정현, 「불안과 불안의 운명」, 『문학과 사회』 85, 문학과지성사, 2009, 410쪽.

로 다가온다. 그리고 주체의 선택이 어떤 미래를 가져올지 모른다는 막연한 두려움이 상존한다. 무한한 가능성에 처해 있는 주체에게 이 가능성은 그 자체로 불안을 내포하고 있다. 결국 주체의 불안은 인간의 행동을 결정하는 현실적이고 유효한 원인들을 알지 못하기 때문에 발생한다.[7] 따라서 불안은 쉽사리 윤리의 문제로 이어진다. 무한정의 자유는 어떠한 윤리도 존재할 수 없도록 윤리를 상대화 시켜버린다.[8] 행동의 제약이 없는 무제한의 자유 속에서 인간은 이제 자신이 죄를 지을지 모른다는 불안 속에 빠지게 된다.

여기에 더해서 근대사회의 눈부신 과학발전도 인간을 불안에 떨게 만드는 원인이다. 과학기술과 근대문명은 어느 순간 인간 자신의 손을 벗어나 스스로 가속을 더하며 폭주하는 지경에 이르렀다. 일례로 전쟁에서의 승리와 자국의 보호를 위해 개발된 무기는 이제 인간이 제어할 수 없는 수준의 파괴력을 가지게 되었다. 1945년 히로시마와 나가사키에 떨어진 원자폭탄은 과학과 기술이 인간의 생존 자체를 위협할 수 있음을 보여준 역사적 사건이다. 따라서 20세기의 불안은 인간의 이성과 합리성에 대한 지나친 믿음이 가져올 수 있는 정체 모를 위험에 대한 불안이다.

> 사람은 지성에 절대의 신임을 가진 합리사상으로서 모든 것을 해결할 수 있는 줄 믿었다. 그리고 적어도 객관세계에 관해서는 인간지성의 능력이 닷는 한도에서 합리적 사색은 사뭇 순조로이 진전되어 왔다. 물론 세상은 언제나 살기 어려우며 인간고에서 해방된 시대라고는 있어 본 일이 없었다. 그러나 18세기에는 모든 결함을 전제정치라는 제도의

7 사르트르, 정소성 옮김, 『존재와 무』, 동서문화사, 2009, 90쪽

8 샤르트르는 어머니와 조국 사이에서 번민하는 청년의 예를 들면서 윤리의 상대성과 자유의 관계를 논하고 있다.(장 폴 샤르트르, 『실존주의는 휴머니즘이다』, 문예출판사, 1997, 24~25쪽 참조)

> 탓으로 전가하고 있었으니 이 제도만 둘러엎으면 세상에는 광명이 온다는 희망으로 불만의 대상이 있어서 자기가 책임을 지지 않을 수 있었으니 현대적인 정신적 불안은 없었다.
>
> 불안은 이행의 능력이 확실치 않은 책임이라는 관념에서 온다. 헌데 책임은 순 합리 사상으로 보면 전혀 의미가 없다. 세상은 원인과 결과라는 이치에 따라서 필연적으로 되어간다. 이것이 결정론적인 세계관이다. 그때에는 사람은 세상이 언짢게 되는 모든 책임을 신에게 전가하고 인간은 피조물로써 창조주인 신의 의지만 엿보려고 노력하면은 족하였다. 합리사상이 신의 존재를 불인하매, 이 세상에서 불합리만 제거하면 당연히 좋은 세상이 와야만 한다고 인류는 생각하였다. 그것이 불란서혁명의 결과로 인류에게 과거보다 더 큰 실망이 왔을 때에 사람은 새삼스레 정신의 존재를 발견한다.[9]

인간의 이성은 전근대적 질서를 허물어뜨리고 새로운 광명의 빛이 비추는 세상을 도래하게 했다. 이성은 인류의 위대함과 존엄함을 증명하며 자신의 존재가치를 드높여왔다. 인간은 단순히 이성의 능력만을 자신한 것은 아니었다. 마법의 세계, 신의 세계를 벗어나기 위해 그들은 스스로 피를 흘리며 싸웠다. 피를 흘리며 싸운 대상은 신만이 아니었다. 전근대적인 정치 질서, 왕과 귀족만을 위해 존재한 세계를 바꾸기 위해 목숨 바쳐 투쟁을 한 것이 인류의 역사이다. 그러나 억압받는 민중의 가장 큰 승리인 프랑스 혁명 이후에도 사람들이 기대했던 희망은 쉽게 찾아오지 않았다.

투쟁의 승리 후에 인간에게 찾아온 것은 오히려 혼돈과 혼란이었다. 그 어떤 확실성도 없는 시대가 도래하고 오직 인간의 사유만이 자유롭게 되었다. 그러나 사유와 사색은 끊임없는 의심만을 불러올 뿐이다.

---

9 손우성, 「현대불안의 해부」, 『사상계』 21, 사상계사, 1955. 4월호, 11쪽.

사색에 대한 불신임이 현대만치 심한 시대도 없었으나 사색의 힘이 이때만치 인류에 해독을 끼쳐본 적도 없었다. 그리고 사색자체는 이보다 더 정확하던 시대도 없었다. 즉 우리는 사물을 있는 그대로 고찰할 자유를 전취한 인간들이다. 그러면 현대병의 근원은 어데 있을가? 정신 현상은 물질적 법칙 같은 적확성이 없는 것이다. 더욱이 사상은 어느 정도의 타당성을 가지고 있음에 그친다. 즉 어느 정도의 결함을 내포한다. 그것이 사상의 융통성이다. 이러한 잡다한 사상을 종합하여 한 체계를 세우고 원칙을 정하여 사람의 생활을 율할 때에 그것은 사람을 살리는 방편에서 인간을 노예화하는 굴레가 되고 만다.[10]

사색과 사유의 능력은 인간을 해방시켰지만 한편 인간을 전혀 다른 불행한 상황에 빠트렸다. 그것은 세상에 어떠한 확실한 것도 존재하지 않는다는 불안감이다. 사유는 의심하는 능력이며 이는 그동안 진리라고 믿어 왔던 것에 대해서 그 근거를 조목조목 합리적으로 따져보는 데서 시작했다. 그리고 신과 마법의 세계를 그 토대부터 조금씩 갉아내 마침내 철옹성 같던 체계를 허물어뜨릴 수 있었다. 그러나 사유는 진리를 파괴할 수는 있지만 그 빈 공간에 새로운 진리를 만들어낼 능력은 없었다. 끊임없는 의심과 회의 앞에서 그 어떤 것도 완전할 수는 없었다. 서구에서 실존주의가 급속히 몰락한 이유도 여기에 있다. 확실한 것은 어느 것도 없다는 허무주의와 무제한의 자유 속에서 오는 혼란이 주체가 삶을 살아가기 힘들게 만들었다.[11]

---

10 손우성, 위의 글, 19쪽.

11 인간은 결국 최후의 운명이 불행할 수밖에 없다고 실존주의는 생각하였다. 존재의 궁극적 의미를 알 수가 없듯이 근본적으로 악의에 가득찬 환경을 우리 맘대로 좌우할 수 없으니까 자기의사대로 행동하는 것이 정당하다고 실존주의는 주장하였다. 나는 내가 존재하는 데 대해서 아무한테도 빚(부처)를 지고 있지 않다. 그러므로 나는 생존에 대한 권리, 생존을 지배할 권리가 있다고 실존주의는 말하였다. 우리는 될수록 여러 가지 쾌락을 추구하고 향락하지만 그렇다고 사회에 대해서 아

사유의 결과는 자연의 법칙처럼 불변하거나 세상 만물에 모두 적용될 수는 없다. 사상은 다만 어느 정도의 타당성 즉 일정한 경우에만 진리일 뿐이다. 그러하기에 사상은 늘 기존의 부족한 부분을 채워가며 발전해 왔고 앞으로도 계속 그러할 것이다. 그런데 이 사상이 인간의 삶을 다시 지배하려고 할 때 주체는 불확실한 것 속으로 빨려 들어가는 상황에 대해 무한한 불안 속에 위치하게 된다.

이 불안 속에서 자유가 방향을 상실한 체 무절제와 방종으로 흐르지 않도록 하는 것이 주체성이다. 실상 자유와 주체성은 공존하기 어려운 가치라고 할 수 있다. 자유가 어느 것에도 얽매이지 않는 탈구속을 의미한다면 주체성은 어떤 식으로든 목적이나 자세를 견지하고 있기 때문이다. 주체성은 자유가 고삐 풀린 말처럼 날뛰는 것을 막을 안전장치의 역할을 한다. 그리고 주체를 사회와 연결하는 연결 고리이기도 하다. 실상 실존주의가 말하는 자유의 진정한 의미도 여기에 있다. 즉 주체가 즉자화를 벗어나 대자적 존재로서 언제 어디서든지 자신의 지향성을 발휘할 수 있는 가능성이 자유고 이 자유 속에서 인간은 실존적으로 자신을 실현시켜 나가야 한다.[12] 자유를 무턱대고 소비하는 것이 아니라 자유 속에서 자신의 진정한 가능성을 실현시키는 것이 실존주의의 핵심이다.

실존주의가 50년대 한국사회에서 요청되었던 원인도 바로 이 주체성에서 찾아야 한다. 전후를 기점으로 근대화에 박차를 가하는 시점에서 서구로부터 유입된 자유의 유행은 국민의 힘을 하나로 모으는데 방해가 되었다. 다양한 가치와 문화가 대두하였고 개인주의에 빠진 국민들은 자신들의 이해관계와 관심에만 매몰되었다. 여기에 댄스와 영화가 유행하였고 퇴폐문화가 국민들의 정신을 좀먹고 있는 실정이었다. 50년대의

무런 은혜와 부채를 갖고 있는 것은 아니다. 악의에 찬 세계를 내 재주껏 피할 따름이다.(「실존주의의 몰락」, 『사상계』 20, 사상계사, 1955. 3월호, 132)

12 변광배, 『존재와 무–자유를 향한 실존적 탐색』, 살림, 2005, 161쪽.

사회상을 잘 보여주고 있는 소설이 정비석의 『자유부인』이다. 정숙한 교수부인들 마저 댄스열풍에 빠져 가정을 등한시하고 외간남자와 외도를 하는 것이 당대의 실상이었다. 『자유부인』이 여성의 사회적 주체성 획득이라는 측면에서 바라볼 수 있는 점이 없지는 않지만 당대에는 자유가 무분별하게 삶을 황폐화시키고 있는 것에 대한 고발의 측면이 강했던 것이다. 따라서 사회적으로 당시 유행한 자유를 새롭게 재정의하고 그 의미를 개선할 필요가 제기되었다.

> 자유에는 두 가지 의미를 구별할 수 있으니 그 하나는 「무엇 무엇으로부터의 자유」 즉 외부의 강제 구속을 벗어난다는 것, 한마디로 말하면 「해방」을 의미하고 다른 하나는 문자 그대로 「스스로의 말미암는 것」 즉 「자율」을 의미한다. 이 양의를 종합해서 말하면 자기 이외의 외부적 권위의 강제나 명령에 의하여 행동하는 것이 아니고 자기가 자각적 자율적으로 행동한다는 것이다.[13]

자유가 우선 구속이나 억압에서 벗어나는 것을 의미함은 자명하다. 그러나 그렇다고 해서 그 어떤 원칙도 없이 자신의 뜻대로 하는 것이 자유는 아니다. 그렇다면 구성원들이 평화롭게 공존해야할 사회가 걷잡을 수 없는 혼란에 빠질 수밖에 없다. 자유가 가져올 혼란과 불안을 극복하기 위해서 필요한 것은 주체가 삶에 임하는 자세이다. 스스로가 자신에게 원칙과 법을 부여하고 이를 지켜가는 자유라면 혼란은 줄어들게 된다. 자유를 구속으로부터의 해방이며 자신이 원하는 것을 할 수 있는 자유라고 이해한다면 이는 '악'과 같이 위험한 것이다.[14] 자신이 원하는

13 손명현, 「도덕의 현대적 위치」, 『사상계』 29호, 사상계사, 1955. 12월호, 131쪽.

14 무릇 상기한 바와 같이 우리의 마음 즉 인간성에는 두 경향이 있으니, 그 하나는 「我意」에의 경향 즉 악으로의 경향이오, 다른 하나는 「無我」 혹은 전체로의 경향 즉 선으로의 경향이다. 그러므로 「제 맘대로 한다」고 할 때, 이 두 경향 중 어느 경향

것만을 추구하는 자유는 방종이며 무절제로 흐를 수밖에 없다.

신의 재등장과 신앙의 문제

아이러니하게도 불확실성이 넘쳐나는 상황에서 이를 극복하기 위한 방편으로 가장 확실한 것은 신의 존재를 재요청하는 것이다. 왜냐하면 신은 이 세상에 존재할 수 있는 가장 확실한 진리이고 참이기 때문이다. 인간의 이성은 신과 마법을 극복하고 인간에게 자유를 주었지만 이 자유의 불안함 때문에 다시 신을 찾을 수밖에 없게 되었다. 그러나 이성을 획득한 인간이 신에게 귀의하기 위해서는 넘어서야할 벽이 있다. 그것은 말 그대로 그들이 포기한 신을 다시 믿어야 한다는 것이다.

이성과 과학의 힘을 얻고 나서 인간은 신을 버렸다. 과거 인간이 신을 믿었던 것은 인간의 지혜로 알 수 없었던 현상들에 대한 나름의 납득할 만한 이유를 찾는 과정이었다. 천둥과 벼락, 지진, 홍수, 일식과 월식 등 원시인의 평온한 삶을 뒤흔든 자연재해나 천체현상의 원인을 그들은 신이라는 존재의 탓으로 돌렸다. 나약하고 무기력한 인간은 신을 설정하고 믿음으로써 세계에 대한 불안과 의심을 해소할 수 있었다. 그러나 근대적 이성과 과학은 이러한 자연현상의 원인을 대부분 밝혀냈으며 이제 신은 설자리를 잃게 되었다. 또한 자연법칙과 물리법칙에 대한 지식의 발전은 인간이 자연을 이해하고 또 이용할 수 있도록 만들었다. 인간은 어느 순간 신과 같은 위치에서 자연위에 군림하고 지배하게 되었으며 이제 합리적 추론으로는 신은 더 이상 존재할 수 없게 되었다. 이런 상황에서 다시 신을 믿는다는 것은 이성이 부재할 때 신을 믿는 것과는 그 양상이 달라진다.

에 따르느냐가 문제인 것이다. 만약 자유라는 것이 아의, 악으로의 경향에 따르는 것을 의미한다면, 그런 자유는 허용될 수 없는 것이다. (손명현, 「도덕의 현대적 위치」, 『사상계』 29호, 사상계사, 1955. 12월호, 131~132)

> 모든 윤리적 행위는 목적과 행동과의 유기적인 연결을 가정하여 형성된다. 즉 일정한 목적에 대한 윤리적인 행동의 가능을 가정한다. 그러기 때문에 일반윤리학의 기저에는 깊이 낙관적이면서 합리적인 요소가 스며있다. 그런데 인간의 존재는 원래 비합리적인 것이기 때문에 인간자체는 벌써 이 행동의 가능성에 대한 가정이라는 끝가지 어울릴 수 없다. 개인적으로도 그렇고 사회적으로도 그렇다.「원하는 이것은 행하지 아니하고 도로혀 미워하는 그것을 행하는 것」이 그 본성이다(롬7.17) 뿐 아니라 어느 한 계급 내지 사회에서 용납된 덕이 다른 곳에서는 배척을 받는다. 이런 비합리적인 존재위에 어떻게 합리적인 윤리가 구성될 수 있을까. 존재론적인 반성에 있어서 윤리는 이렇듯 위기에 면처할 수밖에 없다.[15]

공동체를 이루고 이를 조화롭게 유지하기 위해 인간은 윤리를 만들어 질서를 유지하고자 노력했다. 신을 재요청하는 과정에서 우선 일차적으로 부정되는 것이 바로 이 윤리이다. 윤리는 인간들이 사회를 이루고 살면서부터 자연스럽게 형성되어온 가치이다. 각자가 개인으로 살아갈 경우 감당해야할 많은 위험을 막아주고 서로가 아름답게 공존할 수 있게 해주는 것이 윤리를 만든 이유이다. 여기에는 인간이 살아가면서 터득한 나름의 지혜와 경험이 녹아 들어있다. 그러나 윤리는 한편으로 불합리한 면이 있기도 하다. 각 사회의 역사와 환경, 문화가 어우러져 독특한 윤리가 존재하기에 어느 곳에서는 인정받는 윤리가 다른 곳에서는 반윤리적인 것이 되고 또 그 반대의 경우도 존재한다. 그러므로 윤리도 그 확실성이나 참의 측면에서 불완전한 것으로 전락한다. 무엇보다도 윤리는 개인의 이익과 안전을 지키기 위한 수단이다. 따라서 개인이 이익을 추구하는 것을 포기하지 않는 이상 윤리는 사회의 혼란과 갈등을 막기에는 역부족인 상황에 처한다. 따라서 가장 확실한 윤리가 혼란스

---

15 이태영,「윤리의 종말론적 구성 하」,『사상계』24호, 사상계, 1955. 7월호, 185쪽.

런 사회를 위해서 요청되기에 이르는데 이 새로운 윤리의 역할을 종교가 담당하게 되는 것이다. 다만 이를 위해서는 인류가 그토록 거부하고 극복하려 했던 비이성적인 것을 다시 선택해야하는 순간이 필요하다.

> 진실한 윤리적 행위의 기저에는 인격적인 결단이 있어야 된다. 결단이란 단지 자기의 주관적인 의지를 결정하는 것이 아니다. 절대자인 타자의 요구에 대한 응답의 결단이다. 우리의 윤리의 행위는 인격적인 입장에서의 인격적인 존재인 절대타자에 대한 응답으로 말미암아 완성한다. 의무(혹은 책임)라는 말은 칸트가 적절하게 표현한 바 인격적인 자각을 촉구하는 유일의 기초이다. 의무는 응답의 필연적인 성과이다. 의무는 곧 응답인 것이다.[16]

신앙에 있어서 결단이 필요한 가장 큰 이유는 이성으로 판단하는 것을 거부하고 신의 말을 전적으로 받아들여 일종의 명령으로써 수행해야하기 때문이다. 이미 신앙이라는 것을 이성으로서 합리화하기에는 상당한 문제가 있기에 이를 극복하기 위해서는 신앙을 일종의 무조건적인 명령으로 받아들이도록 하고 있다.[17] 이러한 점은 실존주의의 핵심적 내용과 일맥상통하는 점이 있다. 흔히 인간의 현 상태, 즉 신과의 관계를 떠나서 자족과 자만에 살며 현실에 체포되어 본래적 자신을 잃어버린 죄 가운데의 존재는 실존 없는 '현존'의 모습, 즉 인간의 '비본래성'에 해당하고 반대로 신앙 안에서 자기의 현존을 포기하고 세상에 체포된 자신을 부정하며 그것으로부터 자유를 얻고 신에게 자신을 기투해 인간의 본래성을 찾아야 한다는 점에서 실존주의 철학의 논리와 비슷하다.[18] 또

16 이태영, 앞의 글, 187쪽.

17 기독교윤리에서는 합리주의적 윤리에서 생각되는 법의 개념을– 때로는 합리적인 것과는 전연 배치되는 도로혀 비합리적인 요소를 내포한– 명령으로써 대치한다. (이태영, 「윤리의 종말론적 구성 하」, 『사상계』 24호, 사상계, 1955. 7월호, 186)

한 불신에서 신앙으로의 이동이 단절의 상태에서 도약적으로 이루어진다는 것도 유사하다.

따라서 이성에서 비이성으로, 이성에서 신앙으로의 선택을 '결단'이라고 설명하고 있다. 명령을 받는다는 것은 실상 복종한다는 것을 의미한다. 신앙은 해방된 인간을 다시 노예상태로 바꾸어 놓는다. 그러나 노예상태는 비주체적인 예속상태에서 심리적 안정감을 가져다 준다. 복종은 무조건적인 수긍과 이행을 전제한다. 복종의 태도를 가장 잘 보여주는 성서적 인물은 바로 욥이다. 신이 내린 어떠한 형벌과 수난에도 그는 신을 원망하지 않으며 담담히 받아들이는 모습을 보여준다. 신에 대한 복종은 인간이 결코 돌아가고 싶어하지 않는 과거의 유산처럼 느껴진다. 그럼에도 불구하고 20세기에 인간은 스스로 노예상태로 되돌아가려는 것이다. 이는 인간이 해방된 이후 오히려 불안해짐으로써 인간보다 더 위대한 존재에게 복종하고 귀의하며 심리적 안정을 추구하려는 일종의 퇴행이라고 할 수 있다. 이러한 점을 참고한다면 실존주의 소설로 알려진 김성한의 『바비도』에서 주인공 바비도가 신앙을 위해 죽음을 선택하는 실존적 모습은 생각해 볼만한 시대적 의미가 있는 결말이다.

신앙이 가져다주는 확실성은 또 하나가 있다. 그것은 바로 역사의 확실성이다. 이는 시간관과도 관련이 있는데 바로 인류의 불확실한 미래를 어느 정도 확정해주는 것이다. 인류에게는 순환의 시간관과 선적인 시간관이 있다. 순환의 시간관은 일종의 자연의 시간관으로 자연이 일정한 주기를 이루며 반복되는 것에 바탕을 둔 관념이다. 낮과 밤, 봄 여름 가을 겨울의 4계절, 1년을 주기로 하는 공전, 생성과 소멸 등 자연은 무수한 반복 속에서 흘러간다. 순환적 시간관은 주기의 정확성과 무한한 반복성으로 인해 절대법칙과 영원불변의 현상으로 받아들여졌으며

18 양금희, 「실존론적 인간이해와 기독교교육」, 『장신논단』 16, 기독교사상과 문화연구원, 2000, 748쪽.

인간의 삶은 이 순환에 맞춰져 형성되었다. 특히 인류가 한 지역에 정주하고 농사를 짓기 시작하면서 이 자연의 시간관은 인간의 생존을 결정짓는 중요한 환경으로 작용했다. 자연의 시간관은 인간에게 어느 정도의 예측성을 부여하면서 인간이 자신의 삶을 안정적이고 계획적으로 유지할 수 있게 한다.

선적인 시간관은 이와 반대로 시간이 선처럼 일직선으로 흐른다는 관념을 가지고 있다. 이 선적인 시간관도 크게 두 가지로 나누어진다. 하나는 종교의 시간관이고 또 다른 하나는 근대적 시간관이다. 종교의 시간관은 흔히 종말론으로 대변되고 근대적 시간관은 진보적 시간관 혹은 유토피아의 시간관으로 표현된다.

중세를 벗어난 인간은 근대과학의 발전이 이룩한 성과에 힘입어 진보적 시간관을 형성하게 되었다. 나날이 발전하는 과학과 문명의 업적은 인류에게 더 나은 미래를 보장하는 듯이 보였다. 선적인 시간관은 순전히 인간의 능력과 노력에 의한 발전을 의미한다. 지식을 축적해서 과학과 문명의 발전을 이루고 자본을 축적해 산업과 경제의 성장을 도모한다. 즉 선적인 시간관은 과거의 상태를 기반으로 한 발짝씩 전진하며 발전하는 시간관이고 오로지 인간의 지난한 노력과 협동에 의해 이룩된 시간관이다.

그리고 그 끝에는 모든 인류가 행복하게 살아갈 수 있는 유토피아가 존재할 것이라고 생각했다. 그런 의미에서 진보적 시간관을 유토피아의 시간관으로 보기도 한다. 그러나 과학과 기술의 발전은 나날이 속도를 더해갔고 어느 순간 누구도 제어할 수 없는 지경에 이르게 되었다. 발전의 결과 역시 인간의 생존을 위협할 정도로 위험한 수준에 이르게 되었다. 유토피아는 애초에 불가능한 약속일 뿐이다.

이 혼란의 상황에서 인간이 만든 것은 일상이라는 가짜 순환이다. 현대사회는 일상적인 것으로 이루어져 있다. 그러나 이 일상도 사실은 자본주의의 탐욕이 만들어낸 재생산의 방식이다. 생산과 소비 사이의 순환체계를 이룩하기 위해서 일상이 주도면밀하게 재조직된 것이다. 그러므로 일상성은 현대성과 마찬가지로 소위 소비조작사회의 주요 산물이다.[19]

그에 반해 종교의 시간관은 종말론의 시간관이다. 역사는 종말을 향해 가고 그 종말의 끝에서 인간은 자신의 삶에 대한 심판을 받게 된다. 이 심판의 결과에 따라 인간에게는 상과 벌이 주어지고 진정한 유토피아가 보장되는 것이다. 진보와 발전을 부정하는 순간 인간이 실적으로 의지할 수 있는 유토피아가 새롭게 등장하는 것이다. 이대의 유토피아는 인간의 시간을 초월한 신의 시간이며 영원의 시간이다.

> 인간과 세계역사는 그 자체로서는 확립될 수 없다. 절대타자에 의해서만 비로서 기반을 세우게 된다. 인간은 피조물이다. 인간스스로가 아니다. 신이 역사의 주인이요 지배자이다. 따라서 이 근본적인 사실을 무시하는 인간과 역사와는 성스런 신의 앞에 죄책을 면할 수 없고 이 죄책을 지닌 인간과 역사와는 구원돼야만 한다. 존재 그 자체가 신에 의하여 있는 이상 현실의 모순의 해결, 죄의 극복으로서의 구원도 다만 주인된 신에 매달려 있는 것이다. 역사와 세계의 성취도 매일반이다. 신만이 인간과 그 역사 세계의 구주요 성취자이다. 이리하여 우리의 종말론은 기독교 구원론과 밀접한 관계를 맺고 있는 것이다. 예수 그리스도라는 사실에서 이루워지는 신과 인간, 영원과 시간의 교섭이 신의 은총에 기인된 특수한 접교이라 할진대 그것은 필연코 구원의 문제를 성립시킨다. 여기에서 기독론을 중심으로 종말론과 구원론을 예상하게 된다. 육(肉)을 입으신 이에게 있어서 신의 세계에 대한 개입이 종말론을 형성하고 (수육자의 객관적 방면) 그리고 신과 세계와의 종말론적 접교가 곧 구원론 (주관적 방면)을 성립시킨다.[20]

---

19 앙리 르페브르, 박정자 옮김, 『현대세계의 일상성』, 기파랑, 2005, 152쪽.

20 이태영, 「윤리의 종말론적 구성, 상」, 『사상계』 22호, 사상계, 1955. 5월호, 64쪽.

신앙은 자유 속에서 방황하는 주체에게 확실성을 제공해준다. 영원한 시간의 흐름 속에서 유한한 존재로 살아가는 주체에게 가장 큰 불안은 죽음이다. 존재의 소멸이 불러오는 두려움은 주체 스스로는 해결할 수 없는 문제이다. 신앙이 보장해주는 종말론은 유한한 존재인 주체가 무한을 사유할 수 있도록 해준다. 1950년대라는 특수한 역사적 상황에서 자유가 가져온 무제한의 자유는 인간을 목적지가 없는 여행을 떠나도록 하는 형벌을 주었다. 신앙은 이 끝이 없는 여행에 안식처와 결말을 줌으로써 대중의 호응을 얻었다.

1950년대 실존주의의 유행은 전후의 서구가 처한 상황과는 다소 차이가 있는 상태에서 발생했다. 그러하기에 서구에서의 실존주의의 가치가 한국사회에 그대로 적용되기는 어려웠다. 오히려 우리 사회에서 실존주의는 근대 이후의 안정과 자유의 바람이 가져온 개인주의와 그로 인한 혼란에 그 원인이 있다고 할 수 있다. 어느 것도 확실한 것이 없고 개인의 자유만이 무한정 허용된 상황에서 확실성에 대한 갈증이 실존주의를 유행시킨 원인 중 하나라고 할 수 있다.

나오며

실존주의는 1950년대라는 특수한 상황에 유입된 철학사조이다. 그동안은 실존주의가 우리 사회에 유행하게 된 이유를 서구에서 실존주의가 등장한 상항과 유사한 것으로 이해했다. 그러나 한국의 전후 상황이 서구의 현실과 일치하는 것은 아니었다. 무엇보다 이데올로기와 인간성에 대한 부정에서 출발한 서구의 실존주의와는 그 시작부터 상당한 차이가 있었다. 실존주의는 전후의 이승만 정권이 자유를 적극 도입한 역사적 상황과 밀접한 연관을 맺고 있다. 자유가 불러온 불확실함과 미래에 대한 불안이 실존주의를 유행하게 했다. 그러나 한국의 실존주의는 이 불안을 극복하기 위해 신을 재요청하기에 이르렀다. 신은 그 어떤 것보다

확실성을 주고 더불어 이성의 불완전함을 극복할 수 있는 존재이다. 그러나 신을 믿기 위해서는 이성이 극복하고자 했던 신의 세계를 다시 인정해야 한다는 어려움이 있었다. 이 불합리한 딜레마를 극복하기 위해 신앙은 신을 인정하기 위한 결단의 자세를 요구하기에 이른다. 이렇듯 한국의 실존주의는 서구적 상황과는 상당부분 차이가 있지만 그 나름대로 50년대의 역사적 상황을 토대로 하고 있다. 이제 실존주의가 도입된 이유를 50년대의 사회사적 측면에서 다루는 것이 다음 과제로 남아 있다.

참고문헌

『사상계』, 사상계사

마르틴 하이데거, 이기상 옮김, 『존재와 시간』, 까치, 1998.

사르트르, 정소성 옮김, 『존재와 무』, 동서문화사, 2009.

샤르트르, 『실존주의는 휴머니즘이다』, 문예출판사, 1997.

앙리 르페브르, 박정자 옮김, 『현대세계의 일상성』, 기파랑, 2005.

변광배, 『존재와 무-자유를 향한 실존적 탐색」, 살림, 2005.

맹정현, 「불안과 불안의 운명」, 『문학과 사회』 85, 문학과지성사, 2009.

박훈하, 「「요한시집」과 실존주의와의 대화성 시론」, 『코기토』 48, 부산대학교 인문학연구소, 1996.

배경열, 「50년대 실존주의론」, 『한국문학이론과비평』 20, 한국문학이론과비평학회, 2003.

양금희, 「실존론적 인간이해와 기독교교육」, 『장신논단』 16, 기독교사상과문화연구원, 2000.

최강민, 「50년대 소설에 나타난 죽음의 유형 고찰」, 『어문논집』 24, 중앙어문학회, 1995.

1950년대 후반 '자유'의 해석을 둘러싼 갈등*

— 『사상계』에 실린 평론과 심사평을 중심으로 —

최창근

들어가며

일제 강점기부터 시작된 우리 사회의 이데올로기 투쟁은 한국전쟁을 기점으로 해서 일대 전환을 맞이했다고 할 수 있다. 전쟁의 포화 속에서 한민족은 좌와 우, 남과 북으로 분리되었고 휴전선은 영토의 경계이면서 동시에 이데올로기의 경계가 되었다. 그러나 휴전으로 인해 거대담론의 투쟁이 끝났다고 해서 남한 사회에 곧바로 안정과 평화가 찾아온 것은 아니었다. 사회를 구성하는 각각의 집단들은 정치·경제적 배경에 따라 이해관계를 달리하며 전후 혼란기의 주도권을 쟁취하고 기득권을 유지하기 위해서 담론의 장에 적극 참여하게 된다. 이데올로기의 각축전 속에서 그들은 사회적 가치에 대한 의미와 개념을 재구정하고 이를 자신들에게 유리하게 결정하기 위해 분주히 움직였다. 따라서 1950년대는 외부적으로는 거대담론을 바탕으로 한 북한과의 체제경쟁이, 내부적으로는 사회 제세력의 이해관계에 따른 갈등이 치열하게 발생한 시기였다.

그 중에서도 '자유'는 수많은 사회 구성원들이 격렬하게 부딪힌 영역 중 한 부분으로서 상당히 중요하고 민감한 가치였다. '자유'가 논쟁적이었던 것은 한국사회의 역사적 배경을 고려해보면 당연한 일이라 할 수 있다. 이 땅의 민중들에게는 지금까지 단 한 번도 진정한 자유가 존재해본 적이 없었기에 서구에서 유입된 '자유'는 유행처럼 퍼져나갈 수밖에 없었다.

문제는 1950년대에 '자유'에 대한 인식이 성숙하지 못했으며 역사적으로도 이를 논의할 토대가 불충분했기에 '자유'의 개념조차 정의하기가 쉽지 않았다는 점일 것이다. 체제경쟁을 위해 '자유'를 전면에 내세웠으면서도 정작 '자유'에 대한 이해는 부족했던 불균형적인 상황은 이후 심각한 혼란을 불러오게 된다.

50년대의 이와 같은 혼란에 대한 체계적이고 사실적인 접근은 권보드래[1]의 논문에 구체적으로 설명되어 있다. 권보드래는 당시 한국 사회가 '자유'에 대한 두 가지 주요 개념과 여기에서 파생된 하위의 개념군들 사이에서 어려움을 겪었다고 말한다. 그녀는 당시의 '자유' 개념이 결국 전후 유럽의 실존주의 철학과 미국의 사회과학 양 진영에서 말하는 개념으로 수렴되며 이 두 개념의 길항작용 속에서 대중적이며 통속화된 또는 매우 극단적인 '자유'의 다양한 변이형들이 생성되었다고 분석하고 있다.

이 두 가지의 서로 다른 유입 경로는 '자유'라는 단어가 가지고 온 갈등의 근본적 원인이 어디에 있는지를 잘 말해주고 있는 듯이 보인다. 유럽의 실존주의를 통해 유입된 '자유'가 인간 존재의 본질과 운명에 대한 철학적 사유의 결과라면 미국 사회과학을 통해 들어온 '자유'는 독립혁명을 거치며 형성된 정치적 차원의 자유이다. 겉으로는 둘 다 '자유'를 말하고 있지만 그 내면을 살펴보면 하늘과 땅 만큼의 차이가 있다.

---

* 이 원고는 "「1950년대 후반 '자유'의 해석을 둘러싼 갈등–『사상계』에 실린 평론과 심사평을 중심으로」, 『어문론집』 67"에 게재한 글을 수정·보완한 것이다.

1 권보드래, 「실존, 자유부인, 프래그머티즘: 1950년대의 두 가지 '자유' 개념과 문화」, 『한국문학연구』 35, 동국대학교 한국문학연구소, 2008.

한편으로는 이와 같은 구분 역시 매우 거칠고 투박한 이분법에 지나지 않는다. 서양도 프랑스 대혁명 같은 정치적 차원의 '자유'나 부르주아의 성장을 촉진한 경제적인 의미의 '자유'가 있었으며, 미국도 철학적 차원에서 발전시킨 '자유'의 개념이 분명 존재하기 때문이다. 여기에 다시 개인과 대중의 차원에서 향유하는 대중문화의 소비적인 '자유'가 존재하고 있었으니 가히 50년대는 '자유'가 범람하는 시대라고 할 수 있다.

정영진[2]은 1950년대의 정치적 환경을 근거로 지식인의 의식이 변화하는 과정을 추적해 나가고 있다. 국가재건과 통합의 과정에서 지식인들은 민주주의의 확립을 위해 자유주의를 억압하였고 국가주의 이데올로기하에서 개인의 자유를 봉쇄하는데 집중했으며 차차 시간이 지나면서 자유주의를 정치적 차원에서의 합리적 사고로 규정하고자 했다는 것이 그의 주장이다. 또한 이 과정에서 지식인들이 자유를 도덕관념과 결합하거나 사회주의에 대립되는 것으로 파악하며 자유의 개념을 구체화해 가고 있었다는 사실도 함께 밝히고 있다.

김건우[3] 역시 단순히 '자유'에 국한하지 않고 반공주의, 민족주의, 민주주의, 자유주의 등 다양한 이데올로기들이 경쟁하는 복합적인 담론의 지형을 그리며 이러한 논의가 가지고 있는 다면적 성격을 고찰하고 있다.

당시 사회 전반에 걸쳐 '자유'를 둘러싼 논란이 매우 거칠게 펼쳐지기는 했지만 여기서 정작 중요한 것은 담론의 주도권이 누구에게 있으며 어떤 집단이 상대적으로 더 많은 권력과 기회를 가지고 있는 가이다. 따라서 놓치지 말아야 할 것은 지식인 근대화론자들의 계몽주의적 시선이 담긴 '자유'일 것이다. 전후의 혼란을 극복하고 근대국가의 기틀을 잡길

2 정영진, 「1950년대 지식인의 자유주의 담론 연구–『사상계』를 중심으로」, 『사회와 철학』 29, 사회와철학연구회, 2015.

3 김건우, 「1964년의 담론 지형: 반공주의, 민족주의, 민주주의, 자유주의, 성장주의」, 『대중서사연구』 15권 2호, 대중서사학회, 2009.

원했던 근대화론자들이 대중이 즐기는 '자유'를 어떻게 생각했을지는 쉽게 추측할 수 있다. 정비석의 『자유부인』에 쏟아진 히스테릭한 반응은 결국 이들의 공포와 불안의 그림자였다. 그렇지만 '자유'는 일말의 시대정신을 내포하고 동시에 남한 체제의 정체성을 대표하는 중요한 가치였기에 '자유'를 무작정 억압하고 폐기 할 수도 없는 상황이었다. 그러므로 지식인들은 거리에서 방황하는 타락한 '자유'를 구제해 자신들의 목적에 맞게 통제해야만 했다.

'자유'를 둘러싼 복잡다기한 상황을 간단히 정리하는 것은 거의 불가능한 일이지만 보다 효과적으로 파악하기 위해 한나 아렌트가 『혁명론』에서 논의하고 있는 구도를 빌려오는 것이 적절해 보인다. 아렌트는 이례적으로 프랑스 대혁명을 일종의 실패로 규정하고 있는데 그 이유로 자유에 대해 프랑스 민중이 가지고 있는 인식의 한계를 제시했다. 수세기 동안 절대군주의 압제와 가난에 시달려온 프랑스 인민들에게 자유는 절대왕정과의 치열한 전투에서 얻은 빛나는 전리품으로 모든 민중을 신분제의 굴레에서 해방시켰다. 그러나 이는 '군주의 전제 권력이 있는 자리에 전제 권력보다 훨씬 더 강력한 힘이 등장'[4]하게 된 것이며 결국 인민의 지배에 다름 아니었다. 이런 이유로 자유의 본질적인 의미는 사라지고 단지 인민의 권리와 재산을 보호하는 수준의 소극적 자유가 자리 잡았다는 것이 아렌트의 분석이다.

미국의 경우는 프랑스와 그 양상이 조금 달랐다. 신대륙의 풍부한 토지와 자원으로 인해서 민중들이 겪는 생활의 궁핍이나 빈곤이 현저히 적었던 미국에서는 공적영역에서의 활동을 자유의 의미로 인식하고 있었다. 이때의 공적영역이라 함은 곧 헌법 제정이나 통치와 같은 정치의 영역이었고 시민들은 자신의 능력과 생각을 타인과 거리낌 없이 겨룰 수 있었다. 자유의 본래 의미를 추구한 미국인들은 '주변 사람들의 눈에

4 한나 아렌트, 홍원표 옮김, 『혁명론』, 한길사, 2012년, 126쪽.

띄고, 발언이 경청되고, 언급되고, 인정받고 존경받고자 하는 욕망에 강렬한 자극을 받으며'[5] 경쟁을 통해 남들보다 뛰어난 능력을 자랑하고자 했으며 순전히 이를 위해 공적영역의 장에 뛰어들었다.

아렌트의 분석을 한국 사회에 그대로 적용하기에는 다소 무리가 있지만 그녀의 주장이 50년대의 한국사회를 해석할 단초를 제공해주는 것만은 분명하다. 즉 아렌트의 구분법은 우선 오랜 기간 동안 전근대적 억압과 빈곤 속에서 살던 민중들에게 '자유'가 어떠한 의미를 가질 수 있었는지에 대한 이해를 가능하게 해준다. 특히 한국사회에서 '자유'는 민중들이 피와 땀을 흘려서 얻은 것이 아니라 외세에 의존해 얻은 것이었기에 그에 대한 책임감도 덜할 수밖에 없었다. 물론 1950년대에 '자유'를 누려본 경험이 추후 4.19혁명의 밑거름이 된 것 역시 부인할 수 없는 사실이라 한다면 한국 사회에서 역사발전의 과정이 전도된 부분이 있음도 인정해야 할 것이다.

1950년대 한국 사회에서 '자유'에 관한 논쟁은 결국 서양에서 유입된 '자유'를 어떤 방식으로 이해하고 전유했는가 하는 담론의 문제로 모아지게 된다. 따라서 담론의 주체들이 처한 환경과 그들의 이데올로기에 대한 치밀한 분석이 선행되어야 함은 당연한 수순이다. 또한 담론의 장에서 강력한 주도권과 힘을 가진 집단의 구체적 이데올로기와 이해관계가 무엇이었는지도 함께 고려해야 할 것이다. 그러므로 이 논문에서는 실존주의적 차원에서 받아들인 '자유'의 해석에 대한 차이를 바탕으로 이에 대해서 불안한 시선을 가졌던 지식인 계층의 대처를 살펴보고자 한다. 구체적으로 들어가서는 문학비평가들의 평론을 통해서 지식인 계급의 종합적 인식과 지향점을 유추해볼 수 있을 것이다.

5 위의 책, 211쪽.

전후 한국사회의 '자유'에 대한 억압과 실존주의

'자유'가 사회적 논의의 대상이 될 수 있었던 이유는 1950년대 후반의 특수한 시대적 환경 때문이다. 이데올로기의 갈등으로 인해 야기된 전쟁은 막대한 피해를 초래하고 휴전으로 막을 내렸으며 이승만이 집권한 남한은 '자유'를 전면에 내세워 북한에 대한 체제의 우위를 선전했다. 그러나 이 시기의 '자유'는 충분한 성찰과 논의가 뒷받침되어있는 것이 아니라 오직 공산주의라는 타자에 대한 부정성에 기반하고 있었다. 즉 '북한의 공산주의 사회에서는 개인의 자유가 없으며 오직 당과 수령에의 충성만이 존재한다는 사실'[6]을 강조하기 위해 반공이데올로기에 '자유'를 포섭한 것이었다.

이러한 상황에서 '자유'의 가치를 이론적으로 규정하고 일상의 영역에까지 확장시킬 수 있었던 것은 실존주의 덕이었다. 실존주의는 이성과 합리성에 대한 기대가 무너진 상황에서 실존이라는 확실성으로부터 인간 존재에 대한 탐구를 재시도하고자 했던 이론이다. 그 결과 실존주의는 실존이 본질에 우선한다는 결론에 도달하며 인간에게 주어진 '자유'의 의미를 존재론적 차원에서 적극적으로 규명하기 시작했다.

그러나 애초 한국에서의 실존주의 논의가 전쟁이라는 특수한 상황이나 근대화의 위기 등을 겪으며 자생적으로 촉발된 것은 아니었다. 실존주의는 1940년대 후반 미국과 일본을 통해서 본격적으로 유입되었으며 초기의 내용도 실존주의에 대한 소개나 유명 작가 및 철학가들에 대한 안내 등 시사적이고 계몽적인 수준이었다.[7]

실존주의 논의가 진지한 반성을 동반한 내재적 필요에 의해서 시작된

6 이하나, 「1950~60년대 반공주의 담론과 감성 정치」, 『사회와역사』 95, 한국사회사학회, 2012, 211쪽.

7 전기철, 「해방후 실존주의 문학의 수용양상과 한국문학비평의 모색」, 『한국현대문학연구』 1, 한국현대문학회, 1991, 151쪽.

것인지에 대한 의문은 여기에서 비롯되는 것이다. 서구에서 실존주의가 나오게 된 필연적 상황이 한국에서도 일어났다고 보기는 어렵기 때문이다. 한국은 당시 충분히 근대화되지도 않았고 전후이기는 했으나 심각한 이데올로기 투쟁으로 인해 전쟁 자체에 대한 반성의 여유도 적었다. 그런 의미에서 전쟁의 반인륜성과 문명의 폭력성에 대한 회의로서 실존주의의 유행을 이야기하는 것이 어딘가 부적절해 보이는 것도 사실이다.

그렇다면 다른 차원에서 실존주의의 유행을 규명해 볼 필요가 제기된다. 전쟁은 사회의 물질적 기반만 폐허로 만든 것이 아니라 문화의 토대까지도 허물어뜨려서 한국사회는 지식 영역의 상당한 퇴보를 경험하게 된다. 이런 상황에서 실존주의는 동시대 서구문학의 수용을 통해 세계문학의 흐름과 그 중심에 다가서고자 하는 노력의 일환으로 선택받았으며 이는 세계적 동시성과 한국 문학의 주체성을 동시에 추구하고자 하는 목적의 반영이었다.[8] 다만 사조의 유입과 관련된 여타의 사정들이 공교롭게도 전후라는 시기 탓에 또는 바로 전후였기 때문에 실존주의 유행의 분석 과정에서 시야 밖으로 사라진 것이라 할 수 있다.

물론 당시 실존주의 문학이라고 할 만한 작품이 상당수 나왔었고 실존주의에 대한 학계의 논의도 적지 않게 일어났다고 말할 수 있다. 그러나 이는 시대에 민감한 작가들이나 새로운 학문의 이해에 적극적인 학자들에 한정된 활동일 수밖에 없다. 그리고 이들조차도 실존주의에 대한 깊이 있는 이해가 부족한 탓에 자신의 작품에서 실존주의를 적확히 표현하는데 많은 한계를 보였다는 것이 중론이다.

한편 젊은 작가들은 실존주의를 실존의 체험 또는 자유와 주체성의 차원에서 이해하기보다는 단순히 문학기법과 실험, 형식의 확대라는 측

8 배경열, 「50년대 실존주의론」, 『한국문학이론과비평』 20, 한국문학이론과비평학회, 2003, 230쪽.

면에서 이해한 성격이 강하다.[9] 또한 문제해결에 있어서도 테러나 자살과 같은 극단적 결말로 마무리하는 경우가 많았는데 이는 실존주의가 추구하는 것과는 거리가 멀었다. 따라서 소수의 작가들에게서 실존주의의 유행을 파악하는 것은 다소 과대포장된 해석으로 여겨진다.

그러나 일상의 차원에서 '자유'에 대한 대중의 향유는 확대되었으며 일반 민중의 생활과 의식 속으로 파고들었다. 그들에게 '자유'는 매혹적인 것일 수밖에 없었고 식민지배와 전근대 사회에서 해방된 도취감에 빠져 자유를 만끽하고 싶어 했다. 이에 철학적 차원에서 주체의 자유를 중요하게 논의하던 실존주의가 현실에서는 일반 민중의 일탈과 방임을 부채질하는 중요한 근거가 되었다.

반면 지식인 계급에게 자유에 탐닉하고 쾌락만을 추구하는 대중이 불온해 보였음은 당연한 현상이다. 그들에게는 마치 '얼빠진 자유가 허공에서 떨어진 것 같았고'[10] 민중이 노력 없이 얻은 자유를 부당히 누리고 있었던 것처럼 보였다. 따라서 우선 그 이론적 근거인 실존주의의 의미를 제한하고 재정의할 필요성을 느끼게 이에 대한 작업에 착수한다.

그로인해 당시 가장 많이 소개되고 대중적 유명세를 가진 실존주의 철학자 사르트르에 대한 견제가 가해지기 시작했으며 이 과정에서 그의 실존주의 이론이 가지고 있는 철학적 가치가 상당한 공격에 노출되었다. 사르트르에 대한 비판은 대부분 자유의 남용과 무질서에 대한 염려에 집중되었다. 곧 그의 사상이 '주체성을 너무 강조하는 나머지 인간의 존재가능성이 원래 사회적 및 역사적 상황에 의하여 엄밀히 제약되어 있다는 점을 경시하는 과오를 범할 수 있다'[11]는 점이었다. 비판자들은 사회나 역사를 주체와는 별개의 초월적 세계로 전제하며 개인의 자유를

9 윤정임, 「한국의 프랑스 문학 수용에 대하여-사르트르의 실존주의를 중심으로」, 『국제어문』 27, 국제어문학회, 2003, 228쪽.

10 한교석, 「학원, 학문의 자유」, 『사상계』 1955.06, 23호, 148쪽.

11 하기락, 「현대의 사상적 과제」 『사상계』 1957.03, 44호, 42쪽.

제한하려 하고 있었다

물론 실존주의를 과도하게 확대해석한다면 허무주의나 '무'의 논리에 빠질 수도 있으나 이는 매우 예외적인 문제에 지나지 않는다. 그럼에도 실존주의를 '존재의 의미를 알 수도 없는 악의에 가득 찬 세계에서 자기 의사대로 행동하는 것이 정당하다고 주장하는 이론'[12] 정도로 매도하는 왜곡이 흔하게 나타났다.

흥미로운 점은 사르트르로 대표되는 무신론적 실존주의는 공격을 받는 반면에 키에르케고르로 대변되는 유신론적 실존주의는 별다른 비판을 받지 않았으며 오히려 어떤 면에서는 적극적인 옹호를 받았다는 점이다. 이는 무신론적 실존주의자와 유신론적 실존주의자가 가지고 있는 세계관이나 이론적 체계 나아가 삶의 자세에 따른 차이에서 유래하는 것이다.

이러한 갈등을 자세히 살펴보면 일종의 흥미로운 편향을 발견할 수 있다. 무신론과 유신론을 객관적으로 비교하는 듯 하면서 결과적으로 유신론적 실존주의를 더 가치 있는 것으로 평가하는 경우가 바로 그런 예이다. 여기에는 특정한 목적과 의도가 내재되어 있다고 추측할 수 있다. 유신론적 실존주의는 이미 그 전제에서 신의 존재를 인정한다는 것이고, 이는 인간의 본질과 운명에 대한 인정으로 자연스럽게 넘어가게 된다. 유신론적 실존주의와 여기에 내재된 존재론은 결국 절대적 신과 유한한 인간의 관계, 신이 부여한 소명 등에 대해 어떠한 방식으로든 받아들일 것을 요구하기 때문에 주체성이나 이성을 바탕으로 한 근대적 세계관과는 거리가 멀어 지게 된다.

유한성은 자유와 운명의 양극에 긴장성을 느끼며 이 두가지 요소의 파괴를 생각하고 불안에 빠지게 된다. 인간의 운명을 상실한다는 것은

12 「실존주의의 몰락」, 『사상계』 1955.03, 20호, 132쪽.

> 인간존재의 의미를 상실하게 된다는 것이다. 여기에 운명은 무의미한 숙명(宿命)과 동일한 것은 아니다. 인간운명의 상실은 운명에 대한 실존적 절망으로 인도하기 때문에 싸르트르는 인간자유를 절대화시키여 운명과는 분리하게 만들었다. 그러나 절대적 자유는 유한한 존재자에게는 피상적이고 인위적인 것이며 이것은 결국에 가서 생리학적 또는 심리학적 필연으로 변하고 마는 것이다.[13]

위 인용처럼 무신론적 실존주의의 한계나 인간 존재의 무의미함을 이야기하는 부분은 『사상계』에서 상당히 자주 발견된다. 동시에 신앙의 필요성에 대해서 언급하는 부분 역시 적지 않게 존재한다. 그러나 유신론적 실존주의가 단순히 신앙을 이유로 신의 존재를 언급하는 것은 아니다. 오히려 그 안에는 눈에 띄지 않는 목적이 숨어있다고 할 수 있다. 그것은 바로 절대적인 권위와 질서에 대한 필요성 때문이라고 하는 것이 더 정확할 것이다.

그러므로 아이러니 하지만 신에 대한 요청이 오히려 근대화의 필요성에 의한 것은 아닌지 고민해볼 필요가 있다. 유신론적 실존주의는 신이라는 절대적이면서 초월적 존재를 받아들이기 때문에 무신론적 실존주의에 비해서 책임감이나 의무 같은 내적 규제의식을 요구할 가능성이 높다. 다시 말해 질서유지와 풍속교화의 차원에서 통제를 가하면서 동시에 실존주의를 불변의 질서나 초월적 존재 등 형이상학적 가치를 논하는 학문으로 탈바꿈시키고 있다. 이때 개인은 나약하고 어리석은 존재가 되어 끊임없는 반성과 성찰, 희생을 강요받게 된다.

결과적으로 대중의 복종을 위해서 유신론적 실존주의가 적극 인용되었던 것이다. 즉 신이 아니어도 개인의 자유를 제한하고 주체를 질서와 의무의 영역에 위치시킬 만한 것이라면 어떤 것이든 동원될 수 있다. 여

13 김하태, 「틸릭의 존재론」, 『사상계』 1957.02, 43호, 147쪽.

기에는 개인의 자유보다 공동체의 질서가 중요하다는 공리주의적 시각이 포함되어있다. 그러므로 법과 규범에 대해서도 대체로 보수적인 입장을 견지한다. 규범이란 한 사회의 문화를 따라서 각자 다르게 만들어지고 그 사회와 함께 발전하며 또 사회와 함께 소멸하는 운명 공동체이다.[14] 즉 사회의 존속을 위해 빼놓고 생각할 수 없으며 동시에 모두가 잘 지켜야만 사회가 유지될 수 있는 것이 규범이다.

그러나 실존주의 이론 중 급진적인 일부 분파는 한 사회 내에서 가장 보수적이며 권위적인 법의 영역에까지 변화의 바람을 불어넣으며 긴장감을 불러왔다. 일례로 법은 사회 구성원들의 토론과 합의를 거쳐 모아진 규범체계의 결정체이고 오랜 시간 축적된 판례를 바탕으로 판결의 정당성과 권위를 확보해왔다. 하지만 한편으로 법은 결국 사회의 유지와 존속을 우선하기에 보편적 가치와 합리성으로 위장한 채 지배이데올로기의 이해관계에 충실한 도구로 사용될 가능성도 가지고 있다.

규범이나 판례, 무엇보다 법 자체의 권위를 부정하는 듯이 보이는 실존주의 법학의 대두는 실정법이 가지고 있는 근본적 한계와 법이 짊어져야할 사회적 책임에 대한 깊은 문제의식에서 비롯된다. 즉 신분제나 절대왕정의 몰락 같은 사회의 근본적인 변화로 인해 과거의 판단 기준이 더 이상 무의미해진 상황에서 법이 온전히 진실을 가릴 수 있는가에 대한 회의가 일어난 것이다. 또 근대과학의 발전은 재판이나 수사의 완전성에 대한 믿음에 의심의 시선을 보내게 만들었다. 거미줄처럼 복잡한 현대사회에서는 단 하나의 사건에서도 죄의 유무를 분명히 하기 위해 고려해야할 요소들이 너무 많아졌고 다양한 관점에 따라 책임의 범위에 대한 해석 역시 달라질 수 있어서 '누구도 의의를 품을 수 없는 완전한 결정을 내리는 데에 필요한 충분한 전제를 재판관이 가지고 있지 못'[15]하게 되었으며 법의 권위도 위협받았다. 그런데도 법이 억지로 자

14 차낙동, 「인과법칙과 규범법칙」, 『사상계』 1957.02, 43호, 19쪽.

신의 권위를 지키려한다면 그때 드러나는 것은 결국 법의 권위가 단지 법의 강제성에 기인할 뿐이라는 심각한 가치전도의 현실이다.

새로운 시대에 필요한 법과 판결의 기준은 기존의 판례에서 자유로워야 하며 판사의 자유의지에 맡길 수밖에 없다는 것이 실존주의 법학의 견해다. 그러나 이때 판사의 자유가 판사의 독단적 판결을 허용하는 것이라면 그 의의는 당연히 상실될 것이다. 그러므로 '판결을 내리는 사람은 그것이 미래에 가지게 될 의미에 관하여 신경을 써야 하며'[16] 자신의 행위가 앞으로 다른 이의 판단에 영향을 끼치는 연쇄작용의 흐름 속에 위치하고 있음을 주의해야 한다. 즉 지금 나의 행동이 누군가의 행위에 영향을 미치고 또 이러한 관계성들이 모여 미래를 결정한다는 것을 유념해야 하는 것이다.

실존주의 법학은 전통적 가치체계가 붕괴되는 와중에 법관의 자유로운 결정권을 최대한 존중함으로써 사회 변화에 적절하게 대응하기 위한 이론이라고 보는 것이 타당할 것이다. 그리고 여기에는 한 인간이 오로지 이기적이거나 부당한 결정만을 하는 것이 아니라 자신이 속한 사회와 공동체의 발전을 위해 책임 있는 선택을 하고 이 선택이 연쇄적 파급효과를 불러올 것이라는 믿음과 확신이 자리 잡고 있다.

그러나 이처럼 타당한 이유에도 불구하고 재판에서 기존의 판례나 법률적 조항을 무시하고 판사의 재량권을 존중해주는 것은 사회의 객관적 안정성을 해칠 위험이 존재한다. 법적 안정성이란 사회의 유지는 물론 개인적 삶의 예측성을 확보해 주는 요소이므로 효율적 통제의 수단이기도 했다. 일반적 법규범의 규율을 받는 개인은 그의 행위에 대하여 어떠한 판결이 내려질 것인가를 충분히 예견할 수가 있으며 따라서 국가로부터 제재를 받을 수 있는 행위를 하지 않으려고 할 것이기 때문이다.[17]

---

15 황산덕, 「실존철학과 사회과학」, 『사상계』 1958.8, 61호, 59쪽.

16 위의 글, 60쪽.

실존주의 법학은 결국 붕괴된 전통의 대체와 법적 안정성의 유지라는 딜레마적 상황에 처해 공격받게 된다.

실존주의의 급진성에 대한 공격은 실존주의를 유교적 교티와 연결시키고 나아가 유교의 하위 층위로 위치시킴으로써 결국 한편의 희극으로 바뀌고 만다. 실존주의를 유교적 차원에서 해석하고 평가하려는 시도는 실존주의의 본질을 외면하려는 의도를 그대로 보여준다. 유교 사상만큼 인간과 사회의 본질적 성격과 질서를 강조하는 학문도 없을 것이다. 또한 질서를 통치와 지배의 기반으로 삼으며 수 천 년 동안 동양의 전근대적 체제를 수호해 온 것도 바로 유교였다. 인간 해방의 밑바탕이 신분제의 극복이라면 실존주의가 가장 배타적으로 바라보는 학문도 유교와 같은 전근대적 사회의 통치학문일 것이다. 실존주의의 대안으로서 유교의 제시는 '서구 근대의 문제점을 동양 전통문화의 매개를 통해 극복'[18]해보려는 시도일 수도 있으나 이는 서구에 뒤처진 자존심을 회복하고 싶어하는 것으로 해석할 수 있다.

'자유'와 휴머니즘의 결합

국가주의자와 근대화론자들에게 있어서 법과 질서, 도덕과 윤리의 강화는 근대국가의 기틀을 마련하는 과정에서 최우선 과제로 여겼다. 거국적인 국민의 참여와 일사분란 한 정책의 집행이 이어져도 부족할 상황에서 무에서부터 출발해야 한다는 실존주의는 현실과는 동떨어진 허무주의적인 것이고 또한 전통을 위협하는 위험한 이론이었다. 따라서 자유를 실존적 차원의 문제에서 분리시켜 보다 체제 순응적이고 목적의식을 내포한 의미로 바꾸려는 시도가 뒤따랐다. 이를 위해 우선 '자유'란

17 한스켈젠, 황산덕 옮김, 「실존주의 법학은 가능한가?」, 『사상계』 1957.10, 51호, 113쪽.

18 나종석, 「1950년대 한국철학계에서의 실존주의-박종홍과 조가경을 중심으로」, 『사회와 철학』 20, 사회와 철학 연구회, 2010, 19쪽.

단순히 누리는 것이 아니라 그것을 얻는 과정이 더 중요하다는 메시지를 전달하며 '자유'의 진정한 가치를 해방의 차원으로 한정했다. 따라서 '자유'는 구속과 억압으로부터의 탈출과 같은 이미지로 국한되었다.

이러한 의도에 걸맞은 드라마틱한 '자유'는 피지배의 상태에서 벗어나 맞이하는 '자유'였다. 예를 들어 식민지배의 종식은 해당 피식민국가가 어엿한 독립국의 지위로 상승해 국제사회의 일원이 되는 것을 의미한다. 민족주의의 물결과 전쟁의 종식 속에서 하나둘 독립을 맞이하는 약소국가들의 행진은 그 자체로 '자유'의 위대한 가치를 증명하는 것이었다.

이때 국가나 민족 단위에서 '자유'를 논하는 것은 또 다른 의미에서 '자유'에 대한 재규정이기도 하다. 국가의 차원에서 '자유'와 '해방'을 논의하게 되면 개인의 자유를 주장할 만한 여지는 축소되고 오히려 대의명분을 위한 개인의 희생을 당연한 것으로 받아들이게 만드는 것이다. 이제 개인들은 '국가의 이익'이라는 차원에서 개인의 '자유'를 사유하도록 유도 받게 된다. 이렇게 해서 결국 자유란 부자유의 상태에서 자유로운 상태로 이행 과정이며 개인의 희생을 필요로 하는 것이라는 메시지가 강력하게 제시되는 것이다.

그런 의미에서 혁명은 '자유'를 설명하는 또 하나의 적절한 예가 된다. 전근대적 질서로부터의 해방을 위한 민중들의 투쟁, 피로 물든 거룩한 혁명의 과정에서 얻은 숭고한 전리품이 바로 '자유'인 것이다. 인간은 운명적으로 자유를 동경할 수밖에 없는 존재이기에 언제나 자유를 실현해 가며 인간의 존재이유를 증명해야 하는 것이다. 이 과정에서 자유의 가치는 휴머니즘과 공통분모를 가지며 연합하게 된다. '자유'를 전적으로 무시할 수 없는 상황에서 이를 통제하고 질서와 윤리를 확립하기 위해서는 무엇보다 휴머니즘과의 결합이 가장 적절하다. 그리고 사르트르 역시 '실존주의는 휴머니즘이다'라는 주장과 함께 복권되고 있다.

'자유'와 '휴머니즘'의 결합은 『사상계』에서 주도한 한 좌담회에서 오간 말들을 살펴봐도 잘 알 수 있다. 당시 좌담회에 참석한 인물로는 불문학자 손우성, 철학자 이종우, 영문학자 최재서, 철학자 안병욱 등 총 다섯 명이다. 이처럼 내로라하는 유명한 학자들이 모여서 한국 사회가 처한 위기를 분석하고 앞으로의 해결방안을 논의했다는 것은 그 자체만으로도 매우 흥미로운 사건이다. 이 자리에 모인 사람들은 '새로운 질서를 아직 찾지 못한 단계에서 방황하는 현대인'[19]이 '이 위기를 극복하는 원리를 찾는다고 하면 아무래도 휴머니즘의 원리가 아니면 안 될'(247)것이라고 의견을 모으고 있다. 이처럼 휴머니즘을 주장하는 이들은 사실상 강력한 국가주의자 또는 근대화론자들이라고 할 만하다.

그러나 아무리 자유를 혁명의 해방적 이미지와 연결시켜도 '자유'는 필연적으로의 혁명 후의 상황인 무정부적 상태를 불러올 수밖에 없다. 따라서 '자유'를 쟁취한 후에 찾아올 혼란을 사전에 막기 위한 장치로 '자유'를 모종의 목적의식과 연결시키고자 했다. 좌담회에서 그들이 나눈 이야기의 주제는 결국 '자유'의 가치가 무엇인지에 대한 것으로 집약되는데 그 핵심은 '자유는 해방인 동시에 무엇을 위한 자유'(251)로서 '모든 기성적인 것에 대항한 허무주의가 되어서는 안 되고 적극적이고 건설적인 면'(251)을 가지고 있어야 한다는 것이다. 실존주의에 대한 주된 비판의 하나가 허무주의적이라는 사실을 되새긴다면 위의 주장이 무엇을 겨냥하는 것인지 곧바로 파악할 수 있을 것이다.

> 자유에는 두 가지 의미를 구별할 수 있으니 그 하나는 「무엇 무엇으로부터의 자유」 즉 외부의 강제 구속을 벗어난다는 것, 한마디로 말하면 「해방」을 의미하고 다른 하나는 문자 그대로 「스스로의 말미암는 것」 즉 「자율」을 의미한다. 이 양의를 종합해서 말하면 자기 이외의 외부적 권위의 강제나 명령에 의하여 행동하는 것이 아니고 자기가 자각

19 「휴매니즘을 중심으로 문학자·철학자가 오늘과 내일을 말하는 좌담회」, 『사상계』 1957.06, 47호, 247쪽.(이하 좌담회의 인용은 본문에 쪽수로 표시)

적 자율적으로 행동한다는 것이다[20]

더 나아가 강력한 법과 질서가 유지되기를 바라는 사람들은 법의 정당성도 역시 '자유'에서 찾으려는 시도를 한다. 물론 이때의 자유는 앞서 실존주의 법학에서 말하고 있는 '자유'와는 그 의미의 층위가 사뭇 다르다. 실존주의 법학이 전통과 판례로부터 자유로운 상태에서 법적 판단을 내려야 한다고 주장한다면 휴머니스트들은 자유의 결과가 법으로 귀결된다는 점에서 차이를 보인다.

이들은 자신들의 주장을 합리화하기 위해 합리주의 철학의 두 거두인 칸트와 헤겔을 동원한다. 이들은 칸트가 말하는 자유를 자율과 자신에 대한 구속으로 확대 해석한다. 칸트의 정언명령은 결국 개인의 자유와 의지를 보편성의 차원으로 고양시키고 동시에 의무로 전환시키는 마법이었다. 개인의 자유가 보편성으로 모아질 수 있다면 그것은 곧 한 사회의 보편성인 법과 질서로 구체화될 수 있다는 것이 그들의 주장이다. 이들은 나아가 '인간의 의지의 자유가 법의 전제이며 이 의지의 자유는 객관적 정신의 현현인 법을 준수하는데 실현되어 결국 보편적 의지와 합치'[21] 된다는 헤겔의 의견을 가져오면서 '자유'의 결과가 무엇이 되어야 하는지를 보여주고 있다. 나아가 개인의 주관적 진리가 타인의 진리 또는 사회적 차원의 진리가 될 수 있는 근거를 찾고자 했다.[22]

개인이 자신의 자유를 잘 활용한다는 것은 사회가 허용한 보편적 상식과 질서에 자신의 의식 수준을 일치시키고 고양시키는 것을 의미한다. 그러므로 감정에 휘둘리지 않고 '적극적으로 자기가 자기를 통제 지배하는 상태'[23]가 자유로운 상태인 것이다. 만약 이를 어기고 독자적으

20 손명현, 「도덕의 현대적 위치」, 『사상계』 1955.12, 29호, 131쪽.

21 남홍우, 「형법에 있어서의 자유」, 『사상계』 1956.06, 35호, 138쪽.

22 황산덕, 「실존주의와 정의의 문제」, 『사상계』 1957.02, 43호, 42쪽.

23 안병욱, 「자유의 윤리」, 『사상계』 1955.08, 25호, 17쪽.

로 자신의 의지를 실현하고자 하는 것은 이기적 인간의 일탈이면서 곧 바로 범죄로 이어질 만한 행동이 된다. 아프레 걸이나 소설 『자유부인』 등으로 재현된 여성의 이미지도 결국 개인적 자유를 누리는 것이 일탈이며 범죄라는 인식을 심어주고 있다.

지식인 계급이 휴머니즘과 연합전선을 펼치면서까지 자유의 의미를 구속하는 데에는 법과 질서를 유지해서 효율적 통치를 하고자 하는 의도가 작용하고 있다. 그러나 여기에는 보다 본질적인 이유가 있다고 할 수 있는데 그것은 바로 현대인들이 가지고 있는 과학문명에 대한 근본적인 불안과 공포였다.

현대는 도덕과 윤리의 확실성, 세계와 미래에 대한 확실성 같은 삶의 기초적인 안정성을 제공할 근거들이 모두 제거된 사회가 되었다. 세상은 하루가 다르게 변하고 있으며 과학의 눈부신 발전은 삶을 유지하는데 절대적으로 필요한 안정성과 예측성을 제거하고 삶을 유동적인 상황으로 만들었다. 반면 윤리와 도덕은 사회의 변화를 따라가지 못하고 뒤쳐져 버렸다.

그 결과 인간은 육체적으로 자유로워진 것뿐만 아니라 자신이 두 발을 딛고 서있는 대지로부터도 자유로운 상태가 되었다. 이는 마치 중력의 구속이 없는 무한한 우주를 방황하는 미아의 신세와 같은 것이었다. 미래에 대한 예측 가능성의 상실이 가져오는 공포, '장래의 질서와 생활을 규제하던 가치체계와 사상체계가 모두 무너지고 아즉 이렇다 할 만한 새것이 정확히 나타나지 않은데서 오는 허무감과 위기의식'(244)이 현대 사회의 가장 큰 문제이고 결국 주체가 두 땅을 디디고 설 단단한 지반을 찾게 만든 직접적 원인이다. 현대인에게는 무엇인가 의지할 만한 것들이 필요하게 되었고 휴머니즘은 역사의 단절과 전복 앞에 선 인류가 진보와 발전에 대한 긍정성을 회복할 수 있는 토대를 제공해준다.

안정에 대한 욕구는 새로운 총체성에 대한 열망으로 나타나기도 한다. '19세기의 철학자가 단편적인 과학의 성과를 집대성허 체계를 만들려했던'(257) 시도를 언급하면서 '앞으로 현대의 모든 지식을 정리하고 종합해주는 철학의 천재가 나오고 또 그러한 세상 상을 아름답게 표현해주는 문학의 천재가 나올 날을 기대하는'(258)것이었다. 그러나 과학 기술의 발전이 눈부신 현대사회에서 이러한 천재의 등장이 불가능하다는 것을 깨닫게 되는 순간 주체는 신에 귀의해 총체성을 대신할 만한 세계를 받아들이게 된다. 여기에 유신론적 실존주의가 부상하는 또다른 이유가 숨어있다고 할 수 있다.

실존주의 문학비평과 지식인 그룹의 엘리트주의

사회의 혼란과 무질서에 대한 공포 그리고 실존주의가 그 혼란을 부채질 할 것이라는 불신은 지식인 그룹에 전반적으로 퍼져 있는 인식이었다. 이는 문학계에서도 예외가 아니었다. 따라서 실존주의 문학에 대한 비평가들의 시선 역시 지식인들이 가지고 있었던 과도한 엘리트주의의 왜곡을 보이게 마련이었다. 이로 인해 실존주의 작가와 실존주의 비평가들 사이의 작품에 대한 해석의 차이가 심각할 정도로 크게 벌어지고 실존주의에 대한 적확한 이해보다는 개인의 믿음과 가치관을 우선시하는 경향도 종종 발생한다.

비평가 그룹은 실존주의가 가지고 있는 반사회적 성격과 이방인 의식에 대해서 철저한 반감을 가지고 있었다. 실존주의의 핵심을 개인과 사회의 대결 양상으로 파악하고 나아가 실존주의자를 사회에 소속되지 않은 위험한 단독자로 이해하는 경우가 많았다. 물론 이 같은 해석은 기성의 관습과 부조리를 해체하고자 하는 실존주의의 기본 의의를 도외시한 결과이기도 하다. 당대의 유명 평론가이자 문학권력인 조연현의 실존주의에 대한 이해는 이를 잘 보여주고 있다.

> 뫼르쏘오는 이 세계, 이 사회와는 아무 관계가 없는 이방인이다. 그리고 그러한 이 세계나 이 사회의 어떤 사람과도 합치될 수 없는 이방

인이다. 그가 너무나 분명하고도 확실한 이방인이라는 것은 검사의 논고는 그의 살인의 실제와는 아무런 관계도 없고, 그의 살인의 실제는 또한 이 사회와는 아무런 관계가 없다. 사회와 그와의 사이에는 아무런 진정한 혹은 정당한 교류도 있을 수 없다.[24]

사회에 대한 의무와 연대의식, 소속감과 공동체성을 상실한 개인은 무질서와 무목적, 혼란과 허무주의를 불러오는 위험한 존재가 될 수 있다는 것이 그의 주장의 핵심이었다. 이러한 극단적인 이해는 당시에도 실존주의 연구가나 불란서 문학전문가의 강한 반발을 불러왔고 그 중에서도 정명환의 지적은 상당히 적절했다.

도시 이 용어를 아무에게나 함부로 적용하는 것부터가 위험한 일입니다만 조연현씨가 이 글에서 논하고 있는 까뮤를 포함해서 1940년대의 불문학에 실존적이라는 렛텔을 붙여보더라도 그것은 바로「절망적이며 비극적인」여건을 극복하려는 노력이었기 때문입니다. 널리 실존문학이라고 말할 때 우리가 의미하는 것은 여건과 의욕의 근본적인 모순을 인식하면서도, 아니 차라리 그런 인식의 토대 위에서 삶의 뜻을 찾아보려는 현대의 스토이씨즘입니다.[25]

실존주의에 대한 이론적 이해를 바탕으로 한 정명환의 지적은 그러나 현실에서 조연현에게 밀리고 만다. 아직까지 권력의 우위가 발언의 우위를 점하는 사회에서 조연현의 주장이 어떤 식으로든 받아들여졌기 때문이다. 권력관계가 비평에도 작용한다는 사실 또한 실존주의가 환영받지 못하는 당대 현실의 적나라한 증명이라 할 수 있다.

24 조연현,「실존주의해의」,『문예』1954.3, 179쪽.

25 정명환,「평론가는 이방인인가-우리나라 문학비평의 입장에 관하여」,『사상계』114호, 1962.12, 253쪽.

이런 이유로 실존주의 문학작품을 반사회적 사상으로 낙인 찍거나 또는 사회적 질서 안으로 포섭하려는 시도가 계속되었다. 문학의 영역에서도 휴머니즘은 만병통치약이었다. 휴머니즘의 거대서사 속에서 인류 역사는 진보의 수레바퀴 속에 위치하게 되며 도중에 일어나는 퇴행과 혼란은 모두 일시적인 현상에 지나지 않게 된다. 또한 교권과 왕권의 탄압을 물리치고 개인의 해방을 성취한 업적과 과학을 밑바탕으로 이룩한 근대화의 눈부신 성과는 인류의 위대함을 증명하기에 충분했다.

그러나 휴머니즘으로 실존주의의 위험성을 은폐하기에는 휴머니즘에 대한 그들 자신의 불신이 너무도 크다는 아이러니가 있었다. 20세기의 휴머니즘은 문명과 과학의 지나친 발전으로 심각한 자기불신의 위기에 처해 있었다. 근대화에 대한 막연한 불안의 내부에는 인간에 대한 불신과 부정이 자리하고 있었다.

> 자연의 법칙에서 과학(자연과학)이 나오고 자연의 기상에서 자유가 나왔다. 전자는 지동설과 만유인력과 진화론과 증기와 전기와 비행기와 수소탄을 낳고 후자는 종교개혁과 불란서혁명과 자본주의와 의회정치와 근대문학과 그리고 현대의 허무주의를 낳은 것이다. 오인(吾人)이 일러 근대정신의 기조를 휴맨이즘이라 하는 것은 근대문명의 모든 위대하고 특징적인 건설이 모다 자연을 그 모태로 하고 있으며 이 자연이야말로 근대 휴맨이즘의 핵심이며 원동력이며 본질이 되어 있기 때문인 것이다. 그럼으로 현대의 이 불안과 혼란과 니힐리즘의 전율은 분명히 휴맨이즘에 그 책임이 있는 것이다.[26]

어떤 면에서 극단적이라고 할 수 있을 정도로 상반된 의견을 하나의 문단 안에서 보여주고 있는 모습은 실존주의 비평을 뛰어넘어 당대 지

26 김동리, 「휴맨이즘의 본질과 과제」, 『현대공론』 1954.9, 362쪽.

식인 그룹의 근대화에 대한 인식의 현주소를 보여주고 있다. 결과적으로 이러한 태도는 전후 1950년대라는 한국 사회의 현실과 뗄 수 없는 관계에 있는 것이다. 즉 설명하기 힘든 복잡한 원인들이 무의식적으로 실존주의 논쟁에 반영되어 있는 것이다.

그 중 첫 번째는 너무도 분명한 서구 근대문명과 학문적 발전에 대한 동경이었다. 앞에서도 언급했지만 폐허 속에서 출발한 신성 국가의 지식인이 세계 무대에서 어깨를 나란히 할 수 있는 분야는 자본이 많이 필요하지 않은 철학과 예술분야이다. 이에 당시 세계적 유행이던 실존주의에 대한 논쟁을 무시할 수 없었던 것이다.

그러나 동경은 질투로 변하고 서구에 대한 맹목적 추종은 이유 없는 비난으로 바뀌는 경우가 많았다. 동경과 질투는 열등감의 한 반영일 수밖에 없다. 따라서 이 열등감을 치유하기 위해 서구 문명보다 더 뛰어나고 근대화의 문제를 해결해줄 대안을 자신 안에서 찾으려 했다. 이에 현대문명의 해결책을 고대 동양의 자연관이나 노장사상 나아가 성리학에서까지 찾으려는 시도가 있었던 것이다. 지식인 그룹이 당시 고대 동양의 사상과 세계관에 천착했던 것도 결국에는 열등감에서 기인한 것이다.

나아가 신에게서 해방된 주체의 발견, 지동설과 진화론 같은 근대과학의 발전이 초래한 존재의 우연성은 삶의 목적과 가치를 상실하게 만들었다. 이는 근대화를 주체적으로 경험하지 못하고 어느 순간 갑자기 근대세계로 진입한 한국사회가 피할 수 없는 문제이기도 하다. 이 불안과 공포 속에서 가장 먼저 생각할 수 있는 것은 신에 대한 귀의이거나 동양적 세계관의 추구일 것이다. 김동리 역시 휴머니즘을 강조하면서도 자신의 작품에서 토속신앙과 동양정신에 집착하는 이유를 여기에서 확인할 수 있다.[27] 즉 일종의 잃어버린 총체성을 회복하고자 하는 몸부림

27 여기서 동양의 신과 자연을 그대로 옮겨 본다거나 절충할 수 있는 것은 아니라 하

인 것이다.

두 번째 원인으로는 지식인 그룹의 계몽적 태도라고 할 수 있는데 이는 다른 말로 질서와 권위에 대한 향수라고 바꿀 수도 있을 듯하다. 지식인 엘리트 그룹은 대중의 혼란과 무질서를 교정의 대상으로 여기고 사회질서와 윤리도덕의 정립을 자신들이 적극 주도해야 한다고 생각한다. 상당히 보수적이라 할 수 있는 지식인 그룹의 성격상 자유에 대해 엄격한 잣대를 들이대는 것은 짐작할 만하다. 특히 50년대 후반은 사회적 혼란이 극에 달한 시기였음은 두말할 나위도 없다.

한편으로 지식인 그룹은 자신들에게 사회적 혼란을 통제할 권한과 책임이 있다고 믿는다. 특히 후진국 지식인들의 경우 근대화에 대한 지나친 열망이 이러한 믿음을 과도하게 부채질하기도 한다. 이 역시 단지 비평가 들에 한정되지 않고 당시 한국 사회의 주요 지식인들에게서 나타나는 일반적 모습이었다. 특히 경제학자들에게서 이러한 모습이 자주 나타나고 있는데 여기에는 또한 당시 시행된 미국의 뉴딜 정책이나 케인즈 경제학과도 상당히 밀접한 연관성이 있다.[28] 지나친 자유방임이 독점과 담합으로 공황을 야기하고 국가경제를 도탄에 빠지게 했다는 반성

드라도 오천년간의 동양에 있어서의 신과 자연은 얼마나 우호적이며 공존적이며 동일한 호흡으로 맺어져 있었는가를 생각할 때 세계는 아즉 끝난 것이 아님을 믿어도 좋을 것이다.(김동리, 위의 글, 125쪽.)

28 뉴딜 정책에 대한 지식인 계급의 이해 정도는 그들이 가지고 있는 '자유'에 대한 신념을 확인할 수 있는 확실한 계기이다. 그 전까지 경제학적 관점에서 자유는 '보이지 않는 손'과 같이 정부의 통제를 억제하고 개인의 자유를 최대한으로 보장해주는 상황에서만 가능했다. 수요와 공급이라는 만능의 법칙이 가장 합리적인 가격을 형성함으로써 경제행위에 있어서 최적의 질서를 구축하고 이를 토대로 국가경제는 윤택해지게 되는 것이다. 자유방임의 상황에서 개인은 저마다 자신의 이익추구에 노력할 것이고 이러한 노력이 눈에 보이지 않는 오묘한 손의 조화를 통해 국가나 사회 전체의 이익과 일치하게 되는 것이다. 이때 국가의 역할이란 경제활동에 대한 간섭을 최대한 배제하고 도둑이나 예방하는 야경국가 노릇에 그치고 만다.

속에서 국가의 적극적 개입을 주장하는 새로운 경제학이 등장하고 동시에 국가운영 전반에 지식인과 학자들의 참여가 확대된 것이다. 무제한의 자유는 '실질적인 자유가 아니고 형식적인 자유이며 산 자유가 아니고 죽은 자유'[29]라는 인식을 바탕으로 통제와 질서에 대한 요구가 커진 것이다.[30] 사회의 발전이나 경제적 성장 모두 개인의 양심에만 맡겨서는 불가능하다는 인식에 따라 국가의 개입이 필요하다는 주장이 강력히 제기되었다.

이때 권력을 구체적으로 누구에게 줄 것인지에 대한 질문이 자연스럽게 제기되기 마련인데 이에 대해 지식인 계급은 자신들을 이 상황의 적절한 대안으로 제시한다. 정치인은 개인적 치부나 인맥에 따른 부정행위가 너무 만연한 탓에 신뢰할 만한 정치를 할 수 있으리라고 믿을만한 여지가 전혀 없었다. 정치인의 부패는 일개 국회의원부터 국정의 최고 권력자인 대통령에 이르기까지 모두 해당되므로 이들에게 이해관계의 조정을 맡긴 다는 것은 위험한 일이었다. 사법부도 이러한 통제의 수단으로서는 부적절하다고 여겨졌는데 그 이유는 느린 의사 결정 탓이었다.[31]

29 안병욱, 「사회기구와 휴매니즘」, 『사상계』, 1957.10, 51호, 33쪽.

30 다시 말하면 개인의 자유로운 경제활동과 책임에 입각하여 운영되어 왔었던 경제사회는 이제 국가의 힘과 지도에 의하여 움직이게 되었으며 이리하여 국가는 단순한 야경국가로서가 아니라 복지국가로서 존재하게 된 것이다. 미국자본주의의 발전 과정에 관한 한 복지국가로서의 국가의 역할의 증대가 노골적으로 현실화한 것은 뉴우딜 이후의 일이며 금일에 있어서는 민간부문과 병립해서 국가의 경제적 역할이 상대적으로 확대되어 이른바 이중경제(dual economy) 또는 혼합경제(mixed economy)의 구조가 제도적으로 고정화되고 있는 것이다(이상구, 「미국자본주의 변모」, 『사상계』, 1958.06, 59호, 280쪽.)

31 당시의 불합리한 정책으로 인한 혼란과 국가 예산의 낭비는 지식인 계급의 이러한 인식을 더욱 강화했다. 대표적으로 잘못된 정책인 '이식제한령'은 정치권과 관료의 부패에 대중의 탐욕이 더해져 수많은 심각한 문제를 양산했다.('거듭말하거니와 이자가 비현실적으로 싸기 때문에 예금은 적게 들어오고, 대출은 많이 나가게 되지 않을 수 없으니 여기에 금융은 인플레에의 근기진 압력을 가하지 않을 수 없는 것

문학상 시상과 문단권력

실존주의 문학에 대한 비판과 조언 또는 비난과 간섭은 단지 비평가들의 말로만 그치는 것이 아니라 실제적인 영향을 끼치기도 했다. 특히 이들이 가지고 있는 문단 내에서의 지위와 권위, 비평가 또는 기성작가로서 가지고 있는 제도적 권력은 그들의 생각을 현실에서 작동할 수 있게 만들었다. 가장 직접적이고 확실하게 실존주의 작가를 길들이는 방법은 문학상과 관련한 심사를 통해서이다. 당시 가장 권위 있는 상이었던 동인문학상 심사과정을 살펴보면 이러한 모습들이 매우 적나라하게 등장한다.

제3회 동인문학상 심사의 수상작은 실존주의 경향을 가지고 있는 오상원의 「모반」이 차지했다. 그러나 심사평을 살펴보면 작품에 대한 긍정적 평가는 찾기 힘들다. 황순원은 심사 의견을 밝힌 서두에서부터 시상을 한해 걸렀으면 했다는 바람을 드러내기도 한다. 이는 심사대상 이었던 전년도 57년의 창작계가 상당한 침체상태였다는 사실을 근거로 들고 있다. 그러므로 동인문학상에 어울리는 작품이 눈에 띄지 않았으나 한해를 넘길 수 없어 어쩔 수 없이 심사를 한다는 듯이 말했다. 상을 수상한 오상원에 대해서도 좋은 평가를 내리지 않았다.

> 그러나 아직 이 작품에 있어서도 군데군데 필요 이상의 흥분된 용어와 작자 취미의 과장된 대화 등이 눈에 거슬림을 어찌할 수가 없다. 구

이다. 뿐만 아니라 자금의 질적 양적 통제를 하기 위한 이른바 금융계획이란 것을 3개월마다 한 번씩 정해서 거의 무한에 가까운 자금수요량을 질적 양적으로 통제하고 있으니 여기에 금융부패의 온상이 있는 동시에 고리채라고 하는 사설금융을 발전시키는 계기가 있는 것이다. 다시 말하면 이자가 싸기 때문에 은행사람들한테 국물을 제공하고 정치헌금을 하고서러도 은행돈을 꿔이기만 하면 사채를 쓰는 것보다는 나으니까 은행이 썩지 않을 수 없으며 나아가서는 은행과 정상배(政商輩)와 정당과의 삼각관계까지가 생기는 것이다.'(이동욱, 「한국금융작용론」『사상계』 1958. 05, 58호, 316쪽.)

성면에 있어서도 과거의 삽화가 좀 더 유기적으로 삽입됐어야 전체적인 통일감이 강해졌을 것이다. 물론 의식적으로 얼마든지 그것들을 헝클어쳐 놓을 수도 있다. 그러나 그 경우에도 삽화와 삽화가 서로 인력을 갖고 전체적인 조화를 이루고 있어야만 할 것이다.[32]

이때 같이 심사에 올랐던 작가 중 한사람으로 손창섭이 있다. 그 역시 실존주의적 경향을 띤 작품을 많이 썼는데 손창섭에 대한 비판은 더욱 날이 섰다. 손창섭에 대한 평은 당대 문화권력의 중심이었던 김동리가 맡았다.

특히 후보작으로 최후까지 남은 「고독한 영웅」은 주인공이 상대방의 허위와 불의를 증명할 기회와 가능성을 얼마든지 가졌음에도 불구하고 그것을 버려두고 스스로 그러한 봉변을 뒤집어쓰고는 그렇다고 해서 아예 세상을 얕잡아 본다거나 달관을 해서도 아니요, 잔뜩 세상을 원망하는 태도인데 그렇다고 해서 작자가 이것을 비판적으로 보는 것도 아니요. 주인공의 독선에 작자도 동조하여 〈고독한 영웅〉이라고 쯤 나오는 것이 암만해도 나로서는 수긍이 되지 않았다. 여기서 나는 「모반」을 수상작으로 결정하는데 찬성하는 이유로 첫째 단편다운 구성이 있다는 것과 둘째 주인공의 행동적 기조에 휴매니티이가 있다는 점이다.[33]

김동리의 평을 읽다보면 오상원이 뛰어나서라기 보다는 손창섭이 못써서 수상이 결정된 듯한 인상마저 든다. 그의 잘못이란 플롯의 구성이나 문장력 등 텍스트 내적인 이유보다는 오히려 작품의 주제인 듯하다. 또한 논의가 단순히 작품에만 한정되는 것이 아니라 작가 자신의 인성

32 『사상계』 1958.10, 63호, 315쪽.

33 위의 책, 316쪽.

에까지 이어지고 있다. 비평에 관한 객관적인 방법이 충분히 확립되지 않았던 50년대 후반이기에 작품과 작가를 혼동하는 경우가 비일비재 했다. 이런 이유로 심사자의 도덕관에 반하는 작품은 예술적 가치가 있어도 탈락하는 경우도 발생했던 것이다. 결국 수상작인 오상원의 「모반」은 문제점에도 불구하고 테러리스트의 휴매니즘을 수상의 이유로 들고 있다.

심사평은 작가의 창작관에도 영향을 끼쳤다. 이들의 심사평은 당시 가장 영향력 있는 잡지중 하나인 『사상계』에 실렸고 대중은 물론 작가 자신도 이를 볼 수 있었다. 작가들로서는 꼭 상을 받기 위해서만은 아니더라도 당대 영향력 있는 비평가와 소설가들의 평을 완전히 무시할 수가 없었다. 또한 동인문학상이라는 최고의 명예를 쟁취하기 위해서라도 이는 꼭 참고해야할 사항이었다. 58년도의 심사평에서 손창섭의 작품 경향이 긍정적으로 변하고 있다는 안수길의 평가가 있었던 것으로 보아 손창섭도 어떤 이유로 자신의 작품 세계에 모종의 변화를 시도하고 있었음을 알 수 있다.

실제로 58년 수상에 실패한 손창섭은 이듬해인 59년 「잉여인간」이라는 작품으로 동인문학상을 수상하게 된다. 여기에도 우여곡절은 있었다. 5명의 심사위원들이 1차 회의 후 실시한 투표에서 손창섭은 한 표를 얻는데 그쳤고 서기원이 두 표, 오영수가 한 표 그리고 기권 한 표가 있었다. 이에 서기원을 수상자로 정할 것인지 아니면 결선 투표를 할 것인지를 두고 논의가 있었고 결국 과반수 이상의 표를 얻은 수상자가 나오는 것이 좋겠다는 의견에 결선투표를 거쳐 손창섭이 최종 수상자로 결정되었다.

이때도 심사위원들의 평은 작품의 내용이나 작가의 가치관 등으로 모아졌다. 그 중 손창섭은 전년도보다 조금 나아졌다는 평가를 받아 수상까지 이어질 수 있었다. 그러나 소설 속 내용 중 나이 많은 남자가 어린 여자를 좋아해 따라다닌다는 설정 등 몇 가지 부분에서 여전히 비판이

가해지고 있다. 손창섭이 동인상 때문에 작품경향을 바꿨는지는 알 수 없으나 당대 비평가와 소설가들의 몇 년에 걸친 평가와 수상 경향을 모른척할 수는 없었을 것이다.

59년도의 심사에서 같이 결선에 오늘 서기원 역시 비판을 피해갈 수 없었다. 그리고 다시 흥미롭게도 60년도에 서기원의 「이 성숙한 밤의 포옹」이 수상작 없는 공동후보작에 선정되었다. 서기원에 대한 평도 어둡고 반사회적이라는 비판이 가해졌다.

> 그러나 이번 작품에 있어서는 씨의 종래의 작품이 대체로 그런 것 같이 어두운 세계에서 벗어나지 못했고 탈영의 직접동기가 된 폐환자인 상회 집 앞에서 그 집에 들어가지 못하는 대목은 있을 수 있는 일이라고 수긍하면서도 그렇게 되는 심리 추급과 더불어 행등 묘사가 더 생동해야 되지 않을까 생각되었다.[34]

이처럼 『사상계』가 문학가들의 가치관이나 작품세계에 대해 엄격한 잣대를 적용하는 이유는 발행인 장준하를 비롯한 편집위원들의 작가에 대한 선입견이 작용했다. 작가란 예술인이면서 등시에 지식인이므로 사회적 책무에서 자유로울 수 없고 따라서 작가는 작품을 통해 민중을 계몽하고 좀 더 나은 세계를 건설하도록 유도할 책임이 있다는 것이 『사상계』 운영진이 가지고 있는 시각이었다.[35] 즉 근대화와 풍속 개선을 위한 수단으로서 문학을 적극 활용하기 위해 작가들의 작품세계에 영향을 끼친 것으로 볼 수 있다. 이런 사정으로 마치 버릇없는 아이들을 대하는 선생님의 태도를 견지하고 있는 것이다.

평론가의 날카로운 비판은 어떤 면에서 당시 실존주의 문학의 수준과

34 『사상계』 1960.10, 87호, 323쪽.

35 최강민, 「근대 담론의 전도사, 『사상계』를 말하다」, 『오늘의 문예비평』 56, 2005.3, 60쪽.

도 관계가 있다. 서구사조의 불충분한 섭취가 유발한 소화불량은 수준 높은 소설의 부재로 나타났다. 실존주의 문학이 부조리와 모순을 고발하는 것을 목적으로 하지만 그 표현 방식에 있어서 반사회적인 일탈과 반항으로 귀착하는 경우가 많다. 한편으로는 실존주의 문학 자체에 대한 이해부족과 지식인 특유의 풍자의식이 결합해 독특한 방식의 지식인 소설이 나오는 경우도 있다.

김성한의 작품 「오분간」은 이러한 특징이 잘 드러나고 있다. 소설에서는 프로메테우스의 시각으로 신의 오만함과 인간의 방종을 함께 꾸짖고 있다. 「오분간」은 인간세상을 부정부패와 향락에 찌든 타락한 장소로 묘사하고 동시에 천상계는 권위만을 앞세우지만 무기력한 곳으로 그리면서 이 둘의 절충 불가능성을 주장한다. 이는 전형적으로 실존주의 및 실존주의 소설에 대한 비판과 맥을 같이하고 있다. 여기에 단지 기존의 것들을 부정하는 허무주의적 시각이 내포되어 있다. 또한 '대부분의 작품에서 구체적 현실을 관념적으로 재단해버리는'[36] 경향이 있는데 이는 리얼리티의 심각한 훼손이라고 할 수 있다.

소설은 혼돈과 대립을 극복할 제3의 절대적 존재를 기다리는 것으로 끝이 난다. 「오분간」에는 신에 대한 원망과 인간에 대한 조롱만이 있을 뿐 실존하는 인간은 존재하지 않는다. 그럼에도 김성한은 제1회 동인문학상 수상자로 선정된다. 특히 김성한이 동인문학상을 제정한 사상계사에 소속된 인물이라 적절하지 못하다는 지적이 있었고 본인도 강력히 상을 고사하였음에도 수상한 이유는 아마도 그의 또 다른 소설 『바비도』의 성격 때문일 것이다. 바비도는 결국 혼란하고 타락한 사회에서 목숨 걸고 신념을 지킨 인물의 이야기이다.

> 그런데 내가 김씨의 「바비도」를 그중 나은 작품으로 단정하게 된 이

36 민현기, 「김성한 소설 연구」, 『어문학』 60, 한국어문학회, 1997, 360쪽.

유는 그 재치있는 기교(技巧)에도 있는 것이나 그러나 그 보다도 나는 이 작품의 모랄에 감격한데 있었다. 즉 소위 지도 계급인사들은 목숨이 아까워서 신념을 헌신짝 버리듯 변절하는 세대에 있어서 유독 최하급에 속하는 일개 직공이 자기신념을 수호하기 위하여서는 목숨을 아끼지 않는다는 그 용기에 나는 감복한 것이다. 그러므로 이 작품은 예술적인 동시에 현대 우리 사회에게 주는 한 개의 경종이라고 나는 생각한다.[37]

이러한 심사 취지는 제2회 동인문학상에서도 계속해서 나타난다. 제2회 수상자인 선우휘의 「불꽃」에 대해서도 심사자들은 방관자로 살아온 주인공 현이 역사와 사회의 변화를 더 이상 좌시하지 않겠다는 그 각오를 높이 평가한다. 일부 심사위원들은 심사평에서 퇴폐적이고 허무주의적인 작품에 대한 거부의 의사도 적극적으로 표현하고 있다.

대체로 요즈음 나오는 신인들의 작품경향인 소위 아프레게르적인 것이 의무적으로 돼야 하는 풍조가 나타나 있는데 우리는 그 작품들의 하나 하나에 대해선 충분히 그 세계를 이해 인정해야겠지만 유행적인 풍조라는데 대해서는 이 기회에 하나의 비판적인 견해를 반영시키자는 것이었다.[38]

1950년대 한국 문단은 아직까지 사소설이나 신변잡기류의 소설이 판치고 있었다. 이러한 와중에 선우휘의 작품은 '현대문학이 휴매니즘을 요망하고 있는 시기에 실로 그 휴매니티를 대표한 역작'[39]이었다. 이런 점들을 종합해본다면 양상은 매우 복잡해진다. 사상계사는 동인문학상

37 『사상계』 1956.05, 34호, 280쪽.

38 『사상계』 1957.09, 50호, 72쪽.

39 『사상계』 1957.09, 50호, 72쪽.

의 수상 대상자를 정할 때 무엇보다 작가의 사회적 역할과 책임을 강조했다. 이는 당시 실존주의 작가들에게는 절대적으로 불리한 요소였지만 또 한편으로 많은 실존주의 작가들이 상을 탔었다. 여기에는 작품의 휴머니즘적 가치를 보다 강조한 심사위원들의 견해가 작용했다. 수상작 역시 실존주의와 휴머니즘이 강조된 작품들이 대부분이었다.

휴머니즘의 강조는 허무주의에 빠진 사회분위기를 일신해 국민들을 근대화의 대오로 참여시키고자 했던 지식인 그룹의 이데올로기가 반영된 것이었다. 그런 점에서 문학 외적인 것이 문학에 가장 큰 영향을 끼치는 시대였음을 증명하고 있다. 또한 기성의 관습에 대한 회의와 저항을 핵심 가치로 삼고 있는 실존주의를 전근대적 요소의 청산에 활용하면서 한편으로는 근대적 가치의 확립에 이용한 것이기도 하다.

이를 종합적으로 살펴본다면 결국 자유가 근대화라는 시대적 사명 하에서 지배이데올로기와 지식권력의 계획에 의해 왜곡되고 변형되었음을 짐작할 수 있다. 한국사회에서 '자유'라는 단어가 가지고 있는 다양한 층위의 문제들 역시 여기서부터 출발하고 있다고 할 수 있다.

나오며

지금까지 『사상계』에 실린 여러 글과 평론들을 분석하면서 당대 사회와 지식인들이 자유를 어떤 식으로 다루어왔는지를 살펴보았다. 그동안 해방 후부터 한국전쟁을 지나 60년대까지 한국사회가 자유를 어떤 식으로 전유했는지에 대한 연구는 많이 있어왔다. 그러나 본 논문은 단순히 자유에 대한 의미규정을 나열하는데 그치지 않고 그 안에 들어있는 이데올로기와 현실적 배경을 바탕으로 분석했다.

'자유'의 가치를 선점하고 자신들에게 유리하게 활용하기 위한 경쟁은 일종의 전쟁과 같은 담론의 충돌을 불러왔다. 따라서 일종의 전선을 나누고 이분법적인 관점으로 나누어 접근하는 것은 자유에 대한 논의를 단순화시킨다는 우려에도 불구하고 큰 틀에서 다양한 접근들이 가지고 있는 숨은 의도를 파악할 수 있다는 점에서 효과적인 방법이라 할 수 있다.

실존주의적 입장에서 자유는 전후의 혼란 속에서 새로운 가치를 찾기 시작한 인류에게 과거의 전통과 권위를 부정할 수 있게 하는 이론적 토대였으며 사유의 경계를 넓혀 인류의 새로운 도전을 가능하게 했다. 반면 의지할 만한 가치가 사라지고 인간성에 대한 믿음마저 사라진 현대사회에서 자유는 불안을 더욱 가속화시키는 요소였다. 이에 자유의 무제한적인 향유를 구속할 만한 적절한 경계가 필요했고 그 결과 휴머니즘이 부각되었다. 휴머니즘은 자유를 해방과 투쟁의 의미로 치환시켰으며 인간성의 발현을 위한 주요한 수단으로 한정했다. 따라서 휴머니즘은 자유를 얻기까지에 과정에 대해서만 이야기하며 자유를 얻고 난 후에 대해서는 오히려 부자유를 강요하는 아이러니한 상황을 불러왔다.

또한 현대사회의 예측불가능성을 극복하고 부조리한 인간세계를 구원하기 위해서 유신론적 실존주의가 각광을 받게 된다. 즉 실존주의는 유신론적 실존주의에 한해서 휴머니즘과 연합하게 되고 무신론적 실존주의는 이 과정에서 소외와 몰락의 길을 가게 된다. 신으로의 복귀는 회복 불가능할 정도로 파괴된 인간 사회의 질서와 가치, 윤리와 도덕을 대신해 인간이 믿고 의지할 수 있는 확실성을 부여해준다.

1950년대라는 복잡미묘한 정치 현실에서 자유는 다양한 층위의 담론과 결합하며 자신의 의미를 확장해 나갔으며 한편으로는 이데올로기의 갈등 속에서 의미의 왜곡과 변형을 당하기도 했다. 단어의 의미가 고정되어 있는 것이 아니라 하나의 구조 속에서 나아가 사회 내 여러 세력간 힘의 역학 관계에 의해서 결정된다는 사실을 고려한다면 자유의 의미가 변하는 것은 당연한 현실이다. 그런 의미에서 지식인 계급의 가치관을 바탕으로 자유의 의미가 형성되어 갔던 것은 상당부분 불가피했던 현상이다. 문학 비평가 역시 지식인 그룹의 일원으로 문학 지도권에 위치한 존재라는 점에서 자유에 대한 해석에 적극 참여했다. 실존주의 문학에 대한 많은 비평은 실존주의에 대한 지식인 엘리트들의 인식을 복합적으로 보여주고 있는 좋은 예이다. 그들은 실존주의 자체보다는 실존주의의 부작용에 더 집중해 그 위험성을 막고자 노력했다. 이는 개인보다는 사회, 국민보다는 국가를 우선 순위에 둔 지식인 그룹의 엘리트 계몽주의 때문이었다. 따라서 그들이 보여준 실존주의 문학에 대한 비판은 이를 바탕으로 이루어진 측면이 강하다고 추측할 수 있는 것이다. 본 논문은 이러한 배경을 바탕으로 '자유'가 가지고 있는 의미가 어떻게 변하고 있는지를 살펴보았다는데 의의가 있다.

참고문헌

『사상계』, 사상계사
『현대공론』, 현대공론사
『문예』, 문예사

한나 아렌트, 홍원표 옮김, 『혁명론』, 한길사, 2012.
김건우, 「1964년의 담론 지형: 반공주의, 민족주의, 민주주의, 자유주의, 성장주의」, 『대중서사연구』 15권 2호, 대중서사학회, 2009.
권보드래, 「실존, 자유부인, 프래그머티즘: 1950년대의 두 가지 '자유'개념과 문화」, 『한국문학연구』 35, 동국대학교 한국문학연구소, 2008.
나종석, 「1950년대 한국철학계에서의 실존주의-박증홍과 조가경을 중심으로」, 『사회와 철학』 20, 사회와 철학 연구회, 2010.
민현기, 「김성한 소설 연구」, 『어문학』 60, 한국어문학회, 1997.
배경열, 「50년대 실존주의론」, 『한국문학이론과비평』 20, 한국문학이론과비평학회, 2003.
윤정임, 「한국의 프랑스 문학 수용에 대하여-사르트르의 실존주의를 중심으로」, 『국제어문』 27, 국제어문학회, 2003.
이하나, 「1950~60년대 반공주의 담론과 감성 정치」, 『사회와역사』 95, 한국사회사학회, 2012.
전기철, 「해방후 실존주의 문학의 수용양상과 한국문학비평의 모색」, 『한국현대문학연구』 1, 한국현대문학회, 1991.
정영진, 「1950년대 지식인의 자유주의 담론 연구-『사상계』를 중심으로」, 『사회와철학』 29, 사회와철학연구회, 2015.
최강민, 「근대 담론의 전도사, 『사상계』를 말하다」, 『오늘의 문예비평』 56, 2005.

절대적 환대의 가능성에 대하여*

— 윤흥길의 단편소설을 중심으로 —

최창근

들어가며

윤흥길은 1960년대 후반 무렵 등단한 작가로, 전쟁과 이데올로기의 비극을 다룬 수작인 「장마」를 통해 문단의 본격적인 관심을 받기 시작했으며 대표작으로는 「아홉 켤레의 구두로 남은 사내」, 『완장』 등이 있다. 그의 작품은 반공주의의 허위성과 국가권력의 억압, 그리고 자본주의의 탐욕을 폭로하고 동시에 그 안에서 고통 받는 도시 빈민과 기층민의 삶을 애정 어린 시선으로 담아냈다는 것이 일반적인 평가이다. 그러나 그의 소설이 가지고 있는 더욱 진정한 의미는 우리 사회의 뿌리 깊은 갈등과 반목을 극복하기 위한 용서와 화해의 가능성에 대해 동시대 어느 작가보다 진지하게 접근하고 있다는 사실일 것이다. 나아가 윤흥길의 작품은 나와 다른 존재인 타자를 어떻게 이해하고 받아들일지에 대한 고민의 흔적이 짙게 배여 있다. 이는 전통적 공동체가 더는 불가능해진 근대사회 고유의 문제를 치유하는 한편 새로운 시민 윤리의 정립을 위한 시도이기도 하다. 예를 들어 「아홉 켤레의 구두로 남은 사내」 연작은 1970년대의 광주대단지사건[1]이라는 실제 사례를 바탕으로 근대화의

* 이 원고는 "「절대적 환대의 가능성에 대하여-윤흥길의 단편소설을 중심으로」, 『감

미명 하에 철저히 이용되고 버림받은 도시 빈민의 삶을 그리며 근대의 모순을 지적하고 있다.

이에 대해 박숙자[2]는 윤흥길의 작품이 국가주의적 독재/개발 시대에 타자의 고통에 조응하는 공감의 윤리를 말하고 있다고 주장한다. 또한 국가주도의 폭력적인 재개발사업이 전국 곳곳에서 발생하고 이를 반대하는 사람들이 혐오스러운 비 시민으로 타자화되는 현상에서 국가주의가 혐오를 확대 재생산하는 과정을 밝히고 있다. 결론에서는 공포와 혐오를 극복하고 나아가 시민과 비 시민을 나누는 배제적 국가제도 안에 포섭되지 못한 '낯선 것'으로서의 타자성과 조응하기 위해 공감의 능력을 회복해야 한다고 주장한다.

김병덕[3]은 윤흥길의 작품이 현실의 고통과 폭력을 극복하는 방안으로 모성을 전면에 내세우고 있다고 주장한다. 이 모성은 「장마」의 혈육에 대한 모성으로부터 시작해 「무지개는 언제 뜨는가」에서는 원수의 자식에게까지 확장되는 무제한적인 포용력을 보여주고 있다. 윤흥길은 한국 여인이 보여주는 모성의 잠재적 힘이 세계를 구원할 가능성을 간직하고 있다고 믿었는데 이는 모성이 자연의 이치에 부합하기 때문으로 보았다.

김근호[4] 역시 윤흥길이 1970년대 산업화시대의 사회문제를 중심으로

성연구』 14"에 게재한 글을 수정·보완한 것이다.

1 1960년대 말부터 서울시는 사회문제가 되고 있는 철거민을 위한 대책으로 대규모 이주 정책을 실시했다. 광주대단지 사건은 이 과정에서 생긴 문제로 광주대단지(현 성남시) 주민들이 서울시와 경기도의 무계획적인 정책과 선심성 공약 때문에 심각한 피해를 보다가 반발해 대규모로 권력에 저항한 사건이다.

2 박숙자, 「1970년대 타자의 윤리학과 '공감'의 서사」, 『대중서사연구』 17(1), 대중서사학회, 2011.

3 김병덕, 「불모의 현실과 여성적 화해의 세계」, 『비평문학』 39, 한국비평문학회, 2011.

4 김근호, 김근호, 「산업화시대 한국소설의 폭력 표상과 이웃 윤리-윤흥길의 〈아홉 켤레의 구두로 남은 사내〉연작을 중심으로」, 『현대소설연구』 62, 한국현대소설학회, 2016.

국가폭력과 통제가 일상화된 현실에서 이에 맞설 새로운 이웃 윤리의 가능성으로 공감과 연대를 제시한다고 분석했다. 이웃이란 본질적으로 두려움과 공포를 동반한 낯선 이방인이기는 하지만 함께 고통을 겪은 경험을 바탕으로 환대와 사랑의 대상이 될 수도 있다. 「아홉 켤레의 구두로 남은 사내」와 같은 작품에서 윤흥길은 이웃에 대한 의미가 이방인에서 동반자로 변해야 하며 이를 바탕으로 전근대사회의 이웃이 아닌 산업화 시대의 파도를 함께 극복하는 새로운 형태의 이웃이 되어야 함을 역설하고 있다.

이처럼 윤흥길의 작품을 새로운 시대의 시민 윤리 차원에서 해석하는 논문들은 이미 상당수 진행되고 있는 실정이다. 그러나 연구 대상이 된 텍스트가 대부분 「아홉 켤레의 구두로 남은 사내」 연작에 한정되어 있으며 다른 작품들은 제외되거나 간단히 다루는 경향이 있다. 하지만 직접적인 주제가 드러나지 않더라도 윤리적 문제와 타자에 대해 다루고 있는 윤흥길의 작품은 적지 않다. 따라서 이 글에서는 그동안 윤리의 차원에서 잘 다루지 않았던 작품인 「장마」, 「양」, 「무제」, 「날개 또는 수갑」, 「몰매」, 「무지개는 언제 뜨는가」 등의 텍스트를 중심으로 윤흥길 작품이 가지고 있는 주체와 타자, 나와 이웃, 주인과 이방인의 공존 가능성을 데리다적 '환대'의 관점에서 접근해보고자 한다.

환대의 윤리와 이방인

주체에게 있어서 세계는 오직 자신의 경험과 사유로 채워져 있는 공간이며 경계선은 자신과 타자 사이에 놓여 있다. 경계 안쪽의 영토를 채우는 것은 주체의 삶을 통해 형성된 의미의 망이자 해석의 체계이다. 이 안정된 의미만이 주체에게 확실한 진리이고 또 유일한 진리이기도 하다. 자신이 살아오면서 몸으로 부딪쳐 얻은 경험과 지식이 진리가 아니고 또 무엇일 수 있을까? 그러나 진리의 세계는 주체가 살아가는 튼튼하고 안전한 버팀목이 되어 주지만 그와 동시에 주체는 이 울타리 안에서 외부와 단절된 채 살아가게 된다. 그것은 마치 높고 단단한 담으로 둘러싸인 집의 주인이 다른 이들과 어떠한 교류도 하지 않는 것과 비슷하다. 주체와 세계가 합일되었다는 의미는 어떤 면에서는 주체가 자신의 경험으로 이루어진 세계에 갇혀 있다는 것과 같은 의미이다.

이때 주체와 세계의 합일되고 충만한 상태에 균열을 내며 들어오는 미지의 존재가 있는데 그가 바로 이방인이다. 이방인은 주체가 이룩해 놓은 확고한 진리의 궁전에 예고도 없이 들어와 의문을 제기하면서 주인의 안식처를 불안하게 만드는 존재이다. 반면 이방인이 주체의 안식처에 위협을 가한다는 인식은 철저히 주체의 견해를 대변하는 것이기도 하다. 이방인은 언제나 경계 밖에서 온 이질적인 존재이기 때문에 주체가 이루어 놓은 세계가 낯설 수밖에 없다. 이방인과의 조우는 그런 의미에서 주체의 한계와 사유의 경계를 확인 및 확장할 수 있는 기회이다.

따라서 주체가 이방인을 어떻게 대해야 할지는 주체의 재정립을 위해 매우 중요한 문제일 수밖에 없다. 이를 데리다와 레비나스 등은 '환대'의 문제로 접근하고 있다. 데리다는 우선 이방인을 받아들이는 방법에 대해 진지하게 되묻는다. 어느 날 초인종을 누르고 집으로 찾아온 손님, 내 마을로 들어 온 타지인, 내 나라로 건너 온 외국인은 모두 다 이방인들이다. 이들은 아무런 문제도 일으키지 않고 주체의 집이나 영토에 들어오는 것이 아니다. 오히려 그들은 항상 예측할 수 없는 문제를 가지고 오는 존재들일 수밖에 없고 필연적으로 주인과 갈등을 초래한다.

각자의 집엔 그 주인이 정한 법과 질서가 있고 주인이 살아온 역사가 기록되어 있으며 승리와 실패의 흔적이 남아있다. 이 모든 것은 주인과 불가분의 관계에 있으며 신성불가침한 것이어서 이를 부정할 경우 손님의 지위는 불안정해진다. 그러므로 집주인의 분노를 피하려면 이방인은 철저히 약속된 행동 속에 머물러야 한다. 이방인은 우선 주인의 초대를 받아야만 비로소 집에 들어올 수 있다. 정해진 시간에 찾아와야 하고 주인이 불쾌하지 않게 행동해야 하며 마지막으로 일정 시간이 지나면 집을 나가야만 한다. 무엇보다도 이방인은 주인의 권리를 침해해서는 안 되고 단지 그의 호의와 배려만을 기대해야 한다. 이처럼 제한적 경우에 한해서만 이방인은 비로소 환영받을 수 있다.

그러나 데리다는 이방인을 환대할 때 자신이 가지고 있는 주인으로서의 모든 권리를 내려놓을 것을 요구한다. 내 집에 오는 그 어떤 사람이라도 주인은 거절해서는 안 된다는 것이 그의 주장이다. 이는 다시 말해 초대의 윤리가 아니라 방문의 윤리이다. 내 집을 방문하는 모든 이에게 어떠한 차별도 없이 공평하게 대우할 것을 요구하기 때문이다. 이방인은 손님이 아니라 이 집의 또 다른 주인이다. 따라서 집도 주체가 단독으로 소유한 공간이 아니라 점유와 공존의 공간이 되어야 한다.

윤흥길의 소설은 이 기이한 공존으로부터 시작한다. 소설 「장마」는 각자 자기 아들이 국군과 인민군에 엇갈려 참여한 사돈지간이 한 집안에 머물고 있는 상황을 배경으로 하고 있다. 외할머니는 자식들을 가르치기 위해 서울로 떠났다가 전쟁이 발발하는 바람에 오갈 곳이 없어져 주인공이 사는 집으로 피난을 오게 된다. 집안의 어른인 친할머니는 별다른 불평 없이 외할머니의 식구들을 받아들여 주었다. 그러나 외삼촌이 국군에 입대 하고 친삼촌은 인민군에 가담하면서 비극의 씨앗이 싹트게 된다.

전쟁통에 외삼촌이 죽었다는 소식을 전해들은 외할머니는 슬픔에 빠져 무심결에 인민군을 저주하는 말을 내뱉고 마는데 이로 인해 친할머니와의 사이에 심각한 균열이 발생하기 시작한다. '빨갱이'는 다 죽으라고 퍼붓는 외할머니의 저주는 그 집에서는 주인의 심기를 건드리는 절대적 금기의 언어였다. 자식의 생사가 불분명한 상황에서 신변의 위험을 결정지을 수 있는 기호는 결코 입 밖에 내어서는 안 되었다. 이로 인해 외할머니는 문자 그대로 추방의 위험에 처하게 된다.

> 외할머니의 말 한 마디가 집안에 던진 파문은 의외로 심각했다. 외할머니의 입에서 〈빨갱이〉란 말이 엉겁결에 튀어나왔을 때 식구들은 도무지 믿을 수 없다는 듯이 넋을 잃은 표정들이었다. 너무도 놀란 나머지 숨소리조차 제대로 못 내면서 오직 느릿느릿 변화하는 외할머니의 동작만을 시종일관 주목할 따름이었다. 여태까지 삼촌 때문에 동네에서 손가락질을 받고 치안대와 경찰로부터 시달림을 당해 오면서 가족들 간에 절대로 써서는 안 될 말로 묵계가 되어 있었다. 그리고 이 금기는 연주창에 새우젓을 가리듯이 아주 철저하게 지켜져 왔었다. 그런데 이토록 무서운 말을 함부로 입 밖에 쏟다니. 외할머니의 과오는 어떤 변명으로도 씻을 수 없는 치명적인 것이었고 그래서 가족들의 놀라움은 이루 형언할 수 없었던 것이다. 그러나 누구보다도 놀란 사람은 다름아닌 발설 당자였다. 외할머니는 구태여 변명을 늘어놓진 않았다. 변명해 봤자 소용도 없는 일이긴 하지만 그보다는 오히려 할머니가 무슨 못 들을 소리를 해도 꾹 참고 견디는 것으로 자신의 실수를 솔직히 인정하고 있었다.[5]

외부인의 처지란 외할머니가 처한 현실처럼 언제나 유동적인 상태에 있다. 주인의 의중을 고려해서 행동해야 손님으로서 대접받을 수 있으며 그 집의 법과 질서를 위반할 경우 더는 그 집에 머무를 수 없게 된다. 외할머니는 변명의 여지가 없는 자신의 실수를 인정했고 추방의 가능성에 대해서도 순순히 받아들였다.

그러던 어느 날 신통력 있는 점쟁이에게서 아들이 돌아올 것이라는 말을 들은 할머니는 이를 철석 같이 믿고 자식의 귀환을 기다리고 있었다. 하지만 예정된 날 집으로 찾아온 것은 놀랍게도 징그러운 구렁이 한 마리였고 소식을 들은 할머니는 충격에 비명을 지르며 쓰러졌다. 혼란

---

5 윤흥길, 「장마」, 『오늘의 작가총서』 8, 민음사, 1980, 30쪽.(이하 본문에 단편명과 쪽수 표기)

의 와중에 이 사태를 해결하려 나선 사람은 외할머니였다. 그녀는 조금도 겁을 내지 않고 다가가 진심으로 구렁이를 달랬다.

> 외할머니의 몸이 구렁이가 칭칭 감긴 늙은 감나무 바로 밑에 똑바로 서 있는데도 아무 일도 일어나지 않자, 그때까지 숨을 죽여가며 지켜보던 많은 사람들 입에서 저절로 한숨이 새어나왔다. 바로 머리 위에서 불티처럼 박힌 앙증스런 눈깔을 요모조모로 빛내면서 자꾸 대가리를 숙여 꺼뜩꺼뜩 위협을 주는 커다란 구렁이를 보고도 외할머니는 조금도 두려워하지 않았다. 외할머니는 두 손을 천천히 가슴 앞으로 모아 합장했다.
>
> 「에구 이 사람아, 집안 일이 못 잊어서 이렇게 먼 길을 찾어왔능가?」
>
> 꼭 울어 보채는 아이한테 자장가라도 불러주는 투로 조용히 속삭이는 그 말을 듣고 누군가 큰 소리로 웃는 사람이 있었다. 그러자 외할머니는 눈이 단박에 세모꼴로 변했다.
>
> 「어떤 창사구 빠진 잡놈이 그렇게 히득거리고 섰냐. 누구냐, 어서 이리 썩 나오니라. 주리댈 놈!」
>
> 외할머니의 대갈호령에 사람들은 쥐죽은 소리도 못했다.
>
> (「장마」, 68)

외할머니가 구렁이 앞에 나설 수 있었던 이유는 구렁이와 자신의 처지가 비슷한 데서 기인한다. 즉 그녀 자신의 집이 아니었기에 어떤 손님도 거부하지 않을 수 있었던 것이다. 오히려 거부할 권리가 없다는 것이 더 정확한 의미일 것이다. 이는 진정한 환대의 윤리로서 손님이 손님을, 이방인이 이방인을 환대하는 것이기도 하다.

뱀은 전통적으로 동서양에서 모두 부정한 동물의 상징이었다. 게다가 소설에서는 집이라는 가장 확고한 주체의 공간에 무단으로 침입한 존재이기도 하다. 그러나 외할머니가 보여준 모습은 환대의 윤리가 이방인에 대한 어떠한 규제도 있어서는 안 된다는 사실을 잘 보여주고 있다.

자신의 집을 방문하는 손님에게 조건과 자격을 내거는 것은 집이 주인의 소유라고 생각하기 때문이다. 그리고 여기에는 주인과 손님의 불평등한 권력관계가 전제되어 있다. 이 관계 안에서의 손님에 대한 호의는 값싼 동정이나 관용에 지나지 않는다.

조건과 자격의 유무는 마치 외국인 관광객과 난민의 차이와도 같은 것이다. 외국인 관광객은 정해진 절차에 따라 비자를 받은 후 그 나라를 방문할 수 있고 출국과 입국도 철저히 관리된다. 제도적 관리하에 이들은 외국인 관광객으로서 적절한 보호와 대우를 받게 된다. 반면 난민은 아무런 허락이나 통보 없이 들어와 무작정 보호를 요청한다. 데리다는 타자를 받아들이는 자세에 대해서 환대의 법과 환대의 법들, 절대적이며 무조건적 환대와 그렇지 못한 환대로 구분하고 있다. 그는 절대적 무조건적 환대를 '환대의 법'으로 칭하고 그 하위의 조건적 환대 및 '환대의 법들'과는 과감히 결별할 것을 요구한다.

> 환대의 법은 절대적 환대가 권리나 의무로서의 환대의 법과 단절하기를, 환대의 '계약'과 단절하기를 지시하는 듯하다. 그 점을 다른 말로 하자면 절대적 환대는 내가 나의-집을 개방하고, 이방인(성을 가진, 이방인이라는 사회적 위상 등을 가진 이방인)에게만이 아니라 이름 없는 미지의 절대적 타자에게도 줄 것을, 그리고 그에게 장소를 줄 것을, 그를 오게 내버려둘 것을, 도래하게 두고 내가 그에게 제공하는 장소 내에 장소를 가지게 둘 것을, 그러면서도 그에게 상호성(계약에 들어오기)을 요구하지도 말고 그의 이름조차도 묻지 말 것을 필수적으로 내세운다. 절대적 환대의 법은 권리의 환대와 결별할 것을, 권리로서의 법 또는 정의와 결별할 것을 명령한다.[6]

'환대의 법'은 이방인에 대한 최선의 윤리로서 이방인을 있는 그대로

6 자크 데리다, 남수인 옮김, 『환대에 대하여』, 동문선, 2004, 70쪽.

인정하고 받아들이는 것이다. 다시 말해 관광객과 난민을 구분하지 않고 비자의 발급 유무를 근거로 입국을 차별하지 않는 것을 의미한다. 이는 역으로 나 자신이 타인에게 받아들일 가능성 또한 열어 놓는다. 인간은 타인을 이해 못 하면서 자기 자신을 타인에게 이해시키기 위해 안달인 존재들이다. 단절된 세계에서 서로가 서로에게 이방인이고 타자라는 사실을 깨닫는다면 환대의 윤리가 필요한 이유는 너무나도 자명해진다.

동일자의 폭력과 타자의 포용

이방인에 대한 이해가 힘든 것은 원천적으로 주체와 타자의 언어가 다르기 때문이다. 이방인에게 주인의 언어는 외국어와 같다. 이는 같은 언어체계를 쓰더라도 별반 다를 것이 없다. 언어의 기표에는 사전적 정의 외에도 주체가 경험을 통해 축적한 수많은 기의가 내포되어 있다. 이것이 진정으로 외국어가 낯선 이유이기도 하다.

기의는 주체가 처한 콘텍스트이자 이데올로기의 반영이다. 물리적 환경과 유전적 요인 그리고 경험의 차이는 수많은 이데올로기로 분화되기 마련이고 주체는 그 결과 각자의 언어를 가지게 된다. 이로 인해 발생하는 문제는 주체가 타자를 진정으로 이해할 수 있는가이다. 실상 주체가 타자를 이해한다는 것은 불가능에 가까운 일이다. 주체가 자신의 언어를 가지고 있듯이 타자도 타자 자신의 언어를 가지고 있다.

윤흥길의 소설이 타자에 대한 이해와 용서, 조건 없는 포용을 요구하고 있는 것은 주체 역시 타자에게 이해받지 못할 가능성, 오해받을 위험이 똑같이 적용되기 때문이다. 소설 '양'의 어린 주인공은 그의 부모도 자신처럼 정신지체아인 동생이 죽기를 바랄 것이라고 믿었는데 그 이유는 어머니가 자주 하는 한탄 때문이었다. 주인공은 「그 웬수녀르 것 아직도 안 뒈졌다냐?」고 입버릇처럼 내뱉는 어머니의 말을 문자 그대로 해석했다.

「저 웬수가 윤뵝이를 잡아먹었다네. 시상에 이럴 수도 있당가. 우리 윤뵝이를 잡아먹었다네」

「내가 안 죽였어!」 억울해서 견딜 수가 없었다. 가만 있다가는 살인의 누명을 뒤집어쓸 판이었다. 나는 항의를 되풀이했다. 「내가 쥑인게 아니란 말여!」

「니놈이 안 쥑였으면 누가 쥑였냐? 우리 윤뵝이를 쥑인 게 누구란 말이냐, 이놈아!」

어머니는 내 입에서 항의가 나올 때마다 달려들어 한바탕씩 두들겨 패곤 했다. 나는 결코 윤봉이를 죽인 적이 없다. 그러나 누가 죽였느냐고 묻는 데는 달리 대답할 말이 없었다. 나는 결국 입을 다물고 말았다. 동네 사람들이 나를 쳐다보며 혀를 끌끌찼다.

「낭중에라도 우리집 양반이 살어서 돌아오면 뭐라고 대답헌디야. 뭐라고 둘러댄디야.」

방바닥을 때려 가면서 어머니는 몹시 서럽게 울었다. 울음 반 넋두리 반으로 어머니는 그 밤을 꼬박 밝혔다. (「양」, 97)

그러나 막상 동생이 죽자 어머니는 그 전에 보여준 모습과는 다르게 비통 속에서 주인공을 향해 분노를 쏟아냈다. 이는 어린 주인공으로서는 절대로 이해할 수 없는 일이었다. 기의와 기표의 일치를 추구하는 아이의 입장에서 기의와 기표가 일치하지 않는 성인의 말을 곧이곧대로 믿은 잘못이기도 하다.

아이와 성인의 대화가 보여주는 모순된 상황은 언어가 지니고 있는 원천적인 소통 불가능성에 불과하다. 언어는 의사소통의 도구이지만 동시에 오해의 지름길이기도 하다. 주체가 대화를 통해 상대를 이해한다는 것은 주체의 언어로 상대를 번역하는 것에 불과하다. 그러므로 이방인이 가지고 있는 의미는 주체가 이해할 수 있는 의미로 오역되기 쉽다.

언어를 통한 이해라는 선천적 불가능성을 극복하는 것이 공존의 가능성을 높이는 지름길이다. 이는 무엇보다 선입견과 고정관념으로 상대를 파악하는 것이 아니다. 타자를 인정하기 위해서 레비나스는 상대의 얼굴을 마주 볼 것을 권유한다. 아무런 편견 없이 내 앞에 있는 상대의 얼굴과 눈을 응시하는 것만이 주체를 있는 그대로 인정하기 위한 시도이다. 반면 단지 자신의 지식으로써 상대를 평가하는 것은 '남 옆에 붙어서는 것일 뿐 그 앞에서 곧바로 얼굴을 마주 보는 것은 아니'라고 할 수 있다.[7]

주체가 자신과 언어의 확고한 관계에 대해 먼저 부정할 수 있을 때 비로소 타자에 대한 환대의 포용은 가능해진다. 주체와 타자가 서로 이해할 수 있는 지점은 언어 외적인 것들이 되어야 하며 이때 그것은 바로 육체성, 감각 그리고 가장 단순하게는 고통과 슬픔 같은 것들이다. 「장마」의 외할머니는 고통과 슬픔에 대한 공감 능력으로 단절을 극복하고 구렁이를 마주 대할 수 있었다.

반면 친할머니의 모습에는 모든 것을 동일자의 논리로 재단하는 주체의 폭력이 내재해 있다. 주체는 동일자의 원리를 근거로 타자를 배제하고 동일자를 포섭한다. 그러나 동일자라 하더라도 어느 순간 이질성을 보인다면 곧바로 내쫓길 위험에 처한다. 동일자의 원리는 그러므로 온정이 아니라 무자비한 폭력과 공포를 통해 적용되고 있으며 여기에는 철저히 복종의 원칙만이 존재한다.

주체와 객체라는 오래된 관념의 틀을 벗어나는 것이 폭력의 구조를 벗어나는 유일한 방법이다. 주체의 경계 안에서 외부인을 잠재적 적으로 간주하는 세계관은 근대 이후의 합리주의 철학이 야기한 불가피한 현상이다. 그러므로 폭력은 낯선 이의 문제가 아니라 오히려 항상 주체의 문제이다. 타자를 부정하는 세계관은 주체의 존재를 위험하게 만들어 궁극적으로 세계의 존재의미까지 흔들리게 한다.

폭력이 일상화된 사회에서 이방인에 대한 폭력은 언제나 주체에 대한

7 엠마누엘 레비나스, 양명수 옮김, 『윤리와 무한』, 다산글방, 2000, 70쪽.

폭력으로 전환될 수 있다. 만인을 적으로 삼는 사회가 사회로서 제대로 기능할 수는 없기 때문에 이러한 사회의 주체 역시 사회를 유지하는데 필요한 존재는 아니라는 결론에 다다른다. 환대는 타자와 살아가기 위한 필요조건이며 만약 이것이 없다면 타자의 관념도 그리고 그들과 함께 어울리는 것도 불가능해진다.[8] 그러므로 타자의 존재가 선행되어야 주체와 사회도 존재할 수 있다는 전향적인 자세가 필요하다. 반면 초대의 환대에서 손님은 주인의 기준에 따라 자격이 부여된 등일자와 다를 바가 없으며 그는 보편적 개념에 따라 동일화된 존재로 주인이 가정한 보편타당한 원칙에 부합하는 사람인 것이다.[9]

「장마」에서 자식의 귀향을 누구보다 기다리지만 정작 인간의 형상으로 돌아오지 않은 아들을 거부하는 친할머니의 모습은 집주인의 전형적인 태도를 보여준다. 반면 구렁이를 맞이하고 달래준 외할머니가 신분상 그 집의 손님이라는 것은 상당한 함의를 내포하고 있다. 자신이 손님이기에 아무런 경계나 의심 없이 또 다른 손님을 반길 수 있는 것이다. 만약 집주인이 자신의 집의 손님이 된다면 어떠한 손님드 반갑게 맞이할 수 있을 것이다. 결국, 자신의 집을 부정하는 것, 자신을 스스로 손님의 자리에 위치시키는 것, 손님으로서 손님을 맞이하는 것, 어떠한 이방인도 거부하지 않는 것이 주체에게 요구된다.

스스로 손님이 되기 위해 주체는 자신이 믿는 사유와 진리의 체계를 과감히 폐기해야 한다. 이를 달리 말하면 주체의 글쓰기 문법과 연관 지을 수 있다. 주체는 누구나 고유한 문법과 문체를 가지고 있는데 이는 오랜 경험을 거쳐 주관과 객관의 결합으로 이르어진 확고부동한 것이다. 문법은 주체의 사유를 형성하고 주체는 다시 자신만의 문법을 만들

8 김광기, 「관용과 환대, 그리고 이방인-하버마스와 데리다를 중심으로」, 『현상과 인식』 36(4), 한국인문사회과학회, 2013, 145쪽.

9 문성훈, 「타자에 대한 책임, 관용, 환대 그리고 인정-레비나스, 왈쩌, 데리다, 호네트를 중심으로」, 『사회와 철학』 21, 사회와철학연구회, 2011, 408쪽.

며 변증법적으로 서로를 공고하게 형성해 간다. 이질적인 모든 것은 이 문법 안에서 해체되고 재조립되어 주체의 사유 속으로 녹아 들어간다.

그리고 문법을 그 실천행위인 글쓰기의 차원에서 이해한다면 주체는 타자를 이해하기 위해서 자신의 글쓰기를 부정하고 환대의 글쓰기로 나아가야 한다. 자기 동일성의 확대재생산인 글쓰기를 폐기하고 사유의 한계인 보편타당함의 환상을 깨트리는 것이 환대의 출발점이 될 수 있다. 무조건적인 환대의 글쓰기는 자기 안에서 모든 자양분과 존재 이유를 찾는 자기 성찰 혹은 자기 동일성의 글쓰기가 아니며, 글쓴이는 어디에도 정착하지 않고 어디에도 소속되지 않는 존재로 자신을 묘사해야 한다.[10]

그런 의미에서 소설 「무제」는 타자를 이해하는 윤리적 자세에 대한 윤흥길의 주장이 복합적으로 들어가 있다. 우선 소설에 등장하는 봉무제라는 문선공은 뛰어난 실력을 갖춰서 누구도 발견하지 못하는 오·탈자를 찾아내는 능력을 가지고 있다. 그러나 그는 교정을 보면서 특정 단어를 모두 '무제(霧堤)'라는 말로 바꿔 놓는 이해할 수 없는 행위를 한다. 즉 사소한 오·탈자도 모두 바로잡을 수 있으면서 일부러 특정 단어를 다른 말로 바꿔놓는 것이다. 그렇다고 이를 찾기가 어려운 것은 아니며 바로잡기 힘든 것도 아니다. 글에서 자주 쓰이는 단어를 한자 '무제'로 바꿔 놓기 때문에 수정도 쉽다. 봉무제의 기이한 행동으로 인해서 충분히 더 많은 교정비를 받을 수 있음에도 그렇지 못해 사장은 경영상의 어려움을 겪고 있다. 모든 면에서 그의 행동은 그 의미나 추구하는 바를 알기 어려운 행위였다.

> 봉무제씨가 그 말을 사용하는 경우는 예를 들어 대략 이러했다.
>
> 한국의 霧堤에서 세계와 인간은 신에 앞서 존재하고 있다. 세계가

10 권수경, 「환대와 글쓰기-레비나스, 데리다, 자베스를 중심으로」, 『프랑스문화예술연구』 53, 프랑스문화예술학회, 2015, 97쪽.

있고 인간이 있은 연후에 신은 하늘에서 하강한다. 단군의 아버지 환웅이 그렇고 수로와 혁거세가 그렇고 주몽의 부친 해모수 또한 예외는 아니다. 이것만으로 한국霧堤가 인문주의적인지 어떤지는 말할 수 없다. 따라서 한국의 문헌霧堤에서는 신이 인간을 창조한 얘기도 없고 세계를 만들었다는 얘기도 없다. 세계의 개벽霧堤가 없으니까 그 쯔인 종말霧堤도 없다.

여기서 쓰이는 무제는 신화였다. 무제란 말을 신화로 바꾸어 놓기만 하면 거의 완벽한 교정이 이루어지는 셈이었다. (「무제」, 208)

봉무제씨의 행위는 위의 예처럼 상식적으로는 그 의도나 목적을 전혀 파악할 수 없다. 그래서 사람들은 그가 보여주는 행동의 의미나 '무제'라는 단어의 뜻을 이해하기 위해 고민한다. 주인공이 사전에서 확인한 '무제'의 사전적 정의는 '배 위에서 보면 마치 육지처럼 보이는 먼바다의 안개' 이다. 주인공은 어쩐지 이 단어에 특별한 사연이 있으리라 추측하고 그 의미가 무엇일지 고민해본다. 그러나 이 역시 주체의 경험과 지식을 근거로 한 나름의 합리적 추론에 지나지 않는다.

합리적이라는 것은 사실상 허구이며 환상에 지나지 않는 말이다. 인간이 자랑하는 이성과 합리성은 결과적으로 주체의 생존을 위한 것에 지나지 않는다. 하지만 생존에는 셀 수 없는 우연과 기획하지 않는 의도가 영향을 미친다. 인간의 합리성은 이 우연의 결과들 위에 기초해서 형성되었으며 육체의 보존이라는 맹목적 본능을 위한 일련의 행위를 포함하고 있다. 이러한 특성들이 결합해서 인간은 논리와 인과율 그리고 효율성으로 세상을 이해하는 습관을 형성하게 된다.

합리적 사유만 가지고서 주체는 영원히 타자를 이해할 수 없게 된다. 각자의 경험과 삶이 다르고 그로 인해 형성해온 합리성의 내용이 다를 것이기 때문이다. 흥미롭게도 소설 에서는 봉무제의 알 수 없는 기벽과 기행에 대한 설명이 끝내 등장하지 않는다. 이를 이해하려는 시도 자체가 주체의 오만한 호기심이자 자만심일 뿐인 것이다. 타자에 대한 진정한 이해는 타자의 고통을 공감할 때 비로소 가능해질 수 있다.

> 나는 마음속으로 날짜를 계산해 보았다. 그러자 내가 마지막으로 봉무제씨를 만났던 날이 나왔다. 그날 밤에 내가 본 봉무제씨의 모습이 망막 가득히 출렁거렸다. 꼬마의 아빠한테서 보기 좋게 퇴짜를 맞은 악기 상자를 가슴에 꼭 끌어안은 채 망연자실하여 언제까지고 행인들 틈바구니에 서 있던 봉무제씨의 그 짝없이 초라하기만 하던 모습에서 나는 일찌감치 어떤 비극의 서막을 능히 읽어낼 줄 알았어야만 했다.
> 『그랬군요…….』
> 봉무제씨의 죽음이 가져다 준 충격은 곧장 내 의식 속에서 한차례 굴절을 겪었다. 나는 그날 혼자서 술을 마셨다. 술기운에 힘입어 그의 최후는 마치 내가 떠맡고 있던 한 인간의 절반이 죽은 것으로 나에겐 자연스럽게 관념되었다. 나머지 절반이 문제였다. 그쪽도 언젠가는 먼저 죽은 다른 절반처럼 비극적인 종말을 맞게 될 것이었다. 고모부 역시 때가 되면 그 자신의 유골을 안 듯이 어떤 상자 하나를 가슴에 안은 채 화신 앞 인도 위에 서서 가슴 섬뜩한 방식으로 나에게 영별을 고하고 말 것이었다. (「무제」, 233)

주인공은 자식의 패륜적 행동에 고통받는 고모부가 자신에게 의탁하려 하자 심적인 부담을 느낀다. 혈연적으로 그리 가깝지도 않고 고모부와 주인공을 연결해줄 사람들이 모두 죽은 마당에 고모부는 사실 남이나 다름없었다. 주인공은 자기 삶의 안정성이 파괴되는 것을 원하지 않아서 이런저런 이유로 고모부의 부탁을 거절한다. 그러다 남자는 봉무제를 미행하면서 그의 사연과 아픔을 이해하게 되고 그 마음은 다시 자신의 고모부에게로 향한다. 결국, 주인공은 지치고 상처 입은 고모부를 자신이 보살펴 주겠다고 다짐한다. 합리적 이성이 아닌 고통이 매개가 되어 또 다른 고통을 이해할 수 있게 해준 것이다.

고통은 인간을 연결시키는 주요한 연결고리이다. 설령 내가 누군가에게 박해를 받더라도 이 고통은 타자가 주체에 우선함을 밝혀주는 증거가 된다. 박해란 내가 직접 행한 행위가 근거가 되지 않고서 일어나는 것으로 우리를 우리의 행위와 선택으로 귀환시키는 것이 아니라, 철저히 무의지적 삶의 지대, 나에게 타자가 행하는 일차적인 나를 취임시키는 충돌, 역설적이지만 "나"로서의 나의 형성, 직접목적어로서의 나의 최초 형성의 도구로서 "나"의 형성에 앞서 나에게 일어나는 충돌로 나를 귀환시키는 사건이다.[11] 타자의 폭력 앞에서 주체는 비로소 타자의 존재를 알게 되고 또한 타자가 자신에게 선행하며, 타자로 인해 자신이 존재한다는 사실을 깨닫게 된다.

절대적 환대의 가능성

「무제」에서 보여주듯 타자에 대한 환대는 이유가 없는 절대적인 것이 되어야 한다. 그러나 절대적인 환대는 현실적으로 어려운 요소가 산적해 있다. 우선 절대적 환대는 주체의 삶을 근본적으로 불안정하고 유동적인 상태로 만든다. 주체가 자신을 정립하기 위해서는 구체성과 확실성이 전제되어야 한다. 자기 소유의 집과 땅은 이러한 구체성의 하나이면서 동시에 은유이기도 하다. 그런데 만약 내 집이 누구나 들어올 수 있는 그런 공간이라면 주체는 우주의 미아처럼 불확실성 속에서 살아가야만 한다. 또한 어떤 손님도 막아서는 안 된다는 원칙은 주인을 해치려는 자까지도 받아들여야 하는지에 대한 의문을 유발할 수 있다. 절대적 환대의 규칙은 손님이 도둑이나 사기꾼, 폭력배여도 막아서는 안 된다는 것이므로 절대적으로 불가능한 규칙이다. 그러므로 현실에서는 이방인을 맞이하는 수많은 규칙과 규범이 필요하게 되고 그는 손님으로서

11 주디스 버틀러, 양효실 옮김, 『윤리적 폭력 비판』, 인간사랑, 2013, 149쪽.

초대받아 주인과의 안정적인 관계 속에 위치해야 한다.

절대적 '환대의 법'은 그 하부의 '환대의 법들'과의 갈등 속에서 많은 제한을 받게 된다. 이는 마치 헌법과 법률의 관계와도 비슷하다. 헌법이 국민의 보편적 권리에 관해서 규정하고 있다면 법률은 국민이 지켜야 할 의무에 대해서 주로 이야기하고 있다. 법률이 헌법의 목표와 배치되는 것은 아니지만, 헌법의 추구하는 바를 위해 법률은 구체적 금지사항을 제시하게 된다. 이 과정에서 헌법은 수많은 제약과 여건 때문에 구체적 실천의 한계와 이해충돌의 갈등을 겪게 된다.

절대적 환대는 주체의 모든 권리를 포기하는 것이므로 사실상 불가능한 영역이다. 그러나 현실적으로 불가능하다고 하더라도 데리다는 이에 대해서 우리가 끊임없이 사유해야 함을 주장한다. 그는 '이 절대적인 환대를 최소한 사유해 보지도 않고서는 환대에 속하는 어떠한 개념도 소유할 수 없다고'[12] 이야기한다.

그런 점에서 절대적 환대는 칸트의 정언명령과 유사하다. 칸트는 어떠한 이유에서도 거짓말을 해서는 안 된다고 주장했다. 예를 들어 독립운동가의 행방을 묻는 일본 경찰에게도 거짓말을 해서는 안 된다는 것이다. 물론 이는 상식적인 사람이라면 의심을 가질 만한 주장이다. 이처럼 절대로 거짓말을 하지 말라는 것은 가능하지도 않고 유익하지도 않은 명령임이 분명해 보인다. 하지만 그러한 절대적 상황을 상상하지 않고서는 주체가 선에 대해서 사유하는 것은 불가능할 것이다. '가능하지 않음'과 '유익하지 않음'은 인간의 의식이 가지고 있는 인식의 한계이기도 하다. 환대에 어떠한 조건도 부여해서는 안 된다는 요청은 이 한계에 대한 윤리적 극복의 의지에 가깝다.

주체가 주체 일 수 있는 것은 타자와 다른 '나'이기 때문이다. 이를 확인하기 위해서 타자의 존재는 반드시 필요하다. 나아가 이방인은 주체

---

12 김광기, 앞의 글, 145쪽.

의 세계관이 가지고 있는 문제점을 지적하고 변화의 계기를 제공하기도 한다. 이방인이 지니고 온 새로운 해석의 도식은 토박이 집단이 확신하는 통상적 생각의 타당성을 뒤흔든다.[13] 즉 이방인은 주체가 믿고 있는 세계관에 균열을 내고 믿음의 체계에 파문을 일으키는 존재이지만 주체는 이질적인 것의 주입을 통해 항체를 생성할 수 있다. 다양성은 획일화와 단일화를 막으며 주체의 건강성을 회복하는 예방주사이다. 다양성이 없다면 이 사회는 하나의 기준만이 살아남아서 가벼운 외부자극에도 무너질 수 있다. 전체주의 사회의 가장 큰 특징이 획일화라는 것은 주지의 사실이기도 하다. 윤흥길의 소설 「날개와 수갑」에서 주인공이 회사의 유니폼 착용에 결사 반대하는 것 역시 이 같은 생각의 반영이다.

> 공장 정문 철책 너머로 검정곤색 일색의 운동장을 넘어다보는 순간 민도식은 갑자기 숨이 턱 막혀옴을 느꼈다. 새로 마춘 제복으로 단장한 남녀 전사원이 각부서 별로 군대처럼 질서정연하게 도열해 서서 연단에 선 지휘자의 손끝을 우러러보며 사가(社歌)를 제창하기 직전의 예비운동으로 목청을 가다듬는 헛기침들을 하고 있었다. 이윽고 공장 일대를 한바탕 들었다 놓은 우렁찬 노래가 터지기 시작했다. 노래부르는 사원들 모두가 작당해서 지각한 사람을 야유하는 듯한 기분이 들었다. 검정곤색의 제복들이 일치단결해 가지고 사복 차림으로 꽁무니에 따라붙으려는 유일한 사람을 완강히 거부하는 듯한 기분에 사로잡혔다. 세상 전체가 온통 제복투성이인 가운데 저 혼자만 외돌토리로 떨어져 있는 셈이었다. (「날개 또는 수갑」 181)

환대의 윤리는 타자의 배려만을 목적으로 하는 것은 결코 아니다. 그것은 오히려 건강한 주체의 유지를 위한 방법이며 또한 그 연장 선상

13 김애령, 「이방인과 환대의 윤리」, 『철학과 현상학 연구』 39, 한국현상학회, 2008, 180쪽.

에서 건강한 공동체를 만드는 방법이기도 한 것이다. 그러므로 타자를 받아들이는 궁극의 모습은 그의 이름조차도 묻지 않으면서 오히려 그가 나에게 끊임없이 질문하도록 하는 것이다.

반면 소설 「몰매」에는 부적절한 환대의 모습들이 잘 들어있다. 산호다방은 도시의 어느 뒷골목에 있는 별 볼 일 없는 다방으로 사회 부적응자와 실패자들이 단골로 찾아온다. 가게의 주인인 손 마담 역시 도시에는 그늘이 있어야 한다는 지론을 펴며 다방이 지치고 힘없는 사람들의 휴식 공간이 될 수 있도록 한다. 그중에서도 가장 신비로운 사람은 새로 온 주방장이다. 주방에만 틀어박혀 절대로 얼굴을 보여주지 않는 주방장은 온갖 추측과 소문을 불러오는 인물이었다. 주방장이 자신의 이야기를 하지 않기 때문에 사람들은 삼삼오오 모여 주방장의 정체가 무엇일지에 대해서 이야기하며 자신만의 상상의 나래를 폈다.

> 나중판에는 전직 신문지국장 채씨까지 와서 합세하여 일행이 셋으로 불어났다. 하루하루를 넘기기가 그저 지겹고 끔찍스럽기만 하던 그들에게 주방장에 관한 소문 일습은 말하자면 영감 죽고 처음의 재미였다. 너무 살판이 난 나머지 그들은 자기네가 소문의 진부를 아직 확인도 해보기 전에 그대로 믿어버린 우를 범하고 있음조차 깨달을 여지가 없었다. 그들 세 사람은 마치 누에가 뽕잎을 먹듯 되도록 이야기의 중심은 아껴 두고 가장자리부터 차근차근 갉아 들어가기 시작했다.
>
> (「몰매」, 134)

선입견만으로 주방장의 정체를 판단하려 하는 인물들의 모습은 자신의 경험과 인식을 벗어나서는 사유할 수 없는 주체의 한계를 보여주고 있다. 이처럼 주체가 대상에 가하는 해석은 사실 대상이 아니라 주체 자신을 설명하는 동어반복에 지나지 않는다. 이해한다는 것은 의미화 하는 것이고 이는 주체의 지평 안으로 상대를 구속하는 것에 불과하다. 타자는 이해할 수 없으며 이해해서도 안 되는 존재이다. 「몰매」의 주방장은 종업원 미스현의 장난 때문에 가게에 들이닥친 경찰들을 자신을 잡기위해 온 것으로 오해하고 도망치다 죽음을 맞이한다.

타자에 대한 주체의 이해가 타자에 대한 진정한 배려가 될 수는 없다. 나의 언어로 해석될 수 없는 상대란 정체불명이며 미지의 위험한 존재로 치부되고 곧이어 배제와 폭력의 대상이 되기 쉽다. 환대는 반대로 상대에 대한 무한한 용서와 무제한의 책임을 인정하는 것이다. 이방인이 자신에게 닥친 위험을 피하고자 내 집에 들어왔다면 주인은 무한의 책임을 지고 이방인을 지켜줘야 한다.

윤흥길의 작품에서 모성의 주제가 자주 나오는 것은 이 때문일 것이다. 이때 윤흥길이 말하는 모성은 혈연에 갇혀 있는 모성은 아니다. 이 모성은 자신의 자식만을 향한 것이 아니라 이 세상 모든 자식을 사랑하는 모성이다. 그런 면에서 그가 말하는 모성은 신화 속 지모신의 신앙이 녹아 들어있다. '대지의 상징처럼 여성들의 삶의 원리에는 만물을 수용하고 생명체를 일구어내는 자연의 흐름에 거스름 없이, 인간과 세계에 만연한 갈등을 화해시키는 상생의 원리가 작동한다'[14]는 것이 윤흥길이 생각하는 모성의 본질이다.

동시에 윤흥길의 소설에서 어머니는 때때로 불합리하거나 독선적인 존재로 그려지기도 한다. 아들이 죽어도 자기 할 일을 하며 자신의 신통함을 은근히 자랑하는 「장마」의 외할머니가 특히 그러하다. 실제 현실에서도 많은 가정의 자식들이 부모와 심각한 갈등을 빚는 사례가 많다. 자식이 쉽사리 이해하지 못하는 어머니라는 존재는 그 누구보다 이방인의 성격에 부합한다고 할 수 있다. 그 반대도 마찬가지여서 부모에게 아이는 또 다른 의미에서 예고 없이 찾아온 이방인일 것이다.

그러나 이 비이성이 이데올로기의 폭력을 보듬는 무한한 힘을 가지고

14 김병덕, 앞의 글, 54쪽.

있다. 이성적 분별이 미치지 못하는 자리에서 솟아난 본능적 모성이 이념의 대립이 남긴 상처를 포용하고 해소하는 비결로 제시되고 있는 것이다.[15] 이를 통해 이데올로기의 허위성과 모성의 포용력을 대비적으로 보여주고 있다.

소설 「무지개는 언제 뜨는가」는 빨갱이에게 남편과 아이를 잃은 여인이 빨갱이의 자식을 키우는 사연이 나온다. 가족을 모두 잃어 실성한 여성은 빨갱이의 자식인 동근이를 지극정성으로 키운다. 이 불합리하고 일견 모순적으로 보이는 모성이 이데올로기의 폭력을 치유하는 치료제이다. 소설 속에서 여인이 키운 아이가 한동안 이름도 없으며 박해받는 존재였다는 것은 의미심장하다.

> 동근이는 국민학교에 입학하기 전까지 이름도 없이 자랐다. 우리들한테는 그애가 그저 〈똥떡이아들〉이었고, 당숙모한테는 언제나 그냥 〈어구어구내새끼야〉였다. 그애에게만은 사실상 이름 따위가 필요 없는 생활이었다. 그리고 그때쯤에 이르러서는 그 애가 정녕 우리 당숙모의 아들임을 부정하는 사람이 마을 안에 한 명도 없을 정도가 되었다. 마찬가지로 그 애가 과거 차서방의 막내 아들이었던 사실을 일삼아 기억하는 사람도 별로 없었다.[16]

당숙모와 동근 두 사람은 고통을 매개로 서로를 이해할 수 있었으며 그들에게 이데올로기의 차이는 아무런 문제가 되지 않았다. 「장마」에서 주인공이 외할머니를 이해하는 것도 외할머니의 고통을 이해하기 때문이다. 가족의 구성원이지만 아무도 관심을 두지 않는 '나'와 전쟁으로 인해 사돈댁에 들어와 존재하지 않는 삶을 살아가는 외할머니의 모습은

15 황영숙, 「윤흥길 소설의 여성 인물과 이미지 연구」, 『현대소설연구』 3, 한국현대소설학회, 1995, 248쪽.

16 윤흥길, 「무지개는 언제 뜨는가」, 『창작과비평』 13(4), 창작과비평사, 1978, 318쪽.

같다[17], 그리고 집안에서 금기인 '빨갱이'란 단어를 사용한 할머니의 죄와 외부인에게 삼촌의 존재를 발설한 '나'의 죄가 고통의 원인으로서 서로를 이해하게 만드는 계기이기도 하다.

나오며

이상으로 윤흥길의 소설을 통해서 이방인 또는 타자에 대한 윤리의 문제를 부족하나마 살펴보았다. 윤흥길의 작품은 당시로써는 매우 드물게도 타인에 대한 윤리의 문제를 직접적으로 거론하고 있다. 때로 그의 작품이 토속적이거나 샤머니즘적인 모습을 보이기는 하지만 이는 윤리적 주제를 거론하기 위한 하나의 수단에 지나지 않는다.

윤흥길의 작품이 이처럼 타자에 대한 문제를 이야기하고 있는 이유는 한국사회가 가지고 있는 내적 모순에 대한 깊은 통찰 때문으로 이해된다. 한국전쟁의 후유증으로 인한 이데올로기적 충돌, 급격한 산업화로 인한 양극화 문제, 독재권력으로 인한 사회적 갈등이 수많은 사회문제를 야기했다. 그는 이러한 문제의 해결이 권력이 제도적으로 재생산해내는 타자를 시민이 어떻게 받아들일 것인가에 달려있다고 보았다.

윤흥길의 작품은 그런 의미에서 이데올로기의 허위의식을 통렬히 비판하면서 타자에 대한 절대적 배려와 공존을 주장하고 있으며 이를 위해 공감 능력, 더 정확히는 타인의 고통에 대한 공감 능력을 키울 것을 주장한다. 언어는 내재적 한계로 인해 더 이상 타인을 이해하는 수단이 될 수 없다. 타인을 인정하고 타인과 함께하기 위해서는 있는 그대로의 모습을 받아들이는 자세가 요구된다.

17 김동현, 「윤흥길의 「장마」에 나타난 이데올로기의 해체방식」, 『우리문학연구』 25, 우리문학회, 2008, 209쪽.

참고문헌

윤흥길, 「장마」, 『오늘의 작가총서』 8, 민음사, 1980.

윤흥길, 「무지개는 언제 뜨는가」, 『창작과비평』 13(4), 창작과비평사, 1978.

엠마누엘 레비나스, 양명수 옮김, 『윤리와 무한』, 다산글방, 2000.

자크데리다, 남수인 옮김, 『환대에 대하여』, 동문선, 2004.

주디스 버틀러, 양효실 옮김, 『윤리적 폭력 비판』, 인간사랑, 2013.

권수경, 「환대와 글쓰기-레비나스, 데리다, 자베스를 중심으로」, 『프랑스문화예술연구』 53, 프랑스문화예술학회, 2015, 97쪽.

김광기, 「관용과 환대 그리고 이방인: 하버마스와 데리다를 중심으로」, 『현상과인식』 34(4), 한국인문사회과학회, 2012.

김근호, 「산업화시대 한국소설의 폭력 표상과 이웃 윤리-윤흥길의 〈아홉켤레의 구두로 남은 사내〉연작을 중심으로」, 『현대소설연구』 62, 한국현대소설학회, 2016.

김동현, 「윤흥길의 「장마」에 나타난 이데올로기의 해체방식」, 『우리문학연구』 25, 우리문학회, 2008.

김병덕, 「불모의 현실과 여성적 화해의 세계-윤흥길론」, 『비평문학』 39, 한국비평문학회, 2011.

김애령, 「이방인과 환대의 윤리」, 『철학과 현상학 연구』 39, 한국현상학회, 2008.

문성훈, 「타자에 대한 책임, 관용, 환대 그리고 인정-레비나스, 왈쩌, 데리다, 호네트를 중심으로」, 『사회와 철학』 21, 사회와철학연구회, 2011, 408쪽.

박숙자, 「1970년대 타자의 윤리학가 '공감'의 서사」, 『대중서사연구』 17(1), 대중서사학회, 2011.

황영숙, 「윤흥길 소설의 여성 인물과 이미지 연구」, 『현대소설연구』 3, 한국현대소설학회, 1995.